同和裕档案史料汇编

①

河南省档案馆　编

中州古籍出版社
·郑州·

图书在版编目（CIP）数据

同和裕档案史料汇编 / 河南省档案馆编 . —郑州：
中州古籍出版社，2023.12

ISBN 978-7-5738-1299-5

Ⅰ . ①同…　Ⅱ . ①河…　Ⅲ . ①银行史 - 史料 - 汇编—
新乡—民国时期　Ⅳ . ① F832.96

中国国家版本馆 CIP 数据核字 (2023) 第 256248 号

同和裕档案史料汇编
Tongheyu Dang'an Shiliao Huibian

策划编辑：吕兵伟
责任编辑：谢晓敏　李　思
责任校对：岳秀霞　刘丽佳
美术编辑：王　歌
装帧设计：新海岸设计中心
出 版 社：中州古籍出版社
（地址：郑州市郑东新区祥盛街 27 号 6 层　邮政编码：450016
电话：0371-65788693）
发行单位：新华书店
承印单位：郑州新海岸电脑彩色制印有限公司
开　本：787mm×1092mm　1/8　印张：113
字　数：989 千字　印数：1—500 册
版　次：2023 年 12 月第 1 版　印次：2024 年 5 月第 1 次印刷
定　价：1680.00 元

#《同和裕档案史料汇编》编委会

主　编　李修建

副主编　李宝玲　闫　艳

编　辑　王建祥　张映映　张冬梅　王　斐

序

同和裕是民国初期河南以银号为中心发展起来的工商业综合体。创办人王晏卿（一八八六—一九八四），本名王静澜，字晏卿，河南省新乡县姜家庄人。一九一二年，王晏卿同赵安侯等人集资一万两千块银元，在新乡顺河沿街（今北关大街）成立同和裕银号。银号创办初期采用『低息放款，高息存款』经营模式，为当地工商业提供全链条金融服务，很快在新乡确立了金融垄断地位。

一九一五年到一九三三年间，同和裕银号先后在道口、开封、汉口、上海、天津等地设立分号，在许昌、临清、亳州、正阳等地设立办事处，在保定、哈尔滨、南京、晋城等地设立代办处，『北伸平津，南延沪宁，东至新浦，西达成都、太原』，共有分号等四十余处，店员八百五十余人。同和裕银号靠大量吸收军政界、工商界及私人存款，社会信誉日高，金融实力增强，从而建立了自己庞大的金融网络，甚至取得了民国政府赋予的发行纸币的资格，逐渐成为华北最大银号。凭着严格管理和诚信经营，同和裕的业务迅速扩展至工商业，兼有百货、洋布、染织厂、造纸厂、五金等工商企业一百零五家，从业人员达三千余人。经营二十余载，同和裕已成为集银号、综合性工商业为一体的具有影响力的民族企业。

随着南京国民政府国家金融垄断体系的建立，加强了对钱庄、银号的管控，作为民营企业的同和裕在与官办银行官僚资本的竞争中处于劣势，银号迅速扩张导致运营成本增大，加上银号社会化存款大量用于投资兴办工商业，导致流动资金严重不足等，使同和裕发生了三次大的挤兑风潮。一九三三年十月，与河南农工银行、同和裕银号并称为河南金融三大支柱的信昌银号关闭，直接引起同和裕银号挤兑风波，尽管民国河南省政府出面予以维持，仍无力回天，一九三七年十月四日，同和裕银号被宣判破产。

本书所编辑的档案分布在我馆馆藏民国档案中，工作人员从这些浩如烟海的档案中，本着披沙拣金的工作态度，对其进行选材、整理、编辑，将河南近代这一段尘封的金融史以档案原貌的形式展现在人们面前。

金融是国家重要的核心竞争力，金融稳，经济稳；金融活，经济活。本书的编辑出版是我馆深入学习贯彻习近平新时代中国特色社会主义思想的具体实践，对促进河南乃至全国金融、工商业发展史的研究，促进外界对河南近代史的了解都具有重要价值和意义。

知往鉴今，以启未来。河南省档案馆认真贯彻落实习近平总书记对档案工作的重要讲话批示精神，挖掘档案文化资源，讲好档案故事，讲好河南故事，为中心大局工作服务，为人民群众服务，为谱写新时代中原更加出彩的绚丽篇章贡献档案力量！

河南省档案馆馆长

二〇二四年五月

题记

同和裕银号是近代河南最为知名的金融企业之一。它虽名为『银号』，但经营范围并不限于银号。因此，本书所称『同和裕银号』，一般是指由同和裕独资或者合作开办、包括银号在内的该企业名下所有产业的总称，而并非单指银号。

由河南省档案馆所藏《同和裕同仁录》可知，同和裕银号创办于一九一二年一月，创办人王晏卿（一八八六—一九八四），系河南省新乡县姜家庄人。从本书所收录的王晏卿来往信函来看，落款多为『王静澜』，可知『晏卿』实为其字，『王静澜』则系本名。按照民国交际习惯，称呼对方多用字，故以字行。

王晏卿出身商家，少年时即随其父王清臣打理家中私产同和银楼。因常与商贩接触，耳濡目染而产生营商大志，成年之后即离家转赴本地『道生长』商号，以学徒身份历练屯粮放账、银钱汇兑等相关业务。这段经历，为其后来自创同和裕银号积累了丰富的经验和人脉。

清末，道清铁路和京汉铁路先后通车，使卫河航运得以通达东西南北各大市场。新乡作为道清、京汉两线交会处和卫河水运枢纽，成为豫北各县及晋东南的商品集散地和交易中心。据《新乡市志》载：『晋东南的煤、铁，博爱的烟，沁阳的怀药，焦作的煤，荥阳的草编，原阳的大豆、花生、麻类、红花，西南乡的小麦，东南乡的棉花、红枣、辣椒等均在此装车装船运往各地；北来的海味、食盐、煤油、布匹，南来的文具、纸张、颜料、丝绸、食糖均在此集散，粮食、花行、油坊、磨坊、客栈比比皆是，农副产品、土产日杂、棉布棉纱、百货文具、食品医药、饮食服务行行俱全。』一九一一年，受商机吸引的王晏卿离开『道生长』商号，次年即与赵安侯等五人集资九千三百串铜钱（折合银洋一万两千元）创建同和裕银号，王任经理，赵副之。

民国初年，河南省政府以铜元取代铜钱的金融改革开始实施。尽管官方许诺二者暂可同时流通，但大批民众深恐铜钱被废，多愿低价尽速兑换铜元。王晏卿抓住商机，雇佣大批人力在城乡各地加急收兑，不足一年即获利万余元之多。加上此时国外对草帽辫需用孔亟，王晏卿随即斥资自天津购置自行车数辆，派人赶赴南乐、清丰等小麦产区常驻收购，借道卫河、运河和道清铁路大批发往天津，短时间内即使银号注册资本由一万两千元暴增至三万七千元。

牛刀初试的成功使王晏卿信心倍增，开始高息吸储，并敢于借助资本优势，以更低利率向当地打蛋业大规模放贷，且提供全链条金融服务。『蛋业的一切往来汇兑、存款等业务都由同和裕承揽，甚至连蛋厂每日发工资所用的铜元，也由同和裕驻厂人员兑换。』

尽管获利不菲，但同和裕银号并不盲目放贷。在获知国际蛋白粉和蛋黄粉市场出现重大变化而当地打蛋业经营规模最大的裕丰蛋厂面临经营风险的情况下，王晏卿及时止损，拒绝向该厂继续大宗放贷。随着诸多同行多因贷款难以收回而宣告破产，同和裕银号趁机抢占了本地金融市场。据相关史料记载，至一九二〇年同和裕在新乡已取得了金融垄断地位。当时，新乡的商业总资本共约四十八万元，其中同和裕银号投资约占一半。不仅如此，同和裕银号还走出新乡，先后在道口、开封、汉口、上海和天津开设分号，从事汇兑业务，并扩股增资，在新乡开办了总管理处，向其汇通天下的梦想迈出了重要一步。

自一九二一年以后，同和裕银号进入爆发性扩张阶段。不但在全国范围内继续增设联号，而且广设代办处。按照该公司自编《同和裕同仁录》的统计，截至一九三〇年，同和裕银号所属分号、办事处和代办处共计四十余处，广布于河南、江苏、山东、安徽、山西、湖北，以及东北等地，一时风头无两。其存贷款业务服务对象不再局限于小商户、小手工业者和省内贩运粮食、土产杂货的商人，自由职业者、小工商业者、教员、乡绅也将款项存入同和裕银号，甚至军队的军费、军政要人的私人存款和地方政府的待解款项也委托其存贷牟利。据学者姚占伟考证，军阀刘镇华曾将其粮饷和私人款项存入同和裕银号，合计达百万元之多。军阀石友三担任安徽省政府主席期间，先后在徐州、南京、蚌埠、宿州四地同和裕银号存款达一百四十万元。军阀万选才在天津同和裕银号存款也超过十余万元。到二十世纪三十年代初期，同和裕银号吸收的存款总额高达一千万元以上。

自一九三〇年以后，为规避战乱、灾荒和经营失败所带来的风险，同和裕银号除继续在全国范围内开办分号或将办事处升级为分号外，开始接办大中银行从事货币发行，并直接涉足工商业，『寓金融于商业，以商业顾金融』。

据有关史料记载，虽然王晏卿以一万两千元贿买南京国民政府财政部高官取得发行五百万元纸币的凭证并未使同和裕银号获利，反而使部分高管因歧见而退股，但并未使其放弃扩大经营的雄心。据学者姚占伟统计，同和裕银号以豫北为中心，先后在豫鲁晋陕津等地开办商业店铺达三十四家，经营范围包括建材、五金、煤炭、中药、文具、土杂、百货、粮食、布料等。除此之外，同和裕银号还独营或合营工业企业二十一家，甚至逐渐将开办工业作为其主业，大规模减少了汇兑业务。在同和裕管理层看来：『用办银号来经营银钱业，一经风潮即刻倒闭。工业是不动产，即使生产不景气，一时倒闭不了。』王晏卿曾回忆说：『我在同和裕附有铁工厂、印刷厂、造火柴厂、造纸厂、染织厂、制蛋厂、染丝光厂、肥皂厂、电灯厂、中药铺、医院、百货、洋布、大米号、杂货、酱菜、五金、出口贸易、银行、电话局、澡堂、花行、合伙纱厂、店铺、煤场。』

为进一步扩大社会影响，增强公众对于企业品牌的认可度，同和裕银号在经营获利之后，斥资创办了不少教育、医疗等公益事业和城市公用事业。自一九二六年至一九三三年深陷挤兑风潮之前，该企业先后在新乡创办静泉小学、商科职业学校、静泉中学，学生可免费入学。据《新乡市志》记载，同和裕银号多次在灾荒期间向流民施舍饭菜，并捐款成立救济院，资助河朔图书馆，在省城开封捐资开办幼儿园。它所创办的鄘南医院、电话局以及在新乡城内铺设路灯尽管也有盈利之念，但因取少予多，总体上仍带有公益色彩。

对于法制健全、政局稳定的盛世而言，庞大的投资规模和分散性投资策略或许是一种风险较小、效益稳定的经营手段。但在政局颠荡、混乱不堪的民国时期，同和裕银号的成功无疑是脆弱而不具持续性的，一旦出现重大政治变局或社会危机，该企业不但会因为与军政要人的共生关系和投资方向的过度多元而受到影响，而且也很难在社会公众对经济收益预期普遍悲观的市场环境中保持不败。

一九三三年十月，随着与同和裕银号、河南农工银行并列为省内三大金融机构的开封信昌银号经营失败，这一事件所造成的金融市场恐慌和挤兑风潮使开封同和裕分号也受到波及。起初，同和裕总号尚可移此就彼，通过各号拆借款项应对开封储户挤兑。河南省政府也在接到同和裕银号求援申请后，召集中国银行、中央银行、交通银行、河南农工银行、上海银行和金城银行等多家银行，组成银行团对同和裕银号借款救济。省政府甚至向各大银行施压，『如欲在豫营业，非承认借款不可，否则即须停业』。同和裕银号与银行团签订借款契约，许诺给予高息回报。双方的上述合作，使局面得以暂时维持。

银行团在借款救济同和裕银号的问题上之所以颇费踌躇，不单单是因为救市规模大、周期长，短期内难以看到成效和收益，也与南京政府成立后的一系列金融改革和经济统制政策有关。

早在同和裕银号尚在疯狂扩张之时，南京政府已颁布《国民政府关于取缔各省县地方钱庄商号私发纸币票券令》和《银行法》，逐步建立『四行二局』为中心的国家金融垄断体系。前者使钱庄、银号通过发行和收售庄票以获利的途径被彻底堵死，后者则通过确立银行在国家金融体系的统治地位而使其进一步被边缘化。在同和裕银号出现挤兑风潮前夕，财政部又决定废除银两、改用银本位币制即『废两改元』，并在全国推行法币改革。同和裕银号除了存贷款和汇兑业务外，经营空间更为有限。加之实业部于同年对粮食、棉花、煤炭等关乎国计民生的物资实施经济统制，兼营商业的同和裕银号更为艰难。

另外，尽管同和裕银号的其他分号尚有不少资产可用作借款质押，以便拯救陷入危机的开封分号，但因为新乡等分号所在地多无契税登记处，银行团事实上无法获得同和裕借款质押的控制权，只能为了确保借款不受损失而声请官方将其停业封存。随着一九三五年日本发动华北事变，华北局势危急，河南省政府和军政要人难以在同和裕银号的请托之下逼迫银行团倾力营救，反而不得不任由银行团出售其质押的资产，总经理王晏卿也因为难以偿还负债而身陷囹圄。在日本发动七七事变前两天即一九三七年七月五日，走投无路的同和裕银号向新乡县政府司法处提请破产清理。

本书收录的河南省档案馆所藏同和裕银号档案虽然数量较多，但均属该企业自开封分号发生挤兑风潮至破产清算的内容。同和裕银号一九三三年以前经营资料的缺失，并非是因为保管不善或者其他外因所造成的流散，而是与该企业管理松散、机构不整有关。许多管理制度原本就没有形成文字，一些重要决策甚至全凭口述和零散记录。正如同和裕管理人员慕陶所忆述的：『同和裕善于经营，拙于管理。』

但是有必要说明的是，本书所收录的二百二十三件同和裕档案原件，不但集中呈现了民营企业在破产前的最后四年时间内艰难应诉、以图东山再起的挣扎，而且也从侧面反映了日本侵华背景下南京政府的金融改革和经济统制对传统金融业的深刻影响。同和裕银号辗转于乱世、又湮灭于乱世的际遇，既是其作为资本与官僚资本有粘连也有斗争的复杂关系的缩影，也是传统金融业受制于自身资本规模较小、缺乏现代金融管理理念而最终在企业竞争中落败于新式金融资本的必然产物。对于近代中国经济史特别是金融史研究而言，同和裕档案无疑是史料价值极佳的标本。

在本书出版之前，张玉峰、慕陶等同和裕管理人员已先后有忆述文章见于报章或地方文史资料。其中对于同和裕银号兴衰过程的记录可与本书所收录档案互为补充，便于读者对照查考而收完璧之效。

编辑说明

一、本次整理出版的《同和裕档案史料汇编》，全书二册。

二、本书采用原件影印的方式，为适应版面尺寸，对原件进行了适当缩放。件内图片大小基本保持一致，部分略有差异。

三、本书所收档案原则上以原件形成的时间为序；对于有密切联系的往来文件，则集中排列。

四、原件无标题或标题无法揭示文件内容的，重新拟写标题。标题以『责任者+事由+受文者+文种（时间）』拟订，时间不明者则标题中不载时间。选编时不完全入编的，在标题中注明『节选』；原件中含有多个文件的，设置次目。

五、本书除影印原件外，标题采用规范汉字，人名、地名等中的异体字予以保留。『王彦卿』『王宴卿』『王晏卿』为同一人，统一称『王晏卿』；『同和裕银号』则统一简称为『同和裕』。

六、本书档案各种纪年并用。为保持档案原貌，对纪年不做统一，标题纪年概以档案所记为准。

七、本书排版时，对档案扫描件做了初步修复。

本卷目录

一 同和裕同仁录（节选）（民国十九年九月十五日）

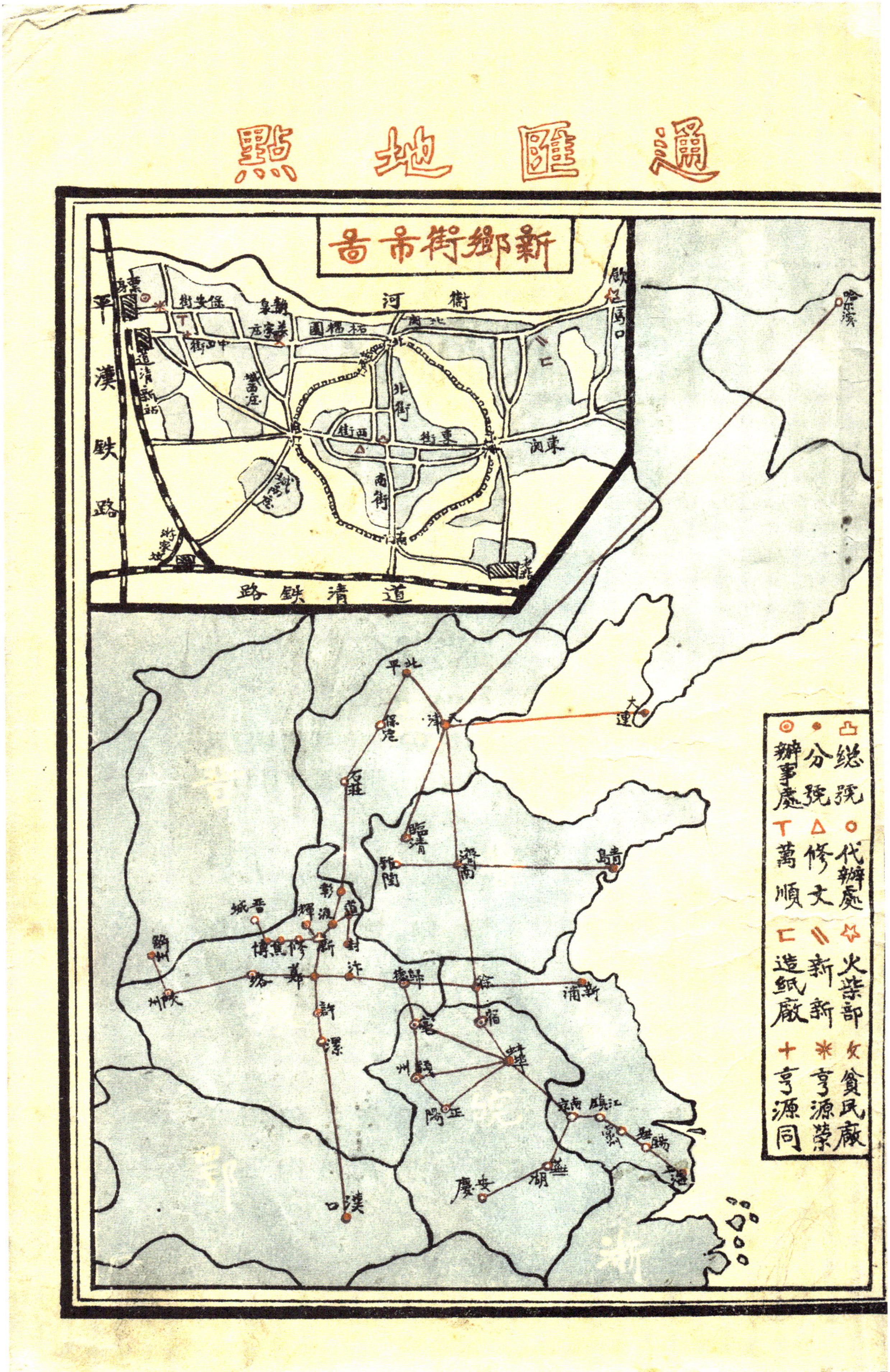

通匯地點

總號

新鄉

分號

汲縣 道口 封邱 焦作 博愛 彰德 鄭州 開封 徐州 新浦 蚌埠 上海 漢口 濟南 青島 大連 天津 北平 解州

辦事處

輝縣 洛陽 陝州 許昌 歸德 臨淸 亳州 潁州 正陽 宿州

代辦處

保定 石莊 館陶 哈爾濱 修武 漯河 晉城 南京 鎮江 常州 無錫 蕪湖 安慶

本號創辦人

王清臣號廉儒

趙清平號安侯

本號創辦人

總經理

王靜瀾號晏卿

劉明陽號靜遠

楊永祥號瑞甫

趙伯林號新甫

郭懷禹號文敷

譚瑞禎號伯麻

陳裕容號子寬

曹書錦號士標

古立荃號香甫

趙廣祺號福亭

劉理號性亭

王明德號俊臣

張俊明號格臣

郭金山號秀峯

李振揚號子雲

羅敬先號紹祖

胡葆龢號仲篪

劉廷魁號勳臣

謝克謀號子嘉

翟金銘號絨三

鄭生春號華軒

田毓春號石如

譚鳳岑號玉峯

靳玉瑞號祥甫

冀殿元號仲三

張繼儒號席珍

畢占名號五亭

鄭生義號宜軒

侯良臣

張茂育號桐軒

李東燦號育生

常書耀號子榮

王獻玖號玉甫

韓相宜號吉人

任天性號善卿

徐樹棠號伯蔭

何居信號忠心

曹興業

張心彥號俊甫

雷曾恩號錫蕃

孫世慶號吉甫

丁羅斌號道中

朱光華號文甫

藍雲漢號倬臣

張 銓號衡臣

苗懷新號煥然

趙士中號立卿

靳厚軒號福山

王錫恩號鴻波

王振科號建名

袁寶珩號楚華

王廷魁號友梅

韓九齡號子壽

郭之震號楓菴

曹永源號澄波

王祥發

陳鴻章號煥之

譚瑞芝號蘭亭

傅全弼號良臣

唐叔中號宅南

王長福號全五

趙春泉號廉民

楊富才號達三

路文德號少修

康慶吉號子餘

常書田號文軒

尚景洲號瀛濤

孫金財號鑄三

常棣蔭號夏亭

張心懌號喜亭

張炎卿

李振華號文治

郭葆章號文淵

劉 文 魁

范同舟號濟卿

劉蕙琨號玉如

楊潤身號德臣

張養禎號祥之

苗繁宗號茂軒

丁寶林號春亭

劉長茂號榮軒

皮士俊號秀峯

張榮慶號吉甫

郭成祥號建業

段振鵬號雲翔

郭順德號遇鴻

穆萬琪號玉岑

呂汝雲號雨亭

趙士豪號季英

周憲文號顯謨

常書文號叔同

李榮春號青山

張祥雲號吉齋

陳懷瑾號子瑜

王應鵬號翔九

楊宗俊號子傑

張守合號子符

楊秀芬號笑梅

李濂

董秀蘭號清芳

薛雨生號青茵

◉編輯話

今年二月間，總經理命我編印同仁錄，並囑各製照相銅版，印在前邊，庶幾各地同仁，藉以相識，我自奉命後，就印了數十張同仁表，分寄各號照塡，表上并註明每人各照二寸相片一張，一並寄來，以便製版彙印•因爲變通的不便，和同仁有的遠出未歸，不能急于塡照，所以一直遲延下去•

最近表雖來齊，而相片仍然不全，我爲早日出版計，業將相片陸續製版，陸續印刷，本擬再等些時，俟相片來全後，一同結束，繼思新添人員，陸續不斷，彼此調遣，每月均有，如必要完全齊楚，簡直沒有日期，倒不如就由今天結束吧，于是就將寄來之表，加以整理，交于手民付印，此後如有調遣或更動，以及未照相的同仁肖像，只好等到下期再印了•

肖像的次序，本來是以年齡爲先後的，但是有的因爲製版太遲，不得不排到後邊，不過大多數還是依年齡的大小爲先後•

各號的次序，是以成立的時期排列，而每號的同仁，除主任經理外，都是以年齡分先後。

此事自籌備到現在，足足經過了七個月，而仍然是草草付印•眞覺得有點慚愧。

十九，九，十五，編者于新鄉

同和裕同仁錄

現任職務	姓名	別號	年齡	籍貫	履歷	通信處	入號年月
總經理	王靜瀾	晏卿	四四	河南省新鄉縣姜家庄	民國元年創辦本號	本宅	民國元年一月
津號律師	劉明陽	靜遠		河北省天津縣			
汴號律師	吳煥然	文卓	四九	河南省開封縣	日本早稻田大學法學士歷充河南甘肅高廳推事淮陽濬縣縣長魯豫法校專任教員	開封新豫中街五十六號	

同和裕同仁錄 一

新鄉總號

地址城內大西街

電報掛號〇六八一

民國元年創辦

現任職務	姓名	別號	年齡	籍貫	履歷	通信處	入號年月
經理	王清臣	廉儒	六二	河南省新鄉縣姜家庄	曾充同和樓經理民國元年創辦本號	本宅	民國元年一月
經理	常書耀	子榮	三八	山西省平遙縣安社村	前充道口分號經理	本縣段村天德厚轉	民國八年一月
營業	楊永祥	瑞甫	六三	河南省新鄉縣南魯堡	曾充協升恆營業	本號轉	民國七年一月
經理兼出納主任	趙柏林	新甫	五九	河南省新鄉縣東王村	曾充道生長經理	本號轉	民國十四年五月

貨物部經理	郭懷禹	文敷	五七	河南省新鄉縣北關	曾充道生長經理裕盛通經理	本宅	民國十五年七月
武師	劉理	性亭	五二	河南省新鄉縣大塊村	曾充道生長武師	本宅	民國九年
營業	王明德	俊臣	四七	河南省新鄉縣東台頭	曾充同合成營業	本縣北關玉合永轉	民國十三年
工商月刊社主任	石維藩	介侯	四三	河南省新鄉縣塊村營	武昌中華大學畢業	本號轉	民國十九年七月
工商月刊編輯	許道純	養素	四三	河南省濬縣鉅橋白庄	河南專門農校畢業歷充省立第一第三第五農校校長專農校教務長河南農林總場農藝股股長河南村治學院教授兼農場技師	本宅	民國十九年九月
經理兼會計主任	朱光殿	明甫	四二	河南省新鄉縣大迗佛	曾充祥盛魁會計	本縣小冀鎮三義合轉	民國十三年十一月

泥木工程師	靳成泰	樂安	四二	河南省新鄉縣朱召村	曾充北京總統府泥木工程師	本宅	民國十七年七月
經理	韓相宜	吉人	四十	河南省新鄉縣西大街	曾充道生長會計	本宅	民國六年五月
交際	張繼儒	席珍	四十	河南省陽武縣福寧集	河南高師畢業	本宅	民國十七年一月
經理兼營業	田椿林	竹軒	三八	河南省新鄉縣大北街	曾充祥盛魁營業永茂正營業	本宅	民國十四年四月
總管理處會計主任	袁寶珩	楚華	三四	河南省延津縣袁崗	曾充大容裕會計	本縣小店正興坊轉	民國十三年一月
貨物部會計主任	郭之宸	楓菴	三三	河南省獲嘉縣小絡紂	曾充道生長會計	本宅	民國十七年一月

同和裕同仁錄　新鄉總號

營業	常書田	文軒	三二	山西省平遙縣安社村	曾充奉天錦縣東昇長會計	本縣段村天德厚轉	民國十七年三月
西站櫃經理	張心懌	喜亭	三一	河南省新鄉縣固城	曾充正泰昌營業泰生祥營業	本宅	民國十一年
營業	苗藩宗	茂軒	三十	河南省新鄉縣橋北		本宅	民國十二年
會計	穆萬琪	玉岑	二九	河南省新鄉縣小冀鎮	曾充本盛和會計	本宅	民國十四年四月
營業	呂汝雲	雨亭	二九	河南省新鄉縣姜家庄		本宅	民國十七年九月
貨物部營業	張祥雲	吉齋	二八	河南省陽武縣延州	曾充新盛長會計	本宅	民國十九年三月

經理	王應鸞	荷先	二八	河南省新鄉縣姜家庄	衞輝第四甲種農校畢業曾充利濟工廠技師一年	本宅	民國九年一月
營業	崔聯珠	貫之	二六	河南省新鄉縣北街		本宅	民國十二年一月
文牘主任	杜興唐	紹明	二四	河南省新鄉縣小冀鎮	濟源高小校畢業	本宅	民國十六年一月
總管理處會計	高敬曾	慕先	二三	河南省開封無量菴		本宅	民國十四年一月
會計	李光三	耀祖	二二	河南省新鄉縣南街		本宅	民國十五年一月
出納	朱止棟	孟輔	二二	河南省新鄉縣小東街	開封黎明中學肄業	本宅	民國十七年一月

會計練習生	王泰清	希夷	二二	河南省新鄉縣白小屯		本縣橋北文盛公轉	民國十七年一月
西站櫃會計	楊履皋	梯雲	二二	河南省新鄉縣朱召村		本縣北街振豐祥轉	民國十七年一月
文牘練習生	王文波	慕陶	二一	河南省新鄉縣店後營	本縣職業學校畢業	本縣北街福慶祥轉	民國十九年二月
文牘	段福隆		二十	河南省新鄉縣北關		本宅	民國十七年一月
店員	郭玉德	温其	二十	河南省新鄉縣北街		本宅	民國十五年一月
會計練習生	王舉賢	貢儒	二十	河南省陽武縣北街	新鄉職業學校畢業	本宅	民國十九年二月

練習生	莊匯文	復吾	二十	河南省輝縣牌坊街		本宅	民國十九年二月
練習生	鄭全貞		二十	河南省新鄉縣姜家庄	曾充振興工廠營業	本宅	民國十九年二月
練習生	曹永海	會川	十九	河南省新鄉縣南街	本縣職業學校畢業	本宅	民國十九年二月
練習生	郭清洋	叔海	十九	河南省新鄉縣東街	本縣職業學校畢業	本宅	民國十九年二月
練習生	劉呈瑞	雪年	十九	河南省輝縣中山街		本宅	民國十九年二月
練習生	韓國憲	震東	十九	河南省新鄉縣東街	本縣職業學校畢業	本宅	民國十九年六月

練習生	呂應愷	樂平	十九	河南省新鄉縣北關	本縣職業學校畢業	本宅	民國十九年六月
練習生	秦佩玖	玉久	十九	河南省輝縣南關	新鄉職業學校畢業	本宅	民國十九年六月
練習生	路守身	子修	十九	河南省新鄉縣路莊	本縣職業學校畢業	本縣元泰轉	民國十九年八月
練習生	崔彥樵	山樓	十八	河南省新鄉縣絡絲潭		本縣東街楊雲峯轉	民國十九年二月
練習生	陳學亮	洞之	十八	河南省新鄉縣東大陽堤	本縣職業學校畢業	本縣北關同義合轉	民國十九年六月
練習生	鄭運豐	際泰	十八	河南省溫縣西關	新鄉恆裕成練習生	本宅	民國十九年五月

練習生	范正武	俊才	十八	河南省新鄉縣小冀鎮		本宅	民國十九年二月
練習生	韓榮春	熙宇	十七	河南省新鄉縣小東街	本縣職業學校畢業	本宅	民國十九年二月
練習生	酒長琦	崐山	十七	河南省新鄉縣小北街	本縣職業學校畢業	本宅	民國十九年六月
練習生	衛遐齡	壽恆	十七	河南省新鄉縣北關		本宅	民國十九年二月
練習生	常貴華	蔚山	十六	山西省平遙縣安社村		本縣段村天德厚轉	民國十九年四月

道口分號

地址大集街
電報掛號〇六八一

民國三年成立

現任職務	姓名	別號	年齡	籍貫	履歷	通信處	入號年月
經理	楊富才	達三	三二	河南省新鄉縣楊家屯		本縣小冀慶裕公轉	民國六年一月
出納	郭金山	秀峯	四七	山西省高平縣徐庄村	曾充確山源泰永經理	本縣南關天義昌轉	民國六年二月
經理	孫世慶	吉甫	三九	河南省新鄉縣寺王		本縣城內泰順成轉	民國十四年四月
五陵莊員	劉長茂	榮軒	三一	河南省新鄉縣劉大召			民國十六年一月

貨物會計	周憲文	顯謨	二九	河南省新鄉縣大東街		本宅	民國十三年一月
營業	王樹林	森如	二七	河南省新鄉縣王屯	曾充裕慶隆營業	本宅	民國十九年六月
會計主任	譚瑞珍	霞珊	二六	河南省新鄉縣小西街		本宅	民國十二年十月
文牘	苗藩秀	宦卿	二五	河南省新鄉縣壇口		本宅	民國十三年一月
營業	王鴻來	衡賓	二五	河南省新鄉縣東花園		本宅	民國十五年一月
貨物營業	孟燮元	象三	二四	河南省新鄉縣小冀鎮		本宅	民國十九年一月

同和裕同仁錄　道口分號

營業	韓世忠	伯純	二三	河南省新鄉縣大西街	本宅	民國十三年四月
練習生	韓君璽	玉亭	二三	河南省新鄉縣金家營	本縣復興恆轉	民國十七年一月
文牘	張延重	子厚	二十	河南省汲縣橋北西街九號	本宅	民國十七年一月
練習生	畫文學	紹游	二十	河南省濬縣南門裏	本宅	民國十七年一月
練習生	彭希學	法聖	二十	河南省濬縣中山大街彭家衚衕	本宅	民國十九年二月
練習生	楊富恩	錫三	二十	河南省新鄉縣楊家屯	本縣小冀慶餘公轉	民國十九年五月

十三

練習生	范長里	訓之	二十	河南省新鄉縣小冀苗庄		本縣小冀泉太公轉	民國十九年五月
練習生	尚士宣	殿卿	十九	河南省博愛縣二地方	曾充新盛長練習生	本縣聚昌號轉	民國十九年五月
練習生	司光福	東如	十八	河南省新鄉縣高庄	第四高小校畢業	本縣鉅興魁轉	民國十九年二月
練習生	郭祿林	晏堂	十八	河南省新鄉縣姜家庄		本宅	民國十九年二月
練習生	董長泰	永修	十七	河南省濬縣道口鎮		本宅	民國十九年二月
練習生	胡連興		十六	河南省滑縣		道口濟生醫院	民國十九年六月

漢口分號

地址生成里
電報掛號二四四〇
民國五年成立

現任職務	姓名	別號	年齡	籍貫	履歷	通信處	入號年月
經理	王獻玖	玉甫	三九	河南省新鄉縣姜家庄		本宅	民國五年
經理兼上公所主任	陳懷瑾	子瑜	二七	浙江省上虞縣大山下		漢口智民里十四號	民國十七年十一月
文牘	范同舟	濟卿	三一	河南省新鄉縣北花園	第四甲種農校畢業	本宅	民國十六年十二月
經理兼營業主任	張養禎	祥之	三十	河南省新鄉縣張庄		本宅	民國六年十月

練習生	楊履謎	仲誠	二三	河南省新鄉縣東關	本縣高小校畢業	本宅	民國十六年二月
會計	胡梓榮	桐君	二一	河南省輝縣南關	中學肄業	本宅	民國十六年二月
練習生	張鑑海		十八	河南省鞏縣寺灣		本縣永義長轉	民國十八年一月
練習生	陳懷春	子敏	十六	浙江省上虞縣大山下	初級小學畢業	本宅	民國十七年二月

開封分號

地址北共和街

電報掛號三一三四

民國五年成立

現任職務	姓名	別號	年齡	籍貫	履歷	通信處	入號年月
經理	趙清平	安侯	五五	河南省新鄉縣大東街	創辦本號及同和樓	本宅	民國元年一月
營業	張俊明	格臣	四七	河南省孟縣上作村		本宅	民國十五年五月
營業	謝克謀	子嘉	四六	河南省溫縣東城外	曾充開封順興振營業	本縣招賢鎮郵局轉	民國十七年
經理	冀殿元	仲三	四二	河南省新鄉縣小西街	曾充正泰昌經理	本宅	民國五年

經理兼營業主任	趙春泉	廉民	三二	河南省新鄉縣暢家崗	本宅	民國六年
營業	常棣蔭	夏亭	三二	山西省陵川縣	晉城縣魯村豐泰染房	民國十五年六月
營業	閻寶琨	懷珍	二六	河南省新鄉縣小冀鎮	小冀鎮公順恆轉	民國十三年
文牘	張心芳	伯棻	二六	河南省新鄉縣張固城	本縣三益堂轉	民國十七年一月
會計	王益祥	懋謙	二三	河南省新鄉縣北關	本縣北關晉豐祥	民國十六年三月
會計	趙寶鈺	鑲楚	二三	河南省新鄉縣城西庄	本宅	民國十九年二月

會計	李世魁	梅亭	二二	河南省新鄉縣大東街		本縣城内三益堂	民國十五年
出納	郭輯	瑞五	二二	河南省輝縣三里屯		本縣南關四義長轉	民國十五年三月
出納	趙春池	雲亭	二二	河南省新鄉縣暢家崗		本宅	民國十八年二月
文牘	李明義	次仁	二一	河南省新鄉縣七里舖		本宅	民國十七年
練習生	徐德旺	震宇	二一	河南省新鄉縣		本縣城内鉅興魁轉	民國十九年二月
文牘	王潤	頤民	二十	河省南新鄉縣姜家庄	本縣高小學校畢業	本宅	民國十四年九月

會計	梁興儼	子敬	十九	河南省新鄉縣小冀鎮		本宅	民國十六年十一月
練習生	張善魁	星五	十八	河南省新鄉縣合河鎮		本宅	民國十八年十二月
練習生	張晉卿		十八	河南省輩縣西寺灣村		本宅	民國十八年七月
練習生	劉宜嶺	峻甫	十七	河南省新鄉縣劉大召	本縣第四小學校畢業	本縣城內復興恆轉	民國十九年十二月
練習生	杜全期	子久	十七	河南省孟縣化工村		本縣南庄正興隆轉	民國十九年四月

鄭州分號

錢塘里東

電報掛號五五五五

民國六年成立

現任職務	姓名	別號	年齡	籍貫	履歷	通信處	入號年月
經理	譚瑞禎	伯麻	二六	河南省新鄉縣小西街	曾充文興魁會計鄭州鼎新經理	本宅	民國五年
經理	翟金銘	緘三	四三	河南省葷縣大井溝	曾充信昌豫盛和經理	本縣站街豐慶隆	民國十五年十二月
經理	畢占名	五亭	四十	河南省新鄉縣小西街		本宅	民國五年
營業	雷晉恩	錫藩	三九	河南省孟津縣西鄉雷灣村	曾充孟津縣鉄謝鎮信泰成六陳莊經理	鉄謝鎮正合堂	民國十四年六月

經理	苗懷新	煥然	三五	河南省新鄉縣小北街		本宅	民國六年
交際	王廷魁	友梅	三四	河南省汜水縣西關	曾充豫盛和會計華中營業主任	本縣德元恆轉	民國十七年一月
經理	康慶吉	子餘	三二	河南省新鄉縣小東街	曾充積玉恆練習生	本宅	民國八年六月
出納	孫金財	鑄三	三二	河南省新鄉縣朱召村	曾充新鄉義源隆練習生	本宅	民國十三年一月
營業	劉憲現	玉如	三一	河南省新鄉縣大塊村	曾充道生永道生長營業	本宅	民國十四年七月
會計	趙士豪	季英	二九	河南省新鄉縣小北街	曾充德盛魁祥記練習生	本宅	民國十六年一月

同和裕同仁錄　鄭州分號

會計	曹乃魁	傑三	二四	河南省獲嘉縣曹庄		本縣源盛湧轉	民國十七年一月
文牘	石文通	豁然	二二	河南省孟縣東鄉杜村		本縣城內裕豐益	民國十五年二月
文牘	孫景和	致祥	二二	河南省安陽縣大官莊		本縣城內東街一號	民國十八年七月
練習生	火春林	景岩	二一	開封朱仙鎮	曾充信昌銀號練習生		民國十八年二月
練習生	劉耀祖	光裕	二十	河南省孟縣南大街		本縣南區代轉	民國十六年四月
練習生	張純義	子忠	二十	河南省鞏縣八里莊		本縣永泰祥轉	民國十七年一月

練習生	鄭中林	子森	二十	河南省孟縣北哪哪村	曾充德成花行練習生	本縣余寺集王惠德代轉	民國八年九月
練習生	李霽華	寶騰	二十	河南省延津縣王連屯		新鄉縣車站天義樓	民國十九年一月
練習生	羅自立	子卓	二十	河南省新鄉縣羅灘		本宅	民國十九年一月
練習生	張文韜	蘊樸	二十	河南省輝縣張小莊		本縣北新街毛壽承轉	民國十九年一月
文牘練習生	鄧燦然	季英	十九	河南省獲嘉縣南關		本宅	民國十九年一月
練習生	張冠羣	子實	十九	山西省聞喜縣城內		本宅	民國十七年五月

練習生	路守泰	嶽峯	十七	河南省新鄉縣路莊	本縣職業學校畢業	轉本縣元泰	民國十九年六月
練習生	史延年	鶴軒	十六	河南省新鄉縣柘榴園	本縣職業學校畢業	本宅	民國十九年六月

天津分號

地址法租界六號路
電報掛號六七九一
民國六年成立

現任職務	姓名	別號	年齡	籍貫	履歷	通信處	入號年月
經理	曹永源	澂波	三三	河南省新鄉縣南街	本縣高小校畢業	本宅	民國六年
靜濟號天津莊首	宋華軒		五三	河北省天津縣南唐官屯	天津公興存	唐官屯	民國十九年四月
倉庫主任	王翰	墨林	四十	河北省天津縣西沽鹽店街	寶成紗廠事務所		民國十九年七月
會計	任天性	善卿	三六	河南省新鄉縣任小營		本宅	民國十九年五月

經理兼營業	楊履謙	伯讓	二八	河南省新鄉縣東關		本宅	民國十四年七月
會計	齊毓鵬	雲九	二七	河北省文安縣勝芳鎮戲樓東		本宅	民國十四年五月
會計	曹永渭	濱卿	二二	河南省新鄉縣南街	本縣高小校肄業	本宅	民國十四年一月
看倉庫	李增		二二	河北省天津縣	光華公司	本宅	民國十九年七月
練習生	游佩琨	少涵	二二	河南省新鄉縣北關	本縣職業學校畢業	本宅	民國十九年四月
文牘	王繼勳	紹唐	二十	河南省新鄉縣洛絲潭	本縣高小校畢業	本宅	民國十七年一月

練習生	馮　鈞		二十	北平崇門外羊市口內雷家衚衕十五號	北平竹記錢鋪	本宅	民國十九年六月
出納	王式金	麗生	十九	山東省福山縣蕭家庄	高小學校畢業	烟台大廟西四合興轉	民國十六年八月
練習生	孔慶淮	子清	十七	河南省新鄉縣八里營	本縣高小校畢業	本宅	民國十九年二月
練習生	王應彪		十七	河南省新鄉縣姜家庄	本縣高小校肄業	本宅	民國十九年二月

上海分號

地址甯波路保記里
電報掛號二七〇四

民國六年成立

現任職務	姓名	別號	年齡	籍貫	履歷	通信處	入號年月
經理	陳裕容	子寬	三六	河南省新鄉縣小東街		本宅	民國八年一月
會計主任	趙逢源	資深	二四	河南省新鄉縣東王村		本宅	民國十三年二月
文牘主任	郭中正	敬齋	二四	河南省新鄉縣北關		本宅	民國十四年一月
庶務	于植芳	春庭	二三	河南省獲嘉縣城内		本縣德懋公號轉	民國十四年一月

同和裕同仁錄　上海分號　三一

練習生	練習生
張光第	劉宜峯
華宇	奇亭
十八	十七
河南省汲縣城內	河南省新鄉縣大召
新鄉職業學校畢業	本縣職業學校畢業
貢院街本宅	本縣復興恆轉
民國十九年二月	民國十九年二月

博愛分號

地址城內西街
電報掛號〇七三五

民國十五年成立

現任職務	姓名	別號	年齡	籍貫	履歷	通信處	入號年月
經理	趙士中	立卿	三六	河南省新鄉縣小北街	曾充和泰祥經理	本宅	民國十三年三月
經理	古立荃	香甫	五六	河南省博愛縣南朱營	曾充復興祥經理	本宅	民國十五年九月
營業	田毓春	石如	四二	河南省沁陽縣西街	曾充裕盛桐營業	本宅	民國十七年八月
會計主任	陳鴻章	煥之	三三	河南省新鄉縣曲里村	曾充四海成營業	新鄉本號轉	民國十五年一月

營業	傅全弼	良臣	三三	河南省博愛縣第三街	曾充同茂祥營業兼會計	本宅	民國十七年八月
文牘兼會計	楊潤身	德臣	三一	河南省博愛縣第八街	曾充復興祥會計	本宅	民國十五年十月
文牘	林崇和		二二	河南省博愛縣第十街		本宅	民國十五年八月
出納	劉錦春	韶華	二二	河南省博愛縣		本縣同元店轉	民國十五年十月
文牘練習生	譚瑞雲	慶五	二十	河南省新鄉縣小西街		本宅	民國十六年一月
練習生	申國鳴	韶宣	二十	河南省博愛縣第三街		本宅	民國十七年一月

練習生
范正身
修齋
十九
河南省新鄉縣小冀鎮
本宅
民國十七年十一月

同和裕同仁錄 博愛分號

三五

彰德分號

地址城內北街

電報掛號〇六八一

民國十六年成立

現任職務	姓名	別號	年齡	籍貫	履歷	通信處	入號年月
經理	羅敬先	紹祖	四六	河南省新鄉縣羅灘	曾充祥泰卿蛋廠管事	本宅	民國十二年
上街	韓九齡	子壽	三四	河南省安陽縣北門東街	曾充德豐厚會計	本宅	民國十六年四月
會計主任	何壽昌	邵南	二四	河北省曲周縣河東後街		本宅	民國十五年四月
營業	王寶賢	傑英	二三	河南省新鄉縣鴻門村		本縣北街楊春元轉	民國十六年一月

駐紗廠辦事處主任	張先武	子斌	二二	河南省新鄉縣大陽堤	中學肄業	新鄉本號轉	民國十六年二月
文牘主任	李春林	子萬	二二	河南省新鄉縣小東街		本宅	民國十七年一月
文牘	畢保初	性全	二二	河南省安陽縣城內唐家巷		本宅	民國十八年二月
練習生	楊春光	耀普	二十	河南省新鄉縣南任旺		新鄉本號轉	民國十九年二月
練習生	金崇山	峻嶺	二十	河南省新鄉縣金家營		本縣南街李長泰轉	民國十九年二月
練習生	張家麟	玉書	十九	河南省安陽縣御路街		本宅	民國十六年四月

練習生	練習生	練習生
王　溱	張慶星	張成功
擇隣	壽軒	安甫
十八	十七	十七
河南省新鄉縣姜家庄	河南省獲嘉縣自由街	河南省輝縣九聖營
本縣職業學校畢業		
本宅	本宅	本宅
民國十九年六月	民國十九年二月	民國十九年二月

大連分號

西崗久壽街三十六番
電報掛號六七九一

民國十六年成立

現任職務	姓名	別號	年齡	籍貫	履歷	通信處	入號年月
經理	郭順德	遇鴻	二九	河南省新鄉縣大北街	本縣甲種農校肄業	本宅	民國七年一月
練習生	姜奎謨	星五	十七	山東省福山縣	高小學校畢業	芝罘福邑西門裏益源永轉上士子大川	民國十六年九月

解州分號

蔡家樓恆豐久內

電報掛號運城五五五五

民國十七年成立

現任職務	姓名	別號	年齡	籍貫	履歷	通信處	入號年月
經理	趙桂嶺	香山	二七	河南省新鄉縣牛任旺	曾充鴻生祥德茂祥練習生	本縣北街同順坊轉	民國十一年一月

同和裕同仁錄　解州分號

四三

徐州分號

地址　二馬路
電報掛號〇六八一

民國十八年成立

現任職務	姓名	別號	年齡	籍貫	履歷	通信處	入號年月
經理	張炎卿	以字行	三一	河南省鞏縣西寺灣村		本宅	民國七年十一月
	仇恩浦	逸泉	三一	江蘇省新浦縣			民國十九年八月
營業	常書文	叔同	二八	山西省平遙縣安社村	曾充漢口信義隆營業	本縣段村天德厚轉	民國十四年四月
車站內務	趙應麟	善亭	二七	河南省鄭縣京水鎮		本宅	民國十四年三月

車站營業	張保	佑亭	二七	河南省鞏縣西寺灣村	曾充開封寶振通店員	本宅	民國十八年一月
車站會計	張聞樑	棟甫	二七	河南省鞏縣西寺灣村	高小校畢業	本宅	民國十九年二月
文牘主任	張聞滄	亦清	二五	河南省鞏縣西寺灣村	高小校畢業	本宅	民國十二年二月
營業	王文瑩	子美	二五	河南省新鄉縣東街	曾充聚興蛋廠店員	本宅	民國十四年四月
帮辦	師恕倫	敦五	二三	河南省鄭縣黃河北岸馬庄	高小校畢業	本宅	民國十五年二月
練習生	弓延年	益軒	二三	河南省鄭縣弓家寨		本宅	民國十八年六月

同和裕同仁錄　徐州分號　四七

營業	趙思良	賢卿	二三	河南省延津縣晉村	曾充新盛長營業	本縣小店德茂祥轉	民國十九年五月
會計	樊承平	星三	二二	河南省孟津縣泰和庄	高小校畢業	本縣鐵謝鎮正合堂	民國十七年一月
營業	高世功	試卿	二一	河南省新鄉縣劉家店	高小校畢業	本縣七里營郵局轉	民國十七年一月
出納	曹成業	樂菴	二一	河南省鞏縣洛口村		本宅	民國十六年三月
文牘	郭松林	甫琴	二一	河南省新鄉縣金家營	開封聖安得烈肄業	本縣城內復興恆轉	民國十六年一月
練習生	李錦泰	子安	十九	河南省新鄉縣東關		本宅	民國十五年一月

練習生	李凝瑚		十九	河南省獲嘉縣中和鎮		本宅	民國十九年二月
練習生	蔡錫恩		十七	河南省孟津縣白鶴鎮		本宅	民國十八年一月
練習生	韓君明	會清	十六	河南省新鄉縣金家營	本縣職業學校畢業	本宅	民國十九年二月

蚌埠分號

地址興平街
電報掛號〇六八一

民國十八年成立

現任職務	姓名	別號	年齡	籍貫	履歷	通信處	入號年月
經理	段振鵬	雲翔	二九	河南省新鄉縣北關	本縣甲種農校肄業	本宅	民國九年一月
營業	趙大範	宏謨	二七	河南省新鄉縣八里營		本宅	民國十一年一月
會計	張治安	化普	二一	河南省新鄉縣姜家庄	本縣國學專修舘肄業	本宅	民國十五年一月
練習生	范奎照	星五	二一	河南省新鄉縣北花園	高小校畢業	本宅	民國十七年一月

練習生	楊履誠	和普	二十	河南省新鄉縣東關	本縣職業學校畢業	本縣北街福聚和轉	民國十九年二月
練習生	劉明甫	台三	十七	河南省新鄉縣劉大召	第四小校畢業	本宅	民國十九年二月
練習生	孟熙周	鳴岐	十七	河南省新鄉縣孟家營		本宅	民國十八年三月

濟南分號

一大馬路
電報掛號三一三四

民國十八年成立

現任職務	姓名	別號	年齡	籍貫	履歷	通信處	入號年月
經理	王錫恩	鴻波	三五	河南省新鄉縣西營		新鄉本號轉	
會計	荊銘彝		二七	河南省新鄉縣荊樓		本宅	民國十五年二月
練習生	馮元璽	子玉	十八	河南省輝縣西關	新鄉職業學校畢業	本宅	民國十九年六月

新浦分號

同盛利公司內

電報掛號五五五五

民國十八年成立

現任職務	姓名	別號	年齡	籍貫	履歷	通信處	入號年月
主任	張欽海	運南	二六	河南省鞏縣寺灣西村		本縣車站郵局轉	民國十年
練習生	郭名臣	國卿	二十	河南省原武縣趙美屋	新鄉職業學校畢業	本宅	民國十九年十二月

焦作分號

益記公司內
電報掛號〇六八一

民國十八年成立

現任職務	姓名	別號	年齡	籍貫	履歷	通信處	入號年月
主任	楊履瑞	祥甫	三十	河南省新鄉縣朱召村		本宅	民國十四年十一月
練習生	郭世傑	子豪	十八	河南省新鄉縣柘榴園	本縣職業學校畢業	本宅	民國十九年十二月

北平分號

地址煤市街興隆店
電報掛號六七九一

民國十九年成立

現任職務	姓名	別號	年齡	籍貫	履歷	通信處	入號年月
主任	胡葆龢	仲箎	四一	河北省天津縣海下	歷充大成銀行營業邊業銀行副經理		民國十九年十月
店員	丁寶林	春亭	三十	河南省新鄉縣姜家庄		本宅	民國十四年
文牘	王麃申	民先	二二	河南省新鄉縣姜家庄	本縣高小校畢業	本宅	民國十四年一月
會計	陳琰	佩如	三一	河北省天津縣	歷充金生銀號練習生春華茂店員	天津北門裏杜房衚衕	民國十九年二月

練習生	劉長仁	靜山	二一	河南省新鄉縣固軍	本縣職業學校畢業	本宅	民國十九年七月
練習生	李濂		十八	河北省通縣張家灣		本宅	民國十九年五月
練習生	張廣亞		十七	河南省新鄉縣大張庄	本縣職業學校畢業	本宅	民國十九年二月

青島分號

民國十九年成立

現任職務	姓名	別號	年齡	籍貫	履歷	通信處	入號年月
經理	陳裕才	興文	二八	河南省新鄉縣小東街	曾充公茂昌練習生	本宅	民國十一年

鄭州同記

地址大通路

民國十年成立

現任職務	姓名	別號	年齡	籍貫	履歷	通信處	入號年月
經理	李振揚	子雲	四七	河南省鄭縣京水鎮	曾充寶盛隆經理	本鎮藍衚衚街	民國十三年二月
會計	張茂育	桐軒	四十	河南省鞏縣桐花溝	曾充通泉錢莊練習生	本縣站街崇信源糧行	民國十八年一月
會計	藍雲漢	倬臣	三七	河南省鄭縣雙井村	曾充和致恆鴻源湧會計	本縣京水鎮同茂糧店	民國十八年二月
副經理	張榮慶	吉甫	三十	河南省鞏縣岳寨村	曾充慶盛祥會計	本縣車站振興亞煤廠	民國十三年二月

張守合	子符	二八	河南省獲嘉縣亢村驛	曾充同泰恆會計	亢村驛張圪壋	民國十三年四月
謝照俊	佩璋	二二	河南省鄭縣南門大街		本宅	民國十五年十月
范正新	春普	二一	河南省新鄉縣小冀鎮		本鎮後杜村	民國十三年三月
杜世峯	子峻	二十	河南省靈寶縣城內		本縣新街巷	民國十八年八月
蔣中道	子正	十九	河南省滎陽縣陳庄		本縣東大街協茂源	民國十七年二月
金守善	純仁	十五	河南省鄭縣大李村		本縣祥符營萬泰和粮行	民國十九年一月

新鄉亨源榮亨源同時貨莊

亨源榮 西車站平漢票房後 民元前二年成立

亨源同 西車站中山大街 民國十九年成立

現任職務	姓名	別號	年齡	籍貫	履歷	通信處	入號年月
經理	王振科	建名	四二	河北省新河縣周家庄	昔陽德和振	本縣荆家庄轉	民國十四年二月
營業	靳厚軒	福山	三五	河北省新河縣後沙窪	開封福豐號	本縣辛章保轉	民國十九年四月
營業	王長福	全五	三三	河北省新河縣周家庄	昔陽福盛合	本縣荆家庄轉	民國十五年四月
營業	趙正安	占福	三二	河北省冀縣徐家庄		本縣韓村鎮轉	民國十九年五月

同和裕同仁錄　新鄉亭源榮亭源同　六四

幫辦	楊宗俊	子傑	二七	河南省新鄉縣王魯堡		新鄉本號轉	民國十一年
營業	耿鳴岐	鳳崗	二七	河北省甯晉縣邱頭村	沁陽恆盛和	本宅	民國十九年四月
營業	戚來生		二三	河南省新鄉縣城內		本宅	民國十五年一月
營業	王幹臣	君清	二二	河南省新鄉縣南高村	本縣福順裕	新鄉本號轉	民國十九年四月
營業	宋子豪	傑臣	二一	河南省新鄉縣小冀鎮		本宅	民國十四年五月
營業	耿啓仁		二十	河南省汲縣嚴光街	汲縣學記	本宅	民國十九年三月

練習生	武元重	二十	河南省新鄉縣高灣村	曾充德義長練習生	本宅	民國十九年二月
練習生	戚來福	二十	河南省新鄉縣城內	曾充全盛祥練習生	本宅	民國十九年五月
練習生	趙景池	十八	河北省甯晉縣畢家庄		本宅	民國十九年二月
練習生	傅青章	十六	河北省南宮縣傅家庄		本宅	民國十九年二月
練習生	趙壽亭	十六	河北省甯晉縣畢家庄		本宅	民國十九年六月
練習生	宋光明	十六	河北省永年縣臨名關		本宅	民國十九年六月

新鄉貧民工廠

地址姜家庄

民國十六年成立

現任職務	姓名	別號	年齡	籍貫	履歷	通信處	入號年月
主任	曹書錦	士標	五三	河南省新鄉縣南街	曾充衛宅賬房	本宅	民國十六年三月
營業兼會計	朱光華	文甫	三九	河南省新鄉縣大送佛	曾充陽武瑞豐祥會計	本縣大召營車站恆太順	民國十六年四月
技師	范宗堯	紹唐	二六	河南省新鄉縣城內學後街		本宅	民國十六年二月
練習生	朱同玉	佩之	十八	河南省新鄉縣城南庄	初小肄業	本宅	民國十九年二月

同和裕同仁錄　新鄉貧民工廠　六七

彰德製蛋部

地址車站
電報掛號〇六八一

民國十七年成立

現任職務	姓名	別號	年齡	籍貫	履歷	通信處	入號年月
廠務主任	劉廷魁	勳臣	四四	河南省新鄉縣飲馬口	曾充清江增新祥蛋廠新鄉天順恆營業	本宅	民國十五年二月
宜溝莊員	劉恂	捷山	四八	河南省安陽縣北門東街	曾充益和成雜貨行營業	本宅	民國十六年二月
衛輝莊員	張心彥	俊甫	四四	河南省新鄉縣張固城		本宅	民國十九年三月
馬頭鎮莊員	譚鳳岑	玉峯	四三	河南省新鄉縣城西庄	曾充振豫外事	本宅	民國十九年三月

臨漳莊員	段金銓	衡山	四二	河南省新鄉縣南水東		本縣萬順廠轉	民國十六年四月
會計主任	靳玉瑞	祥甫	四一	河南省新鄉縣楊村	泰和裕	本縣復興恆轉	民國十五年十月
干黃蛋白技師	趙殿全	魁卿	四一	河南省新鄉縣飲馬口	同新祥	本宅	民國十九年二月
干黃蛋白副技師	趙維壽	星聯	四十	河南省新鄉縣飲口馬	慶豐蛋廠	本宅	民國十九年二月
飛黃副技師	陳伯福	子久	三九	鄭州西陳庄門牌四號	鄭州中華蛋廠	本宅	民國十九年七月
東關莊員	丁羅斌	道中	三七	河南省新鄉縣固城		本宅	民國十五年二月

庶務	張銓	衡臣	三七	河南省獲嘉縣城內	平陽鴻豐蛋廠	本宅	民國十九年三月
南關莊員	劉義堂	耀亭	三七	河南省安陽縣城內		本宅	民國十六年二月
彭城莊員	唐叔中	宅南	三三	河北省新鄉縣	吉星貨棧	本縣車站振豐煤廠	民國十九年三月
菜園莊員	路文德	少修	三三	河南省濬縣道口鎮		本鎮四舖老爺廟口	民國十八年七月
水冶莊員	譚瑞芝	蘭亭	三三	河南省新鄉縣小西街	曾充開封生和泰會計	本宅	民國十八年二月
會計	尚景洲	瀛濤	三二	河南省新鄉縣牧野村	曾充祥盛魁會計	本宅	民國十八年三月

飛黃正技師	張友才	碩甫	三一	鄭州城內磚牌坊街五十號	鄭州中華蛋廠	本宅	民國十九年七月
湯陰莊員	閻寶嶺	梅亭	三一	河南省新鄉縣西興甯		本宅	民國十七年十一月
輝縣莊員	皮士俊	秀峯	三十	河南省輝縣常家屯		本縣德又新轉	民國十九年三月
屯子莊員	賈文運	克昌	二七	河南省新鄉縣暢家崗	德泰生德慶生豫通號慶豐號	本縣義慶長轉	民國十九年三月
文牘	崔彥謌	士樓	二六	河省南新鄉縣洛絲潭		本宅	民國十九年三月
濬縣莊員	王文勤	廉甫	二五	河南省新鄉縣小東街	山西義和蛋廠	本宅	民國十九年三月

科泉莊員	朱止藩	价臣	二四	河南省新鄉縣合河鎮	曾充祥盛魁恆通蛋廠雜務練習生	本宅	民國十九年二月
水冶莊員	劉慶書	子義	二四	河南省新鄉縣劉大召	曾充焦作公和永當舖練習生	本宅	民國十七年二月
曲溝莊員	劉琨定	子敬	二二	河南省新鄉縣		新鄉本號轉	民國十六年二月
磁州莊員	陳正邦	安甫	二二	河南省新鄉縣馬小營		新鄉本號轉	民國十五年二月
下堡莊員	呂和祿	壽亭	二二	河南省新鄉縣北翟坡	曾充裕生祥練習生	本縣恆立永轉	民國十九年二月
北關莊員	趙寶森	茂亭	二二	河南省新鄉縣城西庄	本縣高小校畢業	本宅	民國十九年二月

東關莊員	梁興儀	文軒	二一	河南省新鄉縣小冀鎮	高小校畢業	本宅	民國十九年二月
店員	田蓉生	筱軒	二十	河南省新鄉縣大北街	曾充振豐蛋廠練習生	本宅	民國十九年二月
店員	于文欽	佩之	二十	河北省曲周縣後里僧寨		本宅	民國十七年八月
練習生	王鴻南	炳臣	二十	河南省新鄉縣東花園		本宅	民國十九年二月
會計練習生	張宏勳	友芝	十九	河南省汲縣西關後營街	新鄉職業學校畢業	本宅	民國十九年二月
練習生	孫復智		十七	河南省新鄉縣小冀鎮		本宅	民國十九年二月

新鄉火柴部

地址城東飲馬口

民國十七年成立

現任職務	姓名	別號	年齡	籍貫	履歷	通信處	入號年月
經理	鄭生義	宜軒	四十	河南省溫縣西關	曾充新盛長經理	本宅	民國十九年四月
技師	候良臣	以字行	四十	山西省聞喜縣喬寺村	曾充日本火柴廠技師	本縣橫水鎮東興昌轉	民國十七年六月
庶務	鄭生春	華軒	四四	河南省溫縣西關	曾充新盛長營業	本宅	民國十九年二月
店員	單耀祖	榮先	三四	河南省新鄉縣史屯		延津縣小店廣育恆轉	民國十九年五月

木工科工頭	姜志富		三三	河南省新鄉縣孟家營	曾充中本蛋廠木工	本宅	
卸軸科工頭	郭春花	樹亭	二七	河南省新鄉縣孟家營		本縣栢榴園福義蛋廠轉	民國十八年一月
烘房	張鳳龍	瑞雲	二七	河南省新鄉縣牧野村	新華火柴公司津華火柴公司	本宅	民國十七年九月
修理機器工頭	張守惠	峻德	二六	河南省新鄉縣南張庄	津華火柴公司利中火柴公司	本縣西車站裕德堂轉	民國十七年五月
油藥科工頭	徐榮魁	三星	二五	河南省新鄉縣固軍	津華火柴公司	本宅	民國十八年一月
調合科工頭	李玉堂	志聰	二五	山西省絳縣崔庄	洛陽晉昌火柴公司	聞喜縣橫水鎮友芝茂轉	民國十七年八月

鉄工工頭	聶紹君	子新	二五	河南省新鄉縣冀家庄	津華火柴公司利中火柴公司	本縣小冀鎮德慶公	民國十七年五月
理軸科工頭	楊高賢	岐聖	二四	河南省新鄉縣大陽堤	津華火柴公司利中火柴公司	本縣城內北街瑞豐祥轉	民國十七年九月
塗砂科	李純富		二四	河南省原武縣馬頭王	津華火柴公司利中火柴公司	本縣姜家庄靜泉學校轉	民國十七年八月
軸本盒料科工頭	崔玉生		二三	河南省新鄉縣大召營	津華火柴公司	本宅	民國十九年九月
排軸科工頭	呂會啓		二二	河南省新鄉縣七里營	津華火柴公司	本宅	民國十七年九月
會計	張鴻堂	子儒	二一	河南省新鄉縣西營		本宅	民國十七年五月

店員	收發
尹保誠	郭源昌
寶甫	浚泉
二十	七十
河南省輝縣書院街	河南省新鄉縣北街
新盛長	
本宅	本宅
民國十九年五月	民國十八年二月

漢口太公肥皂廠

地址五彩河街一號

民國十七年成立

現任職務	姓名	別號	年齡	籍貫	履歷	通信處	入號年月
主任	李東燦	育生	四十	河南省汲縣城內		汲縣城內天佑茶莊	民國十九年二月
廠務兼營業	李德潤	玉如	二六	河南省新鄉縣東街		本宅	民國十五年二月
技師	李榮春	青山	二八	河南省孟縣東小仇		孟縣城內春和樓轉	民國十七年三月
會計	臧家寵	鷲非	二一	河南省新鄉縣南街	本縣高小校畢業	本宅	民國十六年二月

新鄉萬順機器製造廠

西車站保安街

民國十八年成立

現任職務	姓名	別號	年齡	籍貫	履歷	通信處	入號年月
廠長	郭葆章	文淵	三一	河南省偃師縣大口鎮	旅順工科大學畢業曾充漢口中央機器廠技師河南省立第九中校第四師校教員偃師縣師校訓育主任	本宅	民國十八年九月
會計	趙賡祺	福亭	五十	河南省新鄉縣飲馬口	中本蛋廠會計恆茂蛋廠會計	本宅	民國十九年二月
木工工頭	曹興業		四四	河南省獲嘉縣獅子營	曾充焦作貴盛棧經理新鄉萬聚成木工頭	獅子營車站	民國十八年六月
營業	王祥發		三四	河南省偃師縣大口鎮	曾充豐聚恆經理	本宅	民國十九年三月

總工頭	李振華	文治	三一	河北省交河縣劉馬頭	曾充兗州福興煤礦公司萬聚成鐵廠工頭	本縣泊鎮郵局轉劉馬頭	民國十八年二月
機器工頭	劉文魁		三一	河南省內黃縣張海村	曾充井陘煤礦公司中原公司六合溝益利公司工頭	本縣楚旺鎮張海村交	民國十八年七月
鍋爐工頭	郭成祥	建業	三十	山東省濟甯府五里營	曾充中原公司萬聚成工頭	本宅	民國十八年二月
農具研究主任	孟奠國	子安	二八	河南省汜水縣横溝村	河南甲種農校畢業歷任本縣公立職業學校教員村治學院教員兼農場技術員	本縣周村鎮同茂公轉横水鎮	民國十九年九月
營業	王應鵬	翔九	二八	河南省新鄉縣姜家庄	曾充振豐織布廠經理	本宅	民國十八年四月
材料管理	李秀榮		二八	河南省新鄉縣姜家庄	曾充萬聚成營業員	本宅	民國十八年二月

翻砂工頭	桑玉田	春青	二七	河北省交河縣桑村	曾充鄭州大東機器廠兵工局工頭	本宅	民國十八年三月
會計練習生	曹永江	湘波	十九	河南省新鄉縣南街	本縣職業學校畢業	本宅	民國十九年二月
營業練習生	王勰	琴軒	十七	河南省輝縣南關新鄉路	本縣第二小校畢業	本宅	民國十九年二月

新鄉修文印刷所

地址城內大西街

民國十八年成立

現任職務	姓名	別號	年齡	籍貫	履歷	通信處	入號年月
主任	張繼英	俊秀	二九	河南省陽武縣福甯集	省立第五師範畢業曾充陽武縣第一小學校長及靜泉學校教員	本宅	民國十九年六月
營業	趙來弼	右卿	二七	河南省博愛縣七地方	曾充新盛長營業	本宅	民國十六年二月
石印股主任	徐寶連		二五	河南省延津縣吳安屯	汲縣華記寔記	汲縣車站同義公轉	民國十九年八月
會計	楊國寶	獻卿	二四	河南省新鄉縣東辛庄		本宅	民國十四年一月

裝訂股主任	程兆祥	以字行	二四	河南省新鄉縣東關	曾充北平平漢印刷所裝訂股	本宅	民國十八年八月
印刷股主任	張學聖	化亭	二三	河南省新鄉縣張固城	本縣師範講習所肄業	本縣城內天慶長	民國十六年一月
排版股主任	曹永湘	靈溪	二三	河南省新鄉縣南街	本縣師範講習所畢業	本宅	民國十七年一月
裝訂股副主任	楊秀芬	笑梅	二二	河南省新鄉縣小北街	女子高小校畢業曾充本縣放足處主任	本宅	民國十八年十月
營業	禹鼎新	象九	二二	河南省汜水縣𨗴村	開封百城書舘職員	本縣城內安義德轉	民國十九年六月
裁紙	范同望	孝甫	二二	河南省新鄉縣北花園		本宅	民國十七年四月

排版	張繼勳	振武	二二	河南省延津縣小店集		本宅	民國十七年一月
營業	楊濟川	仙舟	二一	河南省新鄉縣大北街	平民書社職員	本宅	民國十九年六月
排版兼印刷副主任	崔景富	仰之	二一	河南省新鄉縣八里營		新鄉本號轉	民國十六年一月
排版副主任	馬繼良	子善	二一	河南省新鄉縣壇後村		本宅	民國十六年四月
裝訂	趙玉蘭	祥五	二一	河南省新鄉縣小西街	本縣第二小校畢業	本宅	民國十九年九月
印刷	孫家昌	耀宗	二十	河南省新鄉縣小冀鎮		本宅	民國十六年一月

同和裕同仁錄 新鄉修文印刷所 八七

印刷	茹呈玉	瑞符	二十	河南省新鄉縣暢家崗		新鄉本號轉	民國十七年二月
印刷	張家麒	仁甫	二十	河南省新鄉縣西花園		本宅	民國十八年十月
印刷	臧慶喜	樂亭	十九	河南省新鄉縣沈小營		本縣北街福聚和轉	民國十七年五月
練習生	張治家	平天	十九	河南省新鄉縣姜家庄	靜泉高小肄業	本宅	民國十九年一月
練習生	武桐林	青山	十九	河南省新鄉縣高灣		本縣城內天泰長轉	民國十九年二月
印刷	高義山	峻峯	十八	河南省新鄉縣窰廠		本縣小東街本宅	民國十八年三月

同和裕同仁錄　新鄉修文印刷所　八九

營業練習	朱祥明	審亭	十八	河南省新鄉縣陳庄		本宅	民國十九年三月
練習生	劉克純	俊卿	十七	原籍滑縣現居新鄉縣牧野村	本縣靜泉學校畢業	新鄉姜庄靜泉學校段秀文轉	民國十九年六月
練習生	李永富	子平	十七	河南省新鄉縣大浽佛	本縣第四小校畢業	本宅	民國十九年六月
練習生	李長岐		十七	河南省陽武縣福甯集	本村小學校畢業	本宅	民國十九年八月
排版	李長齡	笑彭	十六	河南省新鄉縣姜家庄	本縣靜泉高小肄業	本宅	民國十八年九月
練習生	劉應選		十六	河南省新鄉縣八里營		本宅	民國十九年四月

練習生	姜正芳		十六	河南省新鄉縣大召營	本縣第四小校畢業	本宅	民國十九年六月
練習生	陳奉采	鏡甫	十六	河南省新鄉縣城南庄	本縣第二小校畢業	本宅	民國十九年八月
練習生	孫清和		十五	原籍河南省汲縣鹽店街現居新鄉縣公安街	本縣靜泉學校畢業	本宅	民國十九年六月
練習生	董長明		十五	河南省新鄉縣東街	本縣第一小校畢業	本宅	民國十九年六月
練習生	田森林		十五	原籍開封現居新鄉縣中山大街	本縣靜泉學校畢業	本宅	民國十九年七月
練習生	白傳林		十五	河南省新鄉縣小冀鎮		本宅	民國十九年七月

練習生	黃君昭		十五	河南省新鄉縣大送佛	本縣第四小校畢業	大召營車站恆太順轉	民國十九年六月
練習生	李清海		十五	河南省新鄉縣固城	本村小學肄業	本宅	民國十九年八月
裝訂	李景春	青郊	十五	河南省新鄉縣橋西石羊衚衕	本縣靜泉小學肄業	本宅	民國十九年九月
練習生	趙韻蘭	含芝	十五	河南省新鄉縣小西街	本縣師範肄業	本宅	民國十九年九月
練習生	董秀蘭	清芳	十四	河南省新鄉縣小北街	靜泉學校肄業第二小校肄業	本宅	民國十九年六月
裝訂	王世英		十四	河南省新鄉縣東關	本縣第二初小肄業	本宅	民國十九年九月

同和裕同仁錄　新鄉修文印刷所　九一

練習生	裝訂
薛雨生	程秀仙
青　茵	
十三	十三
河南省新鄉縣姜家庄	河南省新鄉縣東關王衚衕
本縣靜泉學校肄業	本縣第二初小肄業
本宅	本宅
民國十九年七月	民國十九年九月

道口靜濟號

地址 大集街
電報掛號〇六八一

民國十九年成立

現任職務	姓名	別號	年齡	籍貫	履歷	通信處	入號年月
主任	鄧鴻藻	亞江	三四	河北省通縣西門內帥府街	曾充道口益源煤油莊會計	本縣西門內帥府街篤慎堂	民國十九年六月
煤油棧主任	段若瑚	雲章	三七	山西省聞喜縣西乾慶村	曾充潼關聚大煤油莊營業	本縣東鎮郵局轉	民國十九年八月
營業	王建中	新洲	二九	河南省濬縣道口鎮	曾充道口益源煤油莊外鎮營業	道口鎮四舖趙家衚衕	民國十九年六月
外鎮營業	文克振	玉聲	二六	河南省濬縣道口鎮大集街	曾充道口益源煤油莊外鎮營業	本宅	民國十九年六月

同和裕同仁錄　道口静濟號

會計	王清廉	鏡溪	二十	河南省濬縣道口鎮	曾充道口益源煤油莊外鎮營業	道口鎮源隆店轉	民國十九年六月

九四

衛輝靜濟號

南馬市街

電報掛號〇六八一

民國十九年成立

現任職務	姓名	別號	年齡	籍貫	履歷	通信處	入號年月
主任	何居信	忠心	四七	河南省汲縣沿淀街	曾充裕慶隆經理	本宅	民國十九年六月
交際	徐樹棠	伯蔭	五十	河南省汲縣下街	曾充裕慶隆外交	本宅	民四十九年六月
營業兼文牘	劉錚	敏三	三四	河南省汲縣沿淀街	曾充裕慶隆經理	本宅	民國十九年六月
營業兼內務	杜發運	敬容	三三	河南省新鄉縣小冀鎮	曾充裕慶隆經理	本宅	民國十九年六月

出納	劉爾澄	潔泉	三十	河北省靜海縣唐官屯	封邱益源煤油莊	唐官屯裕豐恆轉	民國十九年七月
煤油主任	徐振瀛	學洲	二八	河北省天津縣南唐官屯	曾充磁州益源煤油莊營業	本宅	民國十九年三月
店員	郭日學	文軒	二六	河南省汲縣橋北街	曾充天泰長營業	本縣義盛長轉	民國十九年五月
會計	滕振聲	炳奎	二五	河北省天津縣南唐官屯	天津慶長順糧業	本宅	民國十九年三月
會計	仇景武	振周	二五	河南省濬縣道口鎮西門裏	曾充裕慶隆會計	本宅	民國十九年六月
油棧	郭長清		二四	山西省壺關縣橋上村	曾充裕慶隆練習生	本宅	民國十九年六月

油務四鄉營業	練習生	練習生	練習生		
宋清純	侯宗周	賈振聲	李愷		
秀儒	紹武				
二三	二一	十七	十六		
河南省延津縣西屯	河南省淇縣城內	山西省高平縣米山鎮	河南省汲縣小北街		
曾充汲縣益源營業	汲縣裕慶隆練習生	曾充裕慶隆練習生	高小校畢業		
本宅	本宅	本縣米山鎮大生堂轉	本宅		
民國十九年六月	民國十九年六月	民國十九年六月	民國十九年七月		

同和裕同仁錄　衛輝靜濟號　九七

封邱靜濟號

地址　城內

民國十九年成立

現任職務	姓名	別號	年齡	籍貫	履歷	通信處	入號年月
煤油主任	胡振磬	頌西	四六	河南省濬縣道口鎮	封邱益源煤油莊	道口同茂合轉	民國十九年七月
貨物主任	王銳之	鑽鋒	二九	河南省延津縣中王提	新鄉合記雜貨行	本縣小店集協力恆轉	民國十九年五月
會計	仇憲武	子良	二六	河南省濬縣道口鎮	封邱益源煤油莊	道口恆記轉	民國十九年七月
營業	郜俊卿		二二	河南省博愛縣		本縣中裕存轉	民國十九年七月

新鄉製紙廠

地址北關

民國十九年成立

現任職務	姓名	別號	年齡	籍貫	履歷	通信處	入號年月
主任	孟安本		五十	河南省新鄉縣孟家營		本宅	民國十九年六月
庶務	王照臨		五十	河南省新鄉縣西王村		本宅	民國十九年六月
操紙技師	李逢新		五四	河南省新鄉縣李村		本宅	民國十九年六月
操紙技師	孟希金		二四	河南省新鄉縣孟家營		本宅	民國十九年六月

新鄉新新織工廠

地址北關　民國十九年成立

現任職務	姓名	別號	年齡	籍貫	履歷	通信處	入號年月
經理	孔繁昌	吉人	三九	河南省新鄉縣小店	曾充德盛魁中益工廠經理	本號轉	民國十九年九月
庶務	劉守相	廷臣	五三	河南省新鄉縣八里營	曾充義勝中益工廠庶務	本號轉	民國十九年九月
鄭州營業主任	張昇清	潔亭		河南省孟縣	鄭州仁記布莊		民國十九年九月
會計主任	張保衡	秉鈞	三二	河南省獲嘉縣大毛庄	曾充輝縣俊聲遠新鄉中益工廠會計	本縣亢村驛大毛庄	民國十九年九月

庶務	李清泰	易之	三十	河南省新鄉縣李庄	曾充德盛魁營業	本縣小冀鎮李庄	民國十九年九月
監工	孔繁茂	松軒	二九	河南省新鄉縣小店	曾充鄭州利濟工廠練習中益工廠副技師	本號轉	民國十九年九月
染科主任	張長中		二五	河南省獲嘉縣安村	曾充中益工廠練習	本宅	民國十九年九月
會計	王書香	芳芝	二十	河南省新鄉縣張王庄	曾充益記公司會計	本縣小冀鎮同慶隆	民國十九年九月
練習生	郭逢吉		二十	河南省獲嘉縣三衛營	曾充中益工廠練習	本宅	民國十九年九月
練習生	郭焴章	耀天	二十	河南省輝縣東關	高小校畢業家庭工業社練習	本縣東關南街	民國十九年九月

織科主任	練習生	練習生	練習生		
張積貴	王永成	潘鑫鏡	馬學全		
	子明	明軒	子完		
十九	十九	十八	十六		
河南省新鄉縣小宋佛	河南省新鄉縣中召村	河南省汲縣西關鹽鍋巷	河南省獲嘉縣太山廟		
曾充中益工廠練習	曾充中益工廠練習	曾充汲縣愼興工廠練習			
本宅	本縣南街三星堂轉	本宅	本村元生永轉		
民國十九年九月	民國十九年九月	民國十九年九月	民國十九年九月		

補

本錄九月十五日付印于十一月念日出版故補誌之

現任職務	姓名	別號	年齡	籍貫	履歷	通信處	入號年月
新號經理	苗懷春	耀東	四八	河南省新鄉縣小北街	民國元年創辦本號	本宅	民國元年一月
經理	陳國翰	鼎臣	四一	河南省新鄉縣小東街		本宅	民國七年一月
新新貨物會計	李彬	雅堂	四六	河南省新鄉縣城南庄	曾充信義恆經理	本宅	民國十九年十一月
新號會計	邢金銓	子衡	三七	河南省延津縣小店	曾充益源合營業福慶祥經理		民國十九年十月

鄭號營業	韓文學	勤甫	三五	河南省延津縣小店	曾充福慶祥營業		民國十九年十月
漢號營業	花成滿	錦章	三四	河南省孟縣	曾充漢口永康錢莊會計		民國十九年十一月
鄭號營業	酆長壽	松齡	三一	河南省輝縣鄭家屯	曾充振豫營業		民國十九年十月
新號文牘	王祖彬	質卿	二八	河南省輝縣西關	曾充河南村治學院教務員	本宅	民國十九年十一月
練習生	孟熙朝	紹韓	二四	河南省新鄉縣孟家營	曾充德慶祥練習慶豐練習	本縣德慶祥轉	民國十九年九月
練習生	孫全泰		二十	河南省新鄉縣唐庄	曾充福慶祥練習		民國十九年十月

練習生 張永泰 十九 河南省新鄉縣張灣 曾充福慶祥練習 本縣北街德記轉 民國十九年十月

練習生 杜恩第 河北省天津縣南四區貞女衙衕 本宅 民國十九年十月

二　张耀暄、赵新吾、朱顺喜、中兴堂等在同和裕存折照片（节选）（民国二十一年七月至二十二年二月）

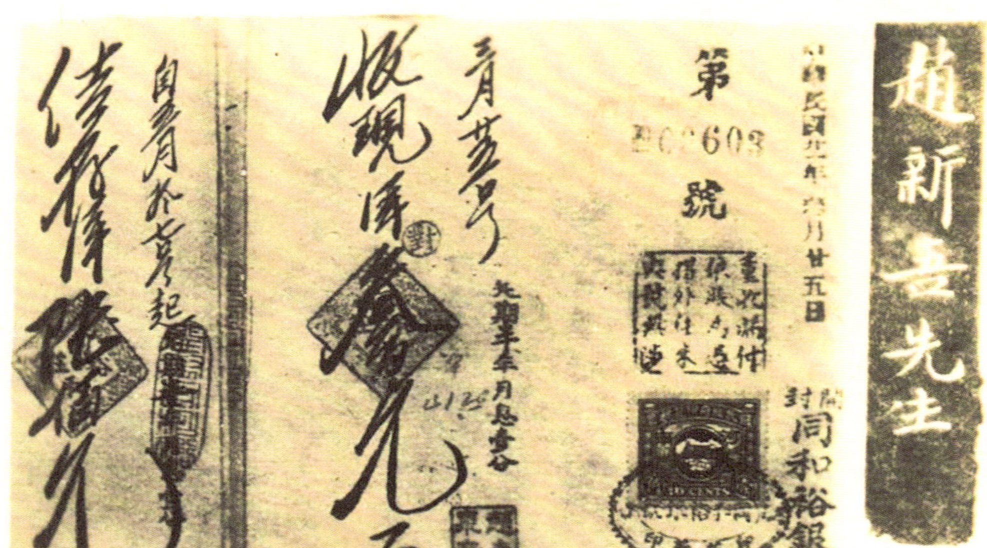

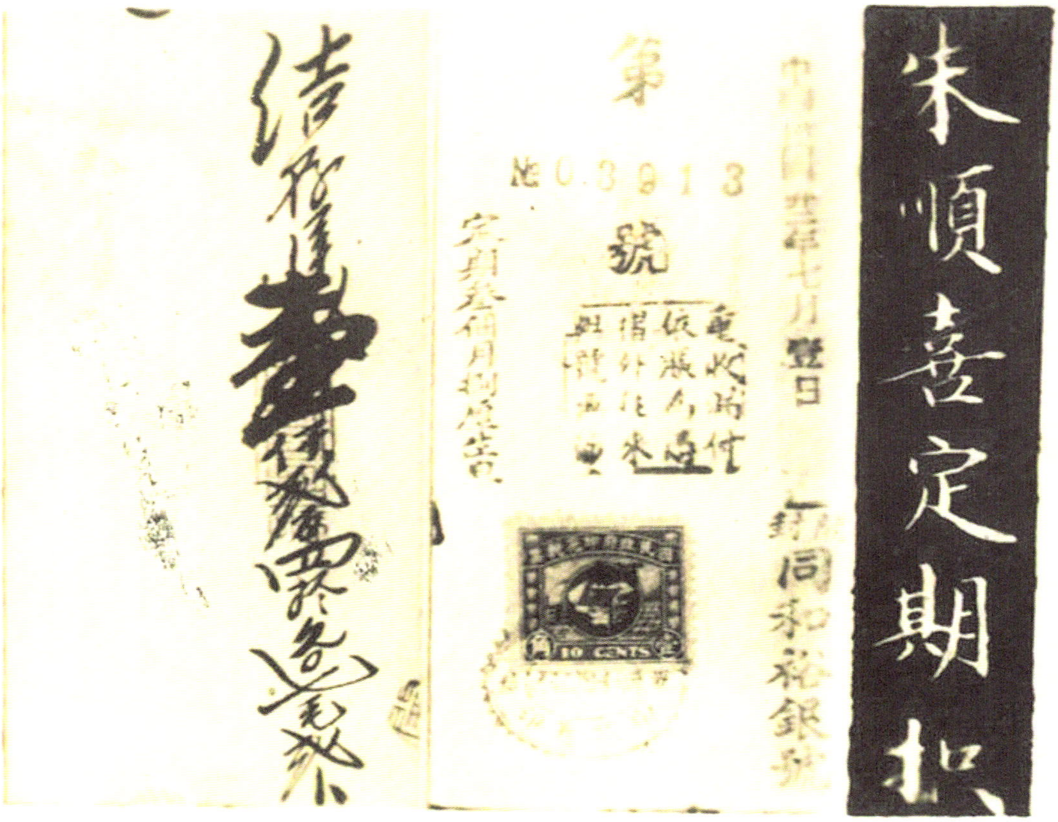
朱順喜定期
第
№03913
號
同和裕銀號

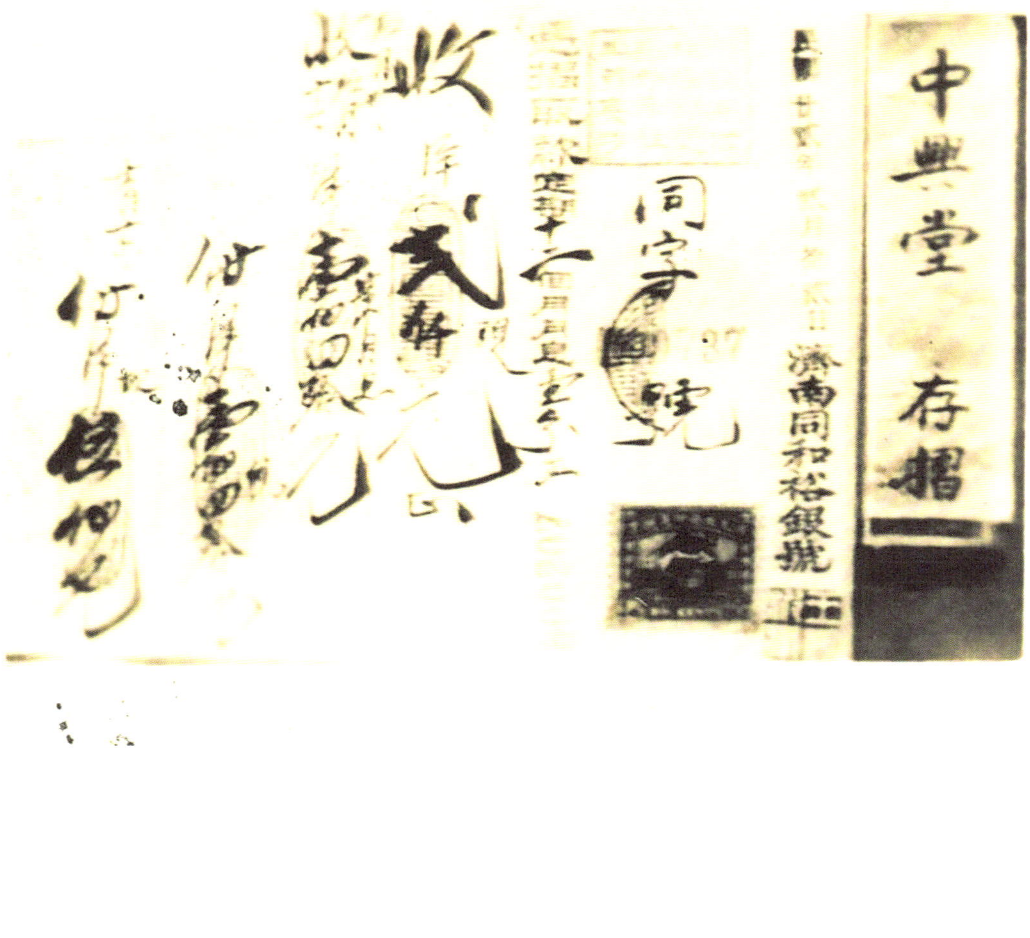
中興堂 存摺
濟南同和裕銀號

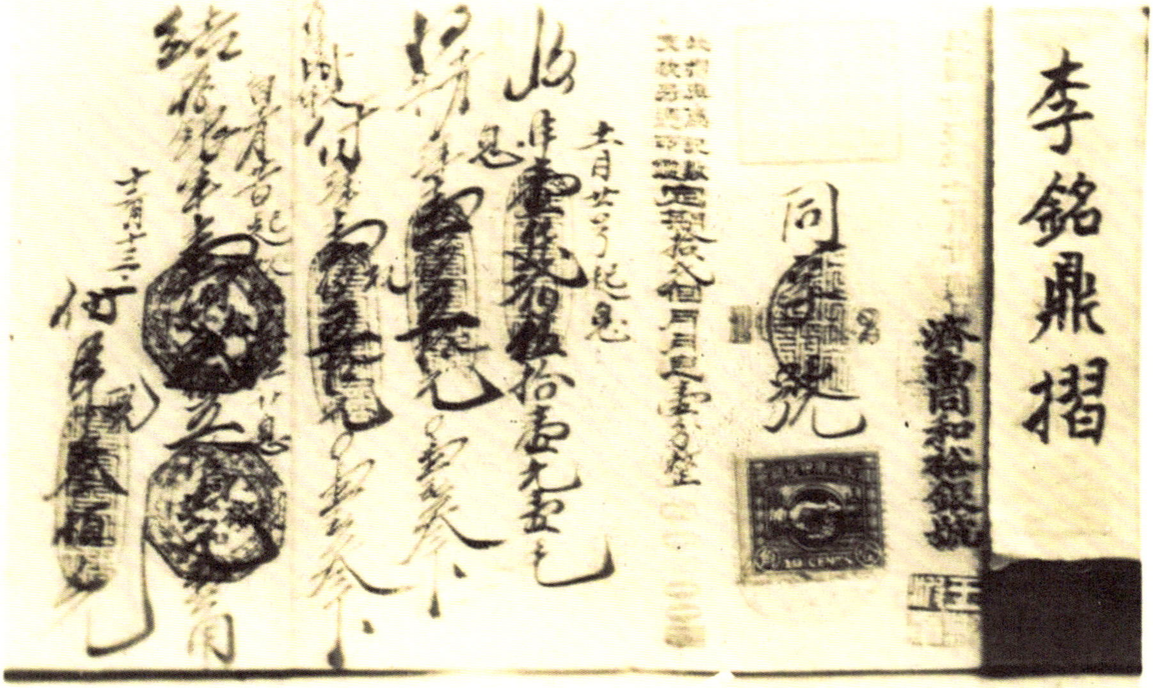
李銘鼎摺
濟南同和裕銀號

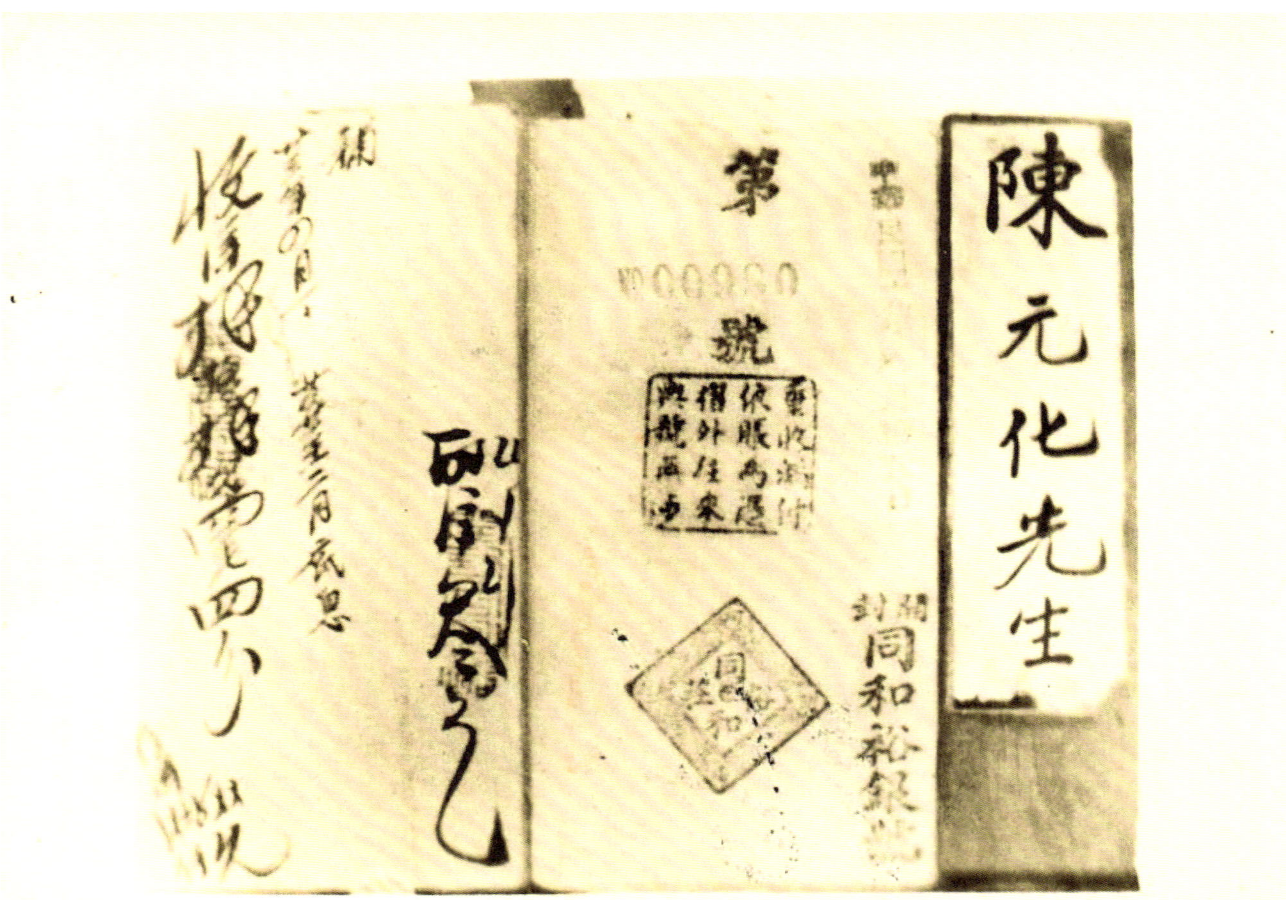
陳元化先生
第
號
同和裕銀號

三　开封交通银行关于同和裕借款本行名下摊借已准照借转呈给中国上海交通三总行的电（民国二十二年一月二十五日）

会復　三總行

癸轉中國上海有電悉同和裕煤斤借款前經會議取消改由商會代向各行共借五萬維持除裝工担任三分之一外每行分借六千六中央行今復劉主席電云各行共籌之五萬元本行名下攤借六千六百元已准照借等語尊復主席有電以符詞一致未蒙攤借仿中央語意迅賜另行攤復以

開封交通銀行

開封交通銀行

便號呈汴中上交
1025

四　王静澜为答复股票过户一事给常介眉的函（民国二十二年七月十六日）

總理遺囑

余致力國民革命凡四十年其目的在求中國之自由平等積四十年之經驗深知欲達到此目的必須喚起民衆及聯合世界上以平等待我之民族共同奮鬭

現在革命尚未成功凡我同志務須依照余所著建國方略建國大綱三民主義及第一次全國代表大會宣言繼續努力以求貫徹最近主張開國民會議及廢除不平等條約尤須於最短期間促其實現是所至囑

第　頁

介眉仁兄大鉴：顷接来函，藉悉一切。通户事既经双方同意，自当遵照办理。缘本号股票原系有价证券，性质可以随时移转。弟日内返新，即嘱令将寿德堂股款全数移归贵树人堂名下，即请向令爲蒋蔚

民國　年　月　日

瀾

最高……號……字第……證

6

總理遺囑

余致力國民革命凡四十年其目的在求中國之自由平等積四十年之經驗深知欲達到此目的必須喚起民衆及聯合世界上以平等待我之民族共同奮鬬現在革命尚未成功凡我同志務須依照余所著建國方略建國大綱三民主義及第一次全國代表大會宣言繼續努力以求貫徹最近主張開國民會議及廢除不平等條約尤須於最短期間促其實現是所至囑

第　頁

乘席珍南返之便特行佈復專此即頌

夏祺

弟王靜瀾鞠躬 手 卅七、六、六

民國　年　月　日

芸 [illegible] 六十八

五 同和裕储户代表委员会关于开封同和裕发生挤兑风潮各银行不肯协济给交通银行的函（民国二十二年十月二十五日）

逕啓者竊查開封市面自信昌銀號倒閉，金融即立現恐慌，同和裕受其影響，遂發生擠兌風潮，仰蒙
政府主持，本月十四日由建設廳長召集本城各銀行討論維持金融及籌畫協濟辦法，並將決議案公佈，俾眾週知，一時商民感頌 公
政府威德，各銀行熱心，歡聲雷動，有耳共聞。迺事隔旬日，經詳細

調查各銀行承認協款四十六萬元並未履
行殊堪駭異或者曰同行是冤家各銀行
利用同業倒閉以便自己營業之發達或
者曰各銀行兩手空空未與吸收現金實無
基金存儲安能協濟於人或者曰各銀行魔
力太能操縱金融故敢悍然不顧并視決議
案不爭協濟總以上諸說各銀行深明大義
當不至此然人言嘖嘖本會亦未敢判斷且

聯各銀行一雪此恥也際茲國難當前亟宜
同業共濟豈可坐視不救況豫災重疊
人民九死一生今秋黃河潰決饑民數百萬
求生無路茲一因有恒恐慌人心不靜奸人
乘機鼓惑發生事變其危險不堪設想多
銀行駐汴營業商民素極歡迎乃竟不念
同業不重地方不遵決議案是即有意破
壞金融不顧商民生死豫人雖懦詎能甘

受当群起而谋对待之法，各银行亦有所不利焉。本会心所谓危，不敢缄默，特为忠告，幸早觉悟。此致

交通银行

同和裕银号储户代表委员会

十、二五、

六 交通银行总行等关于在汴各分行正在洽办同和裕协济事给河南省政府主席刘峙的电（民国二十二年十月二十五日）

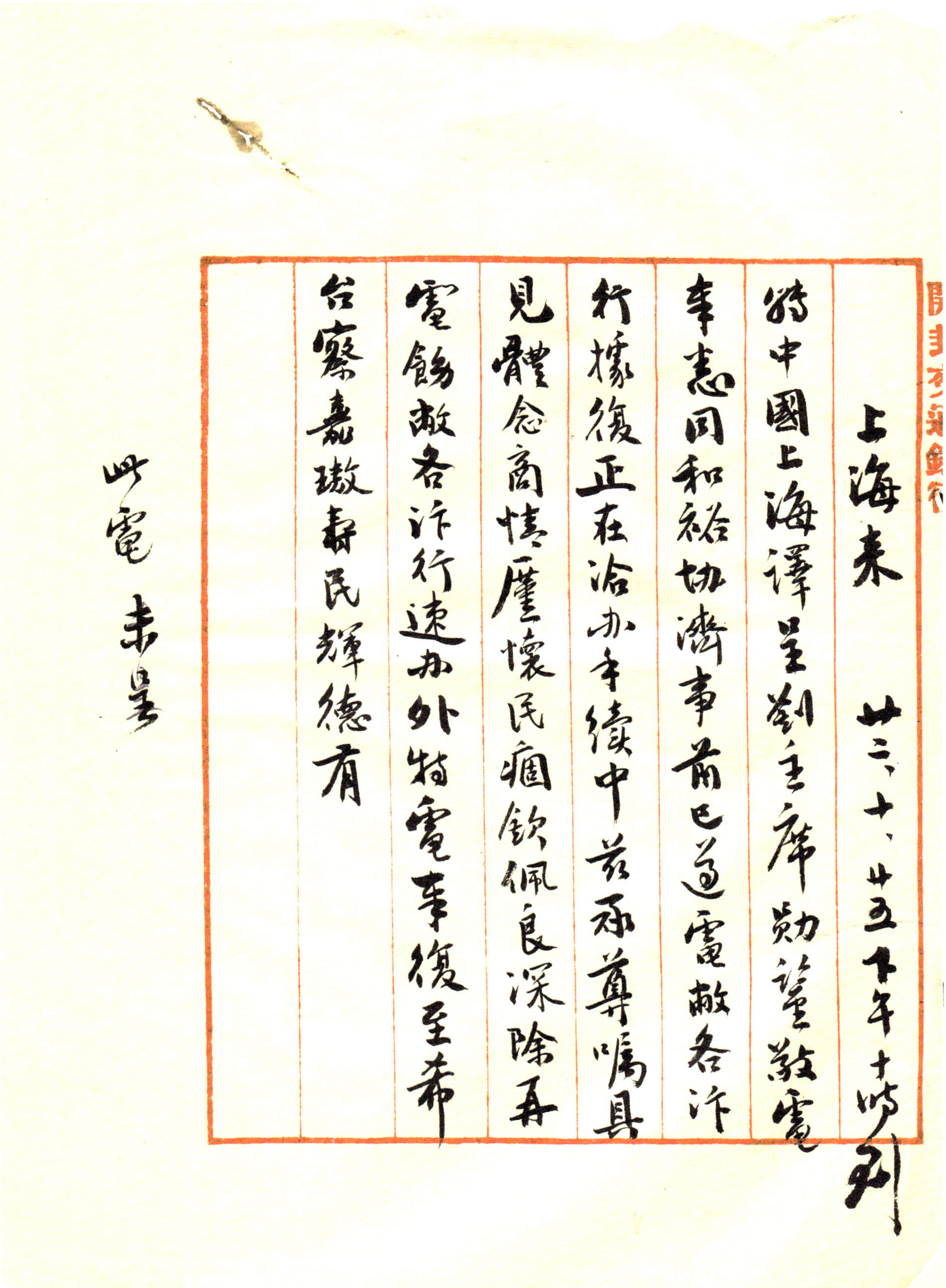

開封交通銀行

上海来　廿二、十、廿五下午十时到

汴中國上海譯呈劉主席勛鑒：敬電奉悉。同和裕協濟事前已通電敝各汴行，據復正在洽辦手續中，並承尊囑，具見體念商情，廑懷民瘼，欽佩良深。除再電飭敝各汴行速辦外，特電奉復，至希台察。嘉璈、壽民、輝德。有。

此電未呈

七 中国银行交通银行总行关于同和裕协济事要酌办并妥办点管押品手续给汴行的电（民国二十二年十月二十五日）

上海来　廿二、十、廿五、下午十時

汴中國上海同和裕協濟事項又接劉主席電語意嚴重似難避免希即酌辦并妥辦點管押品手續以資保障

中交上總有

八　中国上海交通三总行关于同和裕协济款已饬各汴行径与该号接洽给河南省政府主席刘峙的电（民国二十二年十月二十六日）

上海来　廿二、十、廿六、下午七時到

（密）轉中國上海譯呈劉主席勛鑒敬電奉悉同和裕協濟事前已遵電致各汴行逕與該號接洽並承尊囑具見體念商情厪懷民瘼欽佩良深所有各行共籌之五萬元已飭致各汴行各照攤借六千六百元特電奉復至希台察嘉璈春民輝德宥

九　开封中国上海交通银行关于同和裕借款事宜拟请与中央银行互换意见以期一致给中国上海交通三总行的电（民国二十二年十月二十六日）

會陳三總行

癸轉中國上海尊復劉主席宥電遵照轉閱該號情形非少數所能救濟各行除允攤借六千六外以後尚難預料嗣凡關於該號事須各行或當局之電擬請與中央行互換意見以期一致特先奉陳敬祈台洽汴上甫交

1026

一〇　开封中国上海交通银行关于同和裕向各行借款由省府担保不好拒绝请核复给中国上海交通三总行的电（民国二十二年十月二十九日）

十月廿九日會上　總行電原文

密轉中國上海清鄉督辦張鈁代省府出面商

由各行維持同和裕據云該號存煤及房產

散在各地各行不易點管統由省府保存向各

行各借五萬由省府担保勢難固拒祈速核

復汴中交上

1029

一一 中国上海交通三总行关于同和裕接济势难长期维持希向当局婉陈实情请予谅解给汴行的电（民国二十二年十月三十日）

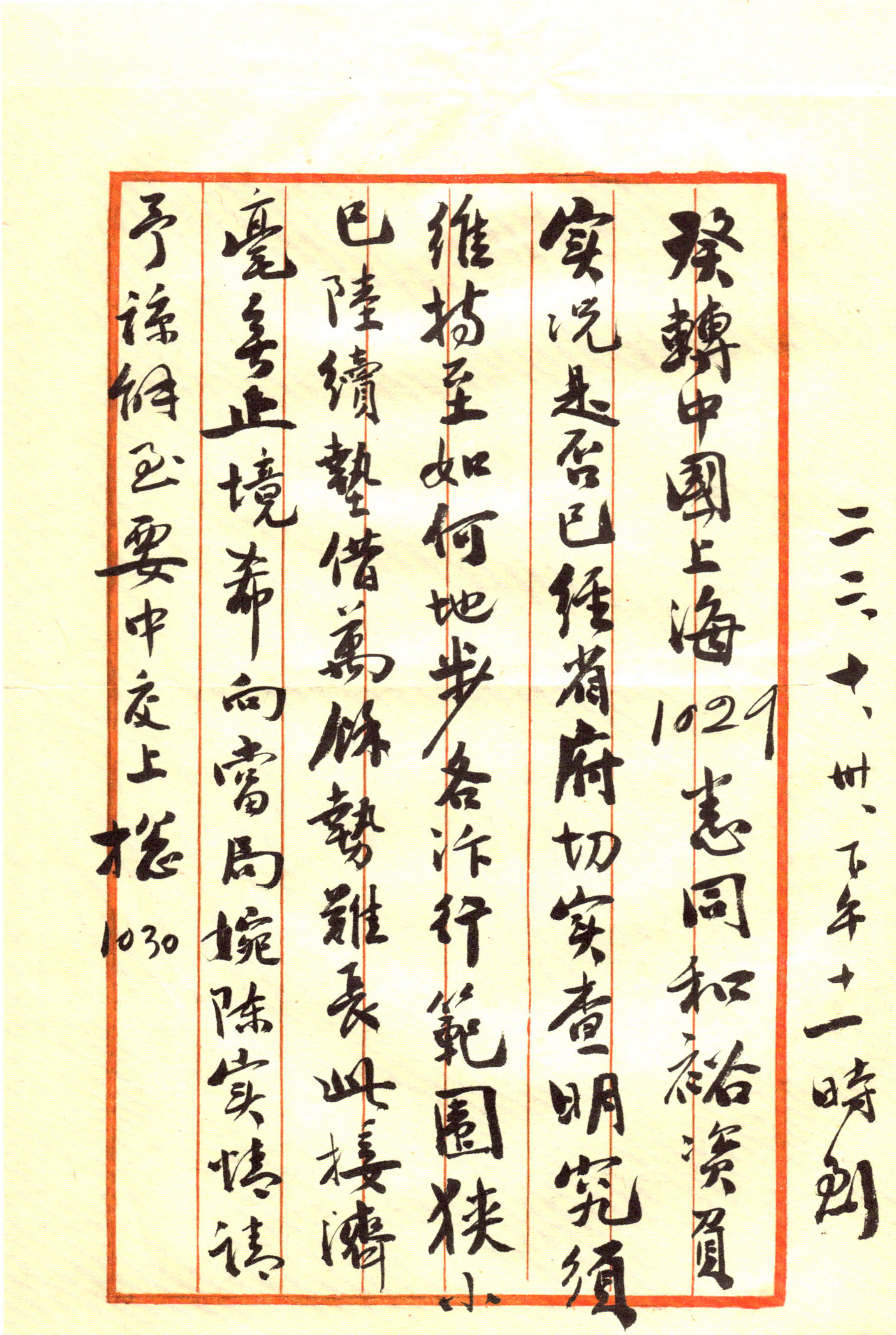

二二、十、卅、下午十一時到

發轉中國上海 1029 志同和裕資負實況是否已經省府切實查明究須維持至如何地步各汴行範圍狹小已陸續墊借萬餘勢難長此接濟毫無止境希向當局婉陳實情請予諒解至要中交上總 1030

癸1029悉同號事詳會電希
即婉拒務論情勢如何務與各
行一致辦理並先陳核總1030
二二、十、卅、下午
九時到

一三　开封中国上海交通银行关于同和裕借款省政府限令下月起支付不得推诿给中国上海交通三总行的电（民国二十二年十月三十日）

十月三十日會上　總行電原文

密轉中國上海1029電諒達維持同號借款本日繼續開會事在必行該號以煤斤房產交省府保管向中央農工等六銀行及鹽商各借五萬共卅五萬由張贊办省祕書長建教兩廳長共同負責担保除由劉主席逕電各總行外借款限令下月一日起每日各付五千元不得藉故推諉訂期六箇月周息八厘特電奉陳請速核復汴中交上1030

一四 交通银行总行关于协济同和裕事我属各行黾勉办理给河南省政府主席刘峙的电（民国二十二年十一月一日）

癸特中國上海譯呈劉主席勛鑒接奉卅電琢示協濟
同和裕事昨庸之總裁復上一電計邀垂鑒敝各行與中央
行同有為難情形以擔保品統交中央行保管敝各行亦
當黽勉一致辦理除電敝各該行外特電奉復敬希亮詧
公權壽民輝德東

上海來

廿二、十一、一、下午五時到

一五　中国上海交通三总行关于付同和裕款在抵押品未集齐以前暂停交款致开封各行的电（民国二十二年十一月六日）

總行來　　廿二、十一、六、下午八時到

轉中國上海中1105電悉各行付同號款連前迭次維持款已各達四萬之譜所交押品契據共僅邢新兩房產值十萬餘相差過遠應速向催續交押品在未齊集以前暫停交款希洽辦具復中交上總1106

一六　王静澜关于该号不动产押借款祈检验办理给开封银行团的函（民国二十二年十一月十一日）

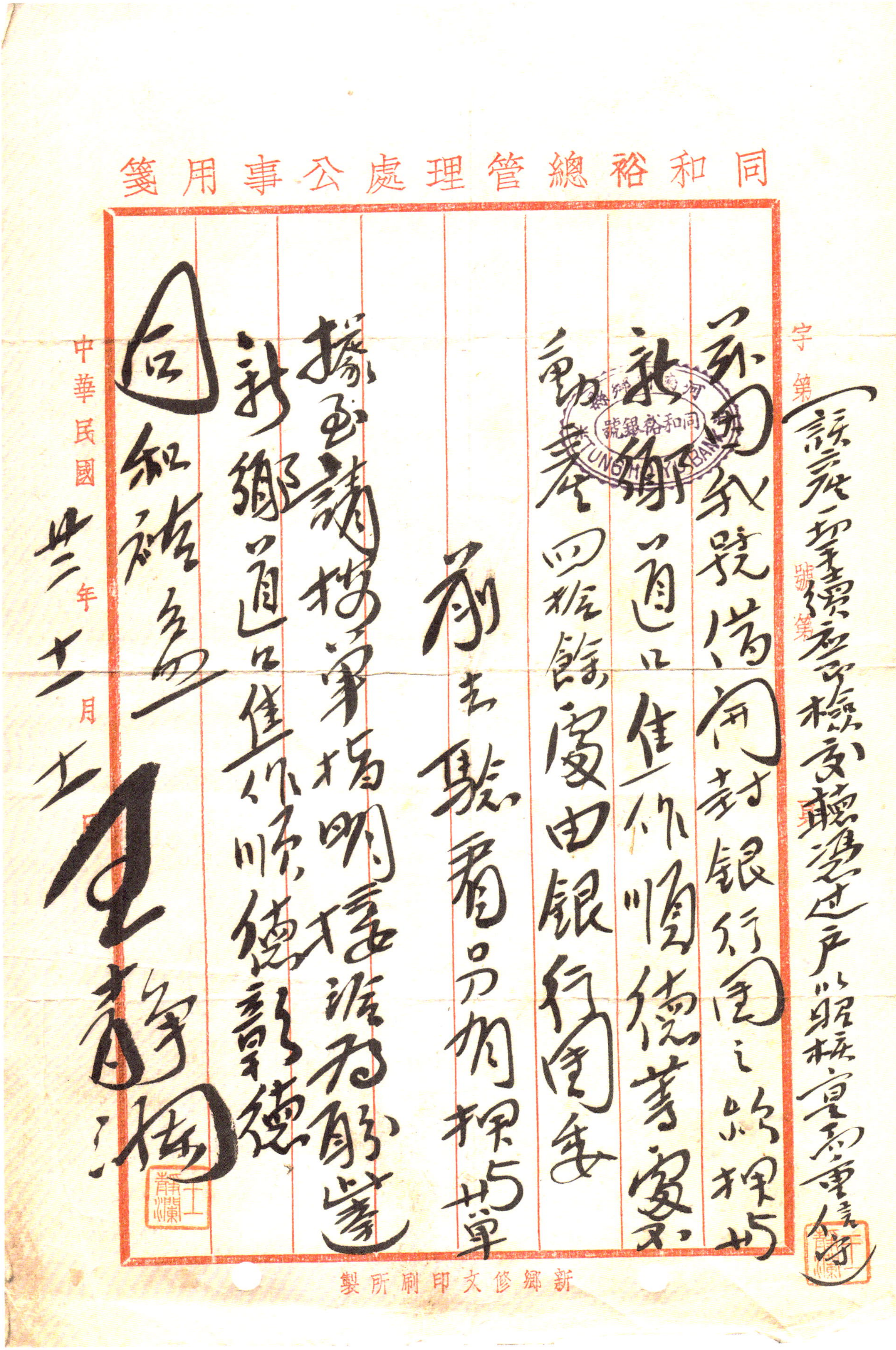

同和裕總管理處公事用箋

字第　號第　頁

（該產一切手續應予檢驗，聽憑過戶，以昭核實，重要信守）

前因我號借開封銀行團之款，押品新鄉、道口、焦作、順德等處不動產四拾餘處，由銀行團委員前去驗看，另有押品草據，函請按單指明，擇派職員赴新鄉、道口、焦作、順德、彰德

同組諸公

王靜瀾

中華民國廿二年十一月十一日

新鄉修文印刷所製

一七 开封交通银行关于同和裕以不动产抵押借款祈迅派员赴新乡会同调查办理给中国银行的函（民国二十二年十一月十八日）

逕啓者查同和裕銀號前向中國上海金城農工交通鹽
商六家共借之叁拾萬元以各處不動產抵押亟應調查
估價及辦理登記等手續以符規定曾經共同商議每家
各派一人會同辦理並准
貴行經理面諾由鄭行酌派一人同往敝行所派之王君可
負現已馳抵新鄉據函報告除金城行派一保險公司聶君
同往外餘均未見派到等語茲以事關共同利害合再函達
務希

迅照原議剋日派員赴新會同着手調查並辦理應辦之手續此事既屬共同關係敝行所派之人恕不能獨負其責合併附此聲明統維

詧洽見復為荷此致

中國銀行

開封交通銀行啓

二十三年十二月十八日

一八　河南农工银行关于同和裕以不动产抵押借款应调查估价交由其行驻新乡专员办理给交通银行的函（民国二十二年十一月十八日）

河南農工銀行總行用牋

（即省銀行）

逕復者接准

貴行函開以同和裕以各處不動產抵押向六家借款亟應調查估價及办理登記手續囑即迅派一員赴新會同办理等由准此查敝行派有駐新專員屆時可以協助办理一切除函該員知照外相應函復即希

查照是荷此致

交通銀行

河南農工銀行啓　十一、十八、

一九　开封交通银行关于同和裕抵押不动产希分别出函嘱所在地分行派调查人员会同调查办理给河南农工银行的函（民国二十二年十一月二十日）

逕啓者查同和裕抵押五銀行及鹽商之不動產除新鄉外尚有道口焦作順德彰德洛陽五處應請分別函囑所在地

貴分行俟敝行等所派調查人員到達即行會同調查估價及協助辦理應辦之一切手續合再函請

洽照為荷此致

河南農工銀行

開封交通銀行啓

二十二年十一月二十日

二〇 上海银行开封支行关于同和裕以不动产抵押借款事拟托当地中国银行或专员会同办理给交通银行的函（民国二十二年十一月二十一日）

上海商業儲蓄銀行
開封支行

第不列號 第一頁
電報掛號三二八

逕覆者接准
大函祇悉一是查同和裕銀號前以各處不動產向
貴行及敝行等共抵押叁拾萬元借款一事比經會商遴
員調查及辦理登記手續茲荷
見示已派王君可貞前赴新鄉着手調查及金城之聶
君同往外惟以敝行尚未見派到當經商准中國銀行關
於新鄉邢台兩處擬託由該地中國銀行會同王聶兩君
辦理一切至彰德即由中國及敝行所在地行會同王聶兩
君從事辦理所道口焦作屆時當酌定派員會同調查一
切至漢口南京擬託由該地

中華民國二十二年十一月二十一日

（收到 22.11.21）

上海商業儲蓄銀行
開封支行

第不列號第二頁

電報掛號〇三二八

貴行與中國金城及敝行就近會商辦理不另派員前去除分函各該地行接洽辦理外相應奉復至希

詧洽為荷此致

交通銀行

上海銀行開封支行啓

中華民國二十二年十一月二十一日

二一　河南农工银行关于同和裕抵押借款已嘱除顺德外所在地各分行会同调查协办给开封交通银行的函（民国二十二年十一月二十二日）

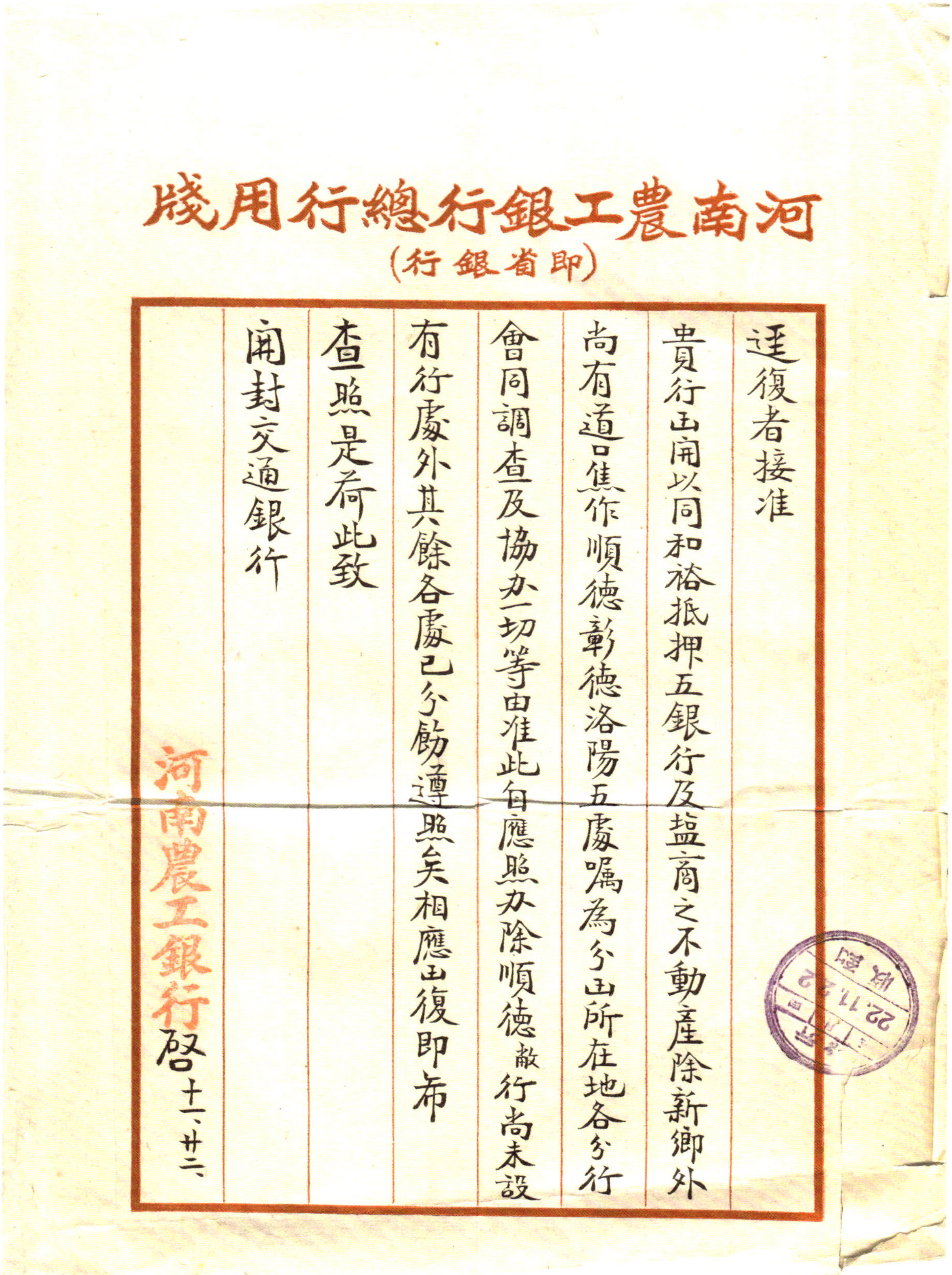
河南農工銀行總行用牋
（即省銀行）

逕復者接准
貴行函開以同和裕抵押五銀行及鹽商之不動產除新鄉外尚有道口焦作順德彰德洛陽五處囑為分函所在地各分行會同調查及協辦一切等由准此自應照辦除順德敝行尚未設有行處外其餘各處已分飭遵照矣相應函復即希
查照是荷此致
開封交通銀行
河南農工銀行啓　十一、廿二

二二　郑州中国银行开封办事处关于派员会同调查同和裕各处不动产之安排给开封交通银行的函（民国二十二年十一月二十二日）

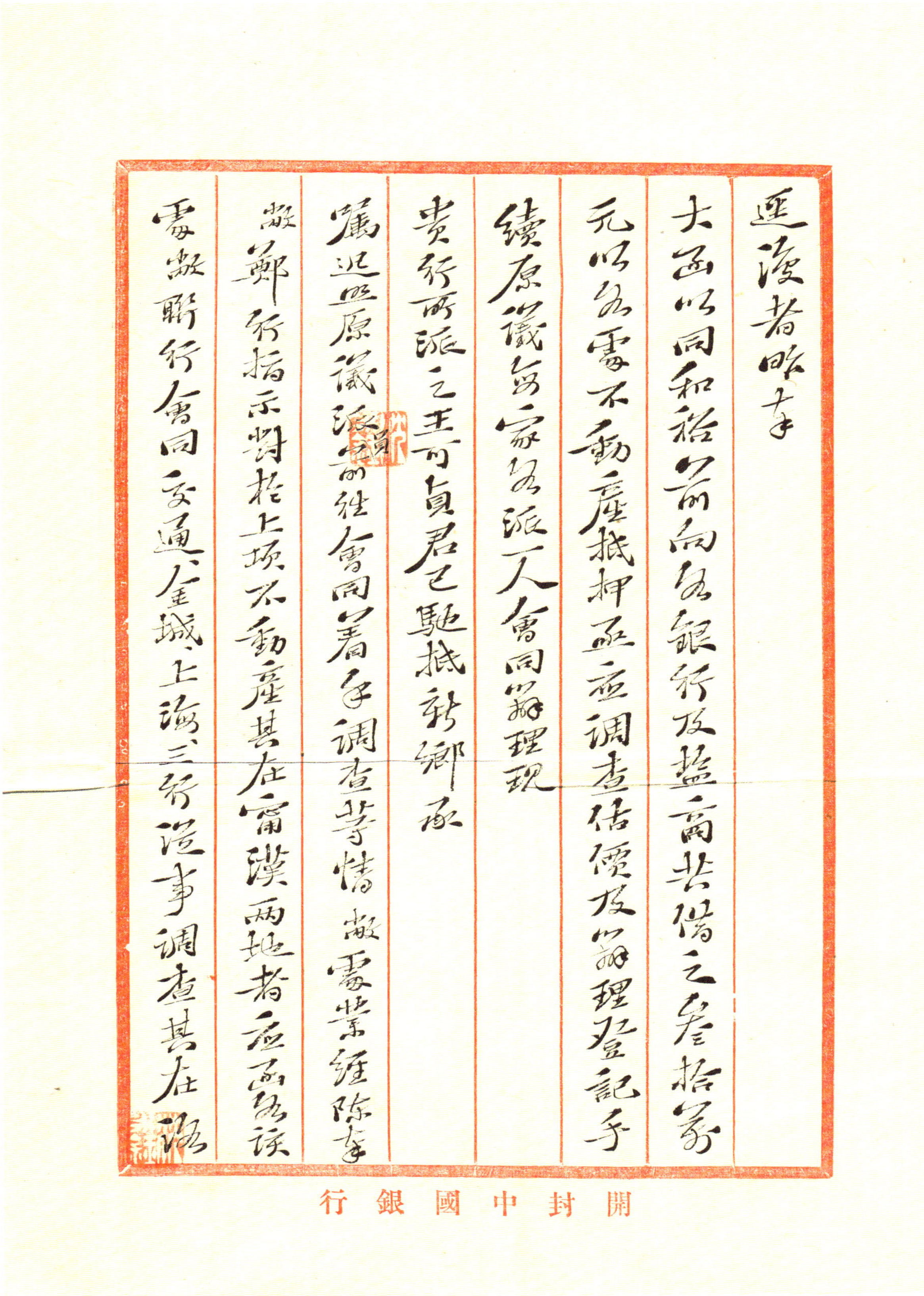
逕復者昨奉
大函以同和裕前向各銀行及鹽商共借之叁拾萬
元以各處不動產抵押亟應調查估價及辦理登記手
續原議各家各派一人會同辦理現
貴行所派之王可貞君已馳抵新鄉承
屬迅照原議派員前往會同着手調查等情　敝處業經陳奉
敝鄭行指示對於上項不動產其在甯漢兩地者應函該
處敝聯行會同交通、金城、上海三行從事調查其在豫

開封中國銀行

陽者應託該處上海銀行代辦其在彰德邢台新鄉等處者應函致該處敝聯行會同王可貞君着手調查其在清化道口兩地者因無敝行机關將來酌派行員會同王可貞君商洽辦理等因自應照辦除分函外相應函達即希

台洽照辦

開封交通銀行

鄭州中國銀行開封辦事處 啓

二十二年十一月廿三日

開封中國銀行

一二三　开封同和裕收到常寿德堂股票的收据（民国二十二年十二月六日）

收到

常壽德堂公函壹件股票拾柒張

計壹佰柒拾股聲請過戶此據

最高法院證字第　號

具　民國二十二年十二月六日

二四　金城等五行关于同和裕借款抵押各处资产请予备案并分饬所在县府在借款未还清前不得变卖或转移给河南省政府主席刘峙的呈（民国二十二年十二月十六日）

呈同和裕借敝行等款項抵押各處資產請予備案並分飭所在縣府於借款未清以前不得變賣或轉移由

呈為呈請敝行等維持同和裕銀號借款押品所在地方政府應請飭知備案事竊敝行等前遵鈞府各委員召集會議議決由同和裕銀號將各處動產不動產向中國交通金城上海農工鹽商各押借洋五萬元共計洋三十萬元當以市面金融異常恐慌同和裕急於用款應付敝行等為維持市面安定秩序起見由敝行等將此項押款照數撥付一面派員赴各處點驗押品照章登記茲據該員函稱新鄉縣政府契稅登記處尚未設立無從辦理手續依法保障等語查同和裕所押資產散在開封新鄉彰德洛陽道口焦作順德漢口南京等處現在新鄉縣政府既未設立稅契登記處此外

各押品所在地難免不有同樣情形，實於辦理手續有碍進行。除順德、漢口、南京等處由敝行等自行另請登記外，理合將各地押品開列清單並借據照片呈請
鈞府鑒核備案，並請賜予令飭新鄉、彰德、洛陽、道口、焦作等處所在縣府依法備案，在同和裕未還清借款本息以前，上項抵押品不得私自變賣或轉移其他人收管，俾資保障，實為公便，并乞
鈞示祇遵。謹呈
河南省政府主席劉
計呈清單一紙、借據照片一張
金城、交通、中國、農工、上海銀行謹呈
二十二年十二月十六日

二五　王静澜关于同和裕向开封银行团借款未交齐所有抵押品自无再为登记必要等情给开封银行团的函（民国二十三年一月十二日）

同和裕致银行团函

迳启者：前因敝号发生风潮，蒙　省府极力维持，当由建设厅张厅长向　贵团商借款项接济敝号，借款金额原订叁拾万元，该项借款既未照交齐，所有抵押品自无再为登记之必要。并蒙上海银行、中国银行、交通银行、金城银行等函允陆续回赎，是以敝号拟最近期间当另筹备款项陆续回赎也。此致

开封银行团公鉴

王静澜

二一六　中央银行开封支行关于由开封商会出面向同和裕借款催收经过情形给总行业务局的函（民国二十三年一月十三日）

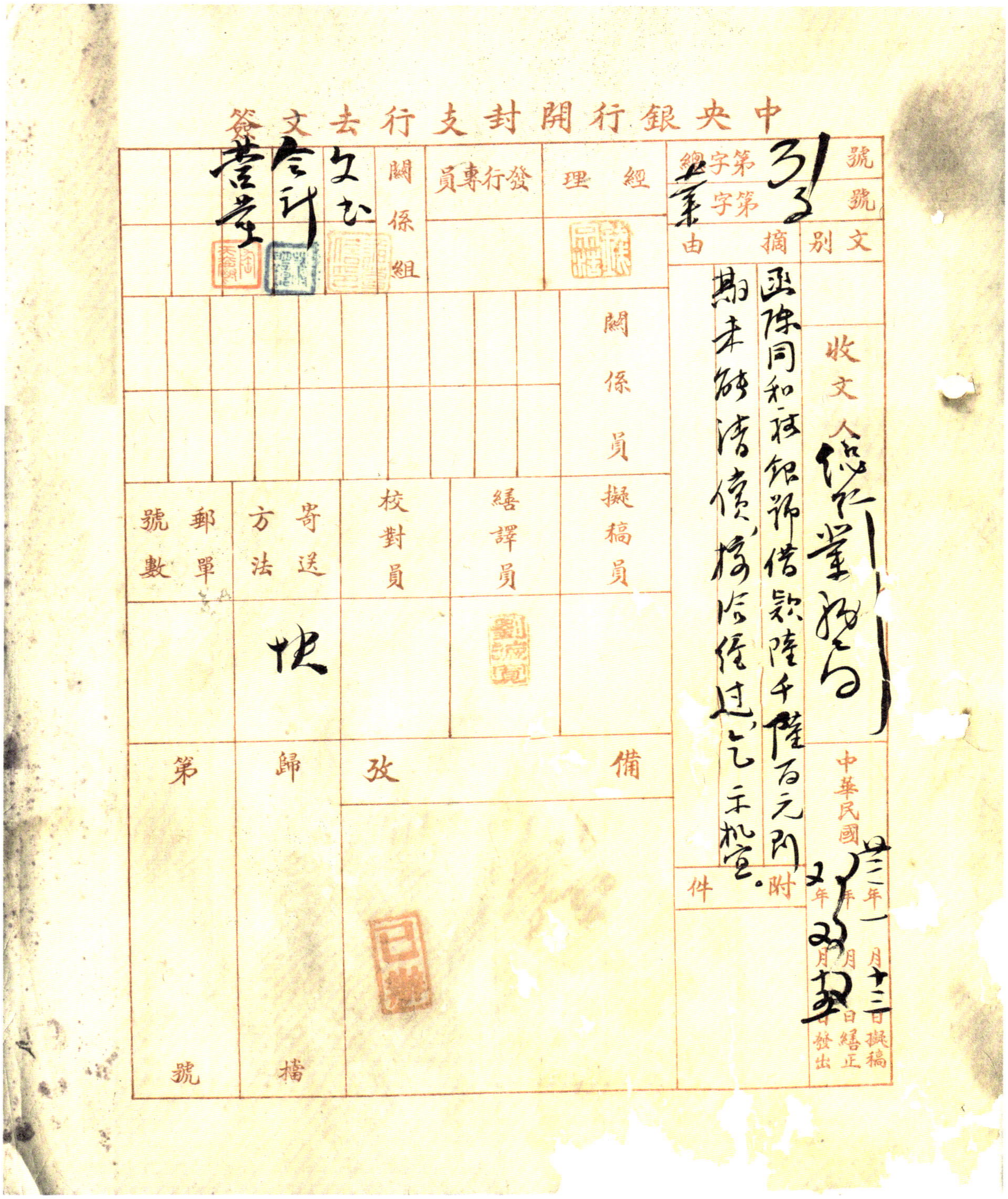
中央銀行開封支行去文簽

號　總字第　業字第313號
文別
摘由　函陳同和裕銀號借款陸千陸百元內期未歸清債，摘陳經過，乞示機宜。
收文人　總行業務局
中華民國廿三年一月十三日擬稿
經理
發行專員
關係組
關係員
擬稿員
繕譯員
校對員
寄送方法　快
郵單號數
備考
歸檔
第　號
附件

（摘由）函陈同和裕银号借款陆仟陆百元之到期未能清偿，据洽经过乞示机宜。

查同和裕银号于上年十月二十九日由开封商会出面，向中国、交通、上海、金城、豫川等五行各摊借陆仟陆百元，计该款叁万叁仟元，订期为六个月，不计利息，另有豫川摊借之款，业经陈奉核准照借，并于业字第六三号函陈在案。嗣以该款于上年十二月二十九日到期未见清偿，开由五行会函开封商会催询，时以该会主席李学珍君离汴，致迄未获要，迨至本年一月七日李君回汴后，接洽结果，据称借款该号仍由商会出面，送款责任自应责成该号归还

惟英方所提商合借之三千五百万元案内有[illegible]元之款[illegible]借，除供支

該節內容，雖經中國專家分讀借巨款，仍以抵押東北[illegible]，

與法國銀行，並上項期貨款項之清償，亦可不遵

要求諸言，同時中國專家行繼續借款項，因望此款之支

出，而鑒於發生枝節問題，迭經磋商，迄未就範，故在

中國專家則現方急於可急，對於上項期貨款項之備案，

自難置議，遂雖經諸門備詢，仍舊延未理，

在諸門既經會同辦理於先，自難獨持異議於後，抑

但該節述殊出備案清償不成，而由該節請求轉期，

或提供不若穀實之押品，請求轉期轉借，中國專家

如尚同意，諸門並即序接受，相目前[illegible][illegible]各門[illegible]還

延不予備案，諸門是否單獨核許，抑仍會同各門辦理，

理合函陈洽谈情形，并録陈开会函、开封商会全文，

敬乞

鉴核，仍乞钧处鉴核，函

指示机宜，俾资遵循为祷。

谨呈

总行

附件

开封支行

经理钱宗[illegible]

中央銀行開封支行稿紙

二七　上海银行开封支行关于收到同和裕以街账抵借款之本息给中央银行开封支行的函（民国二十三年一月十五日）

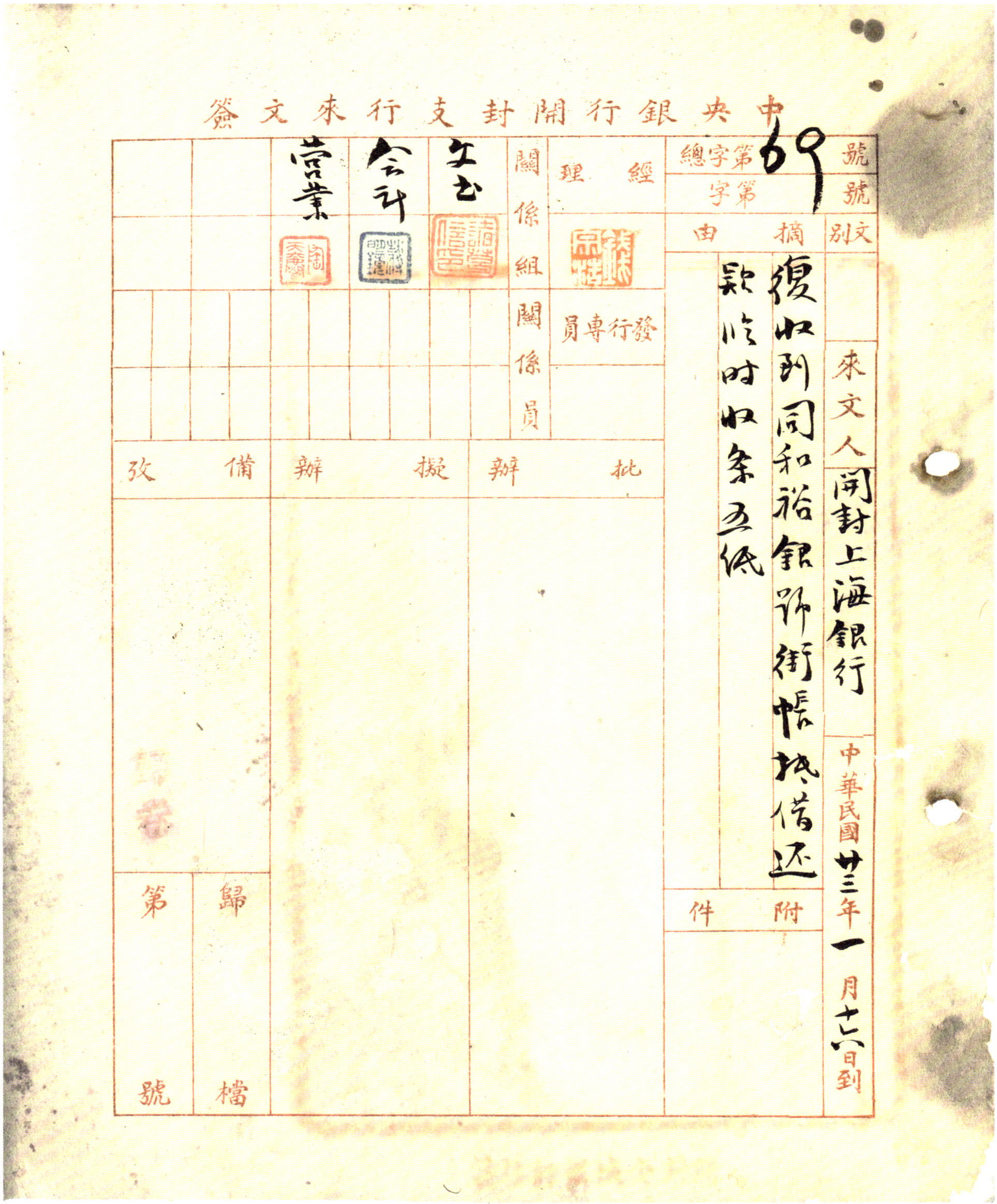

中央銀行開封支行來文簽

號	總字第69號
	字第　號
文別	
摘由	復收到同和裕銀號街帳抵借還款臨时收条五紙
來文人	開封上海銀行
中華民國	廿三年一月十六日到
附件	

經理　　關係組：文书　會計　營業　　關係員　　發行專員

批辦　　擬辦　　備攷

歸檔　第　號

上海商業儲蓄銀行

開封支行

第不列號第全頁

電報掛號〇三二八

逕復者接准

大函內開查開封同和裕銀號於上年十月十六日十九日先後以街帳向貴行中國金城敝行等四行移抵借款總額叁萬六千元并公推敝行收回及攤還本息事項業經敝行照辦在案茲查上項借款本息均經敝行陸續收回并分別如數攤還清楚用特檢奉貴行收到攤還本金玖千元息金壹百叁拾陸元五角七分逐次所開臨時收條五紙以清手續而資結束統祈查收見復為荷等因附收條五紙業照收到相應函復至祈　查照為荷此致

開封中央銀行

上海銀行開封支行啓

中華民國二十三年一月十五日

二八 金城等五行关于请督促同和裕履行借约以维债权给河南省建设厅厅长张静愚的呈（民国二十三年一月二十二日）

呈請督促同和裕履行借約以維債權由

呈爲呈請事竊查銀行等前遵

鈞廳召集會議議決維持同和裕銀號由該號將其自置各處動產及不動產向中國、交通、金城、上海、農工各銀行及鹽商各押借洋五萬元共計洋叁拾萬元嗣以市面金融異常恐慌且重以

鈞廳諄囑敝行等祇得勉力維持當經各將上項押借之款照數撥付內中惟鹽商應交之五萬因籌措不易商得該號同意改交洋貳萬元亦經照付惟查該銀號作抵之資產經銀行等派員馳赴各處點驗現已蕆事其不動產有未將契據交出者有已交出而價額與原抵之數不符者綜計已經點驗之產估價不足拾六萬元其作抵之動產則並未交出按照借據

第一條載有（自借款之日起三個月後陸續歸還息洋本減滿六個月還清）

自二十三年十一月五日起至刻下瞬屆開始還款之期而一切手續多未照辦

又查第三條内載（上項抵押品應即日交貸款人管業經貸款人派員調

查估價如有價值不符或有其他糾葛不能承受時均由本號另以其

他相當抵押品補足之）照上述調查抵押品之結果則該號應依照本條

文另以相當押品補足毫無疑義又第五條内載（以上房產廠基機器

器具均應加保火險并由貸款人向法院分别登記其保險費及登記費

均由本號担任之）根據本條文除登記一節因作抵之房產屋在本省各

外縣者以無受理登記之機關已呈請

省政府飭令各行備案外至保險手續該號亦延不照辦統觀

上述種種情形足證同和裕違反契約不顧信守已可概見又查借據第六條內載（以上各條在本號未清償本息期內得由保証人隨時督促履行之）查此項押借之款承

貴廳長允為保証署名借約實為最有力之保障敝行等迭接總行嚴飭一面追加種種手續一面依照借據訂定之期限零還借款良以債權所在難安緘默為此備陳

鈞鑒伏乞

查照借約督促同和裕迅即履行俾昭信守其已經照驗之產及不能承受之產並分別繕具清單隨文呈送統祈

鑒核施行無任迫切待

命之丞謹呈

河南省建設廳廳長張

附呈生草兩節

金義8
農工8
中國8
交通8
上海8

謹呈

三二、一、廿二

二九　开封金城银行和河南农工银行等关于送同和裕抵押给银行的各处资产契据照片及清单请转令所在县府备案并饬该号追加押品给河南省政府主席刘峙的呈（民国二十三年一月二十四日）

呈遵批呈送同和裕抵押敝行等各處資產契據照片暨清單請予轉令所在縣府備案并飭該號追加押品由

爲遵批呈送原契據照片並將座落四至分別註明仰乞
指令各縣政府予以註册備案藉維債權事竊查銀行等前
曾呈請
鈞府指令各縣府准將銀行等收到之同和裕押品各處不動產契據予以備案旋奉
鈞府第一三四八號批示呈及附件均悉查所送清單對於棧押資產座落四至均未細列未便轉令茲將原清單發還仰即遵照詳細開明列單呈送此批照片暫存等因奉此遵將同和裕交來棧押各產原契據分別拍成照片其座落四至均已詳細註明謹將每種備具兩份並開列清單一併隨文呈送伏乞

鈞府分別存轉有名該縣銀行并設有辦事處常川駐有人
員各縣府對於當地抵押備案之房產須加調查者自可就
近知照行員公同查看惟查同和裕所有抵押品雖據稱值價
四十萬元但其中有數處係已經押給他人者該號並未
聲明殊屬不合依實估計僅值洋十六萬元之譜相差甚巨
擬照抵押慣例押品價值須超過貸款之四成今同和裕所交
押品較貸款額數所差尚多敬祈
鈞府飭令該號追加押品以維債權實為德便謹呈
河南省政府主席劉
計呈契據照片三十六份每份兩張清單兩紙房單一紙兩份

廿三、一、十七、發

封城送来省政府批

呈一件和裕抵押该行号所需资产契据恩民登
清单请予转令所在县政府备案并饬该号迅加
押据由

呈暨附件均悉。查上年如同和裕抵押行一案，前准上海市银行
公会呈请财部饬据达设厅呈复，因于此项抵押事件
一切手续，係由该银行与该银号直接办理，应由该行
号自行接洽。兹据情节称，该公会查照在案。至所
请转令所在县政府注册备案一节，应予照准。除抄检
附件令饬新乡县县政府遵办外，仰即知照。此批。件存。

一月廿四

開封大通銀行

三〇 开封金城等五行关于开封商会代同和裕借款已逾期匝月请迅清偿给开封商会的函（民国二十三年二月五日）

案查上年十月廿九日由
贵会出面代开封同和裕银号向敝行等借
款总额叁万叁千元期订两个月并订明到期时
无论该号情形如何均由
贵会负担完全清偿责任嗣以到期未荷
归还经于十二月三十日函请
查照在案兹查上项借款到期业逾匝月
迄未准

開封交通銀行

贵处林行等为亟求了结而完责任起见

用再函请

迅予清偿为祈

台洽并

见复为荷

此致

开封商会

开封 金城 交通 中国 上海 中央 银行谨启 二二、二、五、

三一　开封商会关于代同和裕借款曾经有抵押品足资偿还等情形给开封交通银行的函（民国二十三年二月九日）

開封商會用箋

逕復者：接准
大函以本會代開封同和裕銀號向各行共借洋叁萬叁仟元，刻已逾期，囑即清償等由。到會查此項代借之款，曾經取有抵押品（另案），足資償還，一俟辦理清楚，即行清償。相應函復，即希
查照為荷。此致
開封交通銀行

開封商會啟
二、九、

23.2.10
收到

鉴非、肖九
仝鉴
贵会代开封同和裕银号向敝行等共借洋
叁万叁千元逾期未还一款业经
贵会所有抵押品足资偿还一俟办理清
楚即行清偿等由均经诵悉具徵
热忱同深感荷惟两旬以来未见
履行此项借款逾期垂及两月似属久延

開封交通銀行

不能改换等责任应予即用再出证，刻已如数清偿，即祈查照为荷。

此致

开封商会

金城
上海
交通
中国
中央
银行

二三、二、二七、

三三　开封金城等五行关于开封商会代同和裕出面借款到期由保证人负责清偿希鼎力督促克日清偿给省政府秘书长方其道等的函（民国二十三年二月二十七日）

131

案查上年十月间开封同和裕银号发生提存风潮，于十月二十九日由开封商会出面向敝行等借款总额叁万叁千元，期订两个月，不计利息，到期无论该号情形如何，均由开封商会并保证人负担清偿完全责任，当经敝行等分别摊借在案。到期除经于十二月三十日及本年二月五日先后函催开封商会迅予清偿，嗣准二月九日复函虽允即行清偿，然仍延未履行，查上项借款，是蒙高义，出面保证，敝行等因久悬未结

中央银行开封支行稿纸

者，俟将两月，故不得不迅求了结，而完责

任，倘荷

鼎力赞促，俾得尅日清偿，则此等

盛情，实同身受，曷胜感篆，当图奉恳，统祈

台洽，并请

见复为荷。

此致

方秘书长其道

张督办铸向吴

裔厅长真如惟一

张厅长静愚

刘局长耀清竹泉

金城银行

交通银行

中国银行

上海银行

中央银行

敬启

二六、六、廿七

三四　金城等五行关于开封商会代同和裕借款逾期请如数清偿给开封商会的函（民国二十三年二月二十七日）

130

案准二月九日
台函，以
贵会代开封同和裕银号向敝行等共借洋
叁万叁千元，逾期未还一款，业经
贵会取有抵押品，足资偿还，一俟办理清
楚，即行清偿等由，均经洽悉，具徵
热忱，同深感荷。惟两旬以来，未见
继行，此项借款，逾期垂及四月，仍属
久悬不结，敝行等责任无可交卸，
用再函请
赶日将此项借款如数清偿，即祈

中央银行开封支行稿纸

查照为荷。此致

开封商会

金城
交通 盐业
中国 银行
上海
中央

三十一 十二 二七日

三五　河南省建设厅关于开封商会代同和裕所借之款已令该号迅速筹还并请转告各行直接向该号接洽给中央银行开封支行的函（民国二十三年三月二日）

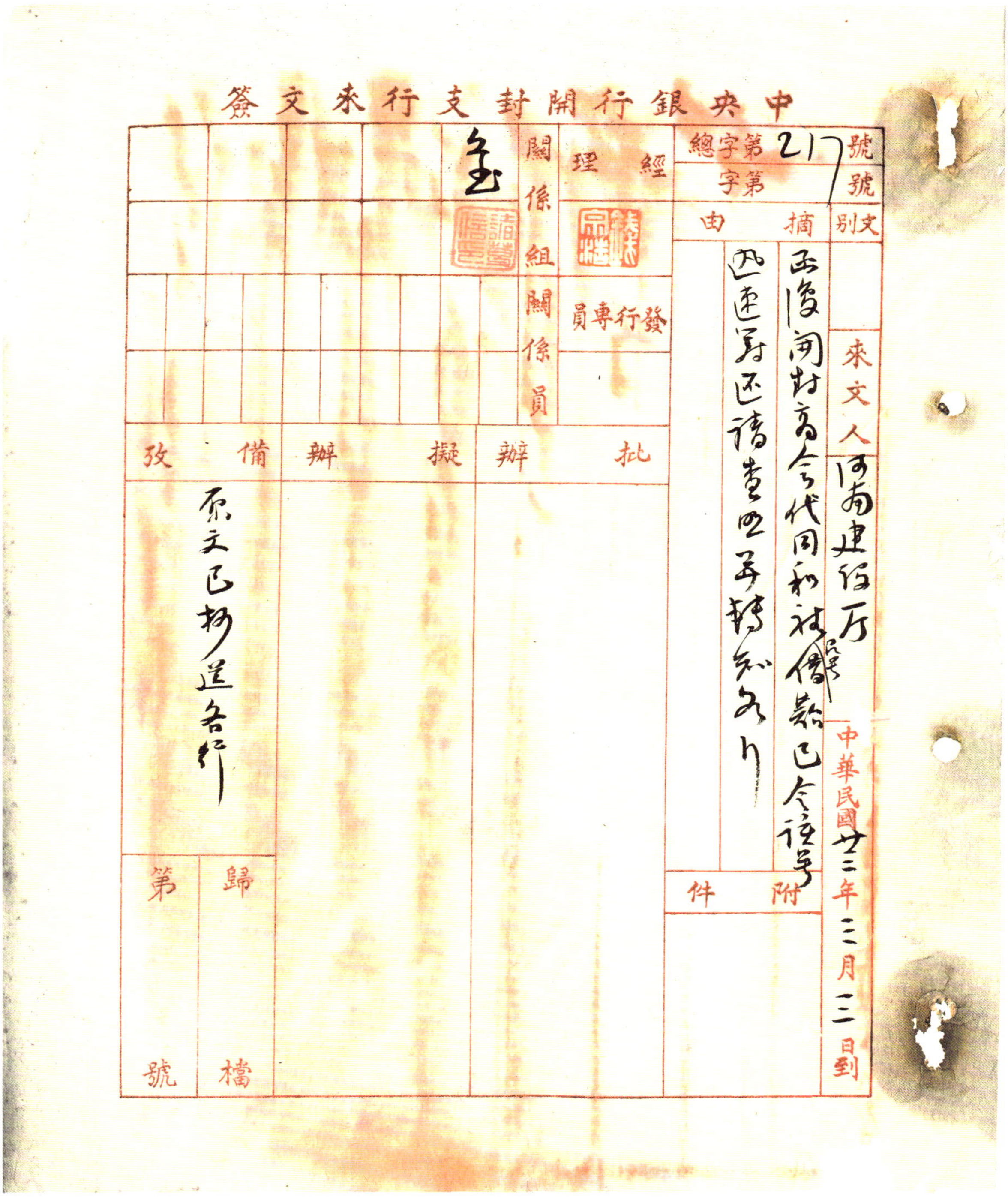

中央銀行開封支行來文簽

總字第217號
字第　號
文別
來文人　河南建設厅
中華民國廿三年三月二日到
摘由　函復開封商會代同和裕借款已令該號迅速籌還請查照并轉知各行
附件
經理
關係組關係員
發行專員
批辦
擬辦
備考　原文已抄送各行
歸檔　第　號

河南省建設廳用箋

逕復者頃准

台函以

貴行及金城交通中國上海等行于去年

十月二十九日由開封商会出面借與同和裕

現款三萬三千元逾越償還期限已久該號

迄未履行囑為督促清償等語自應照辦

除令同和裕銀號迅速籌還外相應函復

即希

河南省建設廳用箋

查照并請轉知各行一面逕向該號直接接洽爲荷此致

中央銀行開封分行錢經理

河南省建設廳

啓 三月二日

三六 中央银行开封支行关于开封商会代同和裕借款催收困难请示交涉方略给总行业务局的函（民国二十三年三月五日）

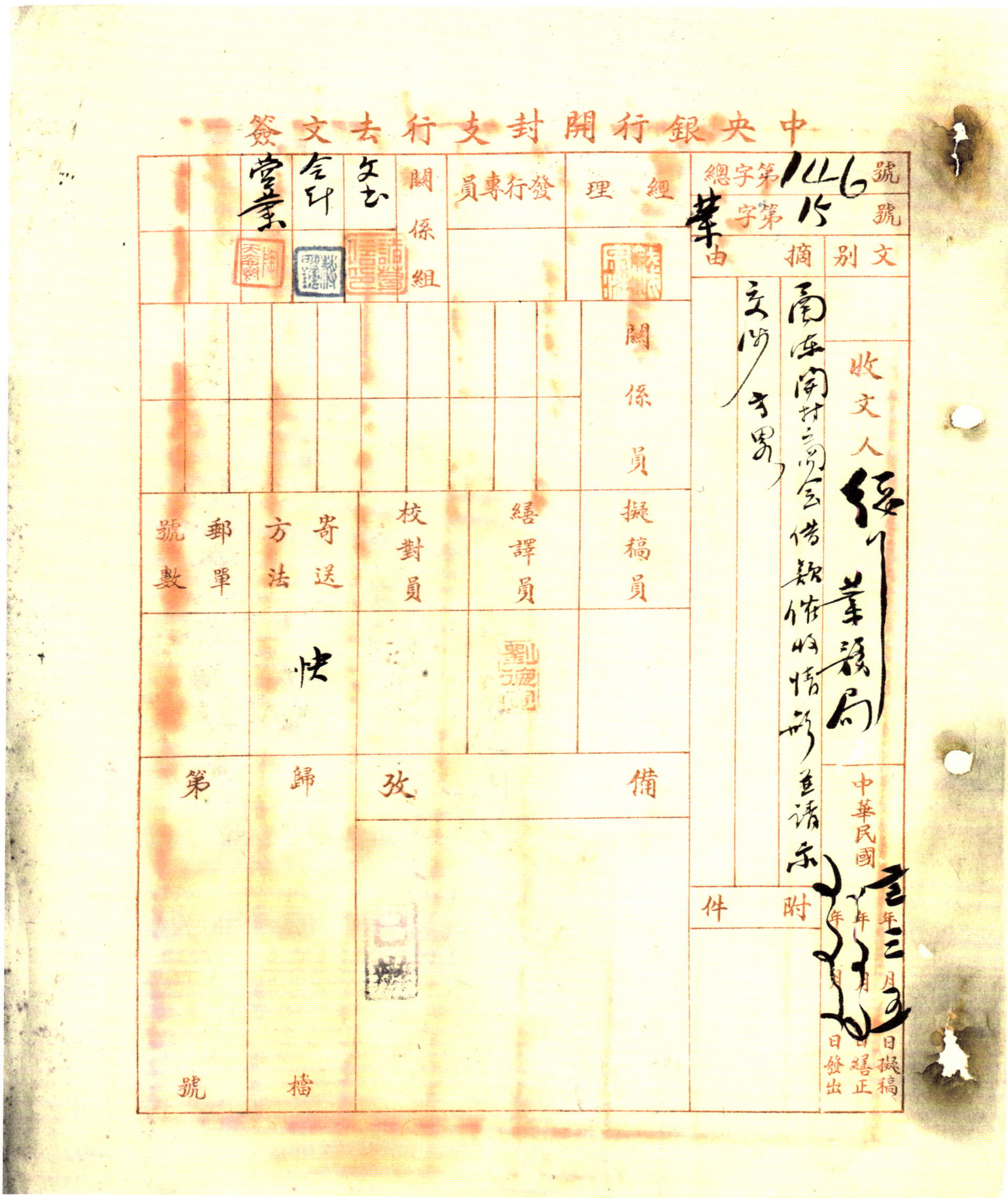
中央銀行開封支行去文發

號	總字第1146號
號	業字第15號
文別摘由	函告開封商會借款催收情形並請示交涉方略
收文人	總行業務局
中華民國	廿三年三月五日擬稿　年　月　日繕正　年　月　日發出
附件	

經理	
發行專員	
關係組	文書　會計　營業
關係員	
擬稿員	
繕譯員	
校對員	
寄送方法	快
郵單號數	
備攷	
歸檔	第　號

摘由：南陈开封商会借款催收情形，并请核示交涉方畧。

案奉業作字第二號

鈞函：「二十開封商會借款陸千陸百元，到期未能清償，應仍會同各行嚴催，並會商担保借款各公署轉為催詢」等因。敬悉。

查上項借款，到期未歸，曾由各行於上年十二月三十日會函向催，因該會久置不復，又於本年一月五日會函再催，嗣於同月十日，准該會同月九日復函：「此項代借之款，曾經取有抵押品（火柴）變價償還，一俟辦理清楚，即行清償」。函內所稱火柴，係指同和裕銀號存於新鄉之火柴而言。旋由該會派員前往接收，嗣以至逾半月，仍無確訊，由各行馳赴該會訪詢，據稱：「火柴現存千肆百箱，市值法幣肆千元」。當以該會函復，題共多實不符。因於二月二十七日，經由各行會函催詢，并分函各保證人，督促清償。截至本月十日止，僅由保證人五人中之建設廳函復，已令同和裕迅速籌還外，請逕向該號直接接洽到行。此係近日催收該公借款經過之情形也。

查上項借款，係因上年十月劉主席電召各行維持，由建設廳第三次會議議借之款，當以同和裕之環境瀕危，急向各行借款之議，由商會自動承借，並由省政府秘書長等五人保證，訂明：屆期無論同和裕之情形如何，由本會至保證人負擔清償完全責任。是該項借款之應由該會及各保證人負責，毫無推諉之餘地。茲閱建設廳函復各節，是將保證該款之責任完全推卸，雖其他各保證人尚未前後到行，但無確實負責之意，似可謂為斷定也。

查同和裕借款發端之初，該行曾經確切調查，知各機關之公私存款悉存該號者為數甚鉅，因背景之複雜，乃乞劉主席分電各行借款維持，其目的固不在維持該號，觀夫劉主席前二次電請各行分借五萬之案，中、交、上海、金城等行於借款借就之後，以押品之不足，曾由上海銀行公會電請劉主席設法維持，前劉主席覆電亦係由各行逕向同和裕交涉，是與建設廳前後上項借款之措詞如出一轍，足徵當道之對於各行維持同和裕之借款，似無踐約之誠意，殊非當初之所料也。

上項借款，該行未

前會同中、交等四行嚴催以來，因循兩月，迄未結束，一再躊躇，

中央銀行開封支行稿紙

殊深惶悚，查以商会为漫无资产之公共机关，各保证人
已将自身之利害蝉脱殆尽，似可谅其隐况，不须已往信
守，自非变更交涉方略，不易收相当效果。兹拟请
钧行根据刘主席上年十月寒电，请刘主席严饬商
会及各保证人迅速偿还，以践前约，而重国款，俾便归行
可以迳向刘主席切实磋商，是否有当，仍乞
钧裁。至应否继续会同中交等四行办理之处，请并
酌定，饬遵为祷。

谨呈

总行

同和裕

经理钱宗

三七 中央银行业务局关于开封商会借款应仍与中国交通等行继续会同严催归还并设法查明抵押品确数给中央银行开封支行的函（民国二十三年三月八日）

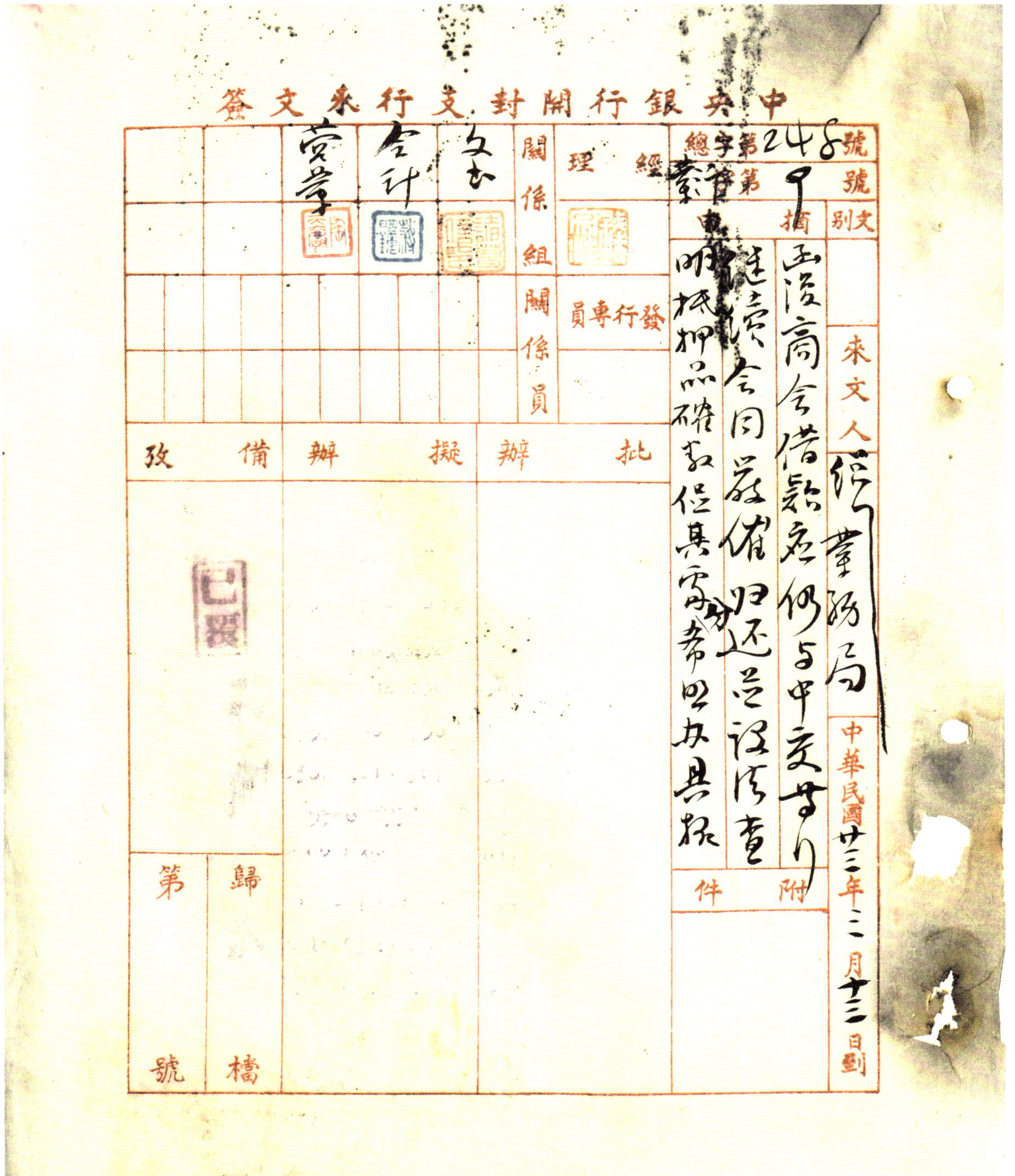

中央銀行開封支行來文簽

總字第248號

第 號

文別

來文人：總業務局

中華民國廿三年三月十三日到

摘由：函復商會借款應仍與中交等行繼續會同嚴催歸還並設法查明抵押品確數俾供參考由具報

附件

經理　發行專員　關係組　關係員　文書　會計　營業

批辦　擬辦　備攷

已覆

歸檔　第　號

中央銀行用牋

業汴字第九號　第　頁　電話總機一二五七〇至一二五七二 一二五七九　民國卅三年三月八日

摘由。函覆商會借款應仍與中交等行繼續會同嚴催歸還並設法查明抵押品確數促其處分希照辦具報

據業字第一五號函陳開封商會借款催收未着及保證人圖脫卸責任情形，請根據劉主席寒電，請劉主席轉飭償還等情；已悉。除轉陳

總裁督核施行外，應請

尊處仍與中交等行繼續會同嚴催該會歸還，對於抵押品，亦應設法查明確數，促其處分。即希

查照辦理具報。

此致

汴行

總行　啓

業務局副經理　周

業務局文書科校對之章

如蒙惠復請寄中央銀行業務局

有線無線電報掛號(菠)五三三五三　"Governbank" Shanghai

上海黃浦灘路十五號

呈省政府、建設廳、財政廳文

呈爲呈請令飭同和裕管理委員會迅以儘先歸還銀行款項爲議決案以維債權

爲呈請事。窃查開封同和裕銀號前向敝銀行等抵押借款一案，所交押品差額既屬甚多，而按照原訂借約又以早過開始還款期限，該銀號惟乃延宕，概不履行。刻聞該銀號組設管理委員會業已成立，正在着手清查資債，敝銀行

開封交通銀行

等雖資久亟亟待周轉款乞

鈞府
貴廳令飭該貸委會迅行儘先歸還俾銘竹等

款項為議決案所須劃出之定案並查照原借

約內期限以維信據實為

德便謹呈

河南省政府主席劉
建設廳廳長張
財政廳廳長李

金城
交通
農工
上海
中國
銘竹謹呈

廿三年四月二日

三九　开封金城等行和河南农工银行关于请令同和裕补交押品并扣存该号所有现金按照借约迅即还款给河南省建设厅厅长张静愚的呈（民国二十三年四月十日）

呈建设厅文

函呈请令饬同和裕管委会补交押品并扣存该号所有现金

照约还欵由

呈为呈请事。窃查同和裕银号前向敝银行等抵押借欵一案，业因所交押品差额甚多，迭经呈请

贵厅令饬补交，兹以该号罔顾信约，迄未照办，敝银行等迭据行屡函请责其筹还此欵，拟恳

贵厅俯赐令饬同和裕银号管理委员会迅速照差数另筹押品，克日补交，且责该银号在本城马道街所设之分号商存

扣存货款，并乞

令饬该管会（要）将上项债务所欠现金速同该银行并其他一切权义

及赊存现款一并将存据照借约退还归还，等候迫切待

命之至。谨呈

河南建设厅厅长陈

开封金城银行
开封交通银行
河南农工银行
开封上海银行
开封中国银行

四、十、日

四〇 张钫关于同和裕借款已转催该号筹还给中央银行开封支行的函（民国二十三年四月十四日）

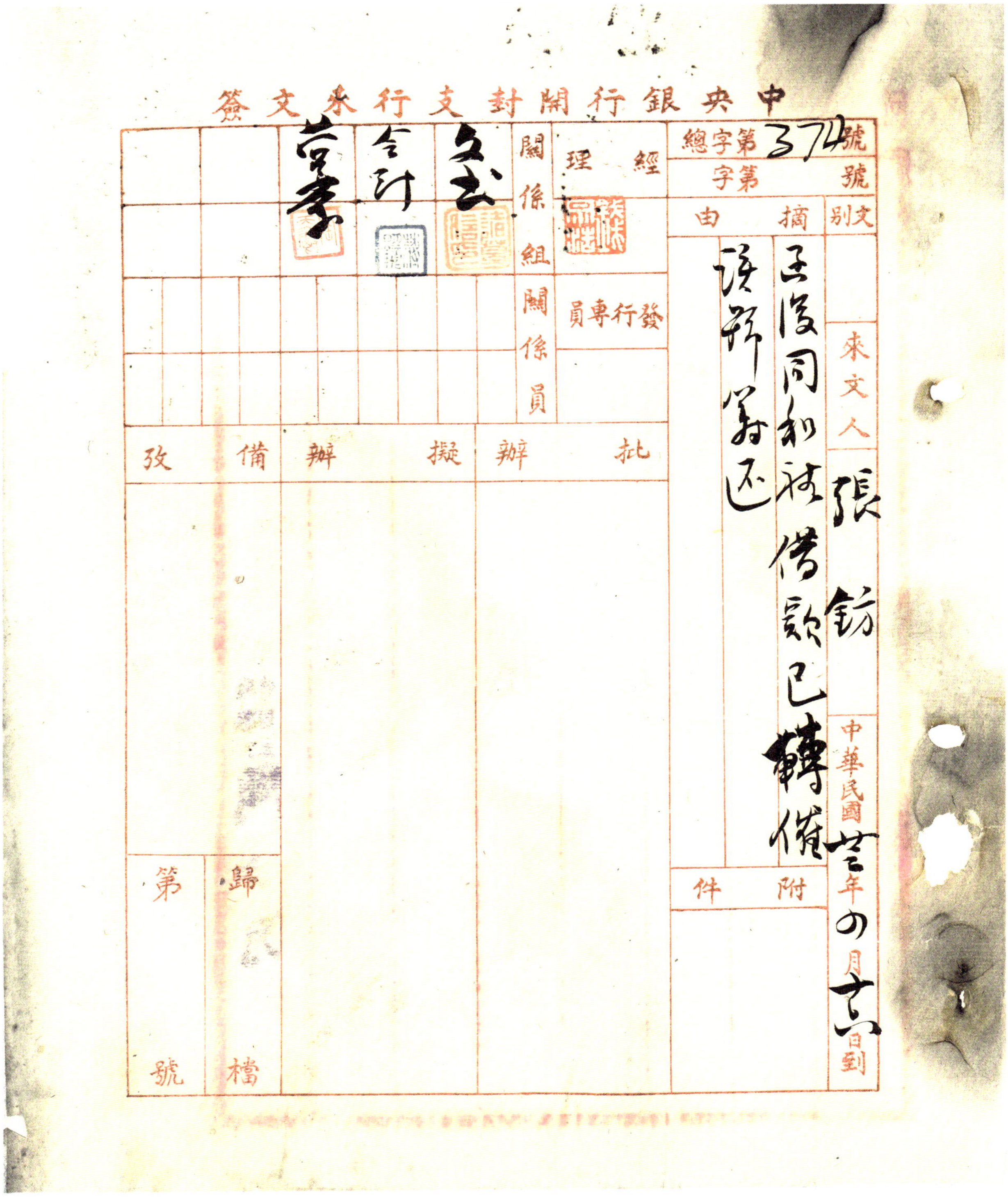

中央銀行開封支行來文簽

號	總字第374號
號	字第
文別	
摘由	函復同和裕借款已轉催該號籌還
來文人	張鈁
到	中華民國廿三年四月十六日到
經理	
發行專員	
關係組	文書 會計 營業
關係員	
批辦	
擬辦	
備攷	
附件	
歸檔	
第 號	

河南全省清鄉督辦署用箋

逕復者頃准
大函以同和裕銀號前借
貴行款項逾期兩月迄未歸還囑
為轉促俾得剋日清償等由除
已轉催該號籌還外相應函復
查照為荷此致
中央銀行

張鈁
四廿四

四一　开封中国银行关于寄送同和裕押品之房屋契据和凤阳县政府准予登记的批文给开封交通银行的函（民国二十三年四月十六日）

逕啓者前由
貴行交下同和裕借款抵押品内蚌埠二馬路房地契各壹
張契列原購價洋壹萬捌千元當經轉寄敝蚌埠行託
為調查並辦理登記手續去後現得復業經辦妥特將
原房地契各一張連同鳳陽縣政府准予登記之批文一件
一併隨函送請
貴行查收見復再查同和裕借款所有抵押品之契據等均歸
貴行保管請即

開封中國銀行

賜函聲明以便存案爲荷此致

開封交通銀行

附房地契各壹張批文一件

開封中國銀行啓

中華民國卅三年四月拾六日

開封中國銀行

四二　开封交通银行关于收到同和裕在蚌埠房产地契、凤阳县政府批文及押品证据一并保管给开封中国银行的函（民国二十三年四月二十日）

交中行

逕復者接准

大函以同和裕借款押品內蚌埠二馬路房地辦

理登記手續一事業經

貴蚌行辦妥前將房地契紙一張又鳳陽縣政府批

准登記批文一件一併隨函送上囑收復等因查

悉除將該房地契紙批文收連同以前押品証據一併

保管外相應函復即祈

查照為荷此致

中國銀行

廿三年四月廿日

四三　金城等五行关于请令同和裕管委会依所拟筹还款项办法克日履行给省建设厅、省财政厅的呈（民国二十三年四月二十八日）

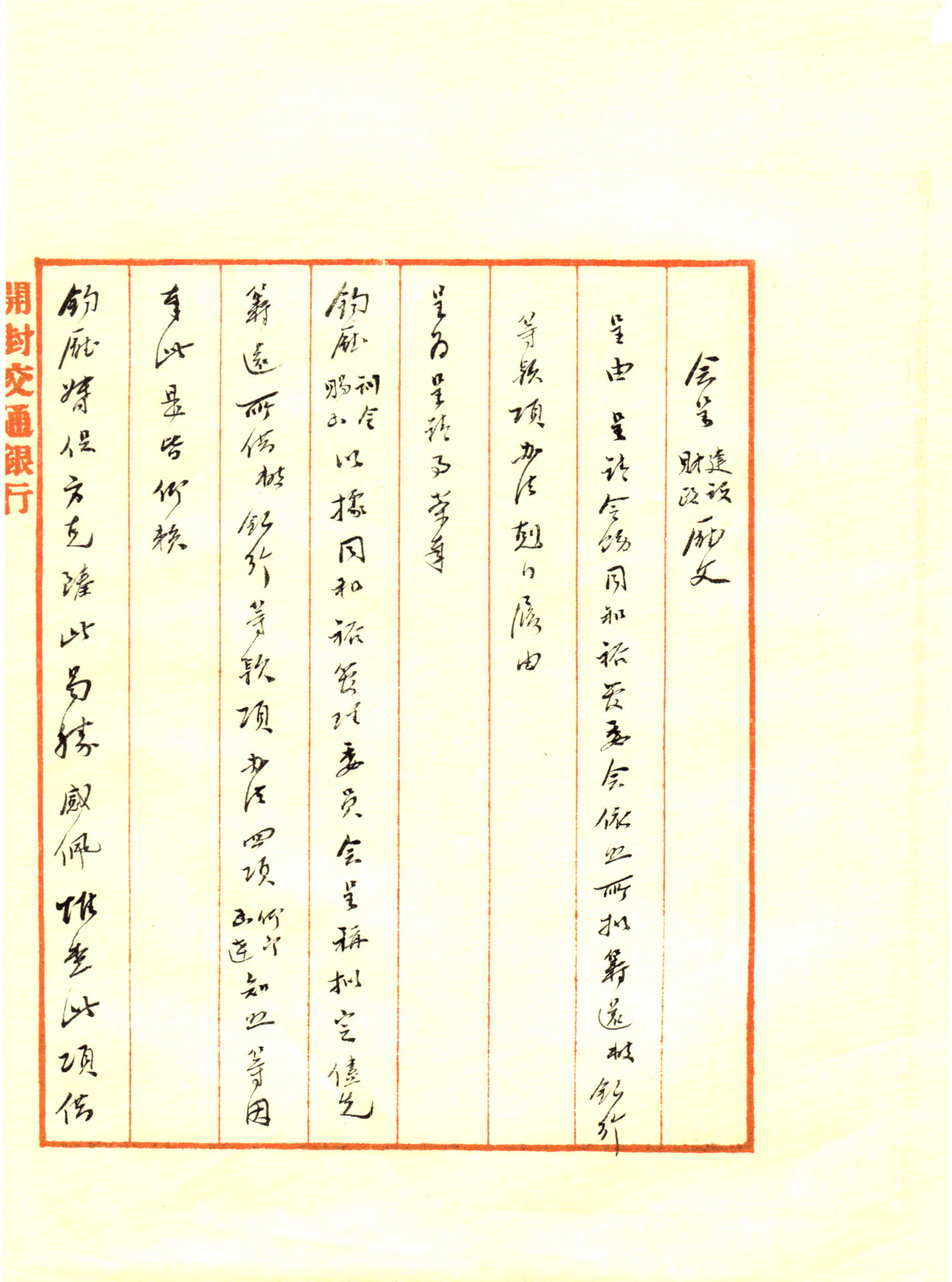
会呈建设、财政厅文
呈由　呈请令饬同和裕管委会依照所拟筹还钧行等款项办法克日履行由
呈为呈请事案奉
钧厅训令赐示以据同和裕管理委员会呈称拟定偿还筹还所借钧行等款项办法四项仰即遵照知照等因
奉此具见俯赖
钧厅体恤商艰克臻此节感佩惟查此项借

开封交通银行

款按照原訂契約早經開始還款期限該發委會既既擬定上項儘先歸還外請再顧念
鈞廳令飭該發委會切實依照原議辦理俾免空言搪塞之處為此呈請
俯鑒察核施行謹呈
河南省建設廳廳長張
財政廳廳長李

金城
交通
農工
上海
中國
銀行張星

廿三年四月廿六日

四四　金城等五行关于开封商会出面为同和裕借款并订明到期负担完全清偿责任希迅将借款如数清偿给开封商会的函（民国二十三年五月十二日）

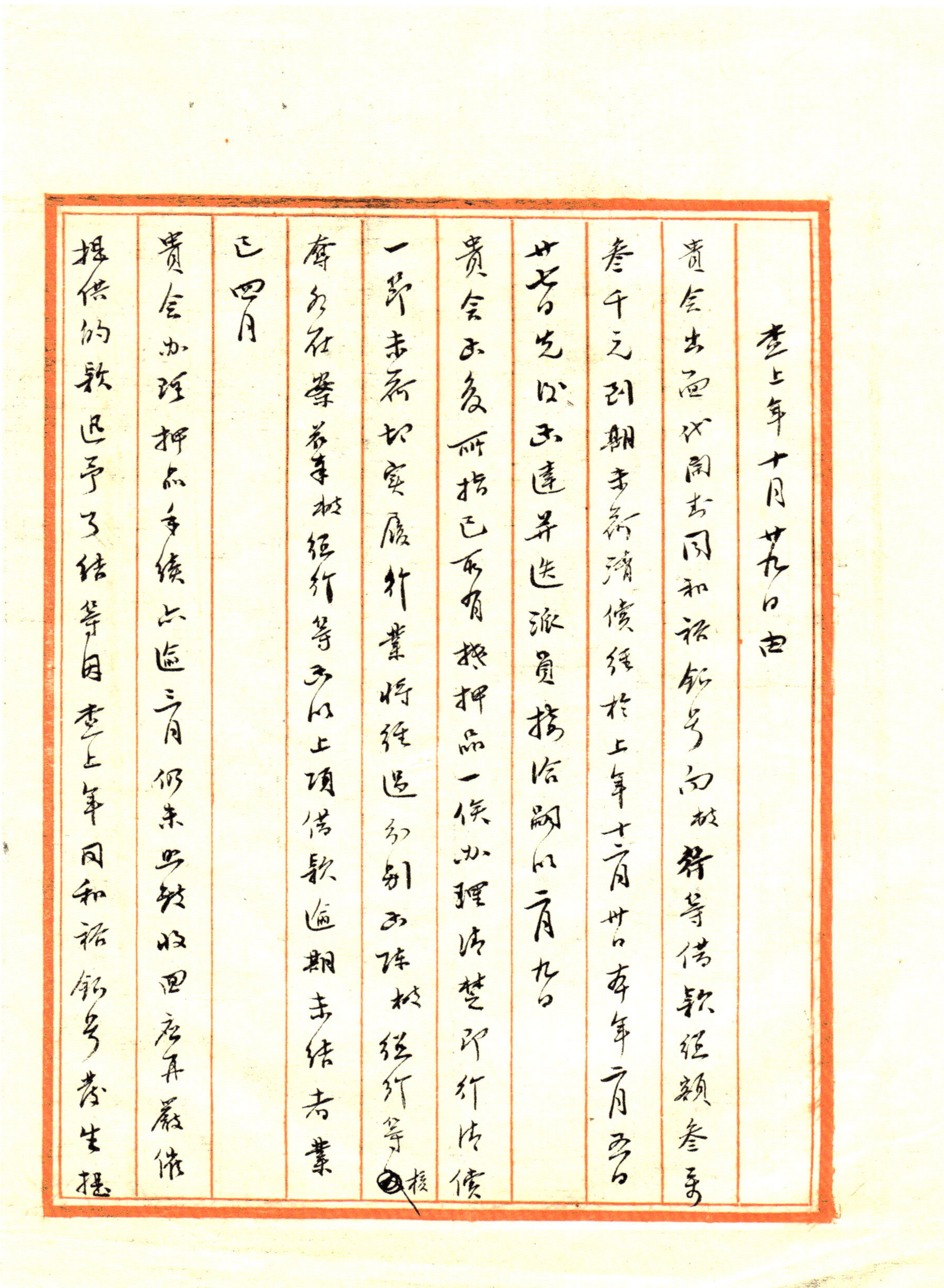
查上年十月廿九日由
貴會出面代開封同和裕錢號向敝行等借款總額叁萬
叁千元到期由敝行清償經於上年十二月廿日本年一月五日
廿七日先後函達並選派員接洽嗣於一月九日
貴會函復所指已有抵押品一俟辦理清楚即行清償
一節未見切實履行業將經過分別函陳敝行等　核
奉到在案茲查敝行等所以上項借款逾期未結者業
已四月
貴會辦理押品手續亦逾三月仍未出頭收回應再嚴催
提供的款迅予了結等因查上年同和裕錢號當生提

存風潮敝行等為維持地方金融起見業經
貴會出面借款並訂明到期不論該號情形如何均由
貴會負担完全清償責任故勉為出借
貴會表率群倫嘉惠市廛素為敝行等所欽敬對於上項
借款之必能遵守信約切實履行蓋亦為敝行等所深信
者特迫於敝行等之一再嚴催故不得不迅求了結而完
責任用再函請
貴會迅將上項借款如數清償藉資結束實深忻幸相
應函達統希
查照為荷 此致

開封商會

金城 交通 中國 上海 中央 銀行

廿三、五、十二

四五　河南省政府关于同和裕清偿借款办法令省建设厅核办的批示（民国二十三年五月十七日）

河南省政府批示 882

原具呈同封金城、交通、中国、中国农工、上海银行

呈请严令同和裕董事会协照所拟偿先筹还该银行等款项办法切实履行，或乞钧府赐筹相当救济办法，以重债权据由

呈悉。已令建设厅核办矣。

此批。

中华民国二十三年五月十七日

四六 中央银行开封支行关于开封商会借款官厅会商情形给总行业务局的函（民国二十三年五月十九日）

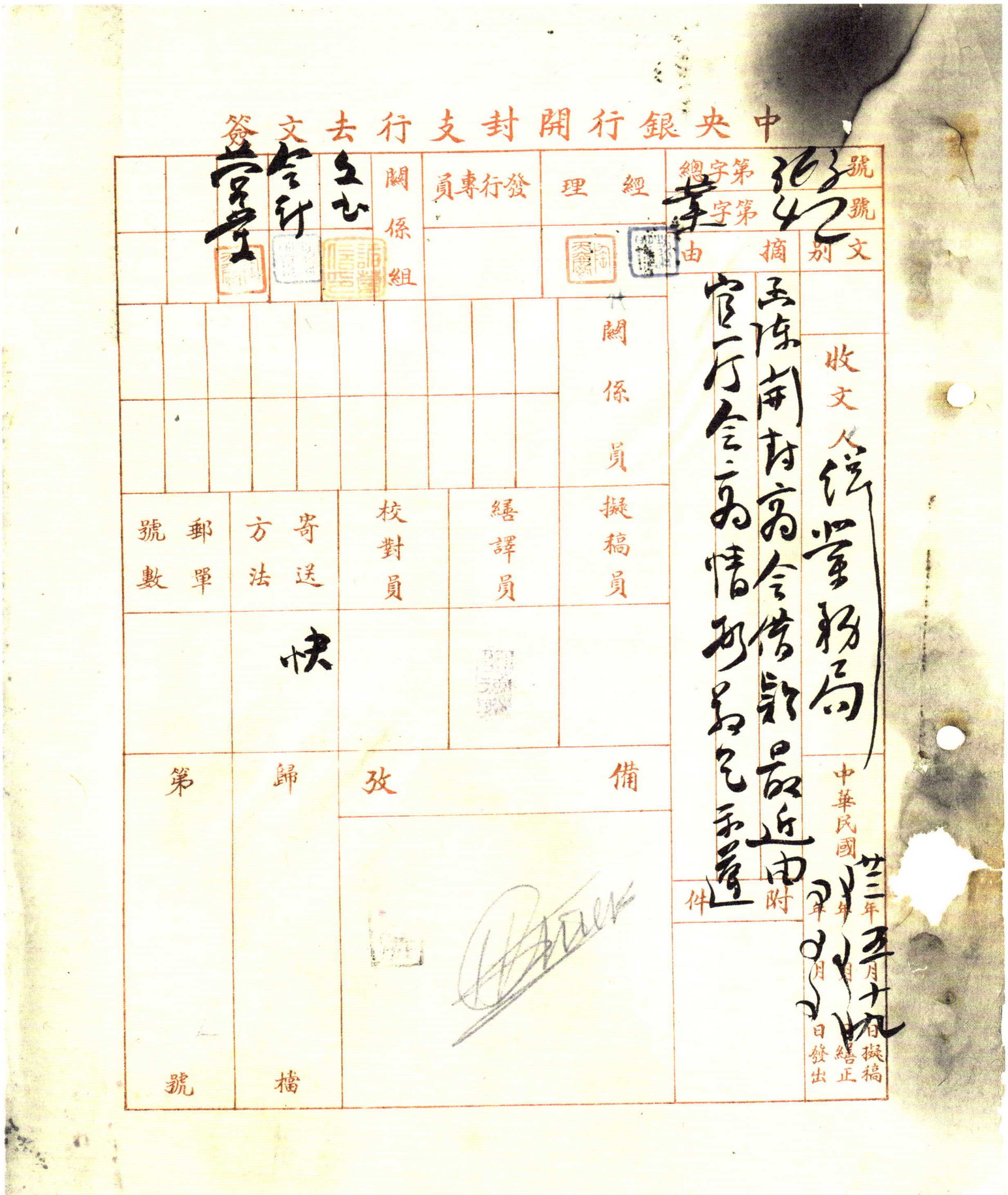

中央銀行開封支行去文發

號	總字第 號
	字第 號
文別	
摘由	函陳開封商會借款最近由官廳會商情形希見示遵
收文人	總業務局
經理	
發行專員	
關係組	
關係員	
擬稿員	
繕譯員	
校對員	
寄送方法	快
郵單號數	
備考	
歸檔	第 號
附件	

中華民國廿三年五月十九日擬稿 年 月 日繕正 年 月 日發出

（摘由）函陈开封商会借款到期未还，最近情形，敬乞由官厅会商

鉴核示遵。

案查开封商会于上年十月二十九日代同和裕银号出面，向中交上海金城浙川等五行借款三万三千元一款，到期未能清偿，关于催收情形，经于业字第三号第一五号函陈，并奉业浙字第二号第九号钧函，嘱仍会同中交各行严催归还等因，各在案。

查上项借款，到期未能收回者已逾四月，商会二月九日函复各行所指：「俟同和裕号出售押品手续办竣后，即可清偿」一节，未见履行者亦逾三月。近闻豫省府向各行商借补营借款二百万元一案以

中央银行开封支行稿纸

來，關中國等各銀行會銜電請省府飭自二十日從此將同和裕借款，商會出面代借之款，一併設法清償，務俾利用該等借款，為交換條件。

最近建設廳召集會議，并議決辦法：（一）組織拍賣同和裕資產委員會。（二）由官廳幫同催收同和裕欠戶帳款。（三）由官廳幫同追收同和裕各股東認繳股款五十萬元。（四）上項所收現款，全數儘先清償中國等四行借款二十萬元及商會出面向中國等五行借款三萬三千元。

以上項議決辦法而論，官廳對同和裕借款清償之責任，已在積極進行，其以往漫不關問之情形，似已過去。然按諸事實，關於拍賣資產一節，則需經实资产，久经抵押殆尽，所剩余者，变卖既属不易，且难得求受主；关于收欠一节，则同和裕人欠欠人，纠纷重重，势必引起诉讼，旷日废时；关于追缴股款一节，则巨额股款，是否为各股东力所能胜，且衡诸常理，殆亦难期速致。是上项议决各案，虽经债厂之督促，然其有於最短期间，以现款清偿收回，盖必为事实所不许。

兹谨将开封商会借款[illegible]最近由情形，敬陈债厂会商情形，陈请察核，并请示办，藉资饬示祗遵。

中央银行开封支行稿纸

再查該川對同和裕借款數目六千六百元，似非仲家名川等三星號之巨額借款為省府力所不逮者所可比擬，曾財廳李廳長赴滬接洽洽黃借款時，撥還就近面與洽商，將該川借款六千六百元，由省府先設法由或在滬洽黃借款項下扣還，歸還，以資結束，而重川款，是否有當，並乞

鈞裁示遵。

謹呈

同和裕行

經理錢宗○

總行

四七　中央银行业务局关于待河南省财政厅厅长回豫后请其将本行商会借款先设法归还给开封支行的函（民国二十三年五月二十一日）

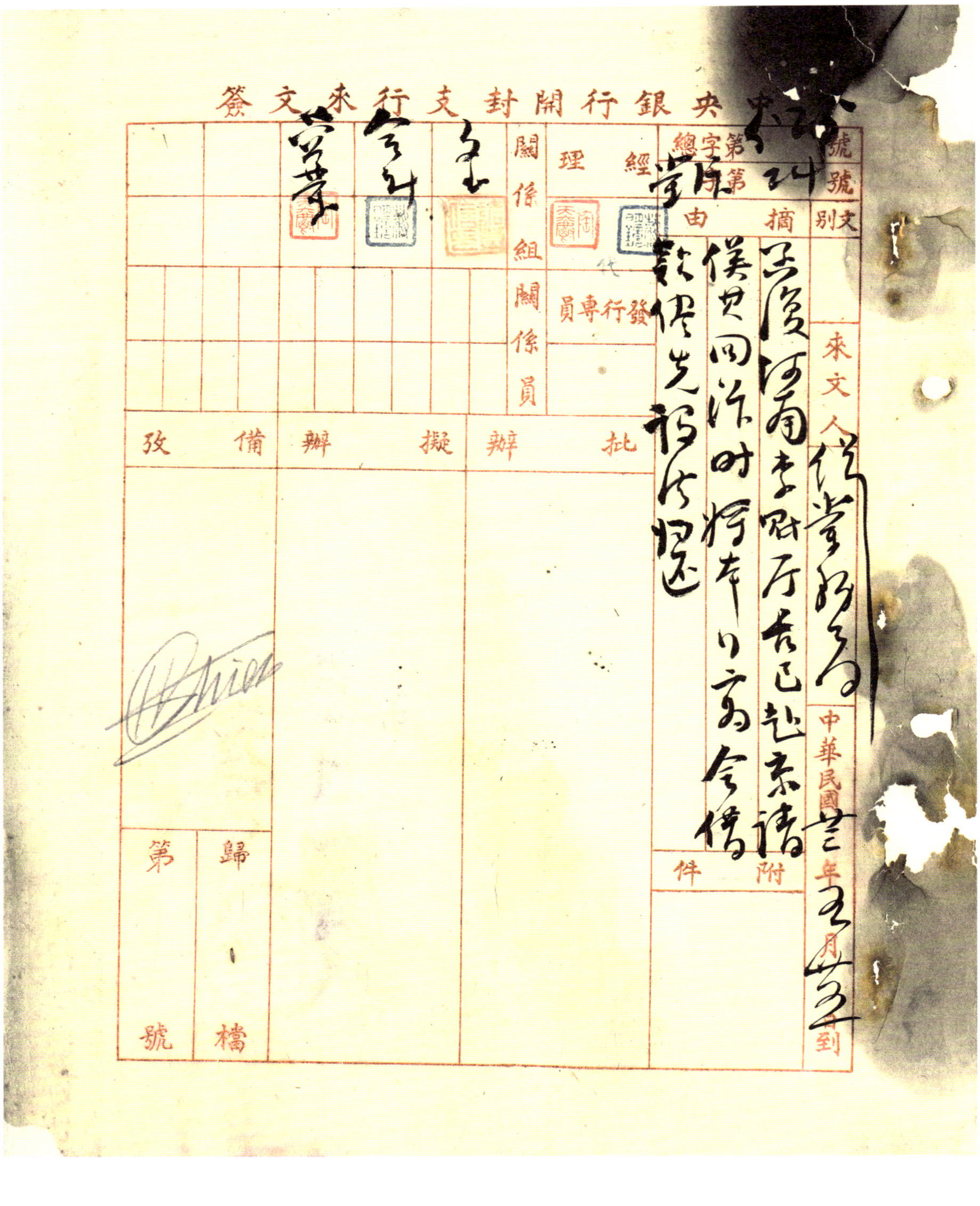

中央銀行開封支行來文簽

來文人：業務局

摘由：河南李財厅長已赴京請俟其回汴時將本行商會借款先設法歸還

中華民國廿三年五月廿三到

中央銀行用箋

業汴字第二四號第　頁　電話總機一二五七〇至一二五七九　民國廿三年五月廿一日

摘由・函復河南李財廳長已赴京請俟其回汴時將本行商會借欵商請儘先設法歸還

據業字第四二號函陳開封商會借欵，最近由官廳會商情形，並請將尊處借欵陸千陸百元，由本局於李財廳長來滬接洽治黃借欵時，商請由省府儘先設法歸還，或在治黃借欵項下扣還等情；已悉。查該項借欵，欲在治黃借欵項下扣還，恐難辦到。李廳長現已由滬赴京，請貴經理俟其回汴時，轉商將上項借欵設法儘先歸還可也。

此致

汴行

總行啓

業務局副經理　周　民

如蒙惠復請寄中央銀行業務局

有無線電報掛號（菝）五二五二　"Governbank" Shanghai

上海黃浦灘路十五號

四八 河南省建设厅厅长张静愚关于严令同和裕照所拟还款办法切实履行的函（民国二十三年五月二十四日）

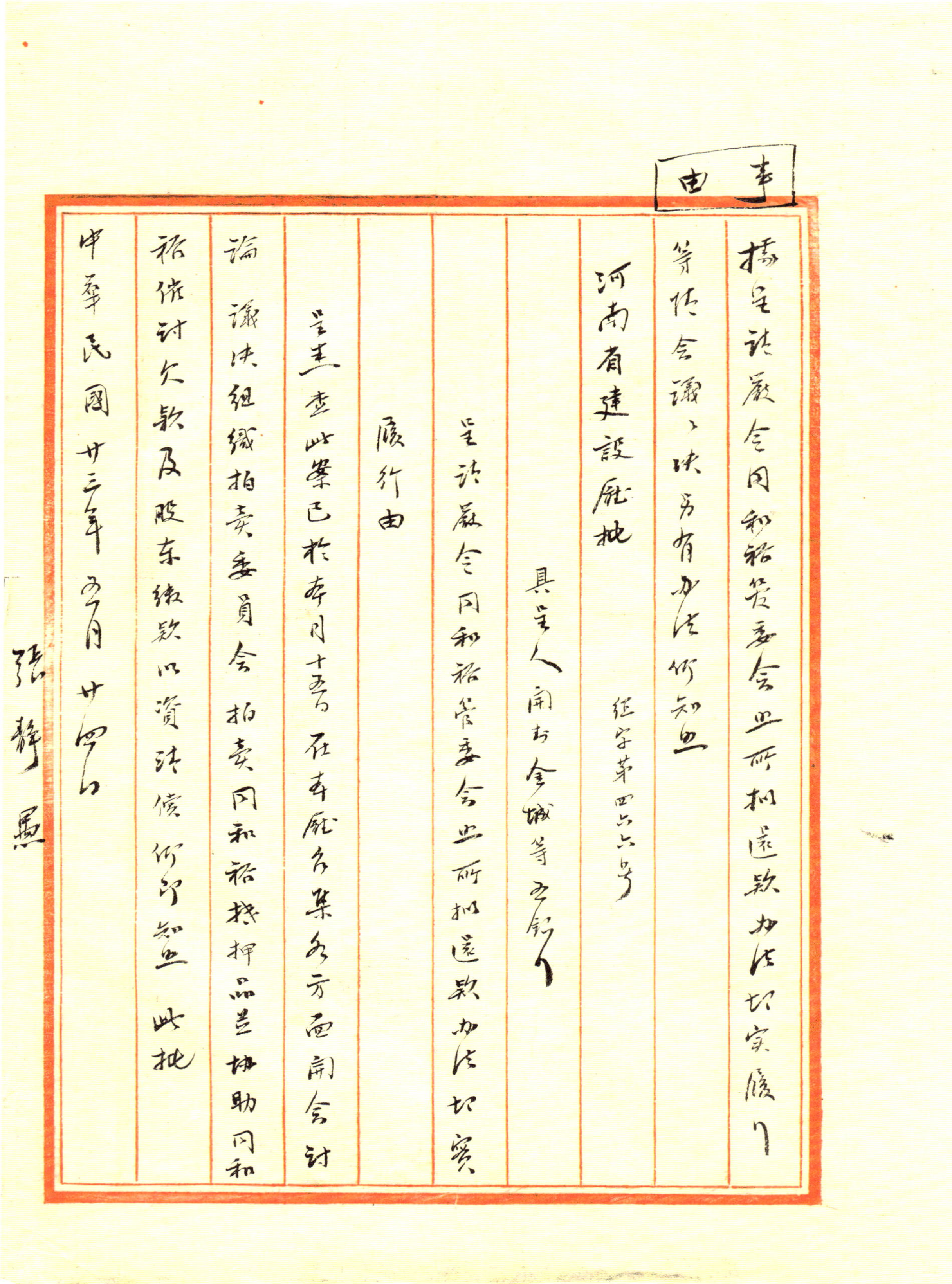

事由

據呈請嚴令同和裕管委會照所擬還款辦法切實履行
等情會議議決另有辦法仰知照

河南省建設廳批　　徵字第四六六號

具呈人開封金城等五銀行

呈請嚴令同和裕管委會照所擬還款辦法切實
履行由

呈悉。查此案已於本月十五日在本廳召集各方面開會討
論，議決組織拍賣委員會，拍賣同和裕抵押品，並協助同和
裕催討欠款及股东繳款，以資清償。仰即知照。此批。

中華民國廿三年五月廿四日

張靜愚

四九　开封金城等行和河南农工银行关于请限令同和裕迅筹还借款给河南省政府主席刘峙的呈（民国二十三年六月四日）

呈河南省政府文

呈由　呈請以有效方法限令同和裕迅籌的款尅日歸還所借敝銀行等款項由

呈為呈請事竊查開封同和裕銀號向敝銀行等抵押借款一案前經呈請

鈞府嚴令該銀號管委會儘先籌還旋奉

批示已令建設廳核辦等因嗣於本月十二日由建設廳召集會議討論籌現[illegible]見償還辦法經決定數項（一）令該號股東增加資本（二）追收該號外欠之款（三）拍賣該號貨物及抵押與各銀行之不動產並於是日組織拍賣委員會敝銀行方面亦被邀參

加惟查上述議決办法一二兩項係該銀号自行請求應由該銀号將股東及欠款人姓名分別呈請　建設廳督促催收而第三項內所擬拍賣之不動產其地點间数時價等亦均須由該銀号列表呈報　建廳庶便着手詎圖該銀号一意延宕時已兼旬均未照办而拍賣委員會續開常會五次竟至三次流會成效難期且該銀号所存開封新鄉道口等處貨物擬稱業已变價一部份得洋壹萬餘元此項变價之款曾経同和裕督理委員會議決儘先償還銀行並由該会呈明　建設財政兩廳有案雖経　敝銀行等迭於開會時催請劃撥亦迄未履行伏思敝銀行等被邀参加拍賣委員会原爲諮詢及收款之任務今既

多次流会不能切实進行長此遷延徒稽時日而敝銀行等之鉅款懸擱依然如故是因該銀号之種々背約遂致鈞府負責担保之大信亦一時未能实践敝銀行等迭奉總行嚴函詰責惶急萬無措於迫不得已惟有切懇鈞府俯賜另以有效方法限令同和裕迅籌的款剋日清還免再拖延而昭信守無任迫切待命之至謹呈

河南省政府主席劉

開封金城銀行
河南農工銀行
開封中國銀行
開封上海銀行
開封交通銀行
謹呈

二三、六、四、

五〇　开封金城等行和河南农工银行关于限令同和裕克日归还借款给省建设厅、省财政厅的呈（民国二十三年六月四日）

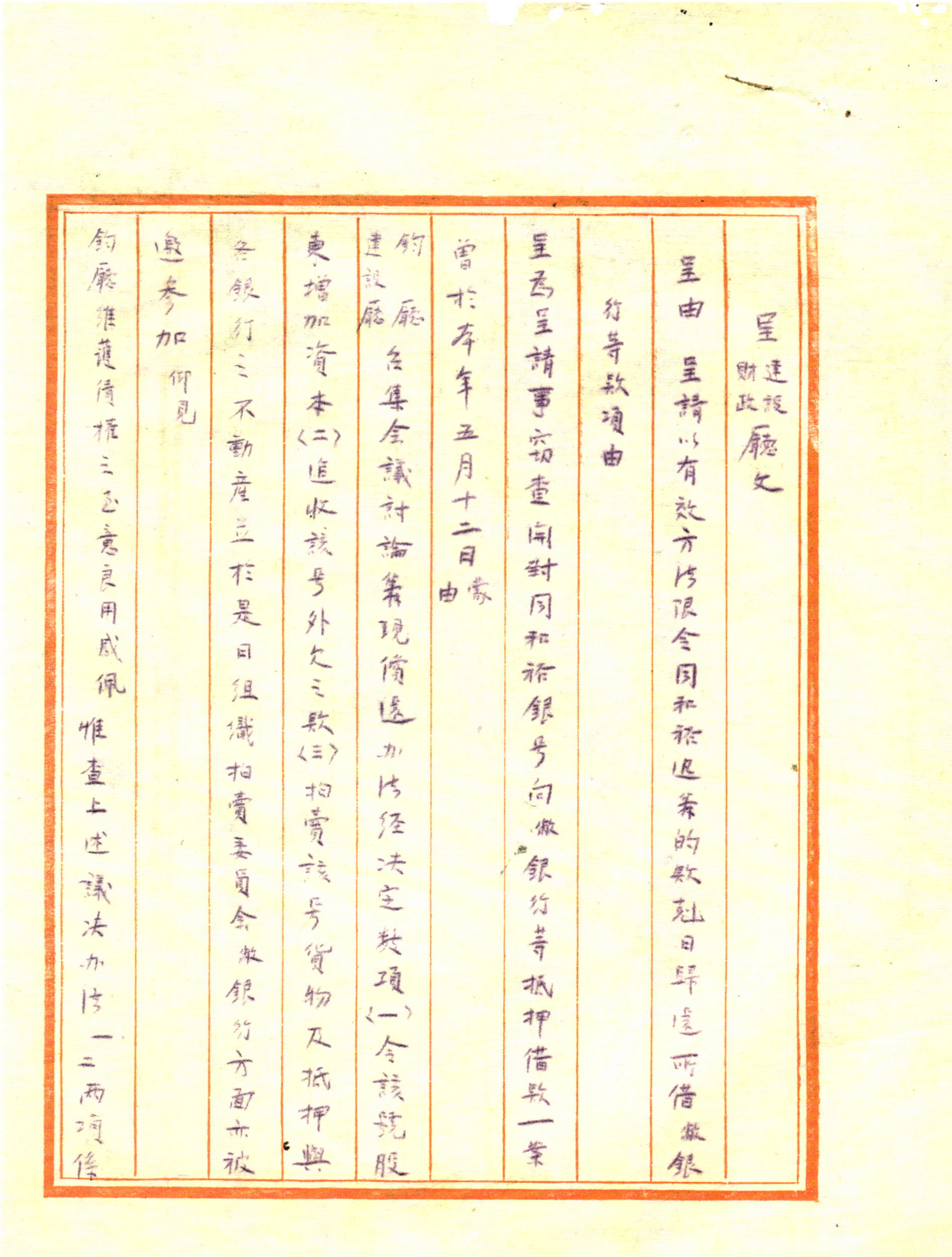
呈建设财政厅文

呈由　呈请以有效方法限令同和裕迅筹的款克日归还所借敝银行等款项由

呈为呈请事窃查开封同和裕银号向敝银行等抵押借款一案曾于本年五月十二日由蒙

钧建设厅厅召集会议讨论筹现偿还办法经决定数项〈一〉令该号股东增加资本〈二〉追收该号外欠之款〈三〉拍卖该号货物及抵押与各银行之不动产并于是日组织拍卖委员会敝银行方面亦被邀参加　仰见

钧厅维护债权之至意良用感佩　惟查上述议决办法一二两项系

該銀号自行請求應由該銀号將股東及欠款人姓名分别呈請
鈞廳
建設廳督促催收而第二項内所抄拍賣之不動産其地點面積時價
等亦均須由該銀号列表呈報庶便着手詎圖該銀号一意延
宕時已兼旬均未照办而拍賣委員会續開常会五次竟至三次
流会成效難期且該銀号所存開封新鄉道口等處貨物據稱
業已变價一部份得洋壹萬餘元此項变價之款曾经同和
裕管理委員会議决儘先償還銀行並由該会呈明有案雖经
敝銀行等迭於開会時催請劃撥亦迄未履行伏思敝銀行等被邀
參加拍賣委員会原有諮詢及收款之任務今既多次流会不能
切實進行長此遷延徒誤時日而敝銀行等之鉅款懸搁依然

以故是用該銀号之種種背約违政

鈞廳
本省政府 負責 保証
担保 之大信亦一時未能实践敝銀行等迫切急

行屢函請青惶急無措窘迫不得已惟有切懇

鈞廳火速另以有效方法限令同和裕退籌的款剋日清還庶

再挽延而昭信守無任迫切待

命之至謹呈

河南省 建設廳廳長張
財政廳廳長李

河南農工銀行
金城銀行
開封中國銀行 謹呈
上海銀行
交通銀行

二三、六、四

五一　开封金城等五行关于请河南省政府、省建设厅速令开封商会及保证人于六月二十日以前如数清偿同和裕借款给省政府、省建设厅的函（民国二十三年六月四日）

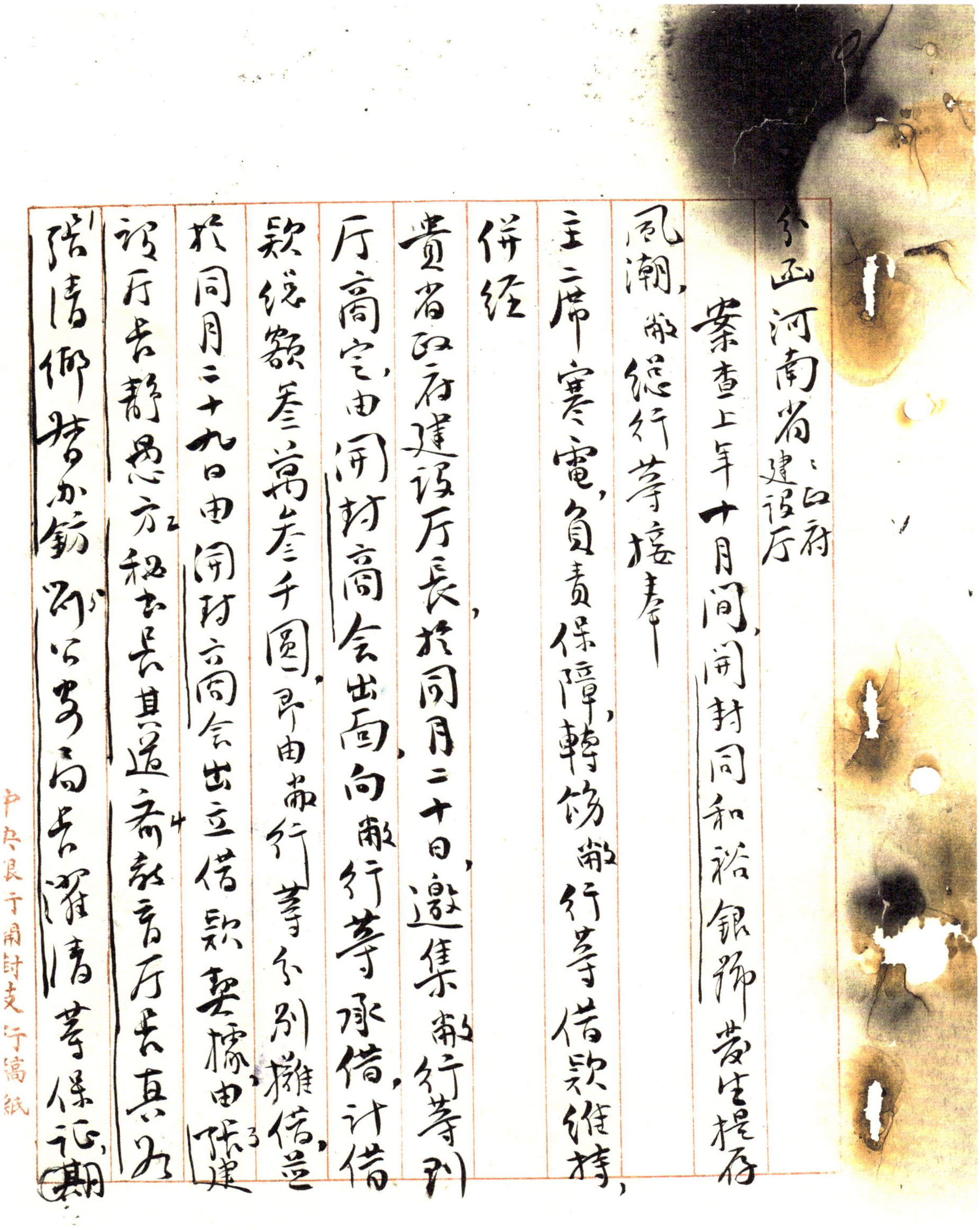
分函河南省政府、建设厅
案查上年十月间，开封同和裕银号发生挤存
风潮，敝总行等接奉
主席寒电，负责保障，转饬敝行等借款维持，
并经
贵省政府建设厅长于同月二十日邀集敝行等到
厅商定由开封商会出面向敝行等承借，计借
款总额叁万叁千圆，即由敝行等分别摊借，并
于同月二十九日由开封商会出立借款契据，由张建
设厅长静愚、方秘书长其道、齐教育厅长真如
偕请卿督办饬知公安局长罗清等保证，期

訂兩個月，到期無論該號情形如何，均由開封商會并保証人負擔清償完全責任在案。到期之後，經於同年十二月三十日、本年一月五日先後函催開封商會迅予清償，嗣准二月九日復函允予清償，當以未見履行，復於二月二十七日、三月十三日一再函開封商會，并於二月二十七日函請各保証人催促清償，迄今仍未見開封商會履行。查上項借款，敝行等承主席之重屬，為維持地方金融，安定人心起見，故勉為擔借，茲以逾期已五閱月，敝總行等以本年上期決算，瞬將屆期，迭經函電

饬催，迅予了结，用将情形，函陈

垂察，拟请

贵省政府迅予派员，或转饬同村商会及保证人於本年六月二十日以前如数清偿，俾完责任，以资了结，则所有

云情，不胜感篆。除函建设厅、省政府外，谨此函陈，即祈

鉴核赐覆，毋任盼祷。

此致

河南省政府

河南省建设厅

金城 [illegible]

交通 [illegible]

阅讨

中国银行 [illegible]

上海 [illegible]

三、六、四 [illegible]

中央 [seal]

已[illegible]

中央銀行開封支行稿紙

五二　开封金城等行和河南农工银行关于根据省令请将同和裕房产凭据交王可贞等接管给各县政府的函（民国二十三年六月二十一日）

歸卷

廿三年六月廿一日繕發

致各縣政府

敬啟者查開封同和裕銀號前以各種資產向敝銀
行等抵押借款內有坐落
貴治之房屋數所曾經呈請
河南省政府令行
貴縣政府予以註冊備案在案
省府本年一月廿三日第九號批示准予飭知遵辦
等因諒達
茲業敝銀行等為實行管理上述房產起
見特派金國[illegible]職員王可貞馳赴

貴縣晉謁
崇階即祈根據
省令將該號抵押房屋產業註冊備案一節（錫之派員協同）
~~准予批示委~~派員王可貞收執~~物權~~俾便接管
無任企禱之致
○○縣政府

開封金城銀行
開封交通銀行 謝樸
河南農工銀行 張士青
開封上海銀行
開封中國銀行

廿三年六月　日

五三　河南省建设厅关于已令同和裕限期筹款履行契约的批示（民国二十三年六月二十六日）

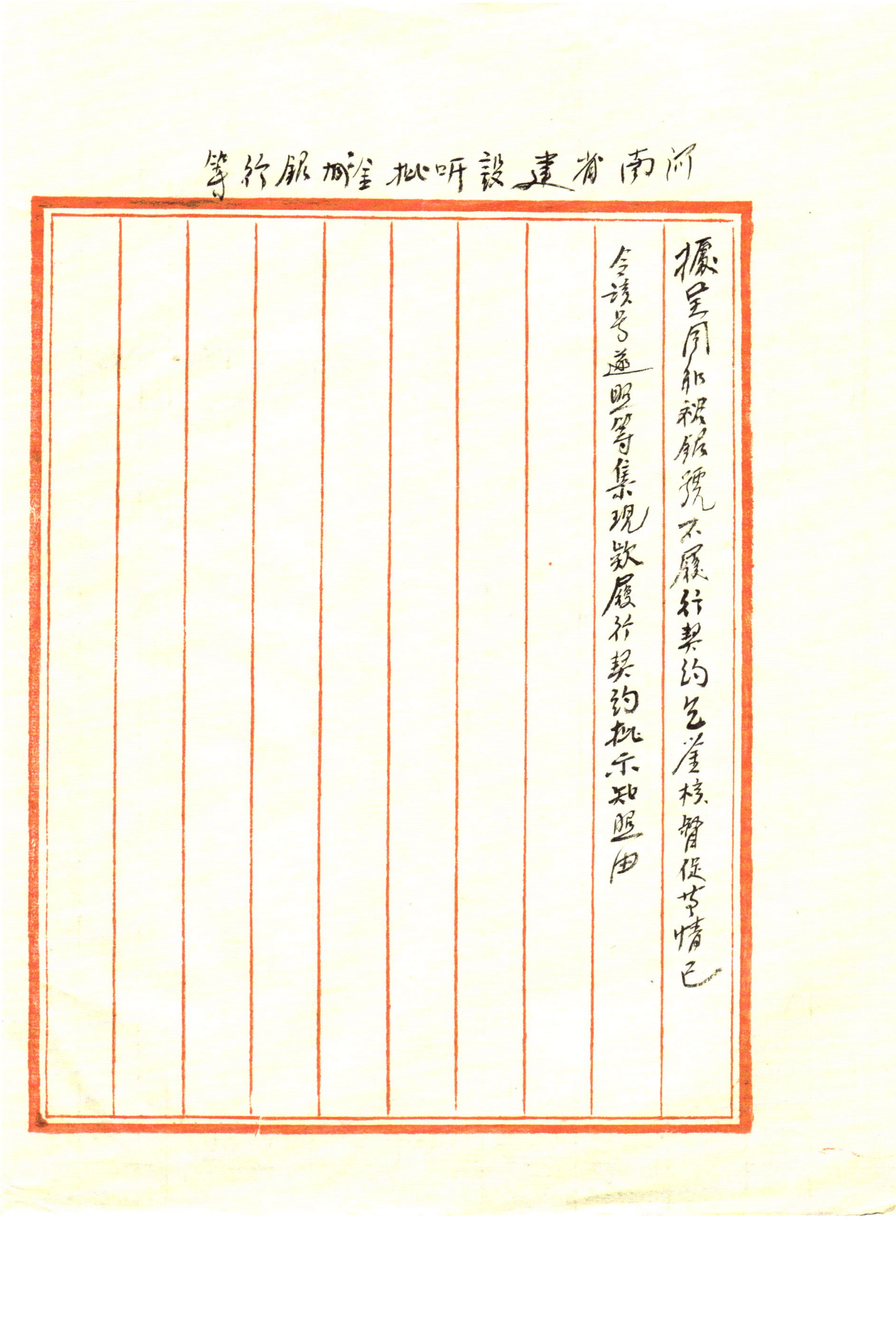

河南省建設廳批　金城銀行等

據呈同和裕銀號不履行契約乞准核督促等情已令該號遵照籌集現款履行契約批示知照由

河南省建設厅批

建字第〤〇號

具呈人開封金城交通中國上海及河南農工銀行

呈一件為以前協助同和裕銀號款項其押品價值不符又不履行契約償還借款特檢同押品單乞鑒核督促該號履行以重信守由

呈件均悉已令同和裕銀號限期籌款履行契約矣仰即知照

此批 附單存

中華民國二十三年六月二十六日

廳長張靜愚

五四　中央银行开封支行经理钱宗关于开封商会代同和裕借款一事给河南省政府秘书长方其道的函（民国二十三年六月三十日）

450

入卷

致方秘書長

致公秘書長勛鑒：日前走謁，聆

誨為快。茲還

貴府覆開封商會代同和裕銀號借

款公函一件，承

先經覆擲下，深為銘感。茲以今日

決算已屆，須將該款在帳面上作

一表示，藉經陳報而告段落，尚祈

迅予惠擲來函，為啟存據，是荷

神！心感曷已。專此奉懇，敬頌

公綏

弟錢宗謹啟　二三、六、卅日

中央銀行開封支行稿紙

五五 开封地方法院关于河南农工银行与同和裕债务问题的民事判决书（民国二十三年六月三十日）

開封地方法院民事判決 二十三年訴字第八號

原告 河南農工銀行 開設開封銀行街

右訴訟代理人 張我权 律師

被告 同和裕銀號 開設開封北土街

右法定代理人 王靜瀾 即王曼卿 年未詳 住開封北土街

右訴訟代理人 趙廣民 年二十五歲 住 仝 前

陳道章 律師

王 詢 律師

參加人 河南教育款產管理處

右訴訟代理人 柏有光 律師

右當事人間因債務事件本院判決如左

主文

被告應償還原告本洋十萬元並應自借款之日起至執行終了之日止按每月一分二厘給付原告利息。

確認原告對於被告所抵押開封北土街中間路西樓房一處南偏院一處又開封南關車站東北蛋廠廠全廠房屋地皮及廠內機器像俱之賣價有優先受償權

訴訟費用由被告負擔

事實

原告起訴意旨畧稱被告同和裕銀號於民國二十二年十月十三日以其開封北土街中間路西樓房一處南偏院一處又開封南關車站東北香廠全場房屋地皮及廠內机器傢俱等件作抵借到本行大洋十萬元正言明每月一分二厘行息限一百二十天本利全歸如逾期不償即將前項所抵押物品交由本行自由處分本行持有被告所立給借據及所交付房地文契五帋為憑並已在法院登記有不動產登記証明書為証詎迄今逾期已久被告本利分

删一字
增一字

償分文特具状起訴請求將所抵押之物品移轉爲本行所有云云 繼又經其代理人當庭變更請求其陳述意旨略称本案原告本意在於还款不过因被告迭次延推始行起訴現仍請求判令被告償还本利並判明原告对於被告所抵押物之賣價有優先受償权以免損失云云

被告答辯意旨略称本號以北土街路西楼房及南偏院又南関外蛋廠房地机器等件作抵息借原告大洋十萬元本利分文未償固屬不虛但抵押物不能移轉爲債权人所有在民法物权編定有明文如

刪一字
增一字

原告請求另定契約，由被告出賣或出當均無不可。協商若不另定契約，即令被告點交，於法實有不合。至所請求償還本利及對於抵押物賣價有優先受償一節，此為事所當然，本號並無何等異議。不過去歲因受同城信昌銀號倒閉影響，惹起各儲户擠兌風潮，因而致令業務停頓。要之既無何等否認，懸屬無庸再為起訴。況現在本號經建設廳等正在討論復業計，此案似不應由訴訟上解決，請依法核辦，云云。

參加人參加意旨略稱：被告北土街路西之房產業經出賣與本處為業，現持有文契為憑，不過此房老

契前由被告已抵押與原告尚未抽回現閲原告向被告求償債務特具狀参加輔助原告懇請判令被告速还原告債欵以便抽回文契轉交本廠云云

理由

本案原告所主張被告以其北土街路西楼房南偏院又南関蛋廠全廠房屋地皮及廠内一切機器傢俱等件作抵息借大洋十萬元本利未償各節查原告不惟持有被告所立給借字及交付文契為憑並関於所抵押房地各不動産均依法已在本院登記在案即質諸被告代理人亦一一為之承認是原告

刪一字 增一字
刪一字 增一字

之主張顯屬真實可信雖原告始則請求核准抵押物核與民法物權編第八百七十三條第二項規定未免不符然其代理人當庭更正主張所請求應償還本利及對於抵押物之變賣受償等云云被告代理人既毫無何等異議且訟爭債款已經逾越清償時期被告仍未能立即履行則此項償還本利等請求自不得謂為非當被告代理人以被告遲行認諾為詞抗辯原告無庸起訴殊屬不足採取據右論結本案原告之訴為有理由訴訟費用依民事訴訟法第八十一條由被告負担特為判決如主

文、

中華民國二十三年六月二十日
開封地方法院民事第一庭
推事李作楷印

上訴法院　河南高等法院
上訴期間　判决送達後二十日内
右係正本証明与原無異
開封地方法院書記官郑清泉

中華民國二十三年七月　日

計一千三百字

五六　开封金城等行和河南农工银行关于请将同和裕各处抵押借款之房屋契据注册备案给各县政府的函（民国二十三年七月十日）

致各县政府

敬启者查开封同和裕银号前以各种资产向敝银
行等抵押借款内有坐落
贵治之房産所曾经呈请
河南省政府令行
贵县政府予以注册备案在案
省府本年一月廿三日第九号批示准予饬知照办等
因除遵
永案并将实准照敝银行等应有之抵押权
以期手续完备起见敝行
合再开具清单一纸并契据照片统随函附送即祈

貴縣政府查照將上述房屋由該銀號抵押與敝銀
行等業經註冊備案一節
賜函見示俾便存案無任企荷此致
○○縣政府

附清單照片

開封金城銀行
開封交通銀行
河南農工銀行
開封上海銀行
開封中國銀行

廿三年七月十日

開封義聚魁南紙莊印

五七　开封中国银行关于同和裕押品内之汉口产业调查估价等事业已办妥给开封交通银行的函（民国二十三年七月十五日）

逕啟者前由
貴行送下同和裕押品內之漢口河街五彩巷
一號地基契據一紙又驗契憑照一紙買契租約並一
紙同和裕王靜瀾致該漢號介紹函一件囑由
敝漢行調查估價辦理登記保險等事茲接
敝漢行來函因於抵押權設定登記一節業
經辦妥並寄還原地基契據一紙驗契憑照一
紙買契一紙租約一紙介紹函一件又漢口地方法

開封中國銀行

院登記証明書式紙夏口地方法院証明書一紙漢同和裕呈地方法院函一件法院收到登記費收據一紙上列各件共計拾紙相應隨函送請

貴行查收照案保管并希見復為荷此致

開封交通銀行

附件

開封中國銀行啓

中華民國廿六年七月拾五日

開封中國銀行

五八　安阳县政府兼县长方策关于同和裕在彰德抵押房产已备案等给开封交通银行的函（民国二十三年七月二十日）

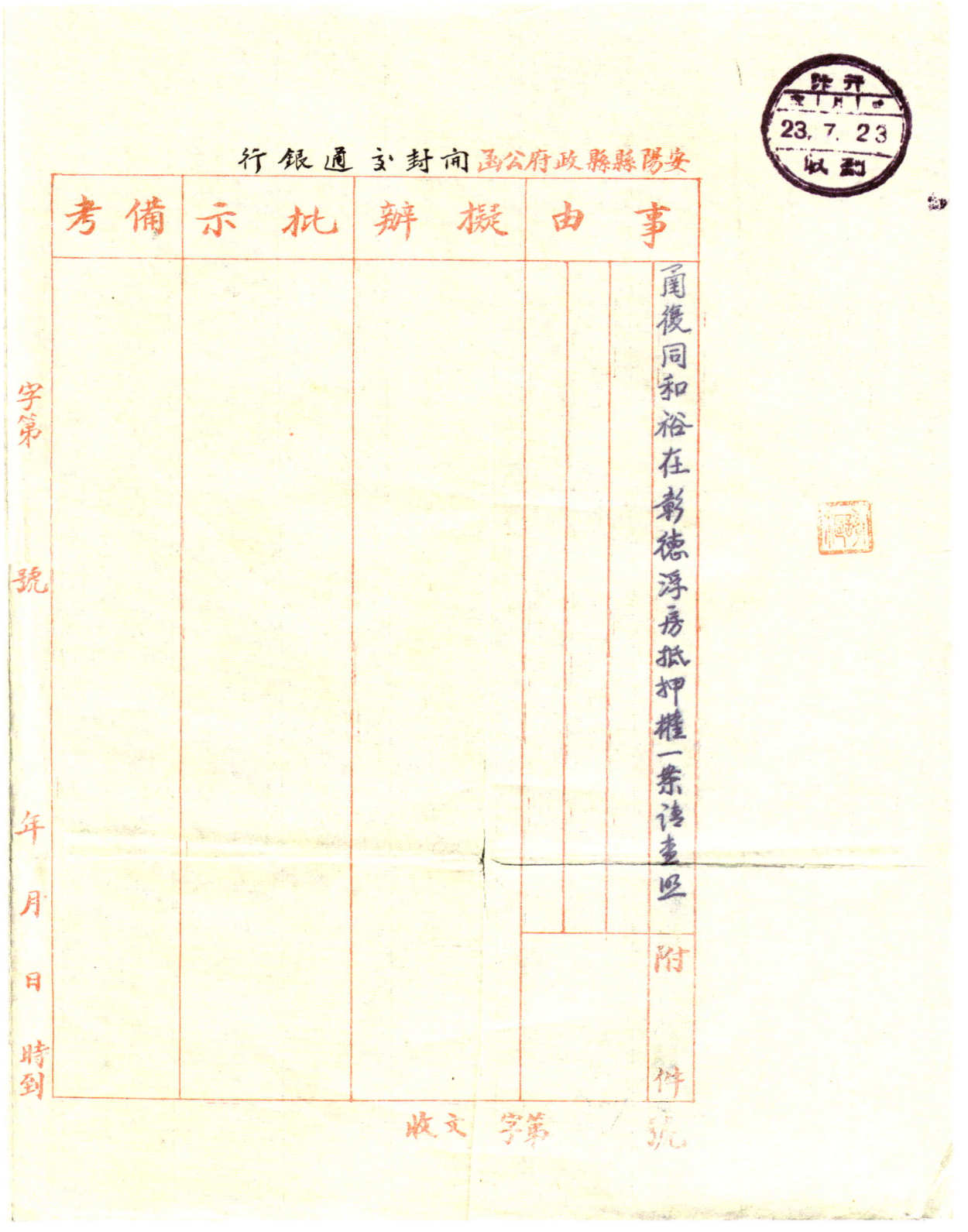

安陽縣政府公函　開封交通銀行

23.7.23　收到

事由	擬辦	批示	備考
函復同和裕在彰德浮房抵押權一案請查照			
附件			

收文　字第　號

字第　號　年　月　日　時到

安陽縣政府 公函

利字第六五九四號

案准

貴行函送同和裕抵押房產清单计十七號彰德浮房一處未有契紙原单開價二萬五千元估價一萬元囑照

省令備案見復等由准此除備案並分函

河南高等法院第二分院安陽地方庭暨安陽契税經理局外相應函復

查照為荷！此致

開封交通銀行

兼縣長方　策

中華民國二十三年七月二十日

監印柯虞友
繕校劉怡泰

五九　开封金城等行和河南农工银行关于同和裕以不动产抵押借款现拟请注册备案给新乡、修武县政府的函（民国二十三年七月二十六日）

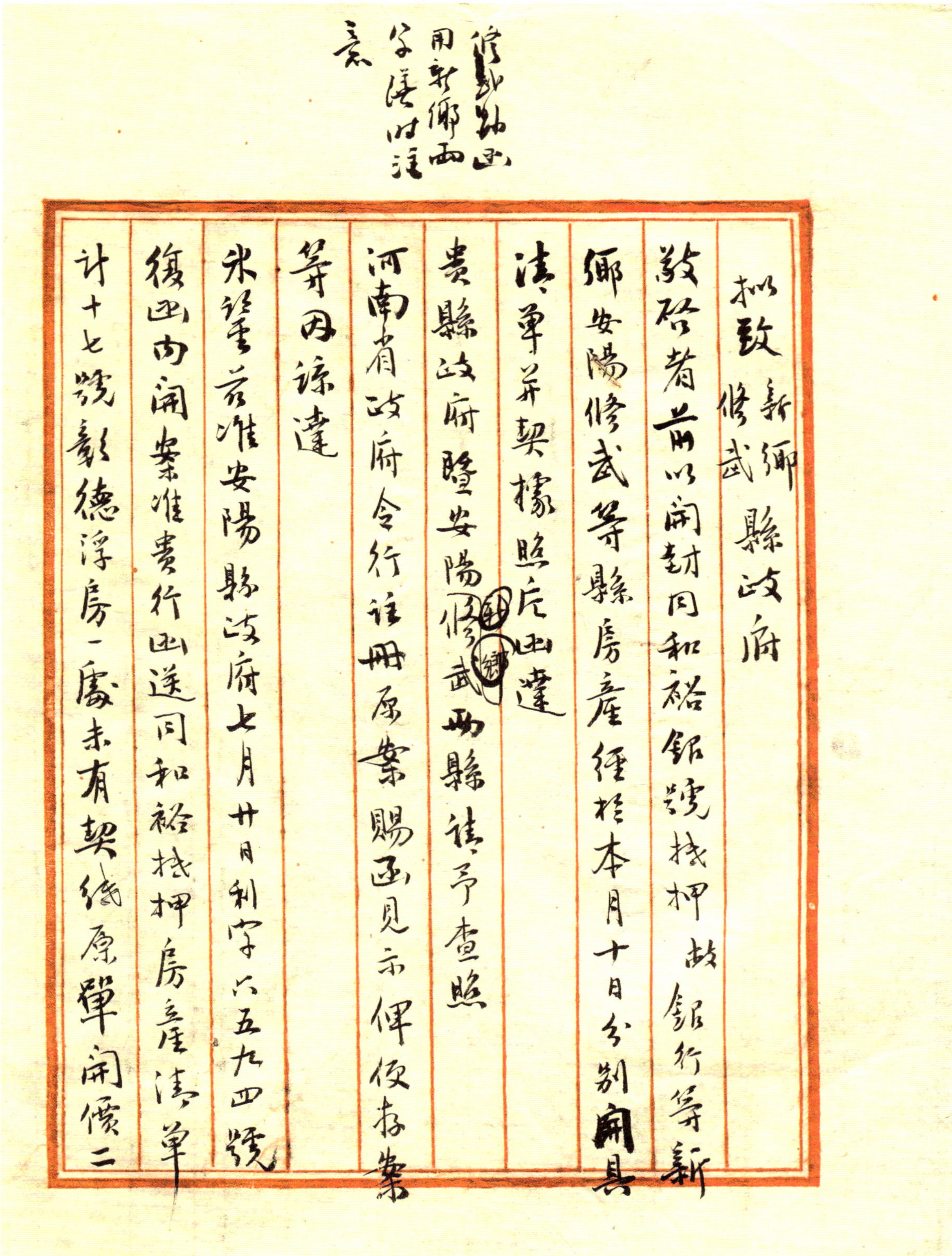

修武縣函
用新鄉函
分別附注
之意

擬致 新鄉 修武 縣政府
敬啓者前以開封同和裕錢號抵押敝銀行等新
鄉安陽修武等縣房產經於本月十日分別開具
清單并契據照片函達
貴縣政府暨安陽修武兩縣請予查照
河南省政府令行注册原案賜函見示俾便存案
等因諒達
茲經奉前准安陽縣政府七月廿日利字六五九四號
復函內開案准貴行函送同和裕抵押房產清單
計十七號彰德浮房一處未有契紙原單開價二

萬五千元，估價一萬元，囑照肴令前案見復等由。

准此。除前案并分函河南高等法院第二分院、安陽

地方庭暨安陽契稅經理局外，相應函復查照等

由。准此。除將原函存案外，查同和裕找押該銀行等

之房產，所有各縣政府註冊前案手續，事同一

律，相應錄函奉達，請即

查照，逕賜見示，無任企荷。此致

新鄉

脩武 縣政府

開封金城銀行

開封中國銀行

河南農工銀行

開封上海銀行

開封交通銀行 啓

廿三、七、廿六、

六〇　修武县政府关于同和裕前以各种资产抵押借款已注册在案给开封金城等行和河南农工银行的函（民国二十三年七月二十七日）

修武縣政府公函　第112号

逕啟者案准

貴行函開以開封同和裕銀號前以各種資產向

貴銀行等抵押借款內有土地房產一項開具清單

附送契據照件囑即註冊備案嗣後該商准照查照案前

奉

河南省政府第五五一號訓令以據開封

貴銀行等呈送同和裕銀號借款抵押各項資產契據

照件等件請分飭所在地縣政府備案在借款未清以前

不得變賣轉移等情一案據此並將照件清單飭即遵照

办理等因到县当经布告在案兹准前因核案相符除注册存案外相应函复

贵行查照为荷此致

開封中国交通上海金城農工銀行

縣長張克明

中華民国二十三年七月二十七日

六一 金城等五总行关于治黄借款合同可准先签待财部证明函到后再行电知付款希将同和裕欠款催收情形陈报给中央银行开封支行钱宗经理的复电（民国二十三年七月二十七日）

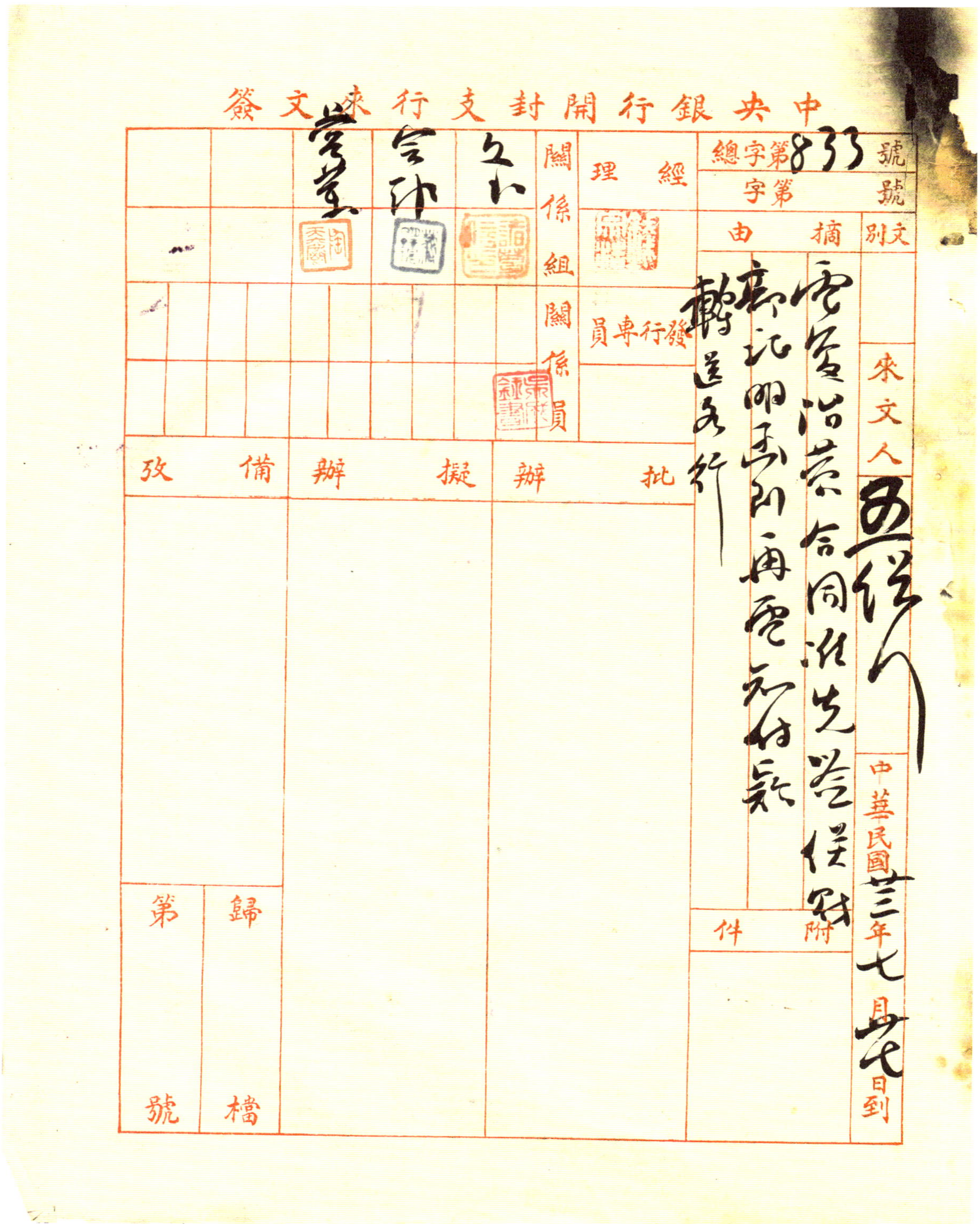
中央銀行開封支行來文簽

總字第833號

字第　號

文別

來文人：五總行

摘由：電覆治黃合同准先簽，俟財部證明函到，再電知付款。

轉送各行

中華民國二十三年七月廿七日到

附件

經理

發行專員

關係組　關係員

營業　會計　文書

批辦

擬辦

備考

歸檔

第　號

中央銀行

CONFIRMATION OF TELEGRAM

RECEIVED BY

THE CENTRAL BANK OF CHINA

來電證明書

自 From 上海

Date 23年 7 月 27 日 Rec'd at 15 點 40 分

電碼 Code Used 譯譯員 Decoded by

覆核員 Checked by 抄錄員 Recorded by 頁數 Page

中海行总可財到知裕至即報中海感
轉上沂電同侯函電和收度陳央上行
密通各有合簽明行同催程函中通總
乾交城鉴黄先証再款款何予後交城
沂行錢経理國金均治准部後付欠若希特国金

六二　中央银行开封支行经理钱宗关于催收开封商会借款最近情形给总行业务局的呈（民国二十三年七月三十一日）

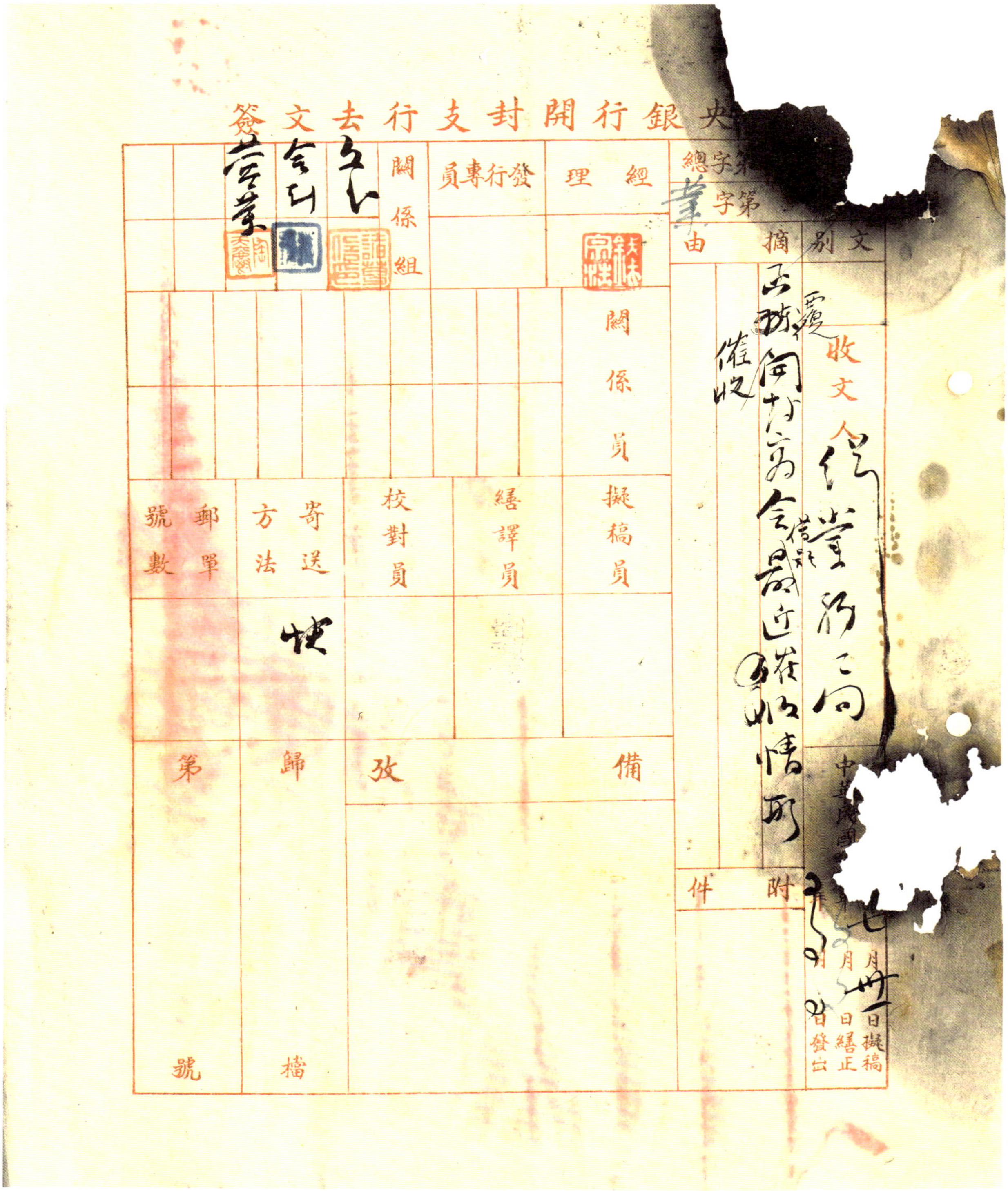
（中）央銀行開封支行去文發

文別

總字第　號

業字第　號

經理

發行專員

關係組

關係員

擬稿員

繕譯員

校對員

寄送方法　快

郵單號數

收文人　行業務局

摘由　函報向本市商會催收借款最近情形

附件

備考

歸檔

第　號

中華民國　年七月卅一日擬稿

月　日繕正

月　日發出

稿由 為覆催收開封商會借款最近辦理情形

案查開封商會代同和裕銀號出面向中交上海金城浙江暨五行借款三万三千円一案，本年四月十七日

鈞行與各行本月感日會電，准先答洽貴合同案中，詢及上項欠款催收至若何程度，飭即陳轉飭

因，等因奉悉，查本月四日，中交上海金城浙江等五行，曾會函分致豫省政府及建設廳，請迅予轉飭開封商會及保証人，於本年六月二十日以前，如數清償，俾完責任，以資結束去後，旋於同月十二日，准豫省政府函復，將上項欠款，併入他行借同

中央銀行開封支行稿紙

和裕银号欠款一案，即办理当以上项借欠款之债务人
系同封存会，不能併办，将来还回，由豫省
江省另行换函，复于同月二十八日准函开：
「准据来函，请饬同封存会及保证人将
同和裕银号前借本行款项，于前二十日以
前如数偿还等由，除令建设厅核办具复
外，相应函复查照」
等由；各在案。
建设厅对于上项欠款，久延不理，应仰函行
贵省此备，并豫省府饬办，并如内容复杂，急
从速为转。本月二十八日，函行本省财政厅会咨

准贵会同时又当场一致会借，财政厅长乃约请省政府秘书长及开封商会会长暨财厅商议，当由秘书长声明负责借还，商会会长亦先将已扣附之火柴，从速变售归偿，无异同最近借收此项欠款之情形也。

奉电前因，除会同县府随时催收具报外，谨备函陈复，伏乞

鉴核。

谨呈

总行

开封支行

经理钱宗○

中央银行开封支行稿纸

六三　金城等五行关于开封商会代同和裕借款过期未还给开封商会的函（民国二十三年八月二日）

案查上年十月二十九日由
贵会出面代开封同和裕钱号向敝行等借款经
额叁万叁千元到期未经清偿一案迭经函请
贵会迅将上项借款如数清偿藉资结束并准函
复所将已扣抵押品（火柴）发价归还各在案
查上项借款当成立之时曾准
贵会主席郑重声言决不愆期完全负责且
有同人个人身家用为担保之语敝行等以

開封交通銀行

借款未還雖已逾期七月而季布一諾依然勝於千金上月廿六日敝行等在豫財政廳會同貴會主席面商該款办法又准貴會主席當場聲明將上項已抵撥押品划日後償歸償獲該之條已為砍碰作迄今又經半月未至後償已否如每若因敝行等催收此款函電迭來用特函請查照見復為荷　此致

開封商會

金城
交通
中國
上海
中央
銀行

二三、八、二、

六四　新乡县政府关于同和裕抵押房屋照片等已送契税局备案及核查情形给开封中国银行的函（民国二十三年八月二日）

函复所送同和裕抵押房屋照片已饬发并送契税局备案祈
查照由

新乡县政府公函　康字第352号

案准

贵行函送开封同和裕钞号抵押款内坐落本县之房屋照片三
十四张，请该册备案等因，准此。查同和裕停业已久，所有该
号财产由经理王安卿在省主持处理，曾按登报声明。
其本县十字街迤西路北之铺房，前准陆军骑兵第十四
旅函，据称抵押该旅，所得契据似同
贵行所送第三号照片或系一产而押。又前于本年一月准
河南省教育款产处庚电，以同和裕钞号欠教款甚钜，现
经商定以该号在县房地作抵，除派委员杜移偕同契

税局长会同办外特电查照饬将同和裕在新乡房地扣抵教款为感等由过府

河南省政府令发前项契据照片到府经印转电教育款产处查照在案究竟主要请在省照办抵押该项财产本府从未与闻实属无从揣测至本行房地转移向由契税经理局主管该局又直接隶属于河南省教育款产处准此前由除饬告周知并将照片转送契税局备案外相应函达 查照并祈转达为荷 此致

开封中国银行

兼县长 庚 肯

中华民国廿三年八月二日

六五　金城等五行关于催促开封商会将同和裕借款已扣抵押品复价归偿给开封商会的函（民国二十三年八月二日）

案查上年十月二十九日由
贵會出面代開封同和裕銀號向敝行等借款銀
叁萬叁千元，到期未能清償一案，迭經函請
貴會，迅將上項借款如數清償，藉資結束，并准函
復，以所有已扣抵押品（大紫）復價歸還各在案。
查上項借款當成立之時，曾准
貴會主席鄒重聲言，決不延期，完全負責，
且有以個人身家作為擔保之語，敝行等以借
款未還，雖已逾期七月，而季布一諾，依然勝於
千金。上月二十八日，敝行等在豫財政廳會晤
貴會主席面商借款辦法，
貴會同時又准

中央银行開封支行稿紙

贵会主席当场说明，将上项已抵押品，克日出价归偿，获款之后，再为设法。惟迄今又经半月，未悉出价已否议妥。兹因敝号亟需此款，正电告来京，用特函达

请

查照见复为荷

此致

同和商会

金城
交通
中国
上海
中央

三八、八、一〇 发

六六　开封金城等行和河南农工银行关于同和裕借款久无办法清偿请按办法严厉实施并照合议令所在县府拍卖该号豫境内房屋给省政府的呈（民国二十三年八月三日）

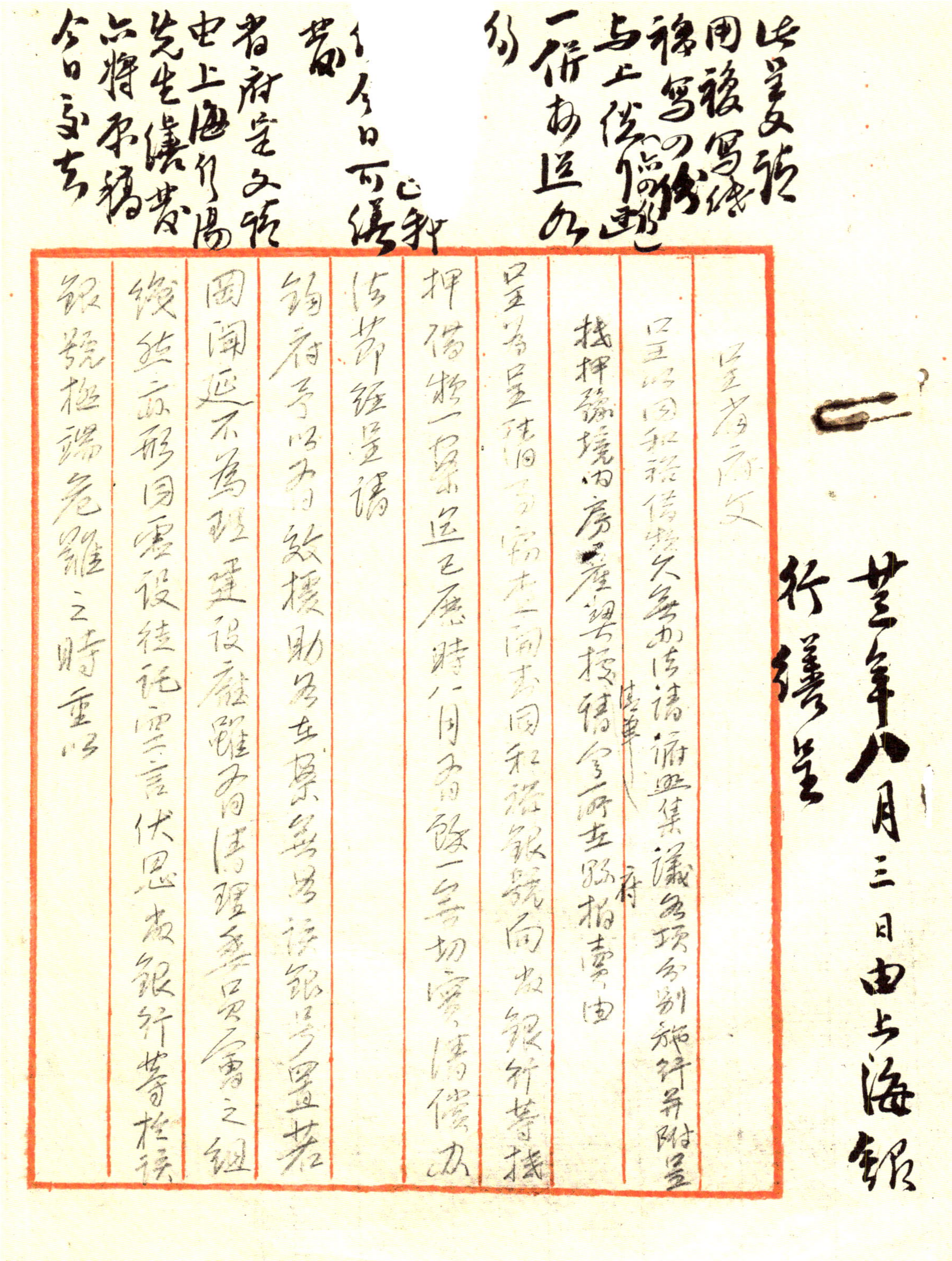

呈省府文

呈为同和裕借款久无办法清偿请俯照集议各项分别施行并附呈清单府拣押豫境内房屋契据请令所在县府拍卖由

呈为呈请事窃查上开本同和裕银号向敝银行等拣押借款一案迄已历时八阅月而余额一无切实清偿办法节经呈请钧府予以有效援助在案无如该银号置若罔闻延不为理建设厅虽屡派员清理并召开会议之组织设办法因电设法托云言伏思敝银行等检该银号极端危难之时重以

廿三年八月三日由上海银行缮呈

钧府授予全责之命，遑计利害，但只以维资，初不料其情钧鉴谅一至于此，若因该借款悬搁甚久，致银行等债权攸关，万难再予容忍，屡经公同集议并召回和裕清理委员会议决，归还银行团协议办法，谨列数项恳乞

钧府分别赐予施行：（一）请追将该银号主管人员王宴卿令饬逮案押追，限期清偿；（一）查封原各该股东私有财产，缘该银号系合伙性质，各该股东应负无限责任，请饬速设法将该银号股东名册呈府，令行所在县府查产押追，一面

查该股东财产立予发封拍卖以便偿还各银
行(一)拍卖押品该银号栈押与各银行踏境内房
产请令行政府限期分别拍卖易成现金归
还各银行(一)拍卖存货据称该银号存货约值八
万余元尚未售出应请令饬赶日将货物交由银
行会同拍卖(一)追讨外欠该银号外欠约贰百余万
元请饬该号造抄细帐呈由官厅协助催讨(一)查
该银号已售货款一万余元曾经该银号委员会
议决借先归还各银行呈明财政建设两厅有案应请
追饬履行上述各节均属维护债权切要之图

收銀號等實逼處此惟有仰懇
鈞府予以緊急嚴厲施行庶不致使收銀號等
粒無着落亦與
鈞府昭示大信之本旨相符所有找押豫境內之
房產各契據以及各產價值理合開具清單一份
連同該契據等件隨文呈送伏乞
俯賜令行所在縣府分別拍賣償還各銀
行以重債權無任叩禱又該銀號作找之房產
內有彰德浮房一處未有契據已向安陽縣註
冊有案請令行該縣照清單內所列價值拍賣

合併陳明謹呈

河南省政府主席劉 鈞核

計呈圖單一份

~~孫華棟 [illegible] 陳華棟 [illegible]~~

開封上海銀行 袁

開封交通銀行 趙[illegible]

河南農工銀行 謹呈 張[illegible]

開封中國銀行 [illegible]

開封金城銀行 楊[illegible]

六七　河南省政府饬新乡等县将同和裕抵押豫境内各房屋拍卖的批示及训令（民国二十三年八月十三日）

上海行分抄省府批示归卷

河南省政府批　字第一五一四号

原具呈人开封上海银行等

呈为同和裕借款久无办法恳祈令饬新乡等县将抵押

豫境内各房产分别拍卖由

呈暨附件均悉准如所请已令行新乡修武安阳等县政

府按照单开同和裕各房地产业先行拍卖矣仰即知照

附单抄发　此批

二十三、八、十三、

批

原具呈人開封上海銀行等

呈為同和裕借款久無辦法懇祈令飭新鄉等縣將抵押

縣境內各房產分別拍賣由

呈暨附件均悉。准如所請。已令行新鄉、修武、安陽等縣政府將上單開同和裕各房地產業先行拍賣矣。仰即知照。附單抄封。

此批。

訓令

令新鄉、修武、安陽縣政府

案據開封上海銀行等呈稱：開封同和裕銀號向敝銀行等抵押借款一案，久無辦法，爰經公同集議，並參照同和裕清理委員會之議決，開具該銀號抵押豫境內各房產價值清單，懇乞鈞府令飭各縣分別拍賣，得價歸還借款，以重債權，等情；據此，除批示：呈暨附件均悉。云云。此批。送發，並分行外，合行抄發原呈及清單各一件，令仰該縣政府即便遵照辦理，迅將單開房地產業，分別拍賣，俾資歸還，仍將遵辦情形具報！！

此令。

六八　开封商会关于清理委员会已成立同和裕拍卖货物一时难觅雇主给开封金城等五行的函（民国二十三年八月二十三日）

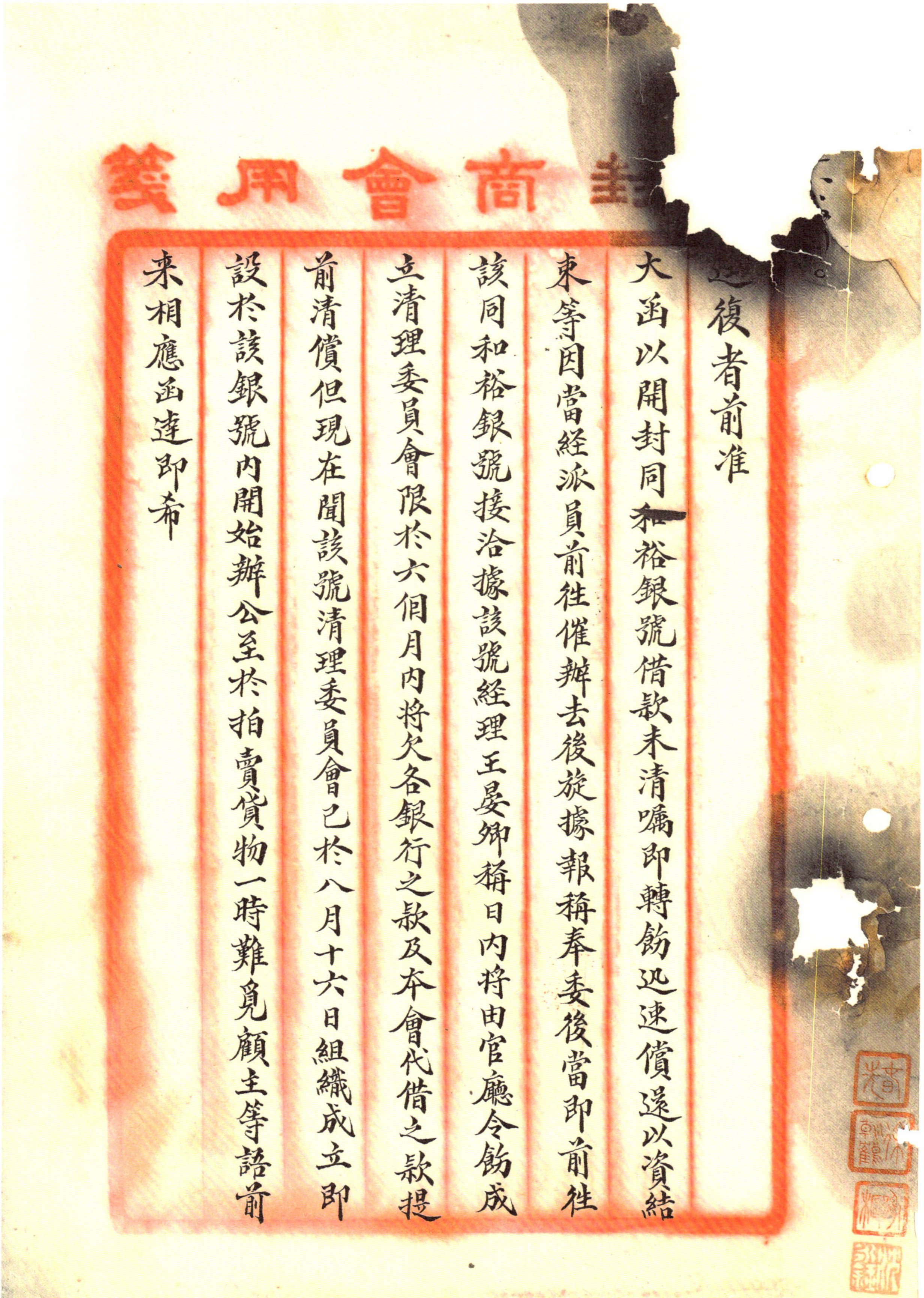

開封商會用箋

逕復者前准
大函以開封同和裕銀號借款未清囑即轉飭迅速償還以資結
束等因當經派員前往催辦去後旋據報稱奉委後當即前往
該同和裕銀號接洽據該號經理王晏卿稱日内将由官廳令飭成
立清理委員會限於六個月内将欠各銀行之款及本會代借之款提
前清償但現在聞該號清理委員會已於八月十六日組織成立即
設於該銀號内開始辦公至於拍賣貨物一時難覓顧主等語前
來相應函達即希

開封商會用箋

查照為荷此致

開封上海中央中國金城交通銀行

上

開封商會啟

八、二三、

六九　中央银行开封支行关于开封商会代同和裕借款一事已成立清理委员会等给总行业务局的呈（民国二十三年八月三十一日）

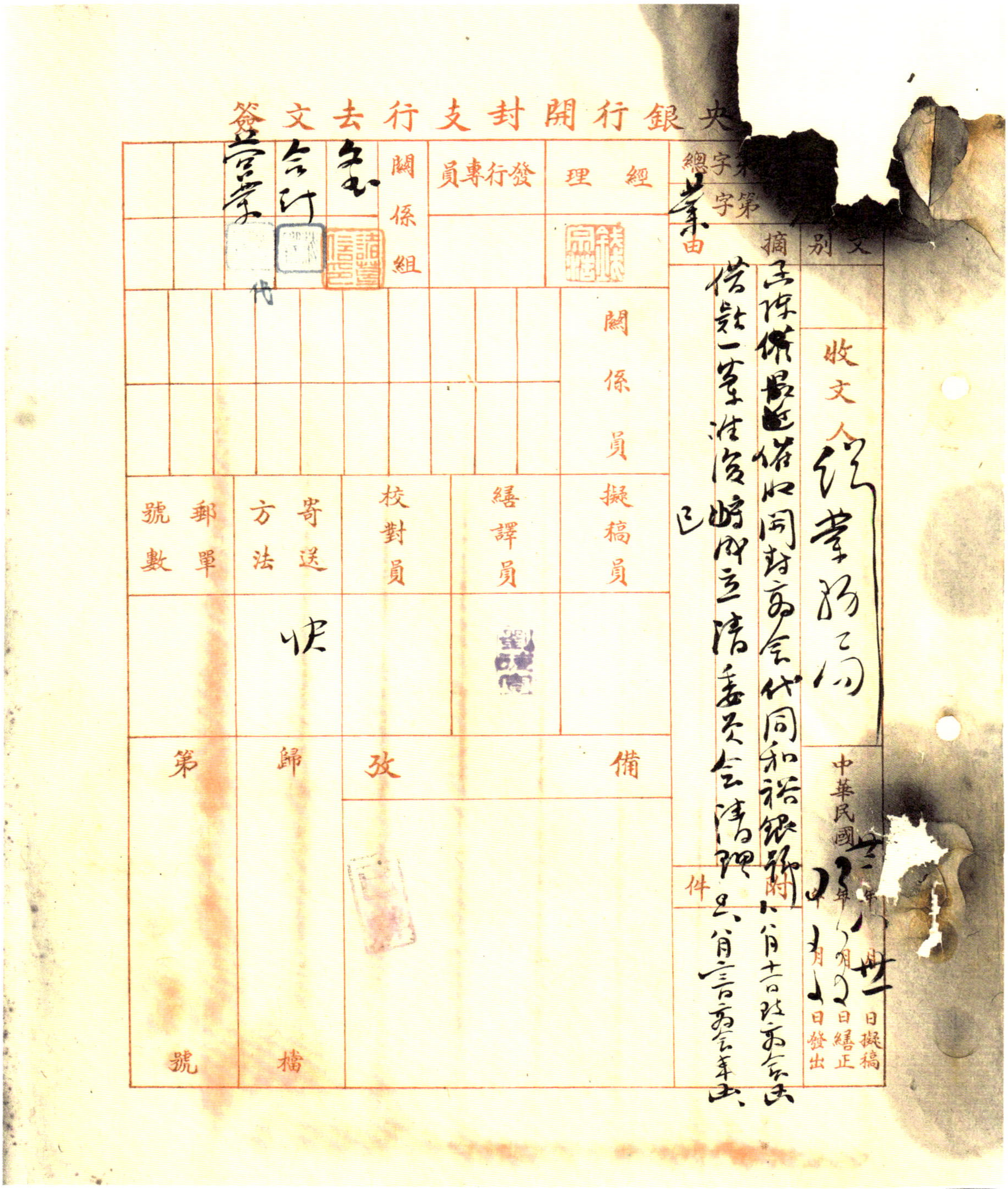

中央銀行開封支行去文
總字第　號
業字第　號
經理
發行專員
關係組
關係員
文別　呈
收文人　總行業務局
摘由
附件
擬稿員
繕譯員
校對員
寄送方法
郵單號數
備
考
歸
檔
第
號
中華民國　年　月　日擬稿
年　月　日繕正
年　月　日發出

摘由　函陈催收开封商会代同和裕银号借款一案，准复俟成立清理委员会清理。

查催收开封商会代同和裕银号出面向中交上海金城等五行借款叁万叁千元一案，经将业字第六十七号函陈钧鉴在案。

最近八月十一日，该会同各行函开封商会严催迅将已抵押品，变价归偿，以资结束。兹准该会函复：“同和裕银号日内将由官厅令饬成立清理委员会，限于六个月内，将欠各银号之款，及本会代借之款，择前清偿，并该清理委员会已于八月十六日组织成立，至于拍卖货物，一时难觅主顾”等由。除仍督会同

各行照恳催随时催收具报外，理合将王行与

开封商会往来公函抄附，伏乞

鉴核为祷。

谨呈

总行

附件

开封支行

经理钱宗□

七〇 开封商会及开封金城等行和河南农工银行关于在清理同和裕欠款举行会议时通知派员列席给同和裕清理委员会的函（民国二十三年九月一日）

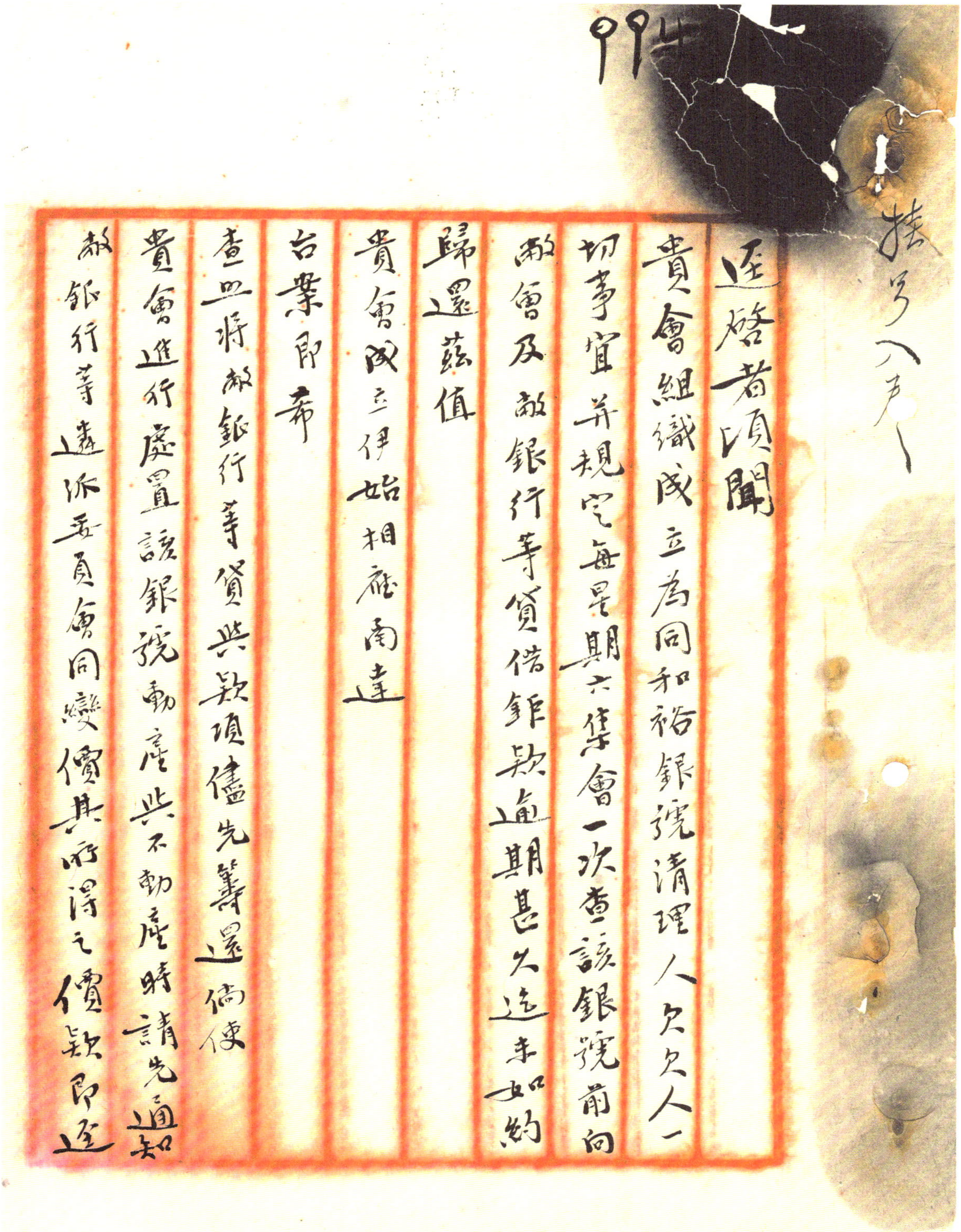

逕啓者頃閱
貴會組織成立爲同和裕銀號清理人欠欠人一切事宜并規定每星期六集會一次查該銀號前向
敝會及敝銀行等貸借鉅款逾期甚久迄未如約歸還茲值
貴會成立伊始相應函達
台案即希
查照將敝銀行等貸與款項儘先籌還倘使
貴會進行處置該銀號動產與不動產時請先通知
敝銀行等遴派委員會同變價其所得之價款即逕

交敝銀行等收存同時
貴會取得該銀號人欠款項時亦請一併交存敝
銀行等以資抵償而清債務並
貴會每屆舉行會議時祈請通知敝會及敝銀行
等派員列席以固債權法益統希
察洽見復為荷此致
同和裕銀號清理委員會

河南農工銀行　開封交通銀行
開封商會　開封金城銀行
開封中國銀行　開封上海銀行

三九六

七一　同和裕清理委员会关于待款项收有成数即当尽先偿还借款及开会时随时通知派员参加给开封交通银行的函（民国二十三年九月八日）

商会
中國
上海
分送
農工
金城
委函
閱簽

同和裕銀號清理委員會公函　開封交通銀行

事由	擬辦	批示	備考
函復款項收有成數即行照章儘先償還借款及開會時通知參加			
附件			

公函　字第　號　年　月　日　時到

收文　字第　號

同和裕銀號清理委員會公函

字第　　號

逕復者頃准
貴行函開囑為儘先籌還貸與同和裕銀號借款並會同處分該銀號動產不動產暨將收入外欠款項一併交存以資抵償而清債務每次開會通知參加等由准此查本會現在業派主任席服五協同該銀號經理王靜瀾前赴新鄉等處催討外欠債款及處分各項抵押品與各處存貨以資清償債務並準備該號復業之用曾經呈准
河南省政府分別通知該總分號所在地各地方政府遵照協助在案一俟款項收有成數即當按照簡章規定由本會撥交該銀號管理委員會

儘先償還各項協濟擠兑借欵以符成案而資清理至本會成立以

來因諸事正在進行尚未召集會議嗣後如遇每星期六日召集常

會時自應隨時通知派員參加准函前由相應檢同本會簡章一份

隨函送達即希

查照爲荷此致

開封交通銀行

附簡章一份

同和裕銀號清理委員會啟

中華民國二十三年九月八日

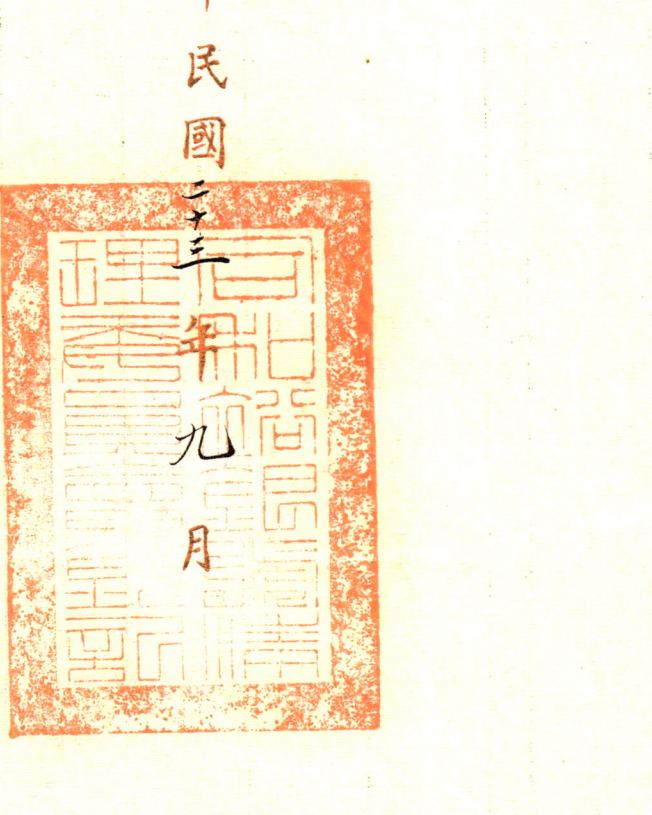

七二　同和裕创办人赵安侯关于股东清堂、松寿堂在汉口同和裕尚有存款两万余元已声明按复业计划章程将该款作为增股不再提取给上海银行经理春光、交通银行经理幼安的函（民国二十三年九月十六日）

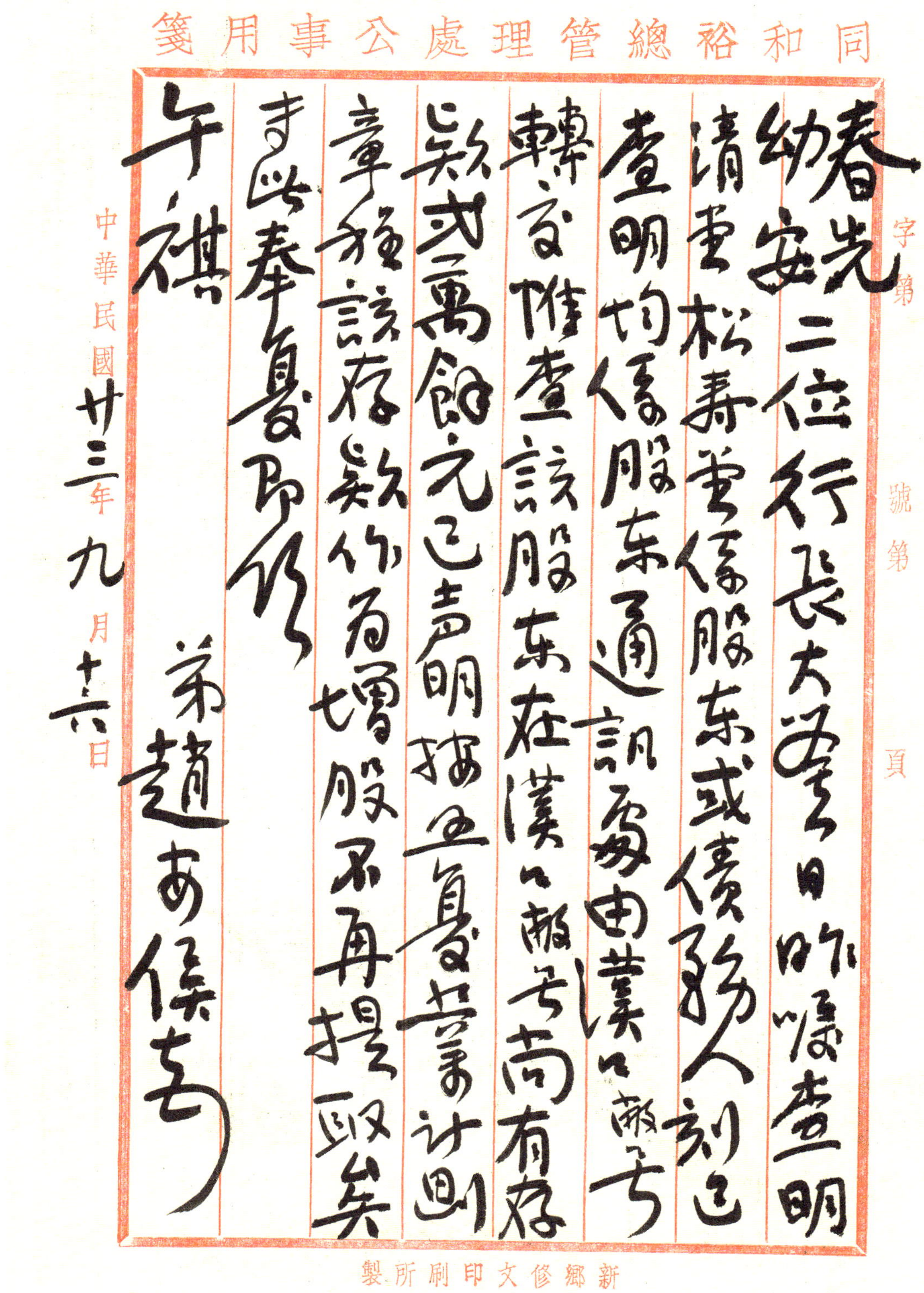

同和裕總管理處公事用箋

春光
幼安二位行長大鑒：日昨囑查明
清堂、松壽堂係股東或債務人，刻已
查明均係股東，通訊處由漢口敝號
轉交。惟查該股東在漢口敝號尚有存
款弍萬餘元，已聲明按復業計劃
章程，該存款作為增股，不再提取矣。
專此奉復，即頌
午祺
弟趙安侯啓
中華民國廿三年九月十六日

字第　號第　頁

新鄉修文印刷所製

七三　金城等五行关于请迅速设法处理同和裕货物变价手续给开封商会的函（民国二十三年十月五日）

案准八月二十三日
台函，以
貴會出面代開封同和裕銀號向敝行等承借總額叁萬叁千圓，逾期未還一款，已據該號經理王晏卿稱：由官廳令飭成立清理委員會，限於六個月內，將欠各銀行之款，及
貴會代借之款，撥前清償。旋聞該號清理委員會已於八月十六日成立，至於拍賣貨物，一時難覓顧主等由；准此，查上項借款，既由
貴會出面承借於前，應由
貴會負責清償於後。至該號貨物，既由

中央銀行開封支行稿紙

貴会執行扣押（詳二月九日　貴會来函）其變價手續，應請迅予設法辦理，幸勿一再遷延，俾敝行等借款得早日結束，不勝感盼之至。准函前由，相應再行函達，至祈查照見復為荷。

此致

開封商會

金城
交通
中國　銀行
上海
中央

二三、十、五

七四　河南高等法院关于河南农工银行与同和裕债务房产抵押事件提起上诉的民事裁定（民国二十三年十月八日）

十月九日到

河南高等法院民事裁定　二十三年上字第二五九號

上訴人　同和裕銀號設開封北土街

右法定代理人　王靜瀾住開封北土街同和裕銀號經理

右訴訟代理人　趙廉民年三十五歲住同和裕銀號

被上訴人　河南農工銀行設開封銀行街

右訴訟代理人　張我權律師

右當事人間因債務抵押事件上訴人不服開封地方法院中華民國二十三年六月三十日第一審判決提起上訴本院裁定如左

主文

上訴駁回

第二審訴訟費用由上訴人負擔

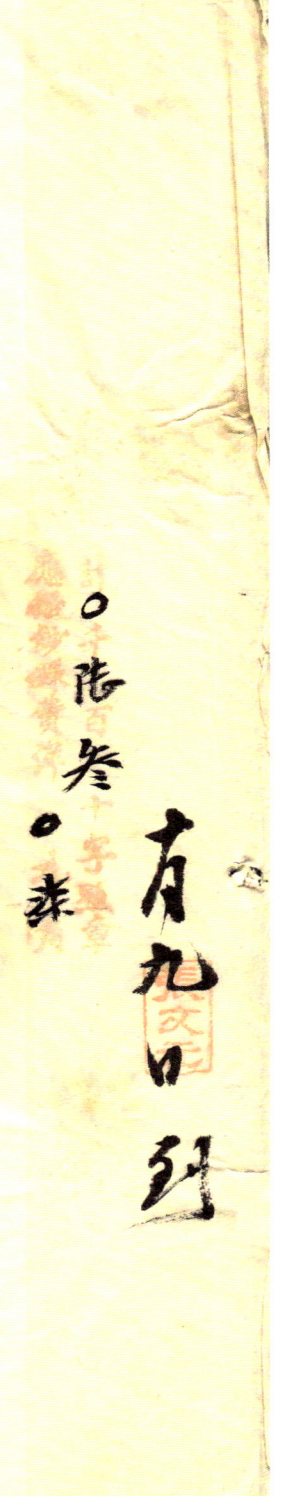

理由

按当事人不服判决提起上訴应豫缴上訴審審判費用為必須具備之程式倘欠缺此等程式经審判長限期命其補正而該当事人仍不遵行即应認其所提起之上訴為不合程式以裁定駁回之此在修正訴訟費用規則第五条民事訴訟法第四百零九条第一項第二項定有明文本件两造因債務抵押涉訟上訴人不服開封地方法院第一審判决提起上訴未據缴納上訴審審判費用经以裁定限令於五日内補正乃上訴人声請展期三十日经本院認其声請為無理由予以駁回並再限令於三日内補正上訴人即对駁回声請之裁定提起抗告本院当以原裁定係不得抗告之件裁定駁回並再限令於三日内補

中華民國二十三年十月五日

河南高等法院民事第二庭

審判長推事周予孜印

二

推事何子龍印

推事龔德潛印

本件抗告期間為裁定送達後七日抗告法院為
最高法院

本件証明與原本无異

書記官司紹光

中華民國二十三年十月八日

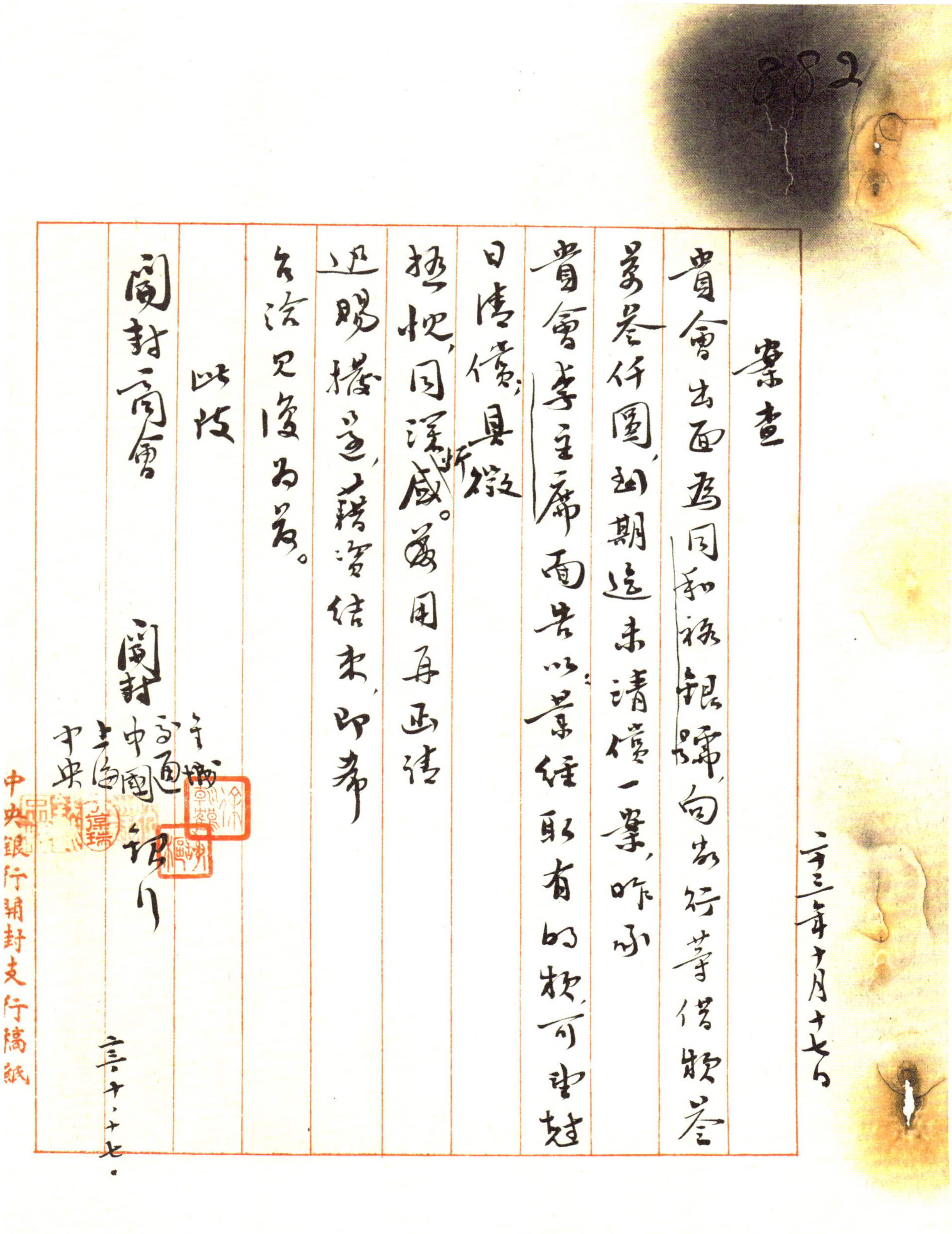
882

案查
貴會出面為同和裕銀號向本行等借款叁萬叁仟圓，到期迄未清償一案，昨承
貴會李主席面告，以業經取有的款，可望封
日清償，具徵
熱忱，同深折感。茲用再函請
迅賜撥還，藉資結束，即希
查照見復為荷。
此致
開封商會

開封金城、中國、上海、中央銀行
二三、十、十七

二三年十月十七

中央銀行開封支行稿紙

七六　中央银行开封支行关于拟将乘洛潼路借款时向省政府交涉索回商会借款给总行业务局的电（民国二十三年十一月二日）

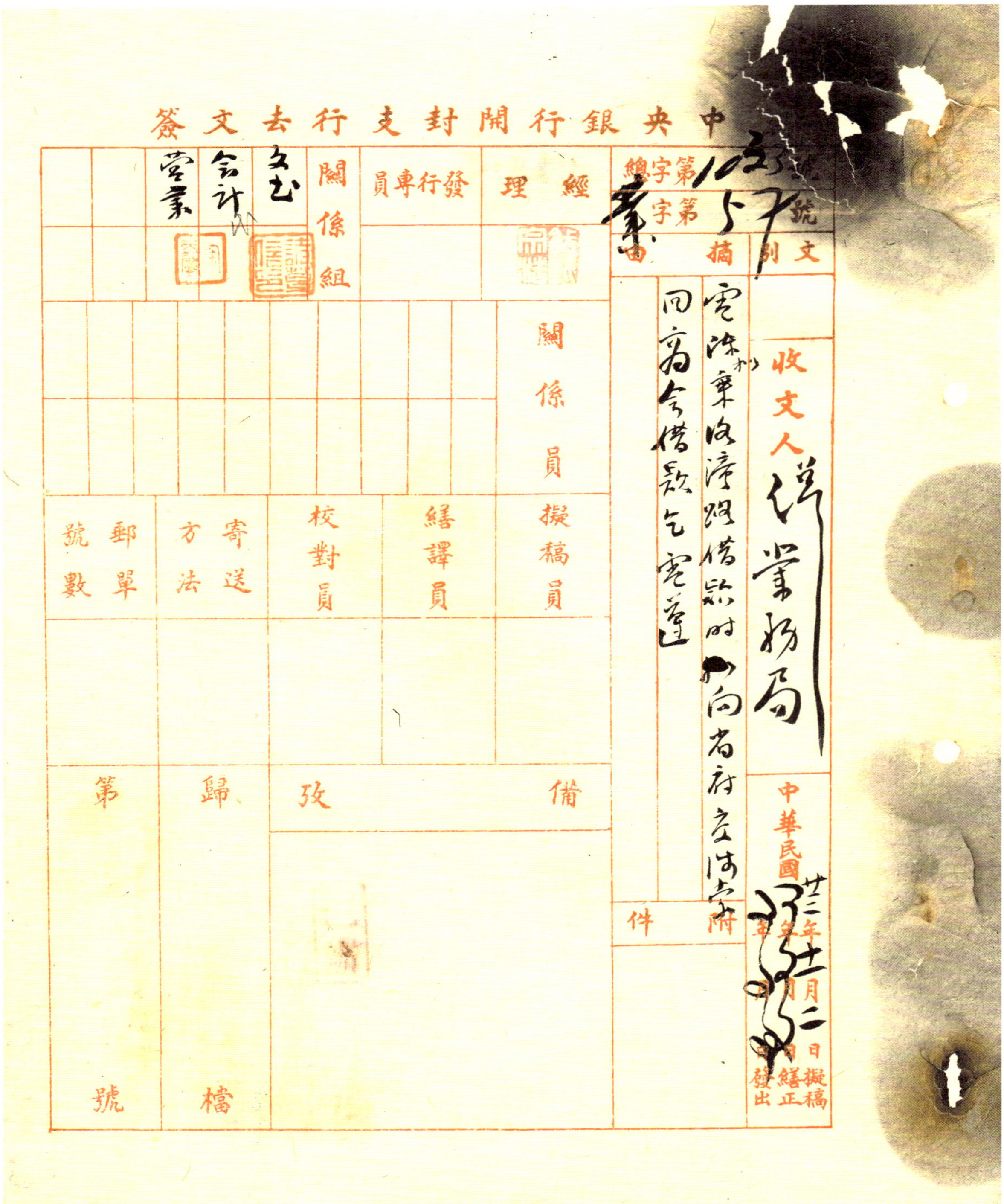
中央銀行開封支行去文簽

文別：電
號數：總字第　號　第　字第　號
收文人：總業務局
摘由：電汴抄乘洛潼路借款時向省府交涉索回商會借款乞電遵
附件
中華民國廿三年十一月二日擬稿　年　月　日繕正　年　月　日發出
經理　發行專員　關係組：文書　會計　營業
關係員　擬稿員　繕譯員　校對員　寄送方法　郵單號數
備攷　歸檔　第　號

5353

上海（业局）密。豫省府浚漳路借款正在磋商合同，兹以商会借款久催无效，拟乘此向省府索回，可否？请钧行另来电严责合行向省府交涉，以便接电办理。乞电复。合行 1102

如能明令在浚漳借款内扣还，尤所盼祷。行

七七 中央银行开封支行关于催收开封商会代同和裕借款情形并拟交涉办法给总行业务局的呈（民国二十三年十一月二日）

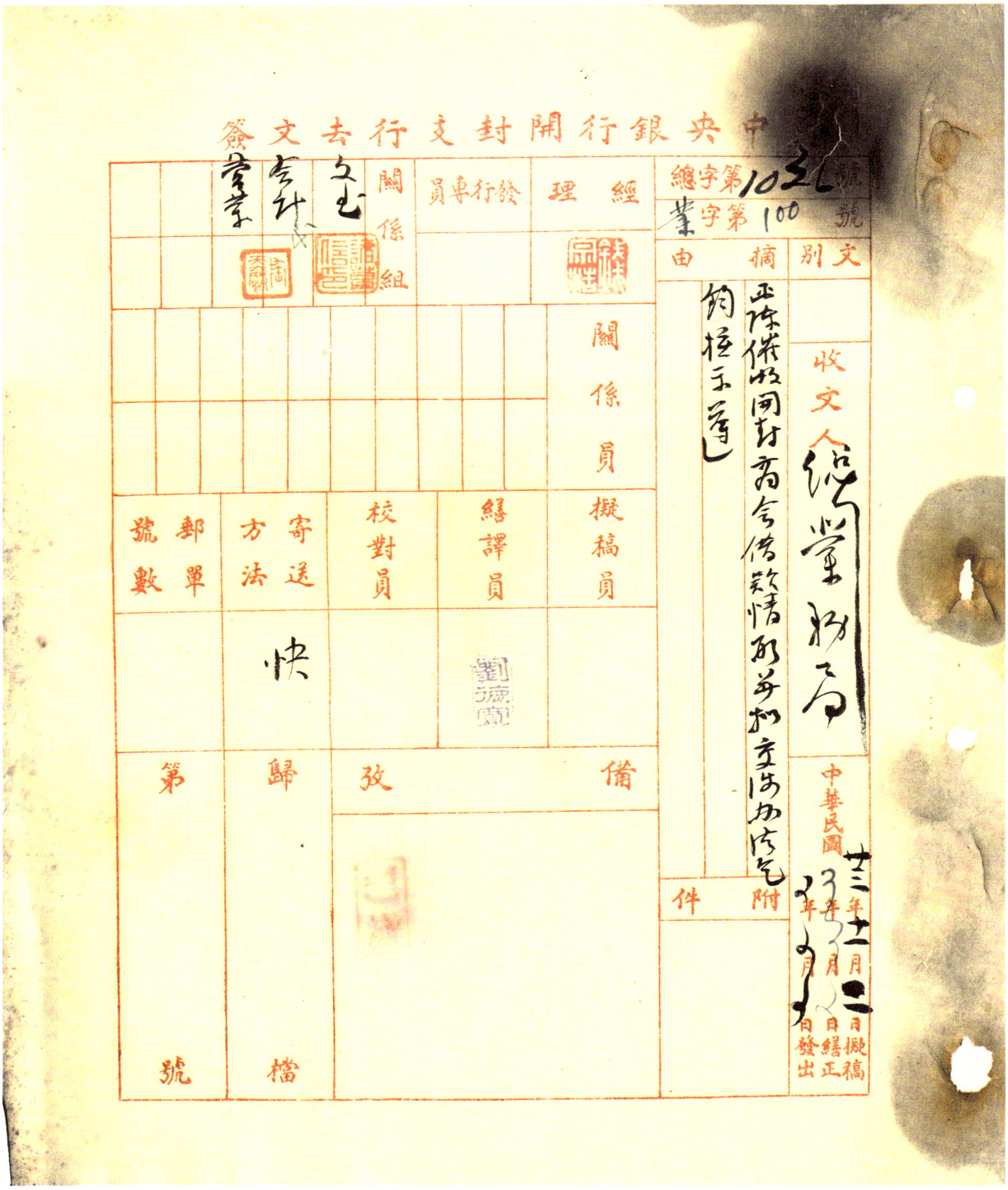
中央銀行開封支行去文簽

總字第1036號
業字第100號

經理　發行專員　關係組

文別

收文人：總業務局

摘由：呈陳催收同封商會借款情形並擬交涉辦法乞鈞核示遵

關係員

擬稿員　繕譯員　校對員　寄送方法：快　郵單號數

中華民國廿三年十一月二日擬稿　日繕正　日發出

附件

備攷　歸檔　第　號

摘由：函陈催收開封商会借款情形，并拟交涉办法，乞钧核示遵。

查催收開封商会代同和裕銀號出面向中交上海金城諸行等借款總額叁萬叁千元一款，經飭該商会函復，以所扣抵押品一时難覓顧主情形，於八月三十一日由業字第七十八號函陈報在案。於十月五日、十七日諸行再會同分行函致商会，請將所扣抵押品迅行設法處理，變价償还上項借款。去後，迄今均尚未見復。查商会對於上項借款，一味延宕，收還無期，而負責担保之豫省府當局，亦復置身事外，欲求結果，甚感困難，若任商訂洽還，以致借款時，擬請

中央銀行開封支行稿紙

鈞行另行函飭汴行，嗣後上項借款，俾汴行用以
向豫省府交涉，要求該借款在救濟公路項
借款成立若予以歸償，或訂明由救濟[illegible]借款
内扣還，是否有當，並乞
鈞裁。除徑1103電請
核奪外，謹再函陳，伏乞
示遵為禱。
謹呈
總行

開封支行
經理錢宗○

七八　中央银行总行业务局关于开封商会代同和裕借款一案希查照办理给开封支行的函（民国二十三年十一月五日）

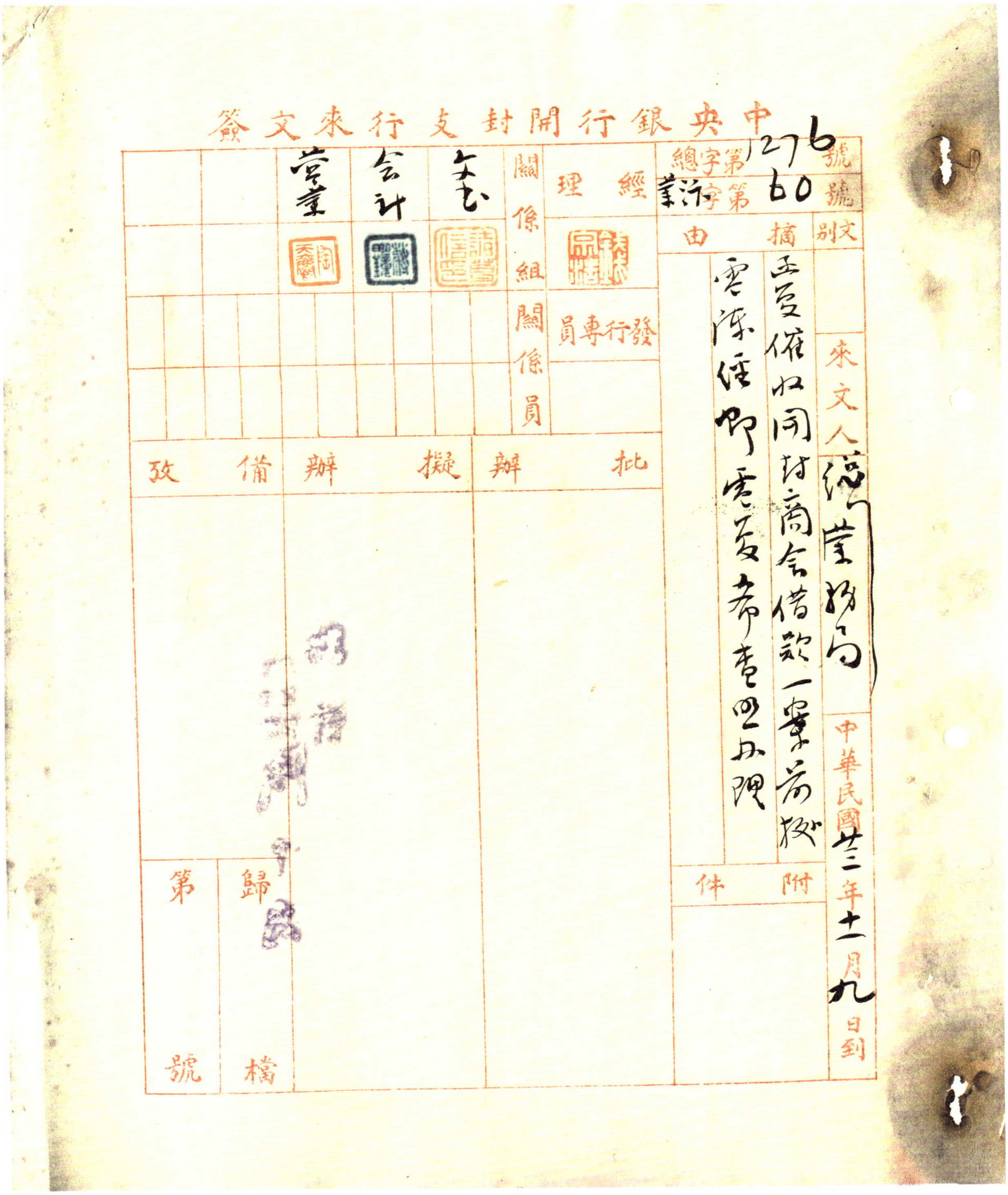

中央銀行開封支行來文簽

號　總字第1276號
文別　汴業字第60號
來文人　總業務局
摘由　函復催收開封商會借款一案前擬電陳經即電復希查照辦理
中華民國廿三年十一月九日到
附件
經理
關係組　關係員
發行專員
文書　會計　營業
批　辦　擬　辦　備　攷
歸檔　第　號

中央銀行用箋

業汴字第六十號 第 頁 電話總機一二五七〇 一二五七二 至一二五七九 民國廿三年十一月五日

摘由：函覆催收開封商會借款一案前據電陳經即電覆希查照辦理

據業字第一零零號函陳，催收開封商會借款情形，並擬交涉辦法，乞核示等情；具悉。查此案業於江日電飭尊處，即向省府嚴切交涉，迅即歸還具報在案。茲據前情，合行函覆，即希查照辦理具報。再查開封商會代同和裕借款原案，不計利息，應請將本局1103電內「迅將本息一併歸還」字樣，照改為「迅即歸還」等字為荷。

此致

汴行

總行 啓

業務局副經理 周守良

如蒙惠復請寄中央銀行業務局

有無線電報掛號(菱)五三三五三 "Governbank" Shanghai

上海黃浦灘路十五號

七九　中央银行开封支行关于河南省建设厅厅长张静愚答复清偿期限各情形给河南省政府的呈（民国二十三年十一月七日）

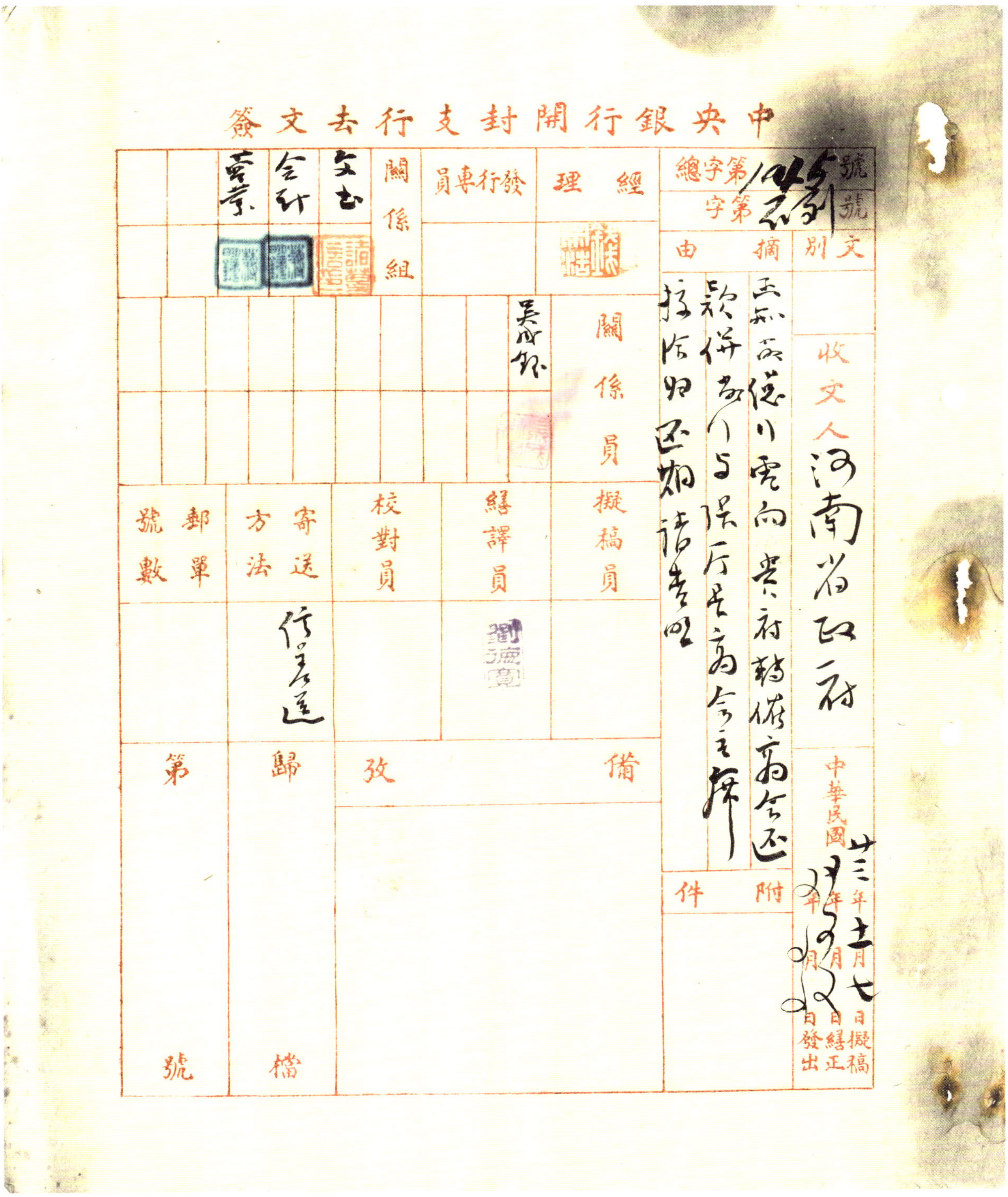

中央銀行開封支行去文簽
總字第　號
字第　號
文別
摘由
收文人　河南省政府
中華民國廿三年十一月七日擬稿
年　月　日繕正
年　月　日發出
附件
經理
發行專員
關係組
關係員
擬稿員
繕譯員
校對員
寄送方法
郵單號數
備考
歸檔
第　號

案奉敝总行十一月三日密电内开：

「商会借款延宕已久，迄未清偿，现届决算期近，亟待结束，希即向省府严切交涉，迅将本息一併归还具报」

等因奉此，查开封商会代同和裕银号出面，并由贵府建设厅张厅长等负责担保，向中国、交通、上海、金城、盐业各行等借款总额三万三千円内，各行摊借六千六百円一款，前经贵府饬催，迄未清偿在案。各行本定於本月五日分商会李主席泽珍同访谒张建设厅长，当准张厅长面复：商会借款，允於两星期内归还，并允在两星期前，决不

中央銀行開封支行稿紙

動用該潼借款事由，備承府
盛情，至為欣慰，相應將敝行零借還款暨張廳長咨
後清償期限各情形，函請
貴府查照，俯允
賜飭如期劃清債償，以資結束，併祈
見復為荷。

此致

河南省政府

中央銀行開封分行

經理錢宗

八〇 河南省建设厅厅长张静愚关于催收开封商会代同和裕借款复电情形给中央银行开封支行经理钱宗的函（民国二十三年十一月七日）

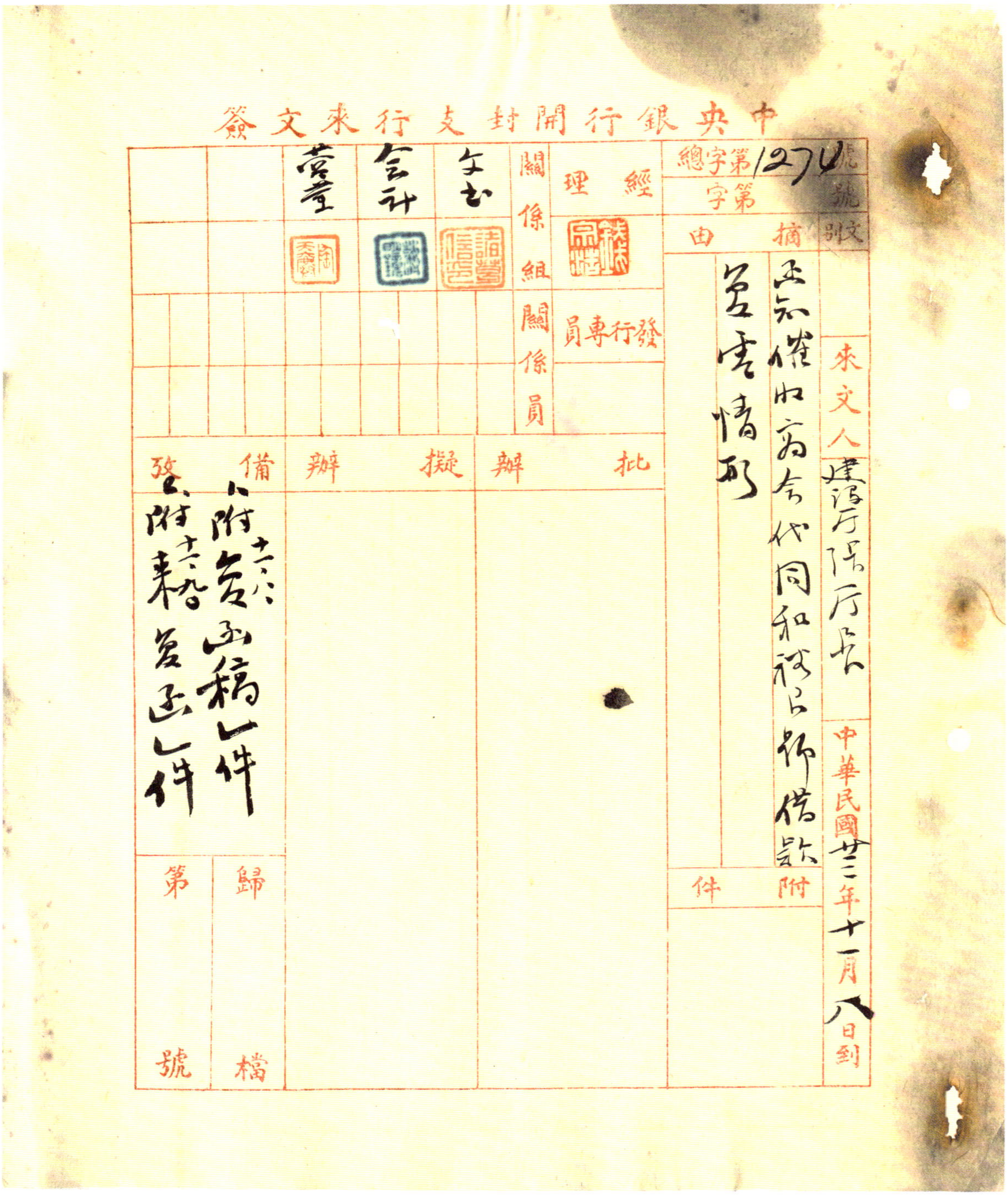

中央銀行開封支行來文簽

文別號	總字第1274號 字第 號
摘由	函知催收商會代同和裕號借款 復電情形
來文人	建設廳張廳長
附件	
中華民國廿三年十一月八日到	
經理	
發行專員	
關係組 關係員	文書 會計 營業
批	
辦	
擬	
辦	
備	十一、八 附復函稿一件
發	附十一、[illegible] 復函一件
歸檔	
第號	

河南省政府建設廳公事用箋

第　頁

逕啓者查敝廳前於徵日電令駐新鄉委員席瓞五轉知同和裕主經理晏卿限本月十五日以前將前借銀行之款三萬三千元解作清償不得延誤茲據該員魚電復稱開封建設廳廳長張鈞鑒徵電悉該款極力籌措陸續解作謹電奉聞職席瓞五魚叩等語相應函達即希

查照爲荷此致

年　月　日

河南省政府建設廳公事用箋

第　頁

中央銀行錢行長

張靜愚拜啓十、七

年　月　日

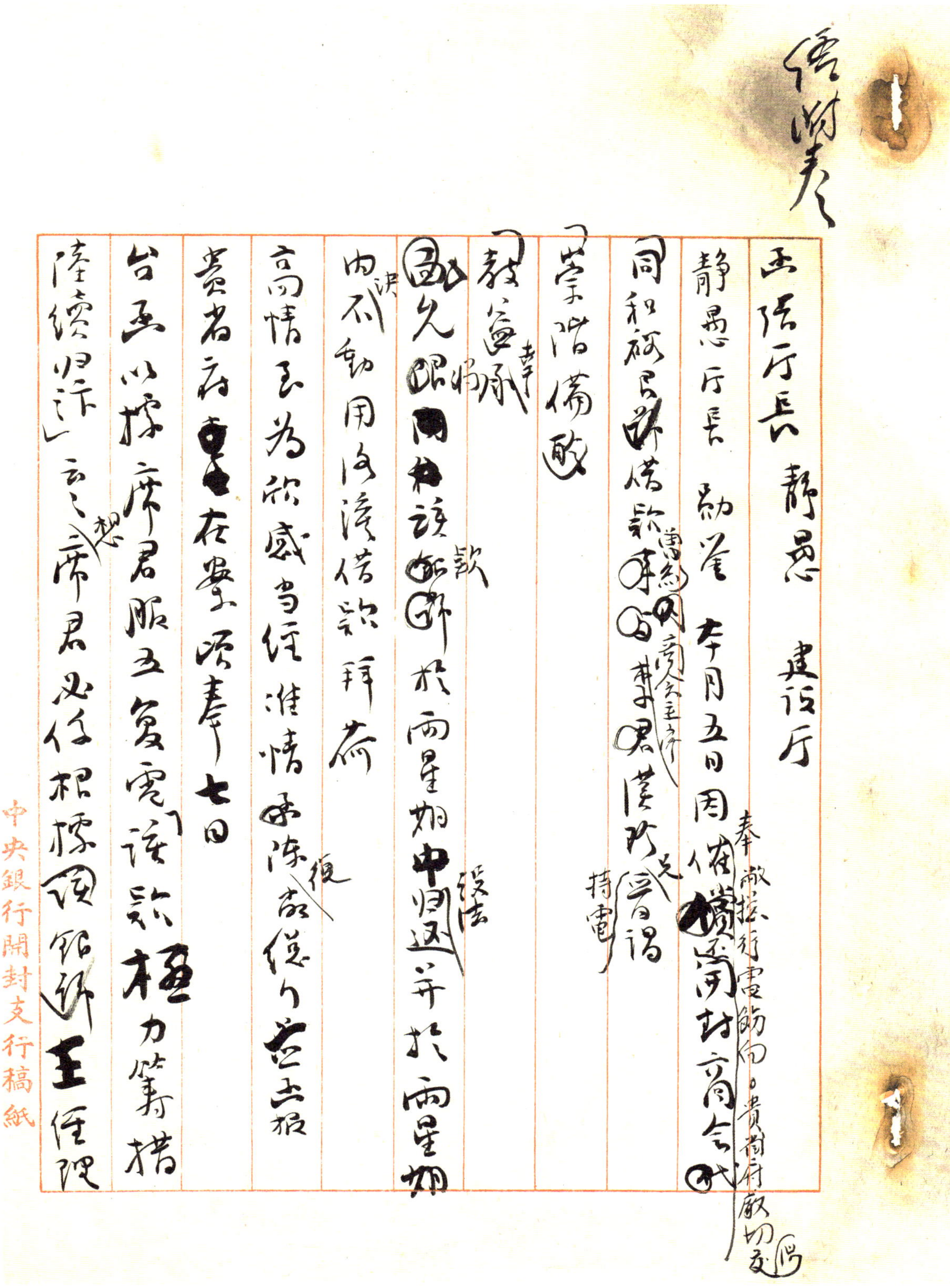
信附卷

函张厅长静愚　建设厅

静愚厅长勋鉴：本月五日因奉敝总行电饬向贵省府恳切交涉开封商会代

同和裕号借款事，曾约同商会主席李君汉珍走谒

崇阶，备聆

教益，幸承

面允限该款于两星期中设法归还，并于两星期

内决不动用该项借款，拜荷

高情，至为欣感，当经准情复陈敝总行在案。兹据

贵省府在案，顷奉七日

台函，以据席君顺五复电，该款极力筹措，

陆续归还云云。想席君必系根据钧谕王任限

中央銀行開封支行稿紙

賓[illegible]貴廠主管是案，始終其事，自宜繼續[illegible]，以期無損解決。固係[illegible]各方之[illegible]，其數之鉅，固不僅此之不責任也。迫切陳詞，[illegible]新閱[illegible]覽

景翁若更向行長陳復，繹其語氣，似仍係延宕之詞。倘兩星期中仍無歸償之計劃，對當道川總期之責，固屬重大，而貴府負責擔保，關係尤要，亦覺不能置身事外，且因此影響總行對於其他借款有躊躇顧慮之必要者，殊非所願聞也。用敢函告，即祈力籌備，俾得依期償還，公私均感銘無已。耑此祗頌

公綏

錢宗□謹啓　三、十八

八二　张静愚关于开封商会代同和裕借款严令催还责无旁贷但洛潼借款又为一事不可延缓给钱宗的函（民国二十三年十一月九日）

附去稿

河南省政府建設廳公事用箋

第　頁

才甫仁兄惠鑒接展
遠雲敬悉壹是關於商會借款允為負
責嚴催限期清償決不任其延宕至洛潼
借款係奉
蔣委員長之命辦理并經
貴總行允洽自應遵照簽約總之商會借款
為一事嚴令催償固屬責無旁貸但洛潼
借款又為一事亦應積極進行不可延緩謹
此布復即希

年　月　日

河南省政府建設廳公事用箋

第　頁

譽照順頌

籌祺

弟張靜愚拜啟　十二月九日

年　月　日

八三　河南省政府关于已令开封商会和省建设厅负责限期清偿同和裕欠款、洛潼路已开工请速办该路借款给中央银行开封支行的函（民国二十三年十一月二十日）

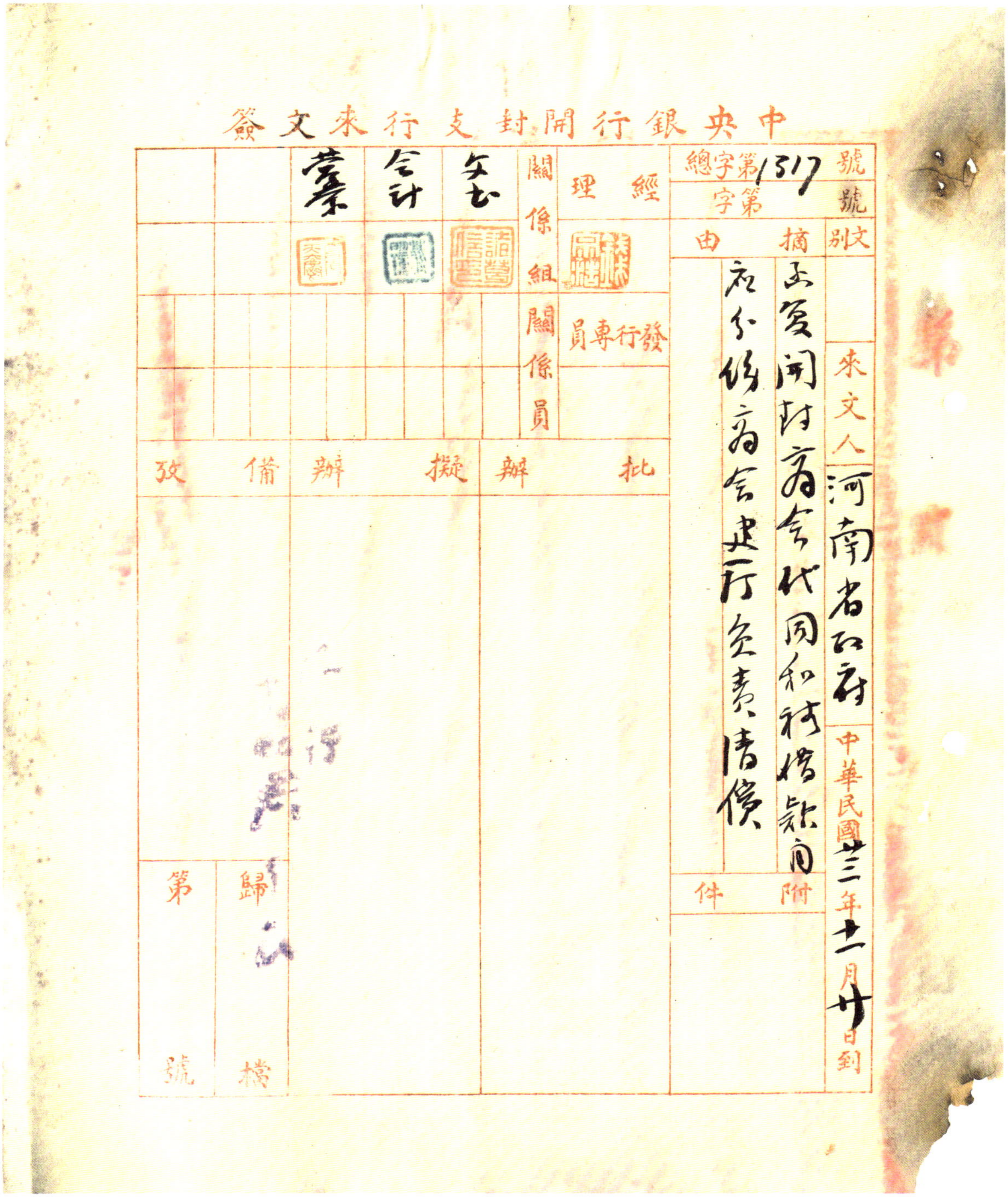
中央銀行開封支行來文簽

號	總字第1317號
	字第　號
文別	
來文人	河南省政府
中華民國	廿三年十一月廿日到
摘由	函復開封商會代同和裕借款自應令飭商會建廳負責清償
附件	
經理	
發行專員	
關係組關係員	
批辦	
擬辦	
備考	
歸檔	第　號

河南省政府公事用箋

第　　頁

逕復者頃准

大函以開封商會代同和裕所借之款延宕已久囑轉飭迅速清償勿再延期并希見復等由准此查同和裕借款自應分飭商會建廳負責嚴催限期清償決不任其延宕至洛潼路借款係奉

蔣委員長飭辦之件並經

貴總行允為照辦現該路業已開工需款甚急尤應積極辦理早日簽定以利路工進行准函前由相應函復即希

查照為荷此致

八四 钱宗关于还款期限已届满但仍未还款请从开封商会取得同和裕十万元账款内设法挪扣给张静愚的函（民国二十三年十一月二十四日）

便

#1112

入同私档

关

附十一月廿〔四〕日张静愚复函一件

函张建设厅长

静愚先生勋鉴：前奉九日

惠书，拜悉壹是。闵以商会借款，滑承

允许负责，严饬限期清偿，决不任其延宕，

仰荷

隆情，深为感荷。查两星期清偿之约，屈指（本月廿四日届满）

计算又经届满，未悉前途清偿解往之

款，曾否〔illegible〕，以惠行至电交，备急于是

大用再奉渎

清听，乞〔illegible〕

还以资结束，毋任企祷。专此奉陈，尚希

借款未解〔illegible〕请就同和裕十万元账款内设法挪扣

中央银行开封支行稿纸

坚请示覆，祗颂

公绥

钱宗○谨启 三三、十、二四。

八五　张静愚关于开封商会代同和裕借款已分头严催及十万元账款并未收齐给钱宗的函（民国二十三年十一月三十日）

去稿

河南省政府建設廳公事用箋

第　頁

中甫先生勛鑒：頃奉
鴻翰，以開封商會墨農代同和裕銀號借款一
節，現已期滿，
囑為嚴催清償，並應遵
命業已迭次分頭嚴催，並已呈奉省府加派
人員協同催索，俾得從速歸還，毋再延誤矣。
前主經理晏卿所許催索帳款十萬元之
數，尚未收齊，並以奉
聞，尚希俯察。敬頌

年　月　日

亞東承印

河南省政府建設廳公事用箋

第　頁

鑒察爲禱，祗頌

籌綏

弟張靜愚拜啟　十一卅

年　月　日

亞東承印

八六　河南省政府关于开封交通、上海等行呈请的批示（民国二十三年十二月十四日）

事　據呈請令飭新鄉等縣政府將同和裕房產減價拍

由　賣等情已令飭遵辦仰知照

河南省政府批

具呈人開封交通上海等銀行

呈請令飭新鄉等縣政府將同和裕房產減價

拍賣以償借款由

呈悉。已據情令飭新鄉安陽修武等縣政府遵照

減價拍賣矣。仰即知照。

此批

民國廿三年十二月十四日

八七　同和裕归还银行团协款办法及同和裕房产地产一览表（民国二十三年十二月十四日）

同和裕依號歸還銀行團協款辦法

一、拍賣抵押品

查五银行现執有同和裕抵押品约值十六万元（係依行团合约）業經议决组織拍賣委员會拍賣因同和裕開列清单延误时日迄未办理刻已送来（房屋間数仍有未詳）擬交拍賣會積極辦理惟此项辦法需时恐须数月

二、拍賣存貨

查同和裕在新鄉道口一帶尚存有貨物據王晏卿稱約值八萬元擬即從速拍賣

三、追讨欠款

查同和外欠约二百余万元，外帐虽多，十余万元尚能讨还，应由王罗卿切实指出该外欠帐户名，官厅协助催讨。

四、查明处分各股东私有财产

查自以维原约六十一万余股东等经令饬后另通知各股东再筹六十一万余，迄今并未办到，兹为清理银行团协款起见，拟将银行团款项先拨六十一万余股数平均分摊，由官厅严追缴纳，余款交由储户分配。

五、同和裕现存款项（即卖货款）即交银行团

原表在上海銀行

新鄉縣同和裕房產地產點交銀行團一覽表

總號	契紙張數	原價數目	第三次最後標價數目	產基所在地點
第一號	契紙三張	原價一萬一千一百元	減價九千五百元	車站新華街
第二號	契紙一張	原價九百九十五元	減價八百元	中山街 標賣洋捌百壹拾元 價款收清
第三號	契紙一張	原價九千元 估價六千元	減價五千元	西門內同和裕隔壁
第四號	契紙一張	原價一千二百元	減價一千元	西門外柘榴園
第五號	契紙一張	原價一千二百元	減價一千元	北門外板廠街
第六號	契紙二張	原價六千一百四拾四元	減價五千二百元	車站保安街南醫院
第七號	契紙二張	原價五千八百九拾六元二角九分	減價五千二百元	車站保安街萬順鉄廠
第八號	契紙一張	原價七百另九元六角	減價六百元	保安街靜泉學校東边

新鄉中國行殷
主任梅牧均盖
章佰明

卅年十月廿五日

以上壹三行經理劉新察看時批各處價目留底

〈1〉	維新站	一萬三千元
〈5〉	板廠街	一千五百元
〈6〉	鄭南医院	一萬元
〈9〉	新新織綢廠	六千元
〈11〉	同和裕後門对面	三千五百元
〈12〉	新文化	八千元
〈13〉	火柴廠	三千一百元
〈15〉	水電公司地皮	一萬五千元
	共六萬零壹百元	
〈7〉	萬順	五千六百元

核數

106700

第九號　契紙三張　原價五千一百元　減價四千三百元　北馬頭新々織綢廠

第十號　契紙三張　原價七千一百元佑四萬一千元因全部翻修　減價三萬五千元　西大街同和裕住房

第十一號　契紙三張　原價三千五百元　減價三千元　小北街同和裕後門對過

第十二號　契紙四張　原價七千六百元　減價六千五百元　西大街修文印刷所

第十三號　契紙三張　原價三千一百元　減價二千六百元　趙庄同和裕火柴廠全部

第十五號　契紙六張　原價一萬二千〇〇三元　減價一萬〇三百元　公安街等處即保水電公司

新鄉縣政府會計主任　宋　藩

監察者　省政府委員　劉彝豐

新鄉縣商會主席　王常懿

銀行團代表
同和裕代表　殷有源

同和裕房地契原估價值

計開

第一號　契照三張　原價一萬一千二百元

第二號　又　一張　又　九百九十五元

第三號　又　一張　原價九千元　估價六千元

第四號　又　一張　原價一千二百元

第五號　又　一張　原價一千二百元

第六號　又　二張　原價六千一百四十四元

第七號　又　二張　原價五千八百九十六元二角九分

第八號　又　一張　原價七百零九元六角

〇

第九號　又　三張　原價五千一百元

第十號　又　三張　原價七千二百元　估價四萬一千元（因全部翻造）

第十一號　又　三張　原價三千五百元

第十二號　又　四張　原價七千六百元

第十三號　又　三張　又　三千一百元

第十五號　又　六張　又　一萬二千〇〇三元

以上新鄉資產估價十萬零五千六百四十七元八角九分

第十四號　契照一張　全部翻造原單開價三萬一千元　估價一萬八千元

以上修武縣轄焦作嘴資產估價一萬八千元

第十六號　契照一張　原價八千五百元原單開價一萬八千元　估價四千元

以上沔陽資產估價四千元

第十七號　彭德滂民房一處　未有契紙　估價一萬元　原買價二萬五千元

第十八號　潘敷禧道口市房一處　估價一萬五千元　原買價三萬二千元（契未發）

以上沔南有各處資產估價十三萬七千六百四十七元八角九分

漢口契　估價一萬元

蚌埠契　估價一萬元

統計估值（十五萬七千六百四十七元八角九分）

十五萬三千六百四十七元八角九分

同和裕各契无产之空契

计开

顺德府契一线　　来单开价五万五千元该产早已押给当地商会

新乡县契六线　　来单开价五千六百二十九元该产早已售给河朔图书馆及商会

辉县契一线　　来单开价捌百元该产早已抵给他人

以上空契原值陆万壹千六百二十九元

来单指交之产不能实交者

南京资产　　原单开价捌千元

开封蛋厂全部　　原单开价柒万陆千元

以上不能实行交出者原估值捌万肆千元

统计不能估计之产共值约四万五千六百二十九元
又壹万五千元

45629.-

第十組

第一組

第二組

同和裕所交各處房地契據等及價值分列如次

編號	房地契所在地	原開價額	銀團受押後估價額
38	新鄉房契一紙	弍千叁百五拾元	估價四萬壹千元
40	又 一紙	弍千五百元	
41	又 一紙	弍千叁百五拾元	
	新鄉本號前後樓房建築費	五萬五千元	
26	新鄉房契一紙	叁千元	照原價未動叁千元
27	又 一紙	七千元	照原價未動七千元
28	又 一紙	壹千弍百元	照原價未動壹千弍百元
22	又 一紙	九百九拾五元	照原價未動九百九拾五元

八八　中央银行总行业务局关于迅向同和裕严催欠款给开封支行的函（民国二十四年一月十日）

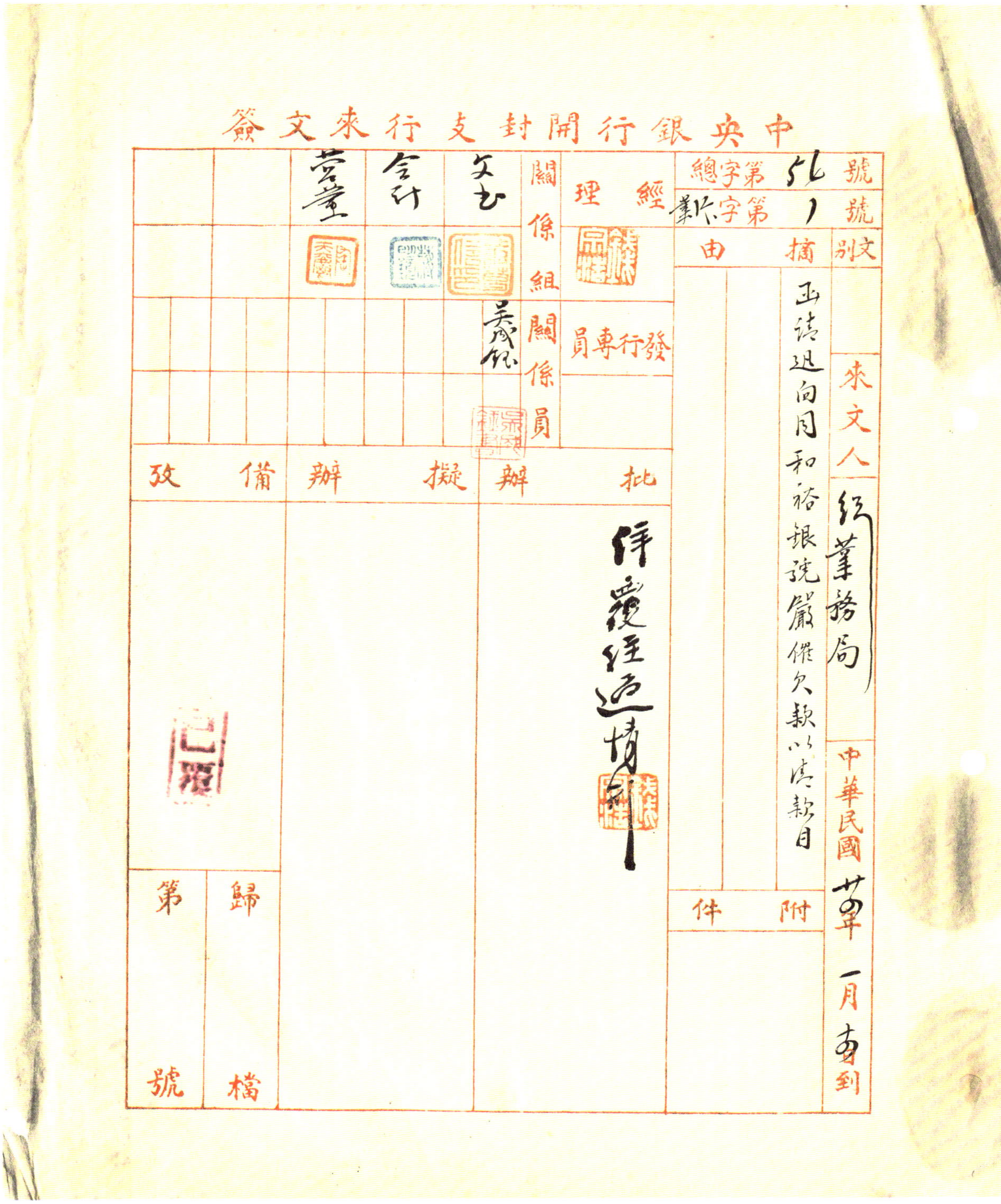
中央銀行開封支行來文簽

總字第	56號
業字第	1號
文別	
摘由	函請迅向同和裕銀號嚴催欠款以清款目
來文人	總業務局
附件	
中華民國	廿四年一月十日到
經理	
關係組	文書　会计　营業
發行專員	
關係員	吳成
批辦	俟覆經過情形
擬辦	
備攷	
歸檔	第　號

中央銀行用牋

業汴字第一號第　頁　電話總機一二五七〇 至一二五七九 一二五七二

摘由：函請迅向同和裕銀號嚴催欠款以清款目

案查

尊處暫記欠款項下，同和裕銀號欠款計銀幣陸千陸百圓，除已收暫存貳千圓外，尚欠肆千陸百圓，迄今年餘，仍無具體償還辦法，合再函達，即希

查照，迅向前途嚴詞催還，俾清款目爲要。

此致

汴行

總行 業務局副經理 周　 啓

民國廿四年一月十日

如蒙惠復請寄中央銀行業務局

有無線電報掛號（菠）五三三五二　"Governbank" Shanghai

上海黄浦灘路十五號

八九 中央银行开封支行关于同和裕欠款催收情形给总行业务局的呈（民国二十四年一月十八日）

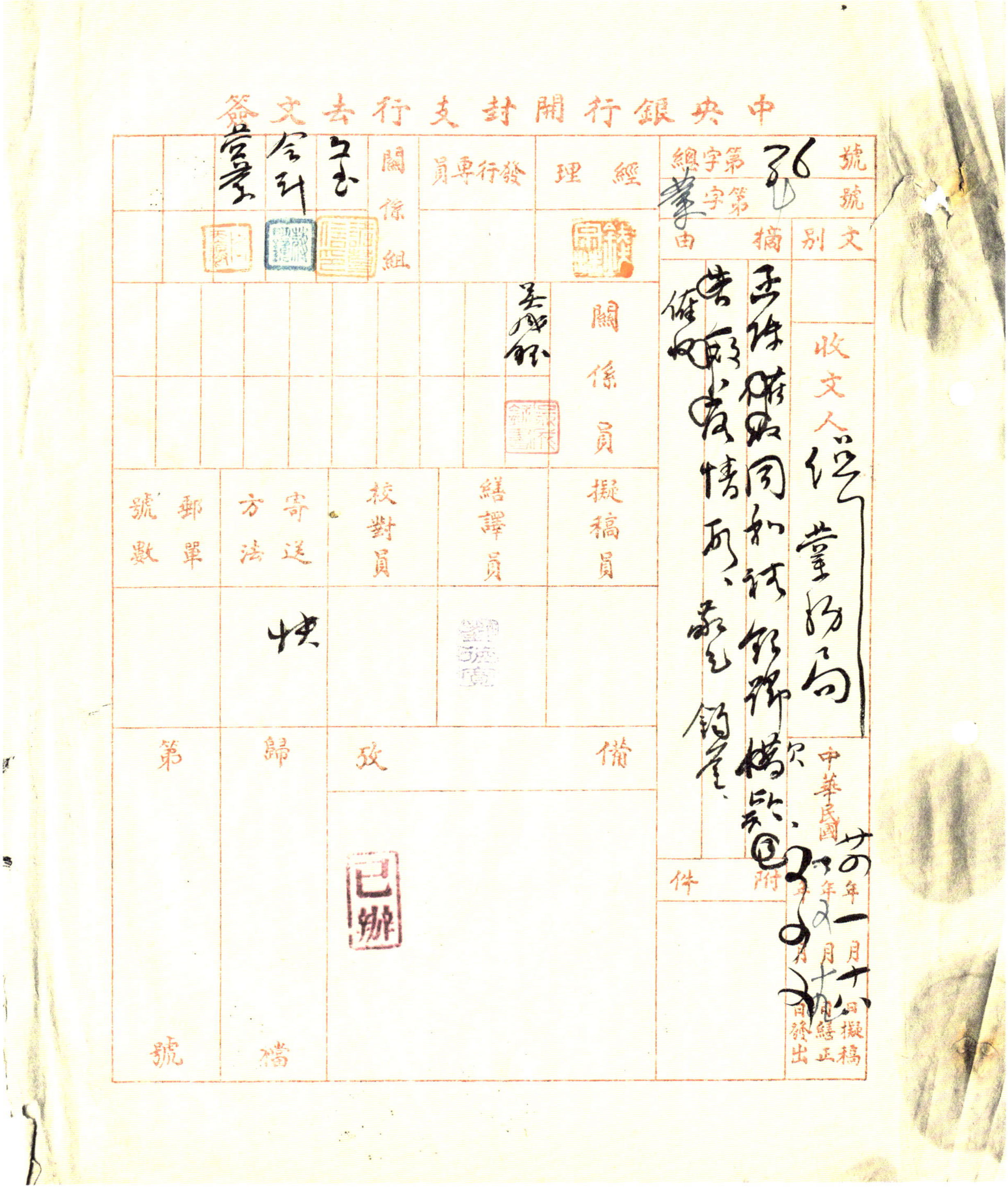

中央銀行開封支行去文簽

號 總字第　號 字第
文別
摘由
收文人 總業務局
中華民國廿四年一月十八日擬稿 月 日繕正 月 日發出
經理
發行專員
關係組
關係員
擬稿員
繕譯員
校對員
寄送方法 快
郵單號數
備
攷
歸檔
第　號
附件
已辦

摘由　为陈催收同和裕银号欠款呈告一段经过情形，敬乞钧鉴。

奉业浒字第一号

钧函，以迅向同和裕银号严催欠款，以清款目等因，敬悉。查同和裕前会于二十二年十月二十九日代同和裕银号出名向中交两行借款叁万叁千圆，当由该两行摊借洋千[illegible]万圆一案，一载以来，该两行历催本会会同中交两行一致催索，论其经过情形，不为不严，无如商会本身，既不名一文，而同和裕银号倒闭之后，亦心余力拙，而中交两行同时因承借贰拾贰万圆一款，纠

行產、迄未解決，蓋彼此利害輕重之不同，
本案遂鮮通力合作之效果。鈞行默察情
形，祇有單獨進行，冀或收效於萬一，乃
由宗。迄向省方洽商，其間或利用
感情，或運用手腕，以闡明本行之立場
及本案借款不能再延之情形。直至上
年十二月三十一日下午八時，除以前兩次收回
共三千外，猶以鈞行續交商會黃河堤捐二百円
抵收，後由該會李主席交到鈞行本票
二千二百円，鈞行代收西平校收條八百円，又
私人借條四百円。均係秘密交來，並不令知他

行。至本年開業，即將上項銀行本票二千二百円收數兌訖。又由商會交來託收津票二千八百円，因將上項銀行代收票款收條八百円私人收條の百円抽回。該項津票，今日已轉津行招告收數收訖。所有同和裕銀行借款六千六百円一案，

業由

係與該號商会擔保，俟後即可順

至此已全部結束。專函爲因，謹將催收經過情形陳乞

明鑒。

謹呈

總行

同和裕
经理钱宗

九〇　中央银行开封支行关于开封商会代同和裕还款并经其行开具收证缴还销案给开封商会的函（民国二十四年一月二十一日）

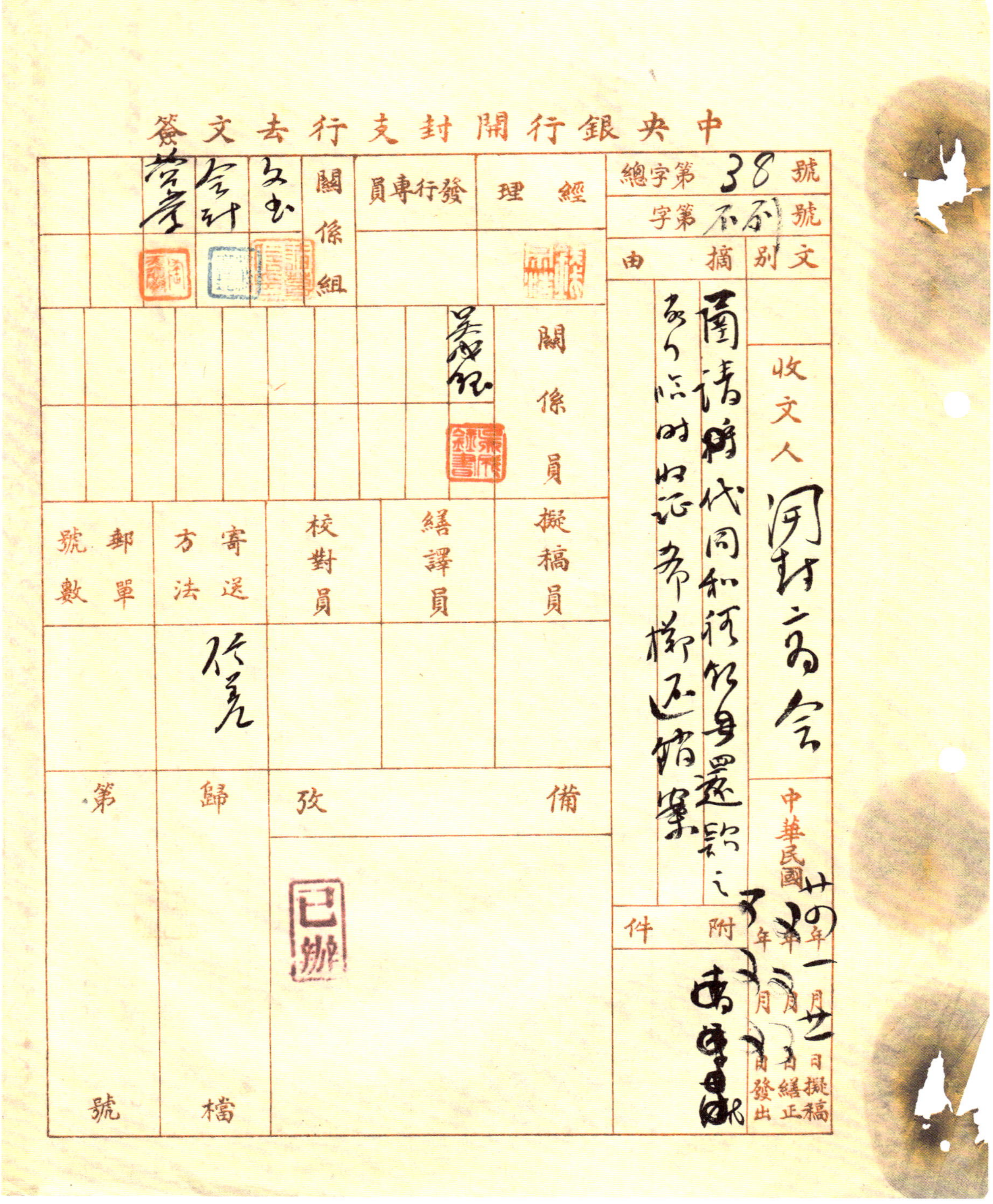

案查二十二年十月二十九日
贵会代同和裕银号出函向敝行借款陆千陆百元一笔，业经
贵会陆续来款如数清偿，并经敝行分别开给临时
收证随函
贵会存执在案。前以上项借款既经清结，计有上开
临时收证，即请
检掷销案，以完手续，
热忱至纫公谊，并以致谢。（另附[illegible]）
台洽为荷。此致
同业公会
中央银行 [illegible]
经理 钱宗[illegible]

九一　中央银行开封支行关于同和裕借款已如数清偿给中央银行总行业务局的呈（民国二十四年一月二十四日）

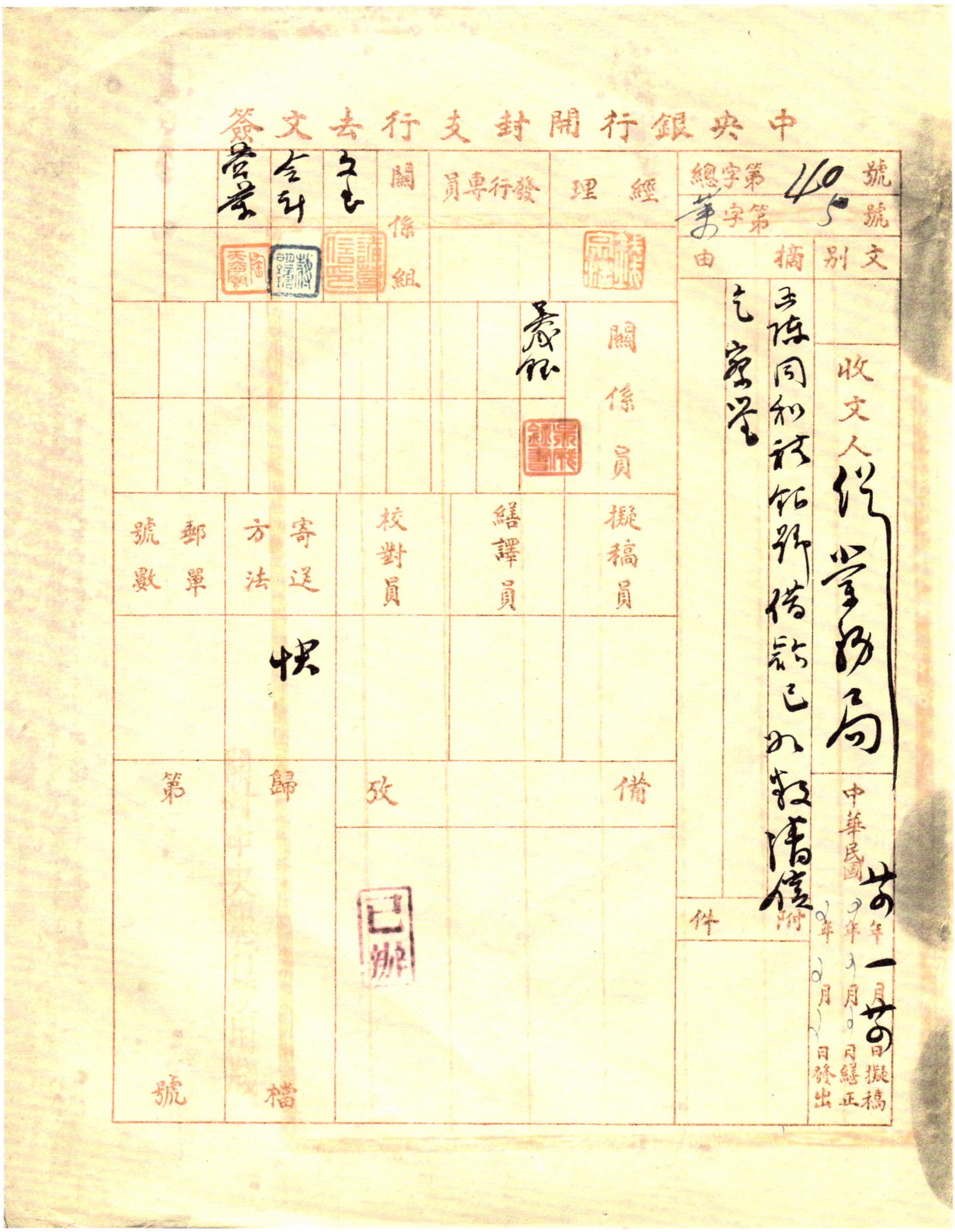

中央銀行開封支行去文簽

總字第405號
第　字第　號
文別：呈
摘由：呈陈同和裕借款已如数清偿之案呈
收文人：總業務局
中華民國廿四年一月廿四日擬稿
年　月　日繕正
年　月　日發出
附件
經理
發行專員
關係組
關係員
擬稿員
繕譯員
校對員
寄送方法：快
郵單號數
備攷
歸檔
第　號
已辦

摘由　函陈同和裕钱行借款已如数清偿乞鉴詧。

案查开封商会代同和裕钱号出面向敝行借款陆千陆百円一款，由该会照数以期现款标陆续缴还情形，经将业字第四号函陈在案。敝行以上项借款，现经收回，所有开借敝行时收证，理应由该会缴销，以资结束，此项手续业于二十二日办讫。除由敝行将暂存暂欠帐内该会存欠款项照数冲转外，理合备函陈报，伏乞

鉴詧。

谨呈

信行

同封十八

侄理铁宗

九二　中央银行总行业务局关于同和裕借款一案即可全部结束总裁函示汴行经理办理得力应予嘉奖的函（民国二十四年一月二十九日）

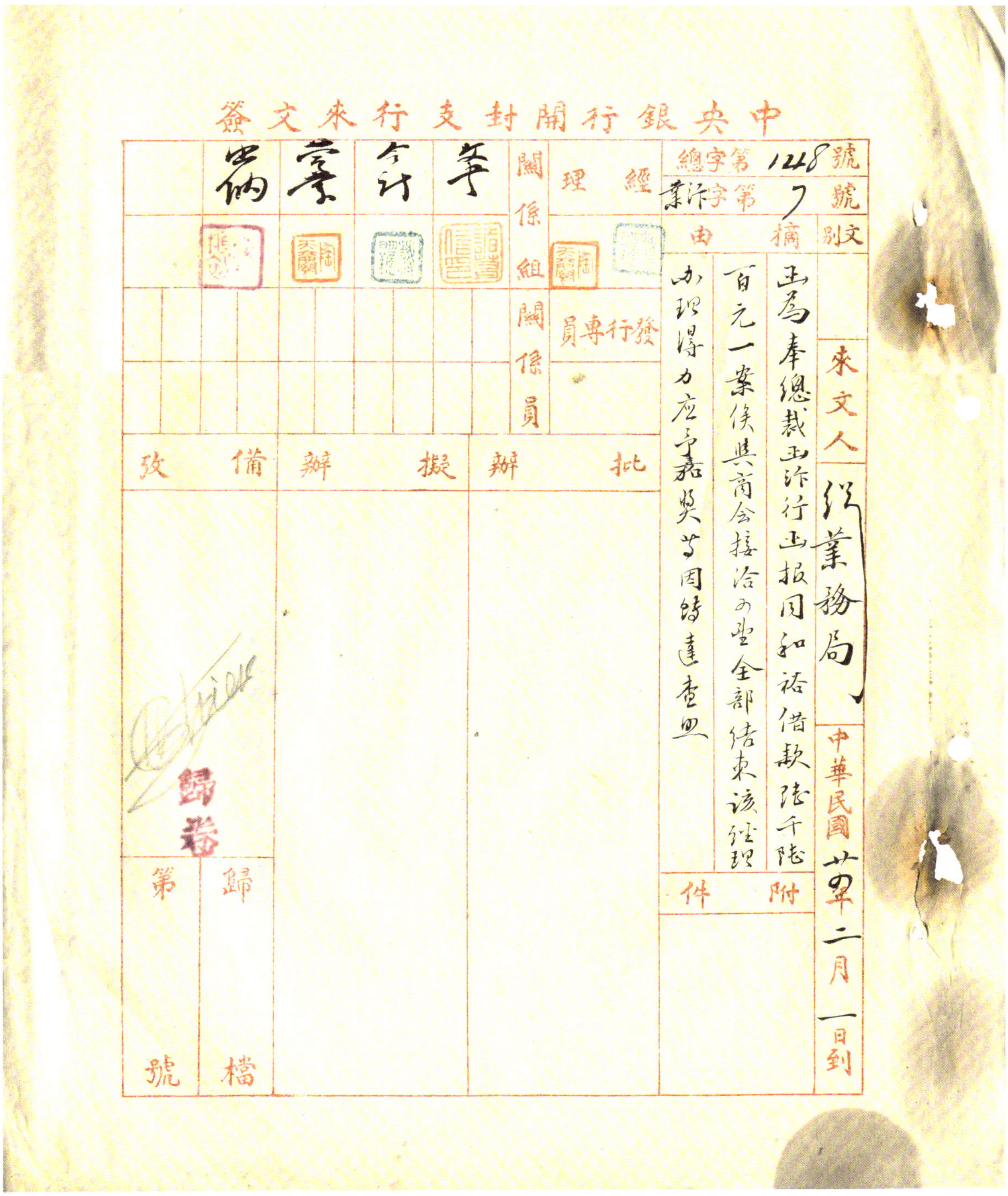

中央銀行開封支行來文簽

總字第1248號

汴字第7號

文別

來文人：業務局

中華民國廿四年二月一日到

摘由：函為奉總裁函示汴行出報同和裕借款張千陸百元一案俟與商会接洽即全部結束該經理办理得力应予嘉奖等因錄達查照

附件

經理

發行專員

關係組關係員

筆　會計　營業　出納

批辦

擬辦

備考：歸卷

歸檔第　號

中央銀行用箋

業汴字第七號　第　頁　電話總機一二五七〇　一二五七二　至一二五七九　民國廿四年一月廿四日

摘由：函爲奉總裁函汴行函報同和裕借款陸千陸百圓一案俟與商會接洽後可全部結束該經理辦理得力應予嘉獎等因轉達查照

據業字第四號函陳，同和裕銀號欠款，經貴經理多方洽商，設法收回，俟與商會接洽後，即可將該號借款陸千陸百圓一案，全部結束等情；經陳奉總裁總字第一二零號函示：該經理辦理得力，應予嘉獎等因；合行函達查照。

此致

汴行

總行啓

業務局副經理 周守良

如蒙惠復請寄中央銀行業務局

有無線電報掛號（苃）五三三五三 "Governbank" Shanghai

上海黃浦灘路十五號

九三　最高法院关于河南农工银行因同和裕债务及确认抵押权事件对河南高等法院提起再抗告的民事裁定（民国二十四年二月十三日）

最高法院民事裁定

二十三年度抗字第一八四五號

再抗　告人河南農工銀行設開封銀行街

法定代理人李漢珍年未詳住同上

訴訟代理人張我權律師

右再抗告人因與同和裕銀號爲求償債務及確認抵押權事件對於中華民國二十三年九月十五日河南高等法院裁定提起再抗告本院裁定如左

主文

再抗告駁回

再抗告訴訟費用由再抗告人負擔

理由

本件再抗告人就同和裕銀號以其所有北土街房屋及蛋廠所設定之抵押權聲請將該房屋及蛋廠予以假處分經開封地方法院駁回後向原法院提起抗告核其抗告意旨雖謂同和裕銀號將抵押房屋私自賣與開封稅契經理局有該局於再抗告人訴追同和裕債務案內從參加卷可稽無論所稱是否屬實但再抗告人對於該房屋既有抵押權則縱令同和裕銀號確有賣與開封稅契局之事依法仍與再抗告人之抵押權並無影響自不致有不能執行或其他難於執行之虞至所稱蛋廠機器無人管理時有散失短少及抵押房屋同和裕銀號於抵押後停止修建致使價值減少各節均係徒託空言未有釋明方法亦自無從置信原法院將其抗告駁回尚無不合再抗告論旨猶就此斤斤爭辯仍難認爲有理

據上論結本件再抗告爲無理由依民事訴訟法第四百五十九條第一項第九十六條第八十一條裁定如主文

中華民國二十四年一月二十三日

一

最高法院民事第三庭

審判長推事李　茇

推事季手文

推事湯本殷

推事張式彝

推事曹鳳簫

二

右正本証明與原本無異

書記官　馮澤涵

中華民國二十四年二月十三日

九四 金城等四总行关于会商由沪增派代表主持同和裕借款清偿祈按四总行议定办法妥实进行给开封金城等四行的函（民国二十四年二月二十二日）

抄奉各總行來函一件祈
貴行閱悉存卷

歸來

逕啓者查豫省府代同和裕銀號擔保向汴各行借五萬元
收還延至今迄無着實辦法茲值豫財廳長更任之際據
汴交行來信謂新任尹廳長曾表示此事在前負責無人
內容腐敗現在必須由各行從速進行期早結束各行集議
之下擬俟押品三次拍賣無人承受時即聲請移轉管業並
因此事繁劇擬由各行公聘一人專司其事等情茲經四總行會
商以各汴行雖於當地情勢交涉較易為惟為積極催促清
理起見自以由滬會派代表主持進行較為切實當議訂辦法
五條並推定中行陸穀年君為代表來汴辦理此事用特函達
並檢附四總行會議紀錄一件即希

察洽会商按照总行议定办法推定人员及代表行协同陆

君妥实进行为盼此致

开封金城、中国、交通银行

上海

金城银行总行

中国银行总管理处

交通银行总行

上海银行总行

同启

廿四年六月二十二日

最高法院民事裁定 二十三年度抗字第一七七二號

再抗告人同和裕銀號設河南開封北土街

右訴訟代理人王靜瀾住同上

右再抗告人因與河南農工銀行移轉抵押物聲請延展補正期間事件對於中華民國二十三年九月二十四日河南高等法院裁定提起再抗告本院裁定如左

主文

再抗告駁回

再抗告訴訟費用由再抗告人負擔

理由

按法院得以裁定延展期間或縮短之此爲民事訴訟法第一百六十四條第一項所明定則凡駁回聲請展期之裁定自亦屬於該條裁定之範圍關於期間之裁定不得聲明不服爲同法第一百六十六條所明定則此項駁回展期之裁定亦不得聲明不服自無疑義本件再抗告人前向原法院提起上訴經裁定限五日內繳納審判費用再抗告人聲請延期經裁定駁回後再抗告人遂提起抗告原裁定依上述之見解認爲不得聲明不服依民事訴訟法第四百五十七條第二項之規定將該抗告駁回於法自無不合茲之再抗告論旨乃强謂駁回延期聲請之裁定非關於期間之裁定殊難認有理由

據上論結本件再抗告爲無理由依民事訴訟法第四百五十九條第一項第九十六條第八十一條裁定如主文

中華民國二十四年一月十五日

最高法院民事第二庭

審判長推事林鼎章

推事蔣福琨

推事林祖繩

推事鍾洪聲

推事魏大同

二

右正本証明與原本無異

書記官 [签名]

中華民國二十四年二月十五日

九六 同和裕徐州分号原经理张炎卿关于上报同和裕在豫不动产及所营副业财产状况给郑州交通银行的函（民国二十四年三月一日）

鄭州交通銀行

敬陈者前奉总行函嘱调查同和裕在豫财产详细具报等因敬悉自应遵辦窃炎卿辞去同和裕徐州经理职务业已一载有余所有该號现在财产状况因隔时既久详情已不甚明瞭按问该號各项财产俱已折抵债务除动产方面现已无从调查外今就该號各处不动产及所营副业调查如下

一、郑州房屋一處约值五万余元　抵给河南教育款產處

中華民國廿四年三月一日　字第　號　一頁

鄭州交通銀行

二、開封房屋一處約值十萬餘元　找給河南農工銀行

三、新浦房屋一處約值六萬餘元　找給河南省振務會

四、濟南房屋一處約值十六萬元　找給山东民生銀行

五、蚌埠房產約值四萬元　找給銀團及劉鎮華

六、新鄉房產約值伍萬元　找給銀行團

七、焦作房產約值壹萬四千元　又

八、漯河房產約值壹萬元　此房係租地造屋已欠二年地租

九、彰德房產約值壹萬元　找給銀行團

中華民國廿年三月一日　字第　號　二頁

十、開封製蛋廠約值四萬　抵給河南農工銀行

十一、彰德電灯公司約值八萬元　抵給銀行團

十二、新鄉電灯公司約值五萬元　抵給劉鎮華

按以上調查該號財產與已抵債債務同為不貲也

鉅此外是否尚有其他財產矣御屏居該號徐州分號經理地位對于全部帳目本處不得詳知今則時隔既久當日同人又均星散探詢近狀亦多渺茫按同該號總經理王晏清由豫省府押赴新鄉催收外欠該號善後近

中華民國廿年三月一日　字第　號　三頁

鄭州交通銀行

極力相商把握理合具函陳報敬乞

垂察轉陳為叩此上

鄭行

張焕卿敬啓

中華民國廿五年三月一日

字第　號　四頁

九七　开封金城等行和河南农工银行关于推举当地五行代表等的会议记录（民国二十四年三月十一日）

會議紀錄　廿四年三月十一日

地點　中國銀行

出席者

交通銀行謝經理幼安

上海銀行劉經理支琛

金城銀行徐經理松喬

農工銀行閻科長文翰

中國銀行　陸幫核穀年　沈主任董南　（中交金城上海四總行代表）

(一)當地五行推舉代表行

公推上海銀行為代表行

(二)公推交通行管仰耒君為銀團代表

(三)銀團代表赴外辦公所至地點凡為債權行設有機関之處其膳宿由當地任何一行供應均可設有零用及無行地點均事後實報實銷舟車費限二等開支

(四)銀團赴外代表每月酌送津貼五十元

(五)當地各行供應銀團赴外代表一切費用事後列付該行帳

由汴行再轉付上海銀行帳

（六）由支行在扣存同裕和款帳内撥給上海銀行壹千元備用

（七）關於公文擬稿繕寫委託中行陳仰之上海行湯授武兩君辦理事後由銀團酌給津貼以資酬勞

以上七條均決議通過

九八　陆长丰关于到汴后接洽同和裕情形给映侬的函（民国二十四年三月十三日）

映儂我兄大鑒：别後於八號十時許到徐州，换乘十二時四十分隴海車西上，九時餘到開封，在汴寓下榻。九號上午九時將同和裕借款卷宗勳閲一過，午後往訪交通、上海、金城各經理，略談同和裕情形。在弟未到之前，此間債權各行對於同和裕借款議有意見六條，已於今日分呈省府及財建兩廳，派員督催該號欠款。方秘書長已見過，允爲帮忙。尹財政廳長赴京，約須廿號左右方能回汴。劉主席亦出巡未見，到建廳見韓科長。大致官廳方面談話均云當初借款時省府本自居債務人地位，擬將同和裕產業儘量搜索由省府拍賣歸還借款奈銀團不信任省府自欲收管押品力量遠不如省府偉大以致上等產業均被有力者攫去現除督促同和裕清理外別無他法此種言詞無私圖卸保證責任事已至此爭論亦殊無益至銀團方面已推定上海銀行為代表行並指派交行管仰朱君為赴外代表擬於日內會同省府委員赴新鄉籌商辦理接收同和裕各項加押品事宜弟意最好將日後收到各種產業均交與省府請其將整個借款以河南廿年善後公債撥還或以擔保公債之營業稅餘款撥還（每年約餘二三十萬元）但十九不能辦到擬俟

尹廳長回汴向其提議固是方時已約略談過渠云一切須由尹作主
也尹如到滬可否先請
總座與之一商盼即轉陳　總座酌辦為叩抄奉銀團六次意見及
會議紀錄請
察收此頌
籌安　祺

弟期佺長豊校上　三月十三日

銀團對於追償同和裕銀號借款之意見

(一)往來欠款在本埠者應請省府令飭公安局會同同和裕王經理及銀行團代表嚴行押追

(二)往來欠款在外埠者應請建財兩廳會派幹員督同同和裕王經理趕速嚴追銀團亦得派代表參加其因人手不易分配而不能即時前往催收之處應先由該號出具正式函件及匯票委託銀行團代收俟按期不能收歸仍應由該經理王宴卿會同政府及銀行團人員前往催討

（三）所有各處存貨應由政府及銀行團人員督促該號負責人員限期拍賣

（四）抵押銀團不足部份應請飭令同和裕限一週內將未經押出之彰德電燈廠股權陸萬壹千餘元交出作為增加部份

（五）現仍營業之新鄉萬順投資壹萬叁千餘元之新新叁萬伍千元之造紙廠弍萬叁千元之藥材部弍萬餘元之鄭州同新久壹萬壹千餘元均請飭令限一週內將股權交出作為增加部份

（六）此外唯一有効方法須按照無限公司條例令由股東負清償之

责往来欠款概係各该联号经手放出如到期不能收回亦应责

令各该经理员责归还

九九　开封金城等行和河南农工银行关于请饬浚县政府将道口商号欠同和裕款项拨抵银行借款给省政府的呈（民国二十四年三月二十六日）

呈省政府文

事由　呈請令飭濬縣政府及陳孫兩委員將道口商號欠同和

裕款項撥抵銀行借款由

呈為呈請事查前由　鈞府担保向敝銀行等借款維持同和裕一

案前經抄具追償辦法呈請

鈞府派員會同敝銀行等所派代表曾仰朱馳赴新鄉等縣辦

理接收增加押品拍賣存貨催收外欠等事宜業奉

鈞府批示准予照辦並　令委財政廳陳科員善綿建設廳孫

科員毓辰協同管代表前往辦理各在案茲查同和裕向在濬

縣所屬之道口鎮設有分號該鎮商家尚欠有該分號洋數萬

請貴行存券

歸卷

元自应一併撥收抵欠為此呈請

鈞府分别令飭滑縣政府及陳孫兩委員遵照辦理無任叩禱

謹呈

河南省政府主席劉

開封金城銀行

開封交通銀行

河南農工銀行

開封中國銀行

開封上海銀行

廿四年三月廿六日

一〇〇 管祖焘关于抵新调查王晏卿所指三项投资多属空虚给交通银行经理谢幼安的函（民国二十四年四月一日）

歸卷

幼安經理大鑒：燾抵新後調查王晏卿
所指三項投資作為增加抵押乃內容情形多屬
空虛不執行手續亦多窒礙前在省時所譚
何抵押辦法第一步必先分別勒令停業將貨
封存柏燾意不如是則抵押之本義無由實現
顧其中窒礙之點一如新之綢廠尚有其他債權
能否同意固不得知次則工人問題尤屬不易措置
果其可得一筆銀款即毅然為之亦[redacted]尚值得無
如在事實上所予之希望既微縣府當局能否
允為執行猶其次也依燾之意認投資指充抵押

在根本上即屬勉强，况内容又屬如此，惟有别求
追償途徑，以期於公有益，並向當局聲明所指
投資各款，鈞圖無法接收。現在新鄉暫已無事
可辦，燾徒留坐守，於公無裨。彰德電廠股權
是否真確，必待陳孫兩委由省來新，挈同王寔卿
同去接洽，不可。惟何時可去，尚無確期。茲以接開封
特來家信，有要事待理，擬乞假三星期至多箇月
回南一行，務請
照准，立賜電信，以便啓程。上海行陸穀年先生處
並祈 俯允為荷。專上，祗頌
台綏
管祖燾拜啓 卅四、四、一

回信寄河南裴工或中國行均可

鈞交

一〇一　金城等四总行代表陆长丰关于请求责成省财政厅负责办理并将同和裕经理王晏卿扣押严追借款给河南省政府主席刘峙的呈（民国二十四年四月二日）

請貴行存卷

致劉主席函

經扶主席鈞鑒：昨爲同和裕事晉謁

崇階，請求責成財政廳負責辦理，並將同和裕總經理王晏清扣押嚴

追。蒙

允照辦，感激無似。惟當時因限於談話時間，未能罄所欲言，茲再

以書面詳陳之。查藍主任炳三調查填報之同和裕資產負債表，雙方

總數各爲四百餘萬元，其資產方面縱多未能收回之款，但將搜求二千餘

萬元以還銀行借款，尚非難事。且王晏清個人擁有鉅資，即使號中資

金無可搜括，以其個人財產還債亦理所當然。惟王晏清人極狡滑，其資

負表中所列資產非空中樓閣，即內涉糾紛，若不用行政處分方法斷

然處置法雖濟可況救在濟各行前由
鈞府担保借給同和裕之款，係為維持其復業之用，實與其他債權絕
然不同，令用行政處分在
鈞府立場及債權性質言，均有極堅強之理由。應請
鈞座即日飭將王晏清交開封縣管押，勒令招集各號經理從速籌
還銀行借款，一面嚴諭其個人財產，所在查封變賣，限於最短期內將銀
行借款設法清理。在未辦結以前，不准取保出外，並不准託詞出外收款，以
遂其延宕之計；一面令知新鄉縣政府，俟同和裕所押房產三次拍賣期
滿，設屆仍無人承購，即取斷然處置，一律移交銀行管業，非如此恐遠其
辦理難期得有結果，亦無以維持

鈞府威信冒昧上陳務乞
從速施行並
賜復諭以便返滬覆命為禱耑肅虔請
鈞安
金城 中國 交通 上海 銀行總行代表陸長參謹上
廿四年 四月二日

裕樵

陈报最近催收同和裕欠款经过情形并仍请陆代表来汴主持

俾利进行由

敬陈者：查同和裕清理委员会成立已逾六月（该会原定以六个月为期），对于银行团债款除三万三千元一款曾经陆续归还二万九千元外，其二十七万元一款迄未偿还。今于本年二月十六日该清委会开会议决延长办理期间暂定为三个月，当经在汴各债权银行提出追加押品意见六条，由该会决议通过，函各总行会派陆代表谷年来汴主持办理，即根据各行所提追加押品函请河南省府切实履行，即经省府加派委员会同该各行所派代表驰赴新

鄉鄧縣安陽等縣辦理接收增加押品乃宜於接續多負及
代表回憶述稱關於同和裕投資各項除安陽電廠投資
約有剩餘三萬餘元但其中仍有糾紛一時亦未易接收外
其餘如新鄉藥材部新新鐵網廠及鄧縣同新火柴號
等投資或業已找押或虧折殆盡殊屬無可接收是
時適值同和裕總經理王晏清亦由新鄉回保分行以目
其人甚言延宕且藉詞赴外催帳轉湯遁逃該分當由
陸代表及興聞大安銀行代表劉經理及孫（上海銀行）偕同面謁劉主
席及尹財廳長要求嚴辦務必令其繳足押品已由
省府令飭開封縣政府將王晏清予以拘押一面由銀團備

文省府請將安陽電廠及原撥作生活新鄉之房產分別全部接收歸交銀團暨行管業劃歸代表團另回滬另行以值此工作緊張之際另派張君在滬無特別要公擬懇鈞署商請中行仍令其從速返滬主持辦理俾利進行用特陳報敬祈鑒洽為荷

一〇三　管仰朱关于调查同和裕所指安阳电气公司股权内容复杂给陆长丰的函（民国二十四年四月七日）

(1)

交通

請　貴行存卷

歸卷

照錄管代表仰朱自彰德來函兩件

其一

敬啓者昨日由新抵彰調查同和裕所指電廠股權茲向各方諮詢內容異常複雜特為分述如次

一名稱　安陽電氣公司

二地址　安陽車站

三組織及經過　最初創辦人為中興公司因機器陳舊且未經過立案手續又有日債糾葛經地方紳士李拂塵推翻立案改組由同和裕投資及開燈本身發生風潮仍由李拂塵出面維持據說曾墊款五六千元在此時期李已取得營業權惟部照

尚未須發同和裕既以本身債務叢集遂將此項投資始則指抵石莊債權繼又抵押於姚龍門名下以是頻起爭執嗣經王宴卿另行籌款了結石莊債務僅有姚龍門三萬元以此作抵爾時李拂壓以營業權屬彼屢起糾紛中間經過一度調解撥畀以一種名義月給二千元津貼并承認為公司一萬元之股東但王宴卿未予承認遂藉重姚之勢力以制李（姚為軍人且有革命歷史現充魯韓參議）假定公司為十萬元股份推姚為董事長許以五萬一千元股東資格呈請縣府備案并派前彰德同和裕經理常子榮為公司經理未幾双方意見不合常遂為姚驅逐出今猶互相攻訐訟案未結

(2)

四　公司資產　房屋機器等一併在内約可值洋五六萬元此係大致結算究竟實值以及機器裝設等等是否合法並有無毛病此非經過專家察看不能遽加肯定

五　現狀　公司行政完全操之姚龍門一人并以五萬一千元資格接收管理謂有官廳備案可資証明意在若有他人干涉則彼須收回五萬一千元代價（實際同和裕僅欠其三萬元）

六　業務　聞每月收入除開支外尚可盈餘數百元將來果能整理得宜或尚不止此數

七　結論　就同和裕所交銀團押品而論自以安陽電廠為

一種生利機關較其他不動產等為善且看政府力量如何能否由姚手内奪回交給銀團接辦此時殊不敢遽作樂觀蓋據傳說姚之軍人習氣頗重縣府對之遇事無不遷就惟恐失歡好當在有中既已派委來鄂辦理俟到達後交換意見協同努力進行總以達到目的為前提決不敢先存自餒之見茲擬兩點備俟委員來時商榷酌用期易就範特為表出不知有所當否（一）對姚君除用公式談判外擬再挽託接近姚之私人勸其讓步曉以營業權不在彼手經營終難持久與其結果或至充收歸國營莫若早為讓出仍按原有債權給以公司股份要

給名義「以有虛名無實權為限」月予津貼若干（一）為對待執有營業權之李耕塵能由省方設法取銷最善否則亦酌予公司股份俾將營業權讓出此外尚有原創办人中興公司破舊機器之津貼閔專員公署曾批准量予酌給此則無關大局暫可弗論

八　附言　王宴卿前在開封會議席上所稱在安陽電廠有股權九萬一千元除讓給姚龍门三萬元仍有六萬一千元指為作增加銀團押品茲經調查確有細帳一通交給姚龍门為同和裕挪用電氣公司款項據帳內所列共為九萬一千元始意欲姚將此六萬一千元全數付給公司現在完全讓渡繼見姚不理

踩邃修抵銀團藉政府力量向姚交涉總之王之手段雖狡
亦有時而窮觀夫上述先欲引姚以制李孰知反為所制今
又設此計畫以制姚於彼終美限捐而可安坐享受其私囊
之陰謀人格如此尚堪問也今將到彰洞查所得先行函告餘
俟續詳此請
敘同鄉
陸代表均鑒
館仰朱啓四、四下午三時信

其二

敬啓者四日寄上快函所述調查安陽電氣公司情形計邀
垂詧現在該公司既為姚所把持非由省府出面交涉難期就
緒安陽方專員赴外視察未回縣政由張秘書代拆代行前

本三日電信承示省府委員准四日來彰辦理此事迄猶未到急
盼万分緣昨探聞日內姚將赴魯若委員遲到不及晤面則此事
又不知擱至何日始能着手故特電請轉催速來以便開始交涉再
同歸所交押品除彰德浮房一處已由中行收回租用外餘則非經省
府派員督同各縣嚴厲處置不可若銀團直接出面接收敢斷
言至明年今日依然不得要領此於未出幕前曾為 陸劉兩公述
及今更以親歷新彰兩地攷察所得愈覺有迅求政府趕為辦理
之必要而不可再延蓋愈遲糾紛愈多愈難措手 仰前以家務待理
亟須南旋 當奉
函後囑俟安陽事件接洽後返省無任欣感茲以坐候委員度

日如歲且委員不到事亦無法進行合再函達請即
洽催早日命駕免誤事機確定何日啓程并盼
電告以免懸企此請
銀團暨
陸代表 鈞鑒
曾仰朱 啓 廿四、七、

一〇四　开封金城等行和河南农工银行关于同和裕借款逾期未还请分别令知委员及安阳等县政府没收该号各地财产并令王晏卿另筹抵补给省政府的呈（民国二十四年四月五日）

請　貴行存案

呈省政府文

事由　為同和裕借款逾期未還請分别令知委員及安陽等縣政府沒收該號各地財產交銀行團處分歸償其不足之數並令王晏清另籌抵補由

呈為呈請事　查前由鈞府擔保之維持同和裕借款二十七萬元逾期已近一年照年息八厘計算已達三十萬元有奇不但本息未還分文即原交押品亦尚短少甚多前已將敝銀行等所提追償意見六條抄呈鈞鑒關於四五兩條追加押品事並經呈請鈞府派員會同財建兩廳及敝銀行等所派人員前往辦理接

收在案查同和裕交出之新鄉漢口蚌埠等處房地契據原估價值共祇十五萬餘元較欠額相差尚多該號經營之安陽電燈廠據其總經理王晏清云值價九萬一千餘元除向姚某抵借三萬元外尚餘六萬一千餘元其餘投資事業計新鄉萬順號一萬三千餘元新新號三萬五千元造紙廠二萬三千元藥材部二萬餘元鄭州同新欠一萬一千餘元該號既未自動將股權交出應請

鈞府令知委員會同安陽縣政府先將電燈廠接收交繳銀行等管業姚某借款隨後另商辦法至新鄉鄭縣兩處股權應令查明如為該號獨資創設者應即查封交繳銀行等處分如係合資生意查即查封交繳銀行等處分如係合資生意

应即向各该号提取同和裕原入股款如不能提到即取断然处置
发封变卖归还敝银行一部份借款尚短若干应请
饬令开封县政府严讯王晏清如数补偿所有办理接收该号财
产事宜并请分令安阳新乡郑县等县政府会同委员及
敝银行等人员迅予执行无任盼祷谨呈
河南省政府主席刘
开封金城银行
开封交通银行
河南农工银行
开封中国银行

開封上海銀行

卅、四、五、

一〇五　河南省政府关于派员会同开封银行团代表前往安阳等处没收同和裕财产清偿借款令安阳等政府协助的批示（民国二十四年）

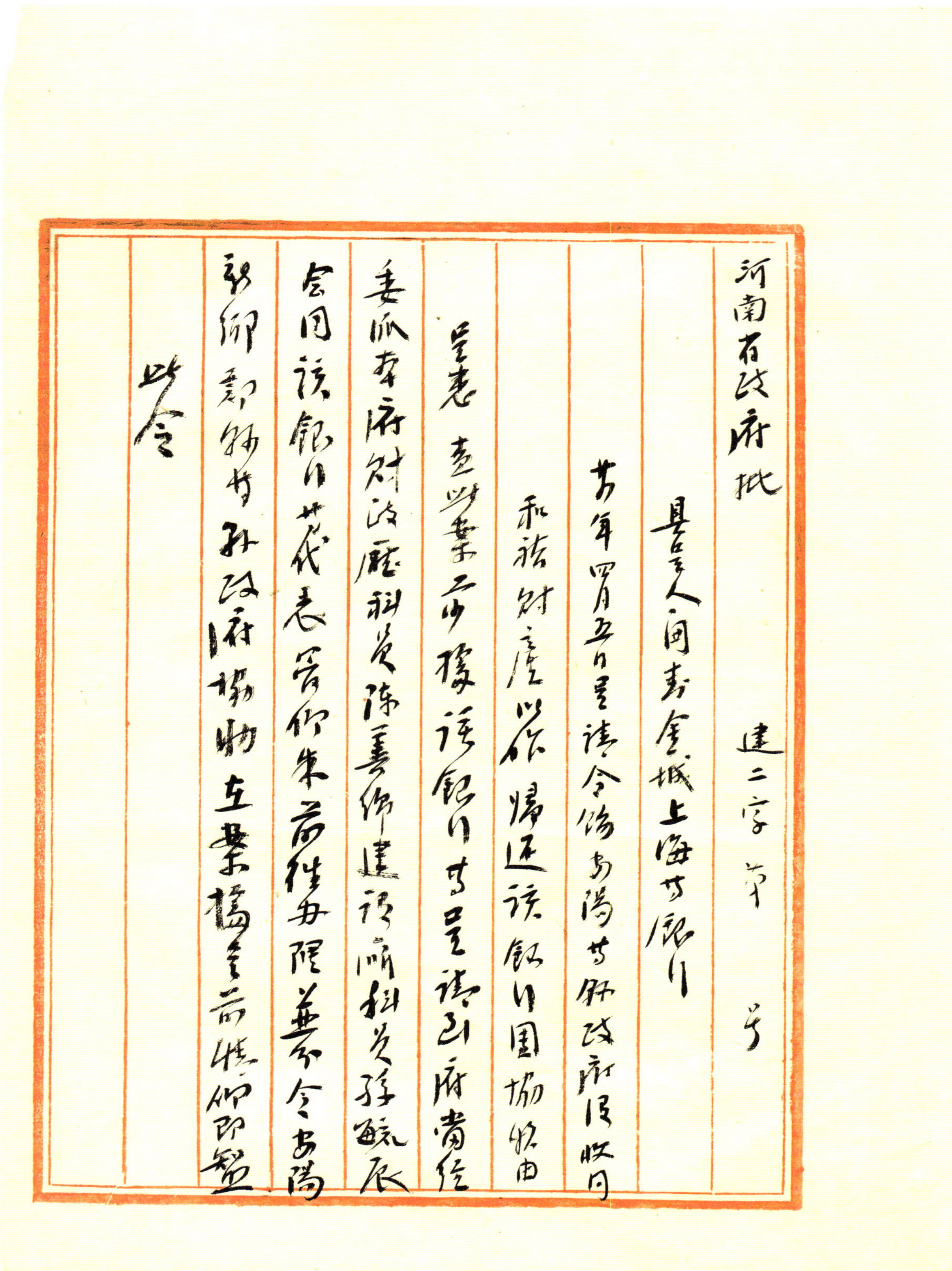

河南省政府批　建二字第　号

具呈人开封金城上海等银行

本年四月五日呈请令饬安阳等县政府没收同

和裕财产以资归还该银行团协款由

呈悉。查此案业据该银行等呈请到府，当经

委派本府财政厅科员陈善卿、建设厅科员孙毓良

会同该银行等代表宫仰朱前往安阳，并分令安阳

新乡郑县等县政府协助在案。据呈前情，仰即照

此令

一〇六 开封金城等四行和河南农工银行关于令安阳县政府将安阳电气公司转交银行团给省政府的呈（民国二十四年四月十五日）

呈豫省府文

事由 呈請令飭安陽縣政府會同省委接收安陽電氣公司轉交銀

行團管業由

呈為呈請事查本年四月五日具呈

鈞府懇請令飭安陽縣政府會同省府所派委員先將電燈廠接收

交敝銀行等管業至姚某與該廠借款關係隨後另商辦法各等因

計達

冰案近據敝銀行等代表函稱該電燈廠名安陽電氣公司約計全

部資產至多僅值六萬元先時同和裕銀號總經理王晏清曾

以該廠作抵姚龍門借款叁萬元因此該公司一切事權為姚龍

们一手操持衔诸事理殊欠公平窃思敝银行等钜款久悬节经渎陈
钧听该电气公司除与姚姓有三万元债务关系外核诸估值尚有余额三万元自应呈请
钧府迅予令饬安阳县政府会同有委实行接收转交敝银行等作抵押品至于姚某债款三万元当由其提出左证予以承认另商办法以重债权而示公允无任迫切屏营待命之至谨呈
河南省政府主席刘
开封金城银行
开封中国银行
河南农工银行
开封交通银行
开封上海银行
二四、四、十五

一〇七　开封金城等四行和河南农工银行关于令开封县政府将王晏卿提讯责令清偿借款给河南省政府的呈（民国二十四年四月十五日）

呈豫省府文

事由　請令飭開封縣政府將在押之王晏清提訊嚴追責令清償

借款由

呈爲呈請事查前由

鈞府担保維持同和裕之借款二十七萬元逾期未還連同利息已達卅

萬元有奇核計該號提供押品估值僅約十五萬元而該號總經

理又復百般刁狡節經敝銀行等籲懇

鈞府已蒙飭縣將該王晏清逮案羈押惟思該王晏清雖身繫

囹圄而老奸成性若不嚴加訊追尤恐視等具文爲此呈請

鈞府即予令飭開封縣政府將該在押之王晏清提訊嚴追勒限

清偿设一时不易筹措现款着即先行补加抵押品以足数抵
偿借款为度务必依限缴到勿任延宕以儆刁顽而重法益实为
德便谨呈
河南省政府主席刘

开封金城银行
开封中国银行
河南农工银行
开封交通银行
开封上海银行

二一、四、十五、

一〇八　开封金城等五行关于开封商会称同和裕借款业经收清借据可否送还给中央银行开封支行的函（民国二十四年五月十七日）

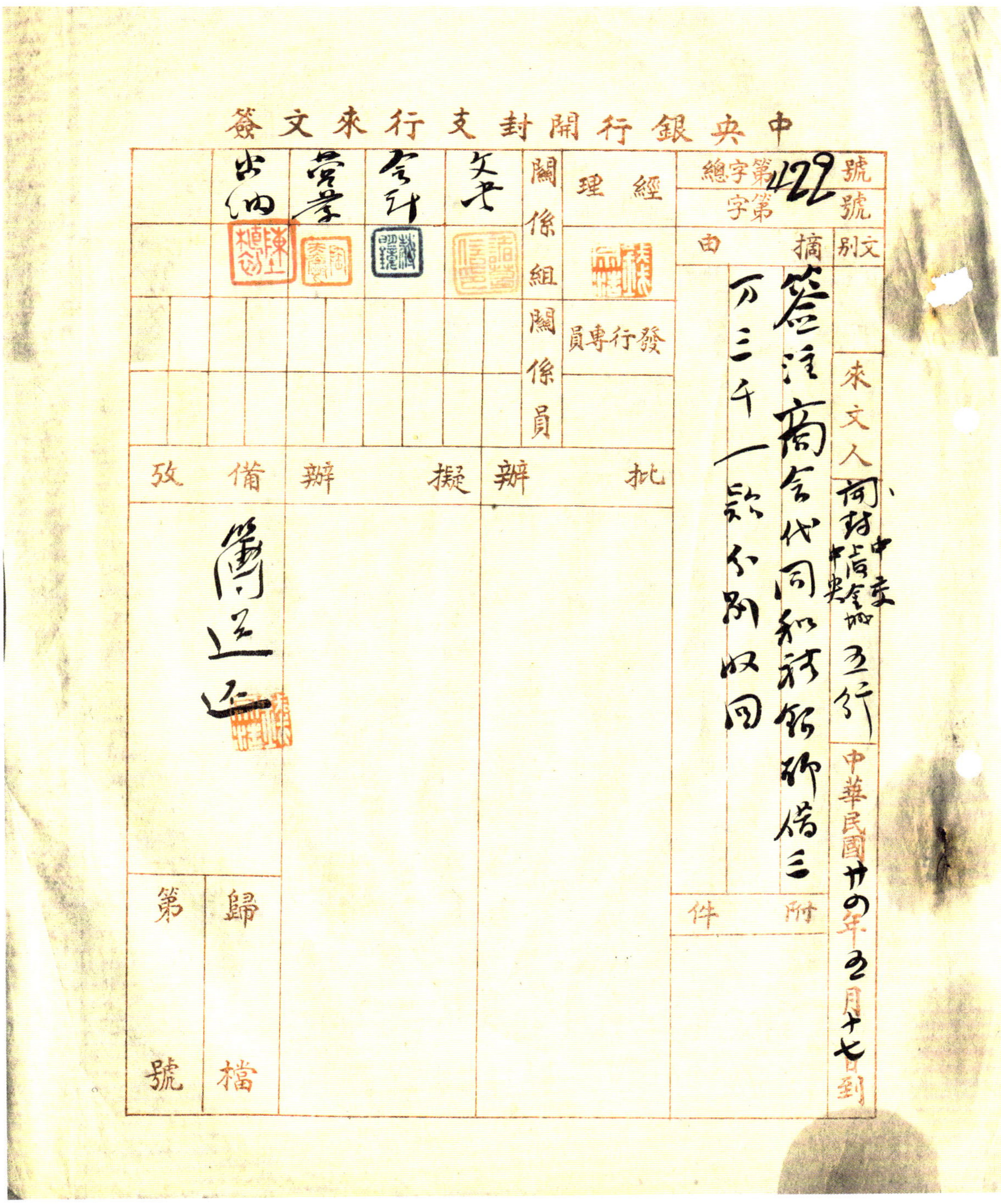

中央銀行開封支行來文簽

總字第422號
字第　號
文別
來文人：開封中孚、上海、金城、中央五行
中華民國廿四年五月十七日到
摘由：簽注商會代同和裕號所借三万三千一款分別收回
附件
經理
發行專員
關係組
關係員
文書
會計
營業
出納
批
辦擬
備攷：備送還
歸檔第　號

查開封商會代同和裕銀號出面向五行承借叁萬叁千圓一款，其正式借據係由敝行保管，茲准該會稱上項借款已分別清償等由，函於

貴行攤借款項是否如數收回，上項借據可否由敝行送還該會，統希

註示，並請蓋章，以便辦爲荷。

中國銀行　查該會代同和裕所借敝行洋陆仟陆百元，业經收清

上海銀行　敝行六千六百元業經收清

交通銀行　敝行六千六百元已收回

金城銀行　敝行六千六百元已收回

中央銀行　收清

中央銀行開封支行稿紙

焦作河南農工銀行用箋

字第　號　第　頁

可貞仁兄惠鑒：逕奉

大函，備悉一節。

囑調查同和裕房屋產權、街名，以

及方向四至、樓房間數、共係第幾層，已

照辦。另單附上，望祈

查收轉報為荷。公所有暇並希

南針時錫，藉匡不逮，是所至禱。後即頌

爐安

弟　李炳鈞　啟　七號

附調查同和裕詳單一紙

中華民國　年　月　日

焦作河南農工銀行用箋

字第　　號　第　　頁

調查同和裕房屋座落街名及四至間數等詳單

計開

正樓四層廿九間後樓兩層廿四間前樓及大門共十六間

臨街樓上一小間

共計八十間

東至孫姓、南至中原中學、北至大街心、西至中原同仁住舍、

地皮洋款係租福公司　座落中原大街中間路南

中華民國　　年　　月　　日

一一〇 开封地方法院对南关蛋厂全部机械及五金材料等的估价清册（民国二十四年六月十一日）

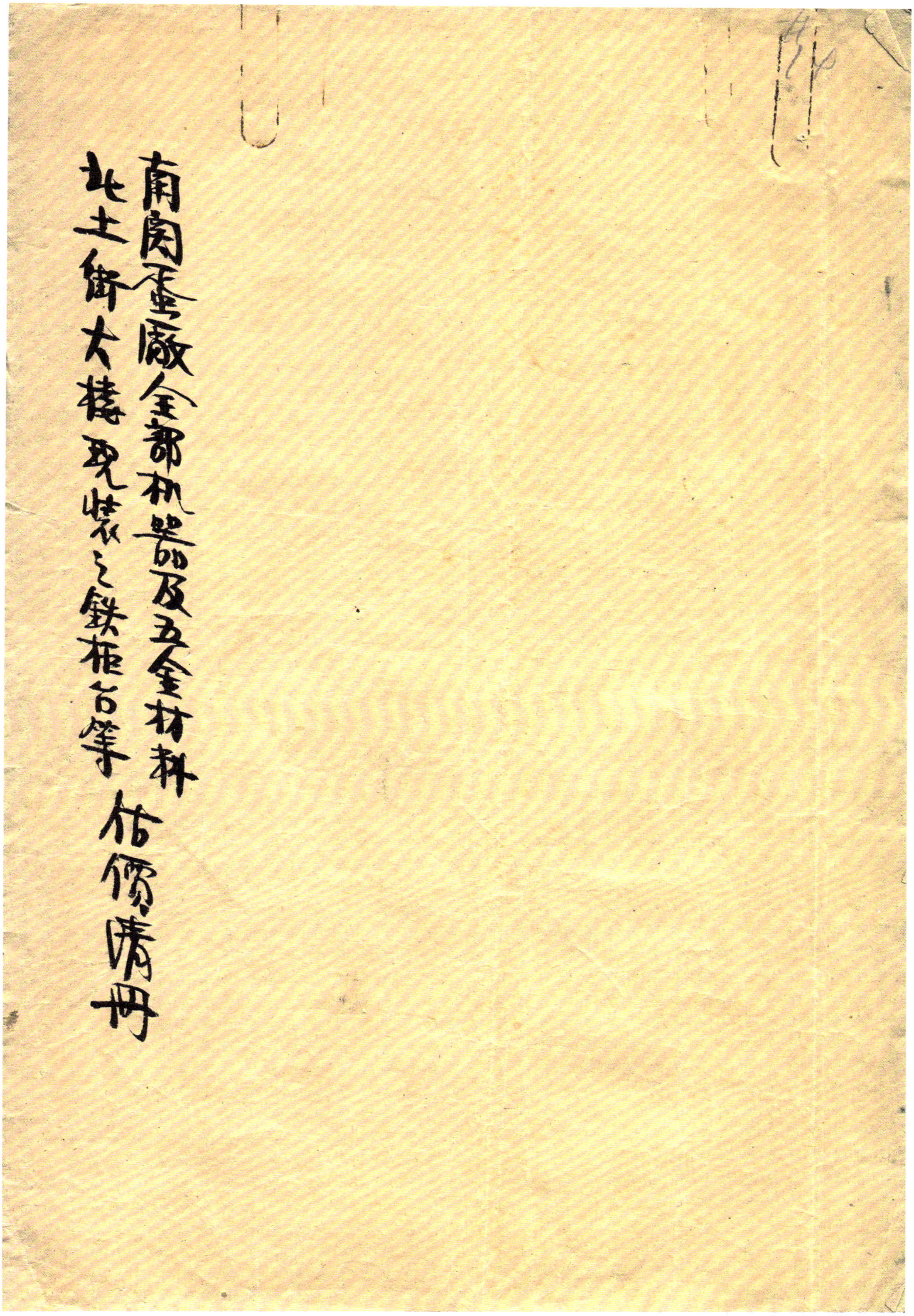
南関蛋厰全部机器及五金材料
北土街大樓現裝之鉄柜台等
估價清冊

河南農工銀行與同和裕債務執行一案蒙命
王永興、閻芳為鑑定人鑑定查廠全部機器及五金等件謹將
鑑定意見列左
一、鑑定物　南關外同和裕蛋廠全部機器及零星五金材料並在土街銀行內現存之件詳清冊
二、鑑定價值　二萬五千七百五十二元五毛八分
三、鑑定地點　南關外
四、鑑定情狀　兩造均承認無異
廿四年六月十一日

飛黃機器間

二十五匹卧式引擎　壹部

三節式二頭立鍋炉　壹座

大風箱連架　壹部

冷泉　合格好用者　壹部

又　力量不足　壹部

又　不全　壹部

三套飛黃間　共三套為一全部　壹間

掛脚地軸皮書盤　全套

飛黃槍頭　不見　現未存放在銀行

飛蛋黃粉出品此擔頭最重要之物　注意

開封地方法院

水铁吊桶	叁只
[寸半] 吋口水泵	壹部
热度炉子 连大小房子	四间
打吊机	壹部
焊灰池带房子	弍只
1/8 钢板烟冲	叁支
1/4 铁板焊火炉 未成	壹只
三寸口水泵 [連] [浦]	壹部
吋老虎钳	壹把
吋老虎钳	壹把

遞用紙

小柑桌	壹张
单汽缸四匹引擎	壹部
炕房每间 寸半铁管子 每支长〤根	拾间
炕房用总管子	拾丈
付铁管子	贰支 三丈六尺
同又	贰拾支
大小铁曲桶 空	拾只
铁拉门连格子匡	壹套
炕房廿间木架	四拾丁
用地轴	贰支

地軸　壹支

四節卧式鍋炉　壹座

飛黃間另件傢具　叁箱

銀行内現裝成之物
鉄柱棵不在内

紛厚護壁鋼板　西南兩面鋼板　捌塊　成物算

三寸二寸三角鉄毛釘　罗丝　貳道　又

柜台紛厚鋼板　拾五塊　又

營業部
柜台边前面
生鉄柱
角鉄柱

柜台 三寸三角 二毛丁 者悄罗丑 贰道 丈

柜台倒挂栏杆 五十丈

作三角栏杆杉 十五支 丈

热炉大户附缆扆 四拾丈

热炉房间装 每间 壹拾丈

柜上紫铜皮包铁栏杆 捌丈

库门 四扇

六页铁窗户 地库窗户 贰道

铁门 贰扇

柱门 壹道

開封地方法院

五金材料

鋼精盤	兩萬五仟六百〇七只
老鋁盤	叁千壹百九十六只
打磨洋鉄盆	五拾八只
打磨盤	壹百廿只
磨黄氷鉄亮子	五十五只
磨白勺	十四只
磨白嘴	四百廿 每只[illegible]
打磨斗	六十四只
馬口鉄	五百卅五張

不作算也
原作算也
原作算也
原作算也

打床水铁盆	五只
大铁皮 夕盤	壹千〇廿五斤
小槍眼	叁仟五百丁
洋铁听子 無蓋也	弍十一只
交皮带	十二尺半
红纸箱	二只二寸
吋双皮带	三十八尺半
吋丈	四十四尺吋
水龍带	壹支
吋铝丝布	八尺

安住售出	州牌鋁片布	叁拾七尺封
又 又	州又	五十尺半
又 又	州又	五十三尺封
又 又	州又	壹百四十尺封
又 又	州又	四十尺〇九寸
	焊錫	五十斤
	硫磺	貳百九十二斤
安住售出	州鋁片布	四尺
又	州又	壹百八十四尺
又 又	保險柜	貳只

[illegible]

铁架床 壹张
铁丝床 壹张
大铁铡 壹只
壓塑機 壹部
印信機 壹部
打花機 壹部
毫料分件 叁箱
黄車 叁座
天平磅内针一部 四部
打白機 二部

〣〦元　〢〨〇　〸元　〦〦〇　〤元　〣元　〨〇　〢〨〇　〸元　〣元

開封地方法院

大小鉄傢伙　捌百叁件

三通　拾五件

抽水機 廢物　壹部

硬鋃 六六　念四斤

村銅活門　壹件

〣寸又　壹件

〢〦又　貳件

〢〤又　三件

〢寸又　五件

〡半又　弍件

通用紙

〣〦元　〢〨〇　〸元　〩〇〇　〤元　〣元　〨〇　〢〨〇　〸元　〣元

西历信出

西历信出

仁又 十六只

珍又 十五只

钵锭子 查 式只

蒸袋 式百四拾只

铁鳌 柒把

帆布 壹付

洋锁 二只

焊匠傢俱 壹套

机器油 是否大桶 式桶

火土令 是否大桶 壹桶

開封地方法院

药水　弍十弍坛

盐强水　四坛

粗粉　此粉原来价目每桶库平足十七元五[illegible]　四桶半

瓶子　叁百七拾只

罐子桶　叁百七拾二只　三百〇九

小罐子桶　六只

盛黄木箱　六十五只

竹盛篓　弍千四百卅只

木盛篓　四百五十只

刹条盛篓　三百廿

適用紙

小房底基　　三十八間

毛計　羅伊騰山　拾元

以上共合二萬五千七百五十二元五角八分　原估價

減去二千五百另二元五角八分

最低價額為二萬三千二百五十元

開封地方法院　　通用紙

一一一 开封银行团奉令接收安阳电气公司证明书（民国二十四年七月一日）

開封銀行團奉令接收安陽電汽公司証明書

為公同証明事查同和裕銀號於未及歇業之前正值經濟恐慌
之時本省
省政府為維持地方金融計曾經負責担保由開封銀行團為
其息借鉅款訂有償還定期現以不肯履行契約呈准
省政府願以其原有之安陽電汽公司移讓所有抵償債務
互訂合意條件銀行團奉
省政府指令委派代表依法接收祇以無人負責移交不得已
乃由第三區專員兼安陽縣縣長方將遵省令以行政職權於省
府特派監交委員監督之下就該公司現有之資產狀況邀同

律師見証查明點交移轉於銀行團代表接收除將經過情形

據案呈報

省政府並由安陽縣政府佈告及登報鄭重聲明外茲為先

除開具計份並藉以確定銀行團取得電汽公司所有權起見謹將

遵令接收該公司之資產並照以及資產估值不遺餘 由附表於

後以備考查此証

附表兩紙 一

監交人省政府委員

接收人開封銀行團駐彰代表 唐蔚業 印 范晉人 印

見証人 陳博勛 印

中華民國廿四年七月 日

一一二　河南省政府关于同和裕借款审查情况需列明上报给开封交通银行的函（民国二十四年七月五日）

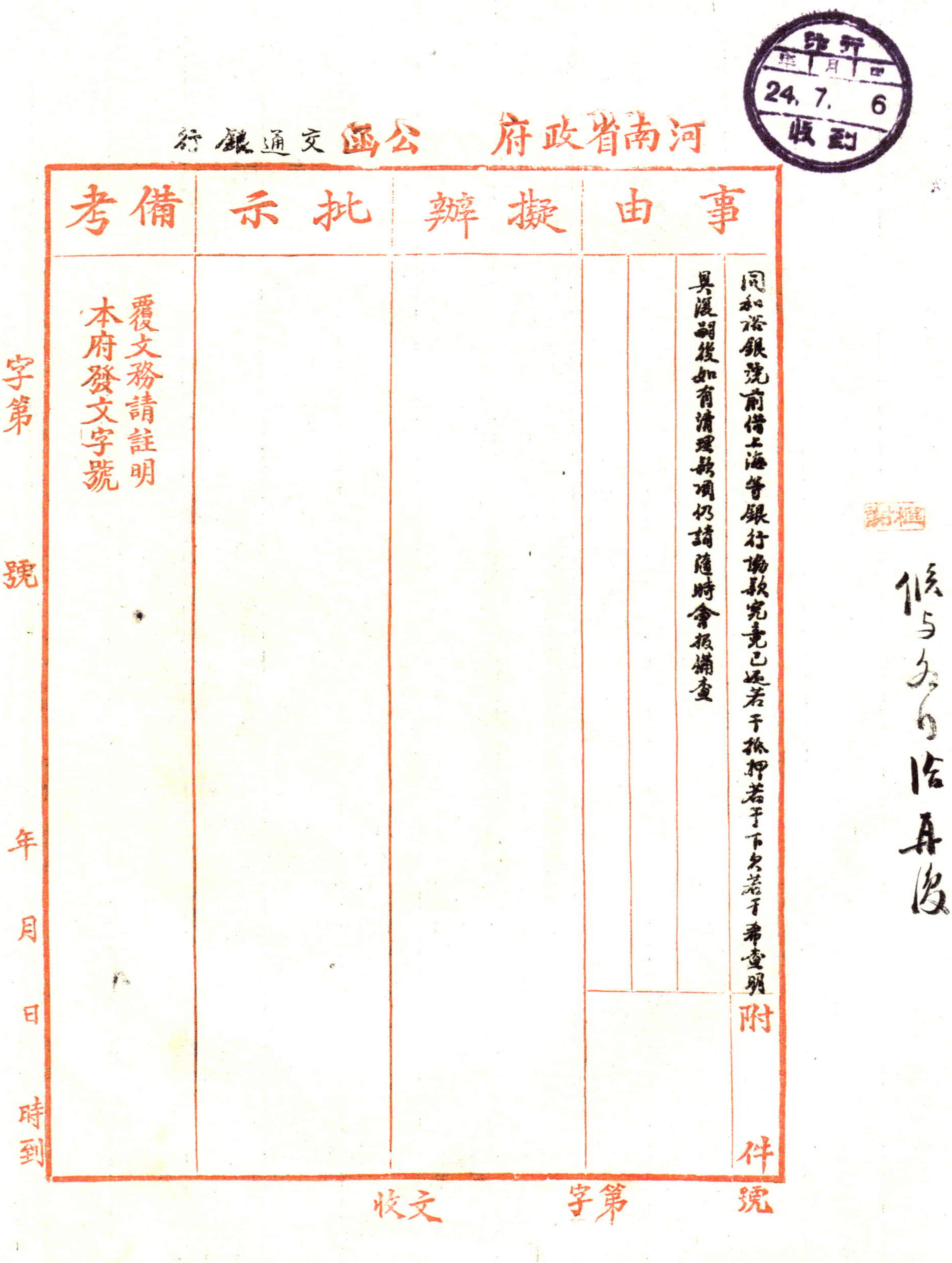

河南省政府公函　交通銀行

事由：同和裕銀號前借上海等銀行協款究竟已還若干抵押若干下欠若干希查明具復嗣後如有清理款項仍請隨時會報備查

附件

擬辦

批示

備考：覆文務請註明本府發文字號

字第　號　年　月　日　時到

收文第　字　號

候與各行洽再復

河南省政府公函

財四字第 957 號

案查同和裕前借

貴行等協款一案，前經派委本府財政廳科員陳善綿，建設廳科員孫毓辰，協同清理在案，究竟現在已經歸還若干，下欠若干，以某種資產若干作抵，亟應查明，嗣後如有清理歸還款項，併請會同委員報府，以備查考。除令飭委員陳善綿、孫毓辰遵照外，相應函請

查照辦理爲荷！

此致

開封交通銀行

一一三 河南省政府关于安阳电气公司管理问题给开封交通银行的函（民国二十四年十二月三十一日）

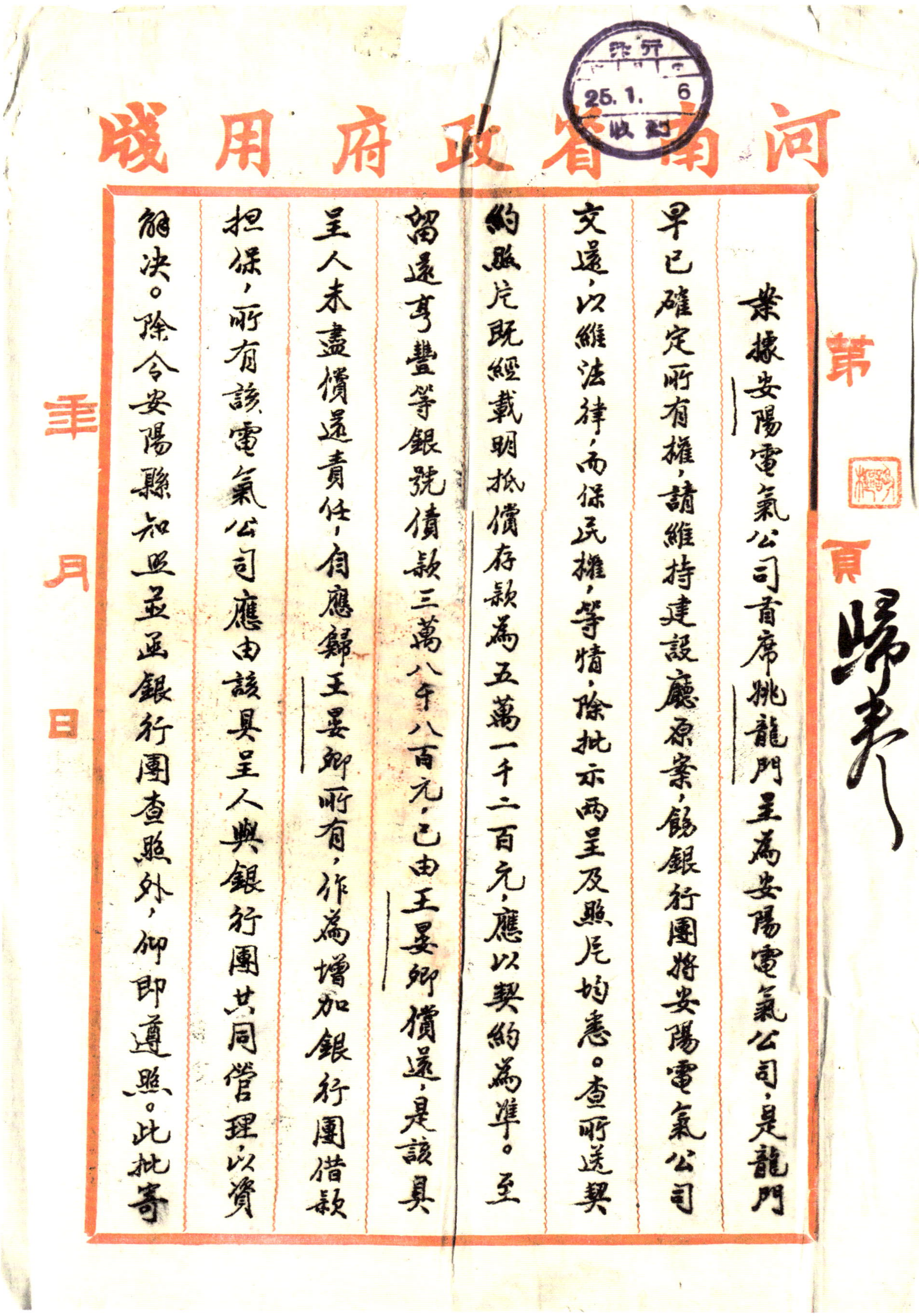
河南省政府用箋

第 頁

25.1.6 收到

歸卷

業據安陽電氣公司首席姚龍門呈為安陽電氣公司，是龍門早已確定所有權，請維持建設廳原案，飭銀行團將安陽電氣公司交還，以維法律，而保民權，等情。除批示兩呈及照片均悉。查所送契約照片既經載明抵償存款為五萬一千二百元，應以契約為準。至留還葛豐等銀號債款三萬八千八百元，已由王晏卿償還，是該具呈人未盡償還責任，自應歸王晏卿所有，作為增加銀行團借款担保，所有該電氣公司應由該具呈人與銀行團共同管理，以資解決。除令安陽縣知照並函銀行團查照外，仰即遵照。此批寄

年 月 日

河南省政府用箋

第　頁

發外，相應函請

查照辦理為荷！

此致

開封交通銀行

河南省政府

啓　十二、三十一、

年　月　日

開封豫東承印

一一四　交通银行总行关于同和裕借款部分备付用费拨给上海银行准予备案给郑州交通银行的公函（民国二十五年一月八日）

交寄

交通銀行總行公函用箋

據陳續在同和裕借欵備付用費內撥上海行壹千伍百元准備案由

逕啓者廿四年稽字二七一號函據汴行函稱同和裕借欵備付費用費之肆千元現又撥給上海銀行壹千伍百元仍暫記同和裕借欵雜欠科目等情准備案至該戶欠欵催理情形仍應轉囑隨時詳報此致

鄭行

總行啓

中華民國廿五年一月八日稽字第四號　全　頁（總六）

到收

一一五 交通银行总行关于派张炎卿调查同和裕在豫财产情况给郑州交通银行的函（民国二十五年二月十四日）

交通銀行總行公函用箋

囑張炎卿調查同和裕在豫財產具報由

逕啓者查徐行同和裕欠款一案茲據徐行函稱已由法院將該户徐州房屋照估價五萬五千元標賣尚無受主將來如經三次拍賣則須打兩次九折等語照此計算尚與我行債權相差甚鉅鄭行行員張炎卿即係該號前任經理應即轉囑該員從詳調查該號在豫財產俾期扣抵減少損失仍將洽辦情形具報此致

鄭行

總行啓

中華民國廿五年二月十四日稽字第七二號 全 頁（總六）

25.2.18 收到

一一六　河南省政府关于查核新乡水电公司情形给开封交通银行的函（民国二十五年三月九日）

案查前准

貴行來牘，以同和裕所營之新鄉水電公司，除抵償十一路軍欠款十五萬元外，尚有餘額五萬元，囑飭委會縣將該餘額股權，迅予監交，備抵欠款等由。當即令飭新鄉縣政府及委員劉壽豐等會查在案。

茲據呈復：

「查得該同和裕原設水電公司，所集股款共為二十萬元，其中收買地基去洋一萬元，建築房屋並設備各項，共計十萬餘元，購買鍋爐機器等項，共六萬餘元，該公司向欠外債利息有二萬餘元，合計共費二十萬元。該同和裕虧欠第十一路欠款十五萬元，自倒閉後，即將該公司向十一路抵押欠款十一萬元，二十四年八月已由十一路實行接收，繼續派人經理，所有地基文契，又經同和裕交出，歸入銀行團收管，一時無從變價，尚屬虛懸。至該公司雖有股款二十萬元，均在建築房屋並設備及機器之中，並無現款存在，至該公司交出股款一層，似不可能，奉令前因，合將會同詳查實在情形，會文呈請鈞府鑒核。」等情，據此，相應函請查照爲荷——

此致

開封交通銀行

河南省政府

啓 三、九、

一一七　交通银行总行关于核复汴行催收同和裕欠款问题给郑州交通银行的公函（民国二十五年五月十八日）

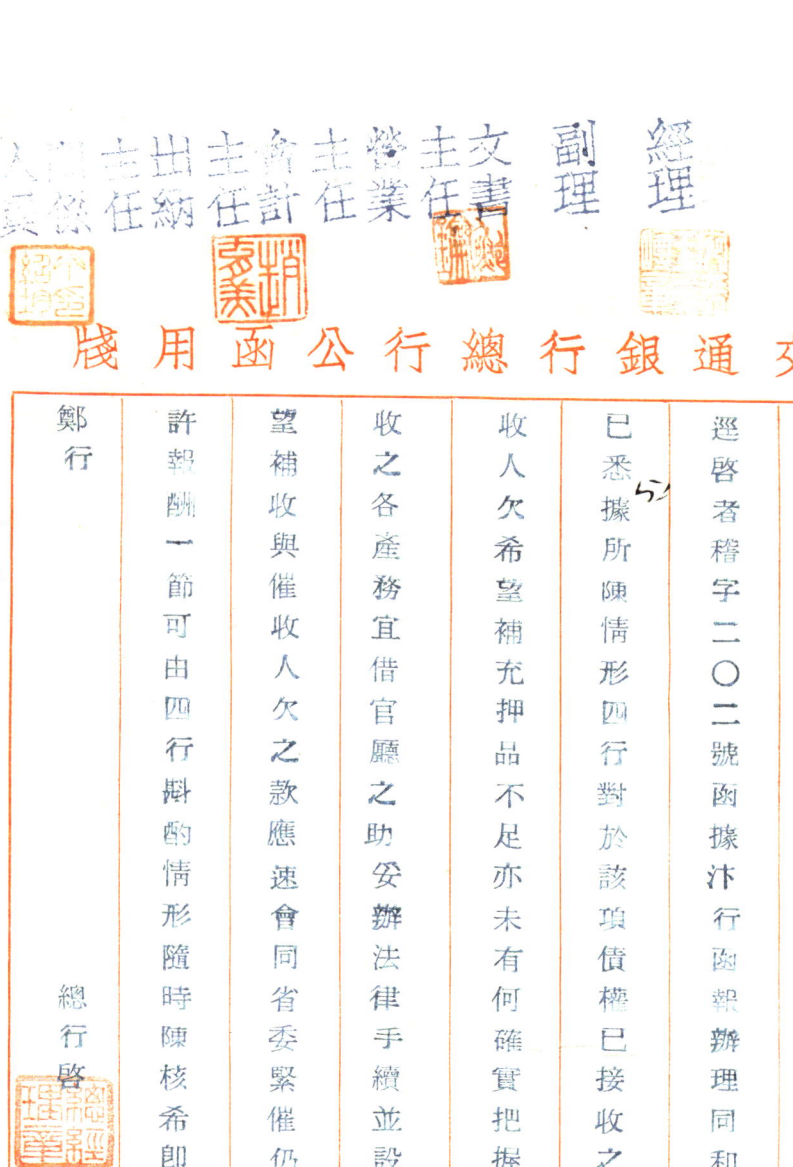

經理　副理　文書主任　營業主任　會計主任　出納主任　稽核主任　人員

交通銀行總行公函用牋

核復汴行催收同和裕欠款事由

逕啓者稽字二〇二號函據汴行函報辦理同和裕欠款經過情形祈鑒察等情已悉據所陳情形四行對於該項債權已接收之房屋手續既尚多未辦齊而催收人欠希望補充押品不足亦未有何確實把握此後進行所宜注意者關於已收之各產務宜借官廳之助妥辦法律手續並設法早日出售以期變成現款希望補收與催收人欠之款應速會同省委緊催仍以能催到現款爲主至所稱略許報酬一節可由四行斟酌情形隨時陳核希即轉囑遵辦仍具報此致

鄭行

總行啓

中華民國廿五年五月十八日稽字第二二一號　頁（雄六）

鄭州交通銀行 25.5.21

一一八 交通银行总行关于汴行同和裕欠款办理情形希饬详复给郑州交通银行的公函（民国二十五年七月十一日）

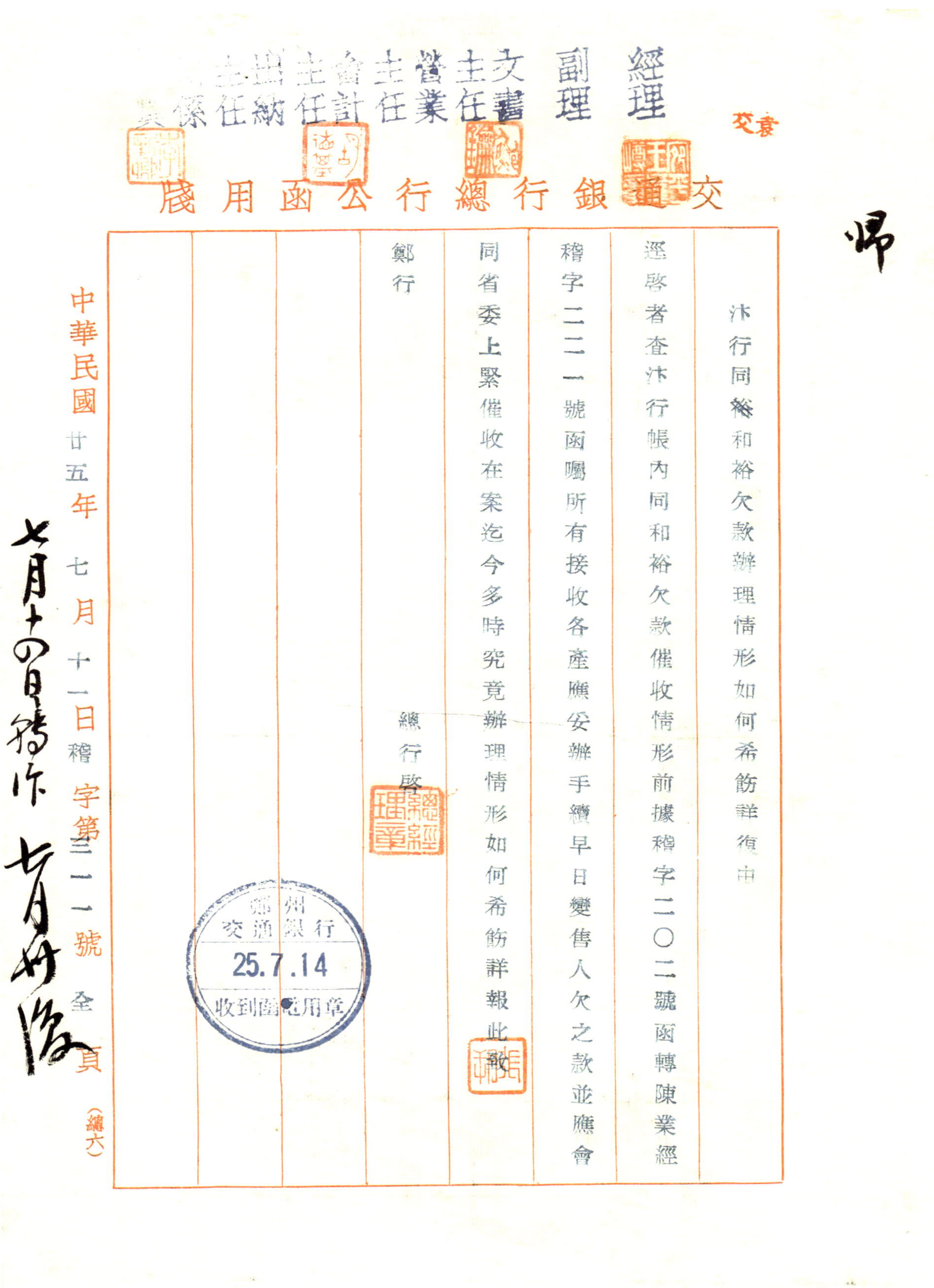

經理 副理 文書主任 營業主任 會計主任 出納主任 係員

交通銀行總行公函用箋

汴行同和裕欠款辦理情形如何希飭詳復由

逕啓者查汴行帳內同和裕欠款催收情形前據稽字二〇二號函轉陳業經稽字二二一號函囑所有接收各產應妥辦手續早日變售人欠之款並應會同省委上緊催收在案迄今多時究竟辦理情形如何希飭詳報此致

鄭行

總行啓

中華民國廿五年七月十一日稽字第三一一號 全 頁

（總六）

鄭州交通銀行 25.7.14 收到函電用章

歸

一一九　交通银行在同和裕借款内截留拨给上海银行的支付清单（民国二十五年七月十七日）

（1）

本行在同和裕借款内截留之四千元備充各項

消費經先後如數撥給上海銀行支付茲將

每次撥給數目日期詳列如次

廿、三、廿七、付　壹千元

六、卅、付　壹千元

十、九、付　五百元

十二、廿、付　壹千五百元

共計撥給四千元正

交通銀行抄具

廿五、七、十七

（二）

本行经收同和裕赎取广契两款及拨给上海馆行转发安阳电气公司准备金两款开列如次

廿三、二、廿四、收 同和裕赎取广契 八百元

四、十六、收 同上 贰百八拾七元

廿四、八、十七、付 送交上海馆行转发安阳电气公司准备金 五百元

十一、廿四、付 同上 叁百五拾元

以上收付相抵结存贰百叁拾七元正

交通银行抄具

廿五、五、五

一二〇 开封交通银行关于同和裕欠款最近办理情形致郑州交通银行的公函（民国二十五年七月二十九日）

開封交通銀行公函用牋

為陳報同和裕欠款最近辦理情形請詧轉由

敬啟者、汴字五八號函開、奉 總行稽字三一一號函開：「查汴行帳内同和裕欠款催收情形、迄今多時、辦理究竟如何、希飭詳報」、等因、合函轉希查照見復、等因、

查同和裕欠款、最近辦理情形、茲特分述如下、（一）接收房產手續不齊部份、祇新鄉電廠地皮為十一路軍所把持、經向交涉、允為洽辦、不久當有具體答復、（二）已收新鄉各產、業經先後售出五處、計可得價九千壹百拾七元、其餘亦在設法陸續

中華民國廿五年七月廿九日 汴字第七三號 一頁（交七）

開封交通銀行公函用牋

變賣、不久當可售出一部份、(三)催收人欠、據委員報告、截至現在止、祇收三千餘元、(四)安陽電廠、自经第一債權姚龍門到汴接洽、经省府居間主持、業將債權依原議辦法確定、姚之債權計為五萬壹千弍百元、銀團債權為三萬八千八百元、擬俟條件商妥、依照有限公司組織辦法、辦理註冊等項手續、惟該廠在銀團接辦一年以來、因種種窒礙一切計畫不能實現、查帳结果、約虧五千餘元、現正計議整理、或將股權轉讓別人、容再另函詳報、(五)近據委員回省報告、轉據同和裕總理王晏清聲稱、

中華民國廿五年七月廿九日　汴字第七三號　二頁　(交七)

開封交通銀行公函用箋

以本人繫獄將及一年、對於銀團借款、不敷償還部份、若俟人欠之款催討補齊、一時恐難有效、擬懇商明銀團予以讓步、免去欠款利息、渠當哀求親友、為其筲人設法、將不足之數一次還清、俾可早日出獄、又據表示、銀團借款案內、河南農工五萬元及鹽商二萬元另商同樣結束辦法、應除去不計、所有中交金上四行借額貳拾萬元、除將各處房產及安陽電廠一併作價連同前繳贖契款三千餘元抵還外、約尚缺額叁萬數千元、俟免息問題邀准、屆時當依所稱辦法進行云云、刻正由委員分途接洽、此事在汴四行

中華民國廿五年七月廿九日　汴字第七三號　三頁（交七）

開封交通銀行公函用牋

之意、該户果能將不足部份一次籌款付清、未始不可代為陳明

總行豁免利息、窗緣能到如此结果、已屬望外、而经辦之人、亦

感筋疲力盡、無可伸展矣、第不知其能言行相顧否、姑據所稱

如此、合先一併報請

台察轉陳為荷、此上

鄭行

汴行敬啓

中華民國廿五年七月廿九日

汴字第七三號

四頁（交七）

25.7.30

七月卅號

八月十日復

127.50　1.50
3

民事起訴

	右方 原告	左方 被告
姓名	朱順喜、陳允勳、王化、趙新吾、李銘鼎、樂壽堂、五福堂、中興堂、琴鶴堂、張耀暄、張心侗、李㬫穗	同和裕銀號；王晏卿同和裕經理；趙汲侯同和裕副經理；常介眉同和裕股東；夏玉蘊同和裕股東；李康甫同和裕股東；鄭叔允同和裕股東；郭振之同和裕股東；其餘股東詳前呈，請飭和祥要求開具股東姓名清冊
年齡	不等	
籍貫	開封	
住址	鴻影口三元巷；山貨店街路東；北教井三十四号；仝上；北刘府胡同；北書店街路西；仝上；仝上；山貨店；仝上；太平胡十六号	被押新鄉縣政府；不詳；安陽城内東街路北；陽武城内南街；開封中山路中段路東；開封老會館門；新鄉城内小东门

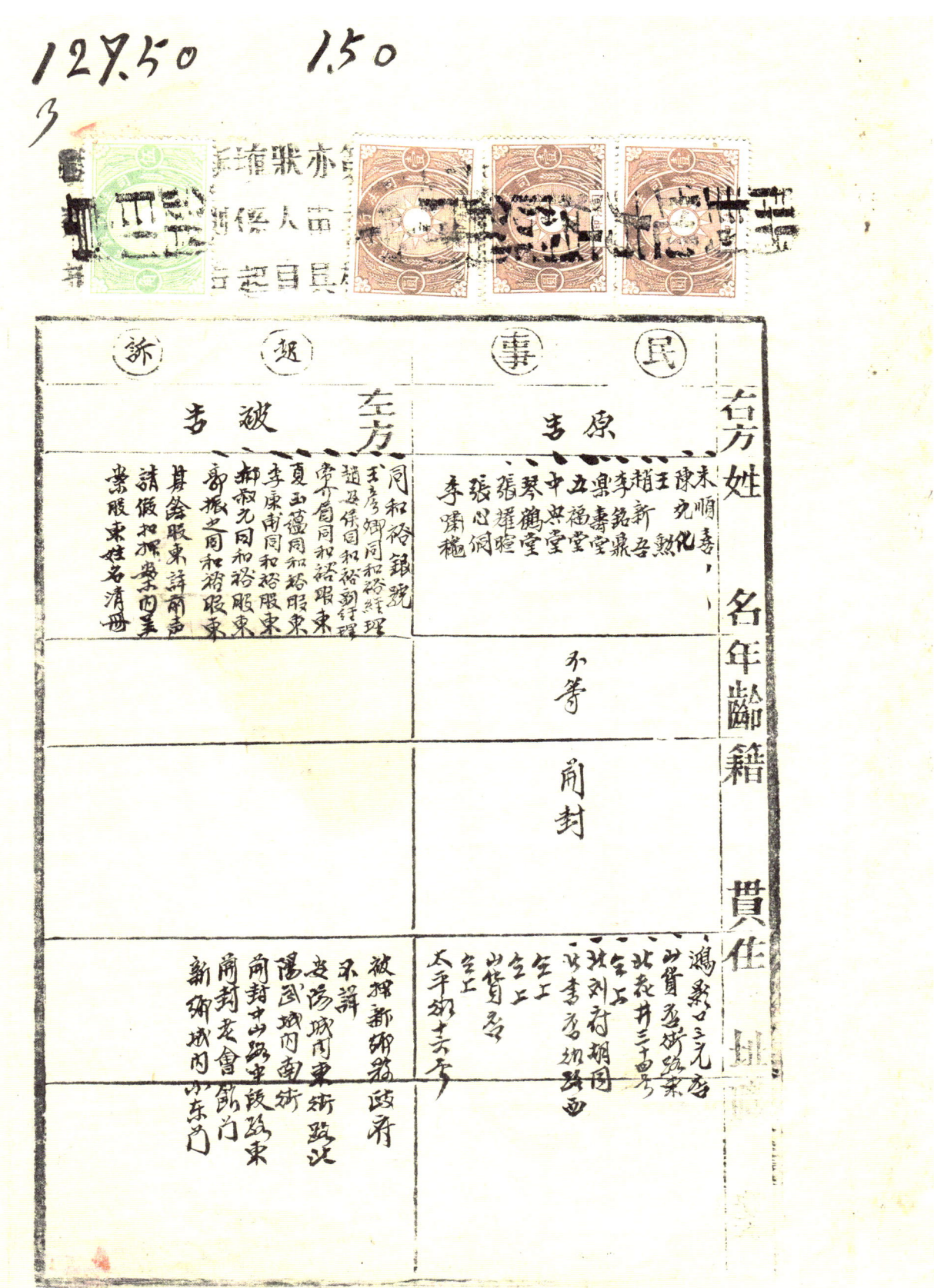

為遵章繳費請求償還債務並宣告假執行事緣民朱順喜等前在同和裕銀號各存錢款除支共計存洋壹萬四千壹百二十九元八角四分五釐各有同和裕銀號所付摺據為凭（摺據臨審呈閱並有摺據照片附呈備查）現在同和裕銀號早已歇業經理號夥潛逃無踪常介眉等均係該號股東即係債務主体依法各應負連帶償還之責今請求常介眉等連帶償還民朱順喜本洋壹千弍百四十九元零七角二分並給付自二十三年三月一日起至執行究了之日止約定月息八釐民陳元華本洋壹千四百七十五元四角四分、並給付自二十三年三月一日起至執行究了之日止約定月息壹分民王勳本洋弍千四百七十[illegible]元五角四分五釐並給付自二十二年十一月十四日起至執行究了之日止約定月息五釐民趙新吾本洋六百元並給付自二十二年五月十七日起至執行究了之月止約定月息一分民李銘鼎本洋九百五十一元一角並給付自二十二年十二月十四日起至執行完了之日止約定月息五厘民樂壽堂王本洋三百九十九元弍角並給付自二十三年一月二十四日起至執行完了之日止約定月息一分民五福堂趙本洋壹千元並給付自二十二年九月二十七日起至執行完了之日止約定月息一分民中興堂本洋壹千五百元並給付二十二年十一月十六以前利息洋四十元又給付自二十二年十一月十六日起至執行完了之日止約定月利一分民琴巖堂本洋壹千叁百二十元並給付自二十二年十月十八日起至執行完了之日止約定月息一分民張耀暄本洋壹千五百四十四元五角二分並給付自二十三年三月一日起至執行完了之日止約定月息一分民張心侗本洋壹千二百叁十五元一角四分並給付自二十三年三月一

日起至執行完了之日止約定月息一分氏李肅龜本洋叁百八十九元一角八分並給付自二十四年十二月十八日起至執行完了之日止約定月息一分並請令總經理王彥卿副經理趙安侯負清理償還之責又查該號欵業已經數年迄無償還辦法該號財產及股東財產已多偽託移轉或私自抵押變賣若再遲延恐其財產完全移轉净盡將來無可供執行之物氏等無法請求執行且本案均屬證據確鑿毫無可疑應請將本案一併

准予宣告假執行以保私權而杜刁奸再俟後關於送達本案一切文件無論判決裁定請送一份交氏米順喜收執為感不必多送謹狀

證人	證物	
	摺據照片拾一方	

開封地方法院

公鑒

一二二　开封地方法院关于同和裕债务案的传票及送达证书（民国二十五年十一月二十日）

16

额外需索　准即告发

開封地方法院書記處　字第　號

送達證書

丁

送達文件	受送達人	送達處所
朱順善告同和裕債務	同和裕代理人王彥卿	
傳票一件 書狀繕本一件		

受送達人署名蓋印若不能或拒絕署名蓋印時則記其事由	非交付受送達人之送達則記其事實	收受送達之年月日時	送達費
王星{?}（印）		廿五年十一月廿七日下午時	壹角五分

此證書由送達人帶回繳銷

中華民國廿五年十一月廿日送達人張耀亭

17

額外需索
准即告發

本件應徵收送達費 分

開封地方法院書記處 字第 號

朱炳善 同和裕代表

送達證書

送達文件	受送達人	送達處所
傳票一件 書狀繕本一件	郭振之	

受送達人署名蓋印若不能或拒絕署名蓋印時則記其事由	非交付受送達人之送達則記其事實	收受送達之年月日時	送達費
		廿三年十一月廿七日 時	壹角五分

中華民國廿三年十一月廿 日送達人張耀亭

此證書由送達人帶回繳銷

一二三 郝叔元关于朱顺喜控告其债务案的答辩书（民国二十五年十二月八日）

19

注意：第一欄末二字由具狀人自填，如係起訴則填起訴，上訴則填上訴，餘類推。第二欄亦由具狀人自填，係起訴則右方填原告，左方填被告，餘類推。

民事 答辯

	右方 被告	左方 原告
姓名	郝叔元	朱順喜等
年齡	五十	不詳
籍貫	同封	仝上
住址	老公館街	鳴彩江三元店
職業		

為提出答辯懇將原告对於民部分之請求予以駁斥事竊朱順喜等对於同和裕銀號並常介眉等及民為求償債款一案接閱副狀僅称伊等對於同和裕號均有存款並称民亦係股東之一員請求連帶償還伊等存款然查伊等是否同和裕之真正債權人固屬一事而民是否該號股東之一又係另一問題按事實之認定應憑証據原告就起訴原因尤負有舉証責任不得空口主張原狀僅對於存款部分提出摺據為証而對於民是否真正股東並未提出証明方法惟查民亦係同和裕債權人之一其股東究係何人急欲知曉以便援例求償據民所知該號係豫省最大之商號資本数百萬元之鉅營業額幾將千萬所負債務雖無確数風聞亦在三百萬左右其規模之宏大可想而知必有嚴整之組

織必有堆金紅賬及合夥契約可資調查應命該號負債
人提出以資調查以便民等及其他債權人有求償之门徑並
非該號之股東已如上述而確係該號存户之一尚有存摺為
鉄的反證湖民自民國拾五年五月初一日即存有大洋三千元按
月一分二厘生息並有存单以後陸續支取至十八年年底結找
欠洋七拾弍元六毛八分嗣後屢存屢取隨本生息直至廿二年
間尚有未往此有存摺歷歷可考結至該號奉令宣告清理之
日止尚存有民洋約八千元之譜因該號已停止營業致各債
權人均未曾結賬此尚有民持有之摺據為憑今原告誤
認民為股東直欲使民傾家代人償還數百萬元之鉅
債未免冤枉之極此案本関係全國債權人等數百萬元

之存欵不可等閒視之誰為股東轉瞬即應變為赤貧即同和裕號之負責人亦不得輕易誤認某人為該號股東蓋恐其對某債權人討索存欵甚急而憑空誣為股東藉以坑騙債權倘該號誣認全体債權人皆為股東則全体債權人均將陷於不得求償之地步抑又有言者同和裕號自經官廳宣告清理之後虧空至數百萬元之鉅故該號之存欵摺據不值一二成時有浪人以賤價收買該號之存摺冀圖漁利嘗試故該號之真正債權人皆因實際上所得無幾無人訴追此係實情萬勿輕視以杜流弊否則原告人等并非癡呆何肯以萬餘元之債額而甘冒不韙為他人之三百萬元之債權充開路之先鋒也故

21

本案原告人等究竟是否均係真正債權人亦應加以研究

至本案係合夥債務性質應先盡合夥財產求償以同

和裕之現狀而言雖三百萬元驚人之債權不能立即清償

而對此區區萬餘元之債款自屬不成問題蓋萬元與三百萬

元之數直不過三百分之一之比例而已此點亦請予以注意行

政官廳有鑑於此故曾招集債權人會議議由官廳為之處

理今者該號總經理王彥卿仍在縣府嚴厲羈押者正為

民等各債權人之利益設想也民之未遽行起訴者一因

訟費無着其重要因素即候諸最高官署為民等之解

決也本案事小而關係全省之金融秩序事大自不能以普

通債款糾葛論也茲答辯如上敬請詳予審理以期無枉無

23

中華民國二十五年十二月 八 日

具狀人 郝叔元 押

經手發行處

[illegible]狀紙[illegible]處於發行處

[illegible]各該發行機關[illegible]

二一四　阳武县政府关于寄送朱顺喜与同和裕债务案的送达证书给开封地方法院的公函（民国二十五年十二月九日）

閱

陽武縣政府公函　法字第二〇八號

逕復者案准

貴院函，朱順喜與同和裕為債務上訴一案案內書狀傳票各一件附送達證書一件請飭警送達當事人收執並將掣回之送達証連同抄錄送達各費共洋一角五分一併函送過院等因准此隨即飭警送達各當事人收執准函前因所有掣回之送達証及代征之抄錄送達各費共洋一角五分相應備文一併函送

貴院請煩查照為荷此致

開封地方法院院長劉

計函送

送達証書一件

抄錄送達各費共洋一角五分（係郵票）

45

丁

第663號

中華民國廿五年十二月拾壹日收到

中華民國二十五年十二月九日

縣長賈經魁

附表

額外需索
准即告發

46

開封地方法院書記處　字第　號

丁

送達證書

朱順吉訴同和裕債務案

送達文件	受送達人	送達處所
傳票一件 書狀繕本一件	夏玉廬	

受送達人署名蓋印若不能或拒絕署名蓋印時則記其事由	非交付受送達人之送達則記其事實	收受送達之年月日時	送達費
白守信 代收		廿五年十一月廿五日十時	

中華民國廿五年十一月廿四日送達人

此證書由送達人攜回繳銷

38

注意

第一欄末二字由具狀人自填如係起訴則填起訴上訴則填上訴餘類推

第二欄亦由具狀人自填係起訴則在方填原告在方填被告餘類推

民事委任

	右方　委任人	左方　被委人
姓名	朱順喜　張心洞　陳元化　王勳　趙新吾　張耀瞻　樂壽堂王　五福堂趙　中興堂　琴鶴堂　李致泉　李[illegible]權	李清濱
年齡		律師
籍貫	均開封縣	
住址	禾一	
職業		

為委任律師完全代理訴訟行為事茲因民等與同和裕銀號股東鄭叔元、常介眉、李原甫、夏玉蘊等為欠款不償涉訟一案茲特委任李清渭律師全權代理且所以委任原因權限列后

一、原因　不明法律

二、權限　完全代理　謹呈

同和裕档案史料汇编

②

河南省档案馆 编

中州古籍出版社
·郑州·

本卷目录

經理紅利賬

民國二十年份

年份	經理姓名	摘要	比率（百十分厘）	應得紅利（百十萬千百十元）	支付（年月日）	備攷
	王靜闌	每厘應得洋160.00	24	3840	✓	新 #3331
	譚瑞禎	〃　〃	14	2240	✓	鄭 #2016
	陳裕容	〃　〃	14	2240	✓	由 #450
	王獻玖	〃　〃	13	2080	✓	汴 #941
	趙清平	〃　〃	12	1920	✓	汴 3956
	常書耀	〃　〃	12	1920	✓	新 2058
	曹永源	〃　〃	11	1760	✓	津 1531
	張堯卿	〃　〃	10	1600	✓	徐 1824
	蔡和堂	〃　〃	10	1600	✓	新 3331
	王鴻波	〃　〃	10	1600	✓	濟 2100
	王應鸞	〃　〃	10	1600	✓	新 3331
	趙士中	〃　〃	9	1440	✓	博 1003
	田椿林	〃　〃	7	1120	✓	新 3331
	楊富才	〃　〃	9	1440	✓	運 1458
	郭頌德	〃　〃	8	1280	✓	兗 484
	翟金銘	〃　〃	8	1280	✓	郵 2074
	陳裕才	〃　〃	8	1280	✓	青 491
	趙桂嶺	〃　〃	7	1120	✓	蚌 1572
	任景安	〃　〃	6	960	✓	新 3331
	陳子瑜	〃　〃	8	1280	✓	汴 942
	苗懷新	〃　〃	7	1120	✓	許 1352
	張養禎	〃　〃	7	1120	✓	汴 943
	畢占名	〃　〃	7	1120	✓	漯 747
	趙春泉	〃　〃	6	960	✓	汴 3957
	冀殿元	〃　〃	7	1120	✓	〃 3958
	韓相宜	〃　〃	6	960	✓	新 3331
	郭懷禹	〃　〃	5	800	✓	運 69
	朱光殿	〃　〃	6	960	✓	汴 3959
	孫世慶	〃　〃	5	800	✓	新 3331
	張心擇	〃　〃	6	960	✓	新 3331
	康慶吉	〃　〃	6	960	✓	洛 435
	趙柏林	〃　〃	4	640	✓	新 3331
	古立荃	〃　〃	4	640	✓	博 1005
	楊履謙	〃　〃	6	960	✓	京 460
	苗懷春	〃　〃	13	2080	✓	新 3331
		過次頁	305	48800		

178

經理紅利賬

民國二十年份

年份	經理姓名	摘要	比率（百十分厘）	應得紅利（百十萬千百十元）	支付 年	月	日	備攷
		承前頁	305	48800				
	師懋倫	每釐應得㕟160.00	5	800				徐 徐1825
	苗繁宗	〃 〃	4	640				順 順1913
	郭中正	〃 〃	4	640				平 平1025
	孔繁昌	〃 〃	8	1280				新 新3331
	鄭生義	〃 〃	6	960				新 〃 〃
	何忠心	〃 〃	7	1120				泯 泯1015
	張 銓	〃 〃	3	480				彰 彰2056
	羅敬先	〃 〃	11	1760				新 新3331
	閆振鵬	〃 〃	6	960				津 津1532
			359					總57440
		合計	359	57440				

經理紅利賬

民國二十一年份

年份	經理姓名	摘要	比率（百十分厘）	應得紅利（百十萬千百十元）	支付 年	月	日	備攷
	王靜瀾	每厘應得紅利洋120.	28	3360	22	4	3	新#2567
	榮和堂	〃	10	1200	〃	〃	〃	〃
	王應鸞	〃	11	1320	〃	〃	〃	〃
	趙士中	〃	10	1200	22	4	8	泰#424
	田椿林	〃	7	840	〃	4	3	新#2567
	韓相宜	〃	7	840	〃	〃	〃	〃
	孫世慶	〃	6	720	〃	〃	4	蚌582
	張心懌	〃	8	960	〃	4	3	新#2567
	苗懷春	〃	15	1800	〃	〃	〃	〃
	郭中正	〃	4	480	〃	〃	8	申339
	孔繁昌	〃	10	1200	〃	4	3	新#2567
	鄭生義	〃	8	960	〃	〃	〃	〃
	穆萬琪	〃	4	480	〃	〃	〃	〃
	杜興唐	〃	4	480	〃	〃	〃	〃
	白國卿	〃	10	1200	〃	〃	〃	〃
	王衛源	〃	3	360	〃	〃	〃	〃
	張香山	〃	6	720	〃	〃	〃	〃
	盧斝三	〃	3	360	〃	〃	〃	〃
	李汝明	〃	6	720	〃	〃	4	平#1771
	杜世正	〃	3	360	〃	4	〃	新#2567
	王兆儒	〃	3	360	〃	〃	〃	〃
	馮樹棠	〃	4	480	〃	〃	4	濟#1243
	劉盈軒	〃	3	360	〃	〃	3	濼
	譚瑞禎	〃	16	1920	〃	7	28	鄭#5383
	翟金銘	〃	9	1080	〃	〃	〃	
	李武英	〃	4	480	〃	〃	〃	
	陳祐寰	〃	16	1920	〃	4	8	申339
	張奎璧	〃	4	480	〃	〃	〃	〃
	王獻玑	〃	15	1800	〃	5	5	漢#1392
	陳子瑜	〃	9	1080	〃	〃	〃	〃
	張蓋禎	〃	9	1080	〃	〃	〃	〃
	趙清平	〃	14	1680	22	4	4	沂#2618
	趙春泉	〃	8	960	〃	〃	〃	〃
	冀殿元	〃	9	1080	〃	〃	〃	〃
	朱光殿	〃	8	960	〃	〃	〃	〃
	路景松	〃	5	600				
			299	3588				

175

經理紅利賬

民國二十一年份

年份	經理姓名	摘要	比率	應得紅利	支付 年	支付 月	支付 日	備攷
	朱培棠	由堂庄洋紅利共120.	4	480	22	4	4	汴#2618
	朱富卿	〃 〃 〃	3	360	〃	〃	〃	〃
	常書耀	〃 〃 〃	15	1800	22	4	3	新#1548
	張銓	〃 〃 〃	3	360	〃	〃	〃	〃
	田逢春	〃 〃 〃	6	720	〃	〃	〃	〃
	曹永源	〃 〃 〃	14	1680	〃	4	3	津#954
	金維城	〃 〃 〃	5	600	〃	〃	〃	〃
	夏磐	〃 〃 〃	10	1200	〃	〃	〃	〃
	張先卿	〃 〃 〃	12	1440	〃	〃	3	徐
	師恕倫	〃 〃 〃	7	840	〃	〃	〃	〃
	王錫恩	〃 〃 〃	12	1440	22	4	4	濟#1242
	楊富才	〃 〃 〃	10	1200	22	4	2	道#1295
	郭順德	〃 〃 〃	10	1200	〃	〃	4	宛#972
	諸殿岑	〃 〃 〃	3	360	〃	〃	〃	〃
	陳裕才	〃 〃 〃	10	1200	22	4	6	青#240
	趙桂嶺	〃 〃 〃	9	1080	〃	〃	4	蚌581
	苗懷新	〃 〃 〃	9	1080	〃	4	3	許#190
	畢占名	〃 〃 〃	9	1080	〃	〃	3	漯
	郭懷禹	〃 〃 〃	5	600	22	4	6	連#29
	康慶吉	〃 〃 〃	7	840	22	4	6	洛#984
	古立荃	〃 〃 〃	5	600	〃	〃	1	信#664
	李漢鴻	〃 〃 〃	4	480	〃	〃	〃	〃 #665
	楊慶謙	〃 〃 〃	8	960	〃	〃	8	京#509
	苗繁宗	〃 〃 〃	6	720	〃	〃	2	順#2201
	何忠心	〃 〃 〃	8	960	〃	4	2	泯#93
	楊慶瑞	〃 〃 〃	5	600	〃	〃	4	西#797
	張欽海	〃 〃 〃	5	600	〃	4	28	浦#4244
	郭濟軒	〃 〃 〃	2	240	〃	〃	〃	〃 〃
	段振鵬	〃 〃 〃	6	720	22	4	6	湖#1745
	任善清	〃 〃 〃	4	480	22	4	7	臨#204
	任景安	〃 〃 〃	6	720	〃	〃	3	22年無紅利 新#2567
	羅敬先	〃 〃 〃	11	1320	〃	〃	〃	〃 〃 〃 〃
	趙柏林	〃 〃 〃	4	480	〃	〃	〃	〃 〃 〃 〃
	合計		536	64320				

一二七　同和裕银号大楼九十九间平面图（民国二十一年）

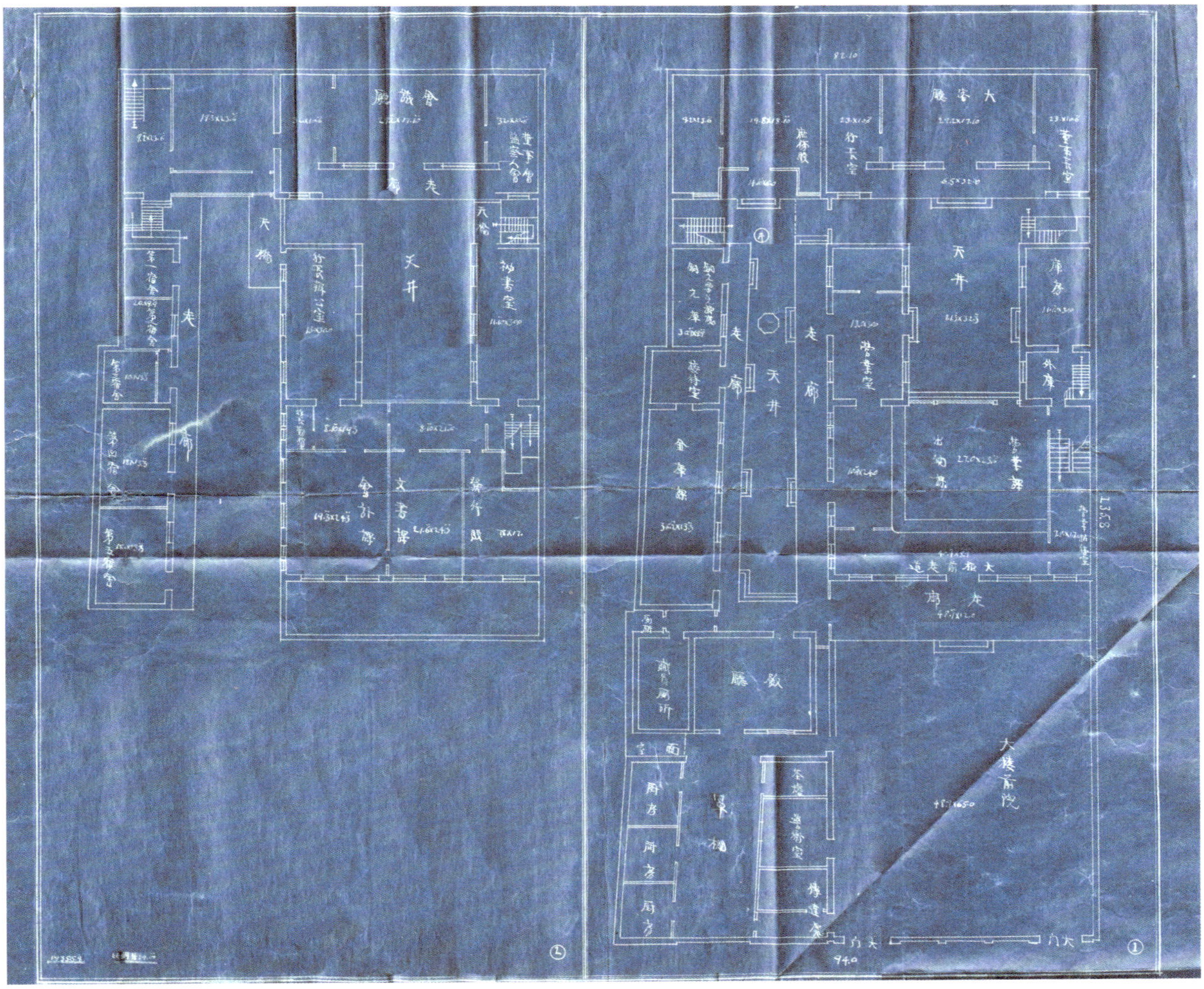

一二八 同和裕向农工中国等银行抵押借款的借据（民国二十二年）

立借據人同和裕銀號今因敝號金融緊迫應付存款需款孔急仰蒙
河南省政府力予維持並分向農工、金城、中國、上海、交通、鹽業商借每家各借洋五萬元共計
叁拾萬元正訂定條件如左
一 借款總額叁拾萬元按週息八厘計算訂明自借款之日起三個月
後陸續歸還息隨本減滿六個月還清
二 此項借款以本號自置各處房地產及開封南關外本號製蛋部
機器之具等（另附清單房地契保險單押據）作為抵押品
三 上項各抵押品應即日交貸款人管業經貸款人派員調查估價如
有價值不符或有其他糾纏不能承受時均由本號另以其他相
當抵押品補足之

四 限满之日本号若不将借款本息即行归清，债款人无须通知，有权将抵押品自由变卖，所有费用及一切亏耗均归本号承担，本号对于卖价多寡不得有何异议争执，如变卖之数不足偿还，仍归本号负责偿还之。

五 以上房屋、厂基、机器等具均应加保火险，并由贷款人向法院分别登记，其保险费及登记费均由本号担任之。

六 以上各条在本号未清偿本息期内，得由保证人随时督促履行之。

借款人 同和裕银号 总经理
经理

保证人 河南省政府

民国二十二年 月 日

一二九　河南省政府关于将同和裕抵押之房产拍卖归还银行借款给新乡、修武、安阳县政府的令（民国二十三年）

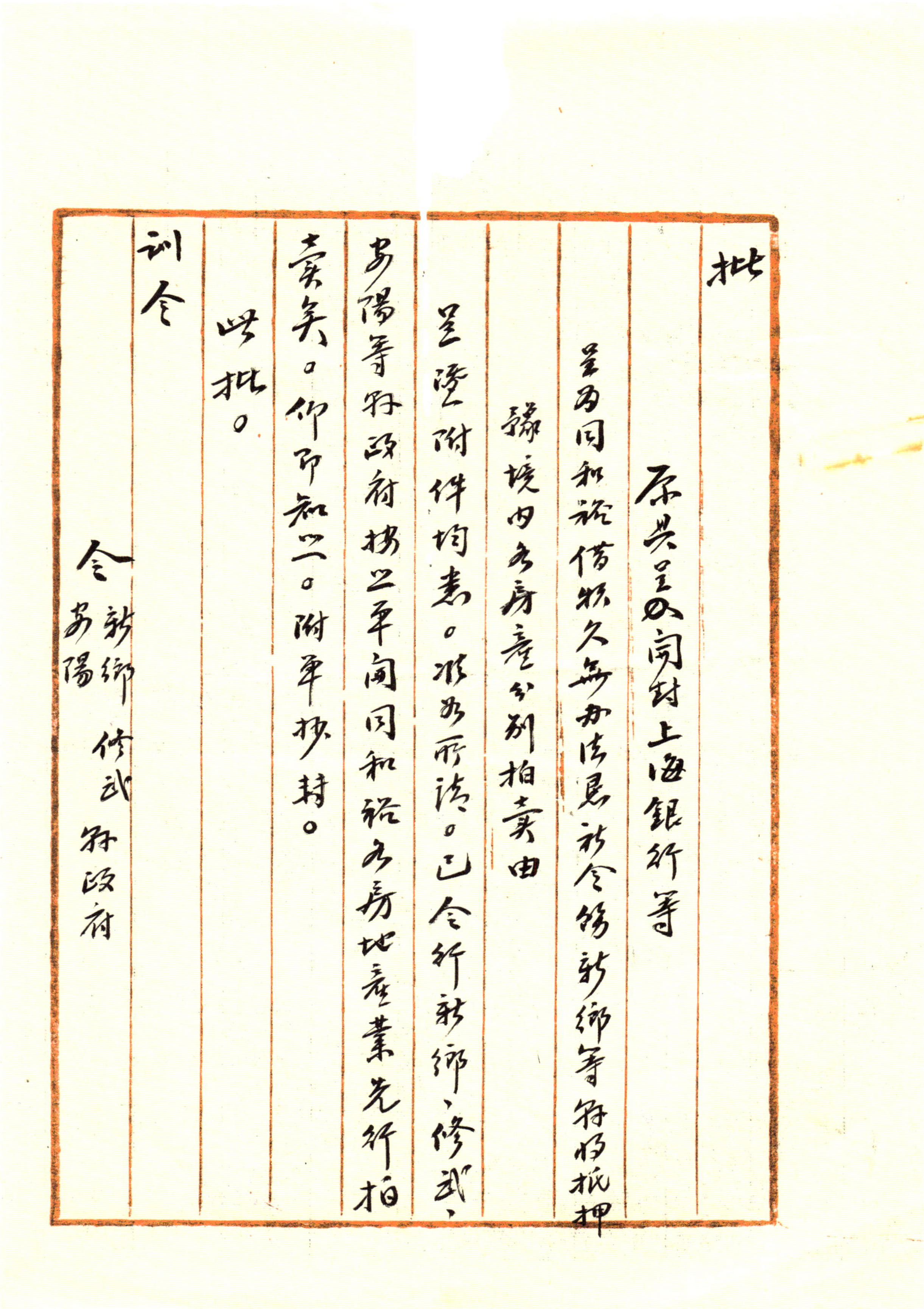
批
原具呈人開封上海銀行等
呈為同和裕借款久無辦法懇祈令飭新鄉等縣將抵押
該境內各房產分別拍賣由
呈暨附件均悉。准如所請。已令行新鄉、修武、
安陽等縣政府按照單開同和裕各房地產業先行拍
賣矣。仰即知照。附單抄封。
此批。
訓令
令新鄉 修武 安陽 縣政府

案據開封上海銀行等呈稱：「開封同和裕銀號向敝銀行等抵押借款一案，久無辦法，爰經共同集議，並參照同和裕清理委員會議決，開具該銀號抵押豫境內各房產價值清單，懇乞鈞府令飭各縣分別拍賣，得價歸還借款，以重債權」等情。據此，除批示「呈暨附件均悉。云云。」此批送發」並分行外，合行抄發原呈及清單各一件，令仰該縣政府即便遵照辦理，迅將單開房地業產，分別拍賣，俾資歸還，仍將遵辦情形具報！

此令。

计抄发原呈一件、清单一纸

训令

令建设厅

案据闽封上海、中国、农工、交通、金城等银行

呈称：

「为呈请事云云合併声明」。

等情，据此，查原呈所陈各项办法，亦分别核示於次（一）

查该银行经理，本府已令饬财会分处严密监视，追

还各银行借款。（三）该银行豫境内房地产，已准政府请

分令新乡、修武、安阳等县政府协造单开各产业先

行柏卖矣。其馀(二)(四)(五)(六)各项，应由该厂分别查明转饬遵办。除批示并分行外，合行抄发原附各件，令仰该厂即便遵照，仍将遵办情形具报察核！

此令。

计抄发契据清单一份，办法抄件一纸。

指令

令建设厅厅长张静愚

呈送同和裕银号清理委员会会议纪录及简章等件请备案由

呈件均悉。准予备案，惟查六月七日同和裕银号清偿银行团协收会议纪录，讨论事项，第一案，清偿银行团协收办法案，议决之修正通过之（办法附后）此项办法，未据附送，仰即查明补呈备查。附件存。

此令。

一三〇　河南省建设厅关于已要求同和裕补交抵押品并扣存其收入款项以清理债款给开封金城等五银行的训令（民国二十三年）

建设厅训令　利字第〇五八五号

令金城等银行

案据同和裕管理委员会主席委员刘远真呈称：呈为呈复事。案奉钧厅令开：据金城等五银行呈请饬补交同和裕借款抵押品，并扣存该号收入现金，迅速如期归还债款，仰令遵办具复等因。奉此，查该银行等借款本会叠奉钧令，业经核拟筹还办法呈复在案。奉令前因，除转饬该银行等对于抵押品设法补充外，至扣存该号现金一项，现在该号收入各款已由本会推定保管员六人负责逐日收管，一俟集有成数，即应尽先拨还该银行等借款，以资清理。所有奉令

分別送办緣由理合備文呈復伏祈鑒核實為公便并請核撥

此合行令仰知照此令

河南农工银行与同和裕债务案蛋厂资产鉴定意见书（民国二十四年六月十一日）

河南农工银行与同和裕债务执行一案奉命王开基、永照为鉴定人鉴定蛋厂全部机器及五金等件谨将鉴定意见列左

一、鉴定物　南关外同和裕蛋厂全部机器及零星五金材料并地土衔银行内现状表之件详清册

二、鉴定价值　二万五千七百五十二元五毛八

三、鉴定地点　开封南关外

四、鉴定情状　所造均系确无异

廿四年六月十一日

一三二 河南省财政厅关于解决同和裕借款清偿的三条建议（民国二十四年）

1、省當同合裕之當人

2、由省政府飭令建設廳將同合裕股東名單呈府（全名需由）所有該股東財產一律查封，斟酌情形，拍賣

3、在銀行現存抵押品由（呈）政府拍賣收入款項均分

河南省財政廳用箋

一三三　河南省政府关于财政厅、建设厅派员协同开封银行团办理接收同和裕增加押品等的批示（民国二十四年）

河南省政府批　建二字第　號

具呈人開封金城、交通、農工、中國、上海等銀行

廿四年三月十四日呈請加派委員會同接收同和裕增加押品

並令安陽等縣協助由

呈悉。查所請尚屬可行，除分行並令委本

府財政廳科員陳善儒、建設廳科員陳毓辰協同

前往辦理外，仰即知照此令

此批

一三四 同和裕管理委员会第六次会议记录（民国二十四年）

送 [illegible]

同和裕管理委員會第六次會議記錄

出席者 魏亦亨 甯子愚代 杜蔭南 馮思波代 杜扶東 仝彩五代

劉遂真 韓慶文 鄧律

列席者 陈華氏 王晏卿

主席 劉遂真

一、略

甲 報告事項

乙 討論事項

一、提議中國、交通、上海、金城四銀行索還借款案

決議 趕速籌集現款償還 其籌款方法計劃如左

甲、拍賣存貨變價八萬元 1、開封百貨店可售一萬元 2、新鄉火柴可售三萬元 3、新鄉紙張雜貨可售二萬元 4、道口鉄厂貨可售二萬元

乙、催收欠款四萬元 查新鄉欠款合計約九萬元 擬以儘先收到之四萬元作用

丙、拍賣未抵押之不動產四萬元 查同和裕未抵押之不動產尚值百萬元 擬以儘先賣價之四萬元作用

丁、股東攤款四萬元或五萬元 本會呈請建設廳勸令同和裕股東籌集現洋五十萬元早經批准辦理在案 擬以最先收到之四五萬元作用

以上辦法先呈復財政廳

二、本会未成立以来同和裕业经押出或转移之不动产可否追认案
决议 暂行保留俟全盘清理就绪再为决议
三、南京市政府批令查同和裕股东姓名及地产坐落门牌号数案
决议 由同和裕查明转复
四、同和裕请派员同赴新乡催讨外欠案
决议 公推陈华民代表前往
五、交际主任陈华民函辞车马费希仍照常工作案
决议 挽留提出代表团常会报告
六、会计表式已印就俟令同和裕赶速填写以便清算案
决议 请陈审亭、刘崇甫、孙宾臣、李子仁自十四日起每日下午二时至六时工作从速就同和裕月结尽先清理于一星期内报告本会数请
七、百货店监视员改请鲁楚樵、孙毓安担任案
决议 照办本会通知
八、本日每日工作应逐日发表新闻每周呈报监督一次
决议 照办

一三五　河南省建设厅关于通知起草委员列席讨论同和裕债务清理委员会组织简章会议给银行团的函，附同和裕清理委员会简章（民国二十四年）

河南省建設廳用箋

逕啟者查同和裕銀號債務清理委員會業於六月十二日在建設廳召開成立會並經推定財政廳建設廳公安局同和裕銀號及該號儲户代表團等五處為起草委員擬訂組織章程紀錄在卷查組織章程業經擬訂完竣茲定於七月四日下午四時在同和裕銀號開會討論相應函達即希

查照准時列席為荷此致

銀行團

河南省建設廳用箋

附同和裕銀號債務清理委員會組織簡章一份

河南省建設廳

同和裕銀號清理委員會簡章

同和裕银号清理委员会简章

第一条　本会以清理同和裕银号一切资产负债为宗旨，限六个月，迨项清结完竣后，将所有进行事宜交同和裕银号管理委员会督饬该银号办理之。

第二条　本会因对外关系，得刊制木质钤记，文曰同和裕银号清理委员会钤记。

第三条　本会隶属于河南省政府，暂设于同和裕银号。

第四条　本会由省政府秘书处、民政厅、财政厅、教育厅、高等法院、建设厅、省会公安局等七机关长官，开封商会会长、银行团代表、同和裕银号经理、该银号储户代表团代表及该银号管

理委員會主席委員爲本會委員

第五條　本會設正委員長一人副委員長二人總理會內一切事務正委員長由河南省建設廳廳長兼任之副委員長由河南省財政廳廳長及省會公安局長兼任之

第六條　本會設主任一人由委員長委任之秉承委員長辦理會內一切事務

第七條　本會設職員若干人秉承委員長及主任分組担任左列各項事務

一、事務組設組員二人辦理會內文書會計庶務等事務

二、清算組設組員二人清算該銀號一切賬目編製各種表冊事務

三、催收調查組設組員二人辦理調查及催收賬款等事務助理員臨時

酌派

第八條 前條所列各組職員由委員長就每組中指派一人為領組以專責成

第九條 清理方法如左

一、清理該銀號賬目範圍自二十二年七月一日起至現在止鈎稽清楚造具資產負債總表

二、該銀號外欠賬款按照年月之久暫債戶之存亡能否收回彙造總冊

三、清理該銀號所有省內外各項產業分別地皮房屋物品聯號役資等彙造清冊

四、清理該銀號總分各號生財器具及價值逐件清點編號造冊

五、辦理該銀號一切債務清理事宜
六、清理該銀號擠兑後各方協借之款造具詳細清册
七、拍賣銀行團執有該銀號之抵押品
八、拍賣該銀號省內外所有存貨
九、追討該銀號省內外所有外欠賬款
十、責令該銀號各股東照原股資額六十一萬餘元再爲交出以作償債復業之用
十一、該銀號清出各款交由該銀號管委會儘先清償銀行團
第十條 前條清理事項辦理如有困難隨時由主任請示委員長核辦

第十一條　本會辦公費按月造具預算書由委員長提出大會指定於該銀號清出款内支付之

前項開支辦公費於每月終於造具計算書連同單據粘存簿由委員長提出大會核銷

第十二條　本處職員或委員遇有外出催賬或調查情事其舟車等旅費按照路途之遠近事務之繁簡由主任臨時呈請委員長酌定之

第十三條　本會每來複六下午五時開常會一次如切臨時發生事故由委員長招開臨時會

第十四條　本會清理限滿即行撤銷但於事實上有必要時得由大會決議延長之

第十五條 本簡章如有未盡事宜得隨時呈請修正之

第十六條 本簡章自呈准省政府公佈之日施行

交通

開封銀團管理同和裕欠款押品委員會

組織簡章

一　本銀團為負責管理同和裕各種押品並對外接洽便利起見爰有本委員會之組織

二　本委員會設委員五人由中交、農工、金城、上海、五銀行經理及主任擔任並公推主任委員一人負召集會議及對外接洽之責

三　本委員會得設秘書一人專司公牘文件並保管卷宗規定為有給職

四　本委員會之職責為催理同和裕欠款及接收該號

所交之抵押品（如房產及該號所營副業之類）如何交價償還欠款如何繼續經營管業一切均由委員會主持裁決之但遇重要事件須由各委員分別陳請各總行核示辦理

五　本委員會遇有洽商計議事宜得由主任委員隨時召集會議公同取决但每兩週至少須開會議一次其平時應行公牘函件即由主任委員主持辦理並將原稿送請各委員簽蓋以重責成

六　本委員會接收同和裕經營之副業有須派員管理時得由會遴員前往辦理並陳報各總行備案

七　本委員會管轄之各種副業營業及開支兩種預算均須由該各副業經理列表報告本會審定其每月營業狀况及收支數目亦須詳列表冊呈會稽核再由各委員分別報請各總行備案

八　本委員會一切費用以實報實支另行記帳以待清結後公攤

九　本委員會成立後由各行分別具報各總行備案以備查考

十　本簡章如有未盡事宜得由各半數委員提議修改之

42

注意、一、第一欄末二字由具狀人自填，如係起訴則填起訴，上訴則填上訴，餘類推。二、第二欄亦由具狀人自填，係起訴則右方填原告，左方填被告，依類推。

民事		（　　）	（　　）
右方	被告	左方	原告
姓名	李康甫		朱順喜等
年齡	五十歲		年
籍貫	開封中山南街		址在卷
住址	二百四十號		
職業			

為依法答辯恭懇
鈞院將原告等對康甫求償存款部分之訴迅予駁回以省拖累而免朦混緣原告等前因誤
康甫為同和裕股東之一曾將康甫借住房屋實施扣押節經先後叙明誤會原委並補呈各項證件
在案嗣因徒對該項裁定進行抗告不足以澈底解決始依法声請
鈞院責令原告正式起訴以分皂白在案該原告等抹煞康甫歷次狀述經過事實與證據而不
論竟以空洞不着邊際之詞單純叙明原告等之存款經過即籠統認康甫仍為同和裕股
東之一而列名被告正式起訴可謂故意攀拉無理取鬧捧閱該原告等起訴狀稿顯無辯
駁之價值蓋該原告等之存款既係存於同和裕者則最底限度亦必釋明康甫為該號股東之
一始能訴請償還茲康甫除曾經手恕道堂李老太太（即李王氏）由永義成抽回之五千元
加入同和裕作股有省府二十三年第五七二零號及五九八五號兩項訓令可資證明業
經一再呈明外別無任何糾葛為有耳共聞之事請參攷前次抗告及声明狀稿即可瞭

然勿庸再贅乃原告等明知故訴殊屬難以索解爲依此法答辯恭懇迅予駁回

實爲法便謹狀

證人

證物

律师郭秉乾

開封地方法院民庭

公鑒

民事答辩状稿

被告郝康甫　五十岁　开封中山南街二百四十号

原告朱喜顺　共年　地址卷

为依法答辩恭恳

钧院将原告等对康甫求偿存款银两之诉迅予驳回

以省拖累而免牵混受损事缘原告等前因择康甫为同和裕

股东之一并将康甫借任该号经理实相当经手之故能该原

委并非是个人项目认体在案前因债权诉讼该号之进行起诉者不足

以彻底解决始依法陈情

钧院考今原告迁或起诉以分自由原告等前蒙核办殊感康甫

歷次狀述之經過，乃案久延擱，而不論竟仍以空詞不着邊際之詞瀆
拖。叙明原告出入之股份經過，即某號係該康甫仍為同和裕股東之一，而列名
被告，正式起訴，可謂極盡攀扯無理取鬧，擬請閱該原告前起訴狀稿，顯無論
駁之價值。蓋該原告之存款既仍存於同和裕，其別無底限，原告康甫亦應歸還
的康甫
前孫某股之一始能訴請償還。康甫係受經手怨訴之過，要者老
太太郎某王氏之田永大所撥回之五千元撥歸同和裕作股，有省府十二年節
五七二〇號及五九八五號訓令，可資證明。此等經過一一自呈明外，别無任何纠
葛，有耳其間之可議，參閱前次被告答辯狀稿即可瞭然。茲為確有
證據，原告所叙理由殊屬非以索解。為此仍請答辯，恭懇迅予駁回，
實為法便。謹狀
閩省地方法院　民庭　公鑒

44

中華民國二十五年十二月十一日

具狀人李康甫（印）

經手發行處

發行狀紙時應於發行處欄註各該發行機關名稱

一三八　开封地方法院对朱顺喜等与同和裕债务案的讯问笔录（民国二十五年十二月十二日）

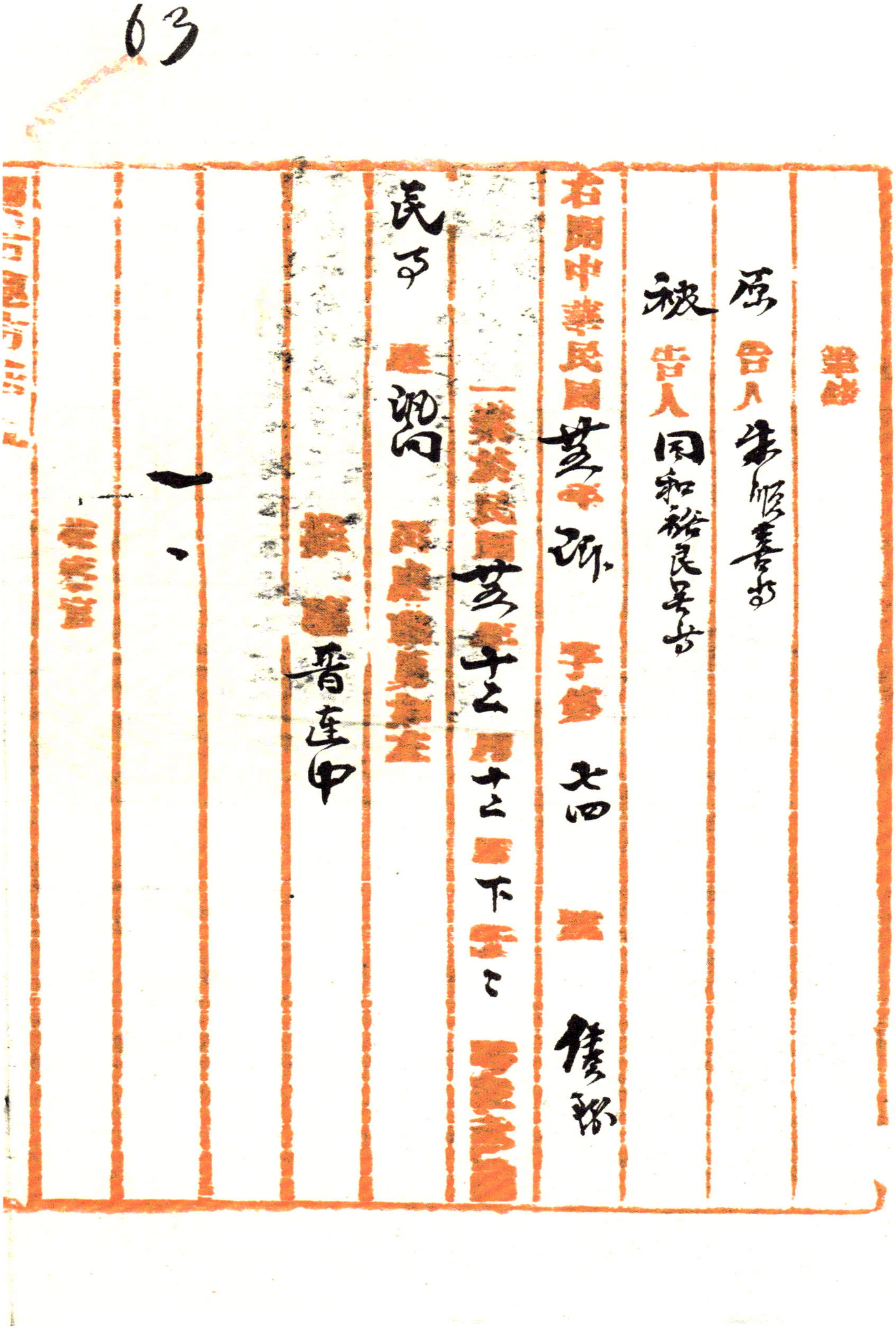
63

笔录

原告人　朱顺喜等

被告人　同和裕民号等

右开中华民国廿五年诉字第七四号[illegible]债务[illegible]

一案于民国廿五年十二月十二日下午二时[illegible]

民事[illegible]讯问[illegible]

推事　晋莲中

一

书记官

朱葆寅

原告朱顺喜等未到
右诉讼代理人方凌滨律师
被告王郁文之未到
右诉讼代理人刘永生律师
被告方康甫未到
右诉讼代理人王乐襄[illegible]律师
被告唐何有未到
右诉讼代理人陈照[illegible]律师

问 原告代理人云朱顺喜等今日没有来
答 律师方凌滨云本代理人完全代理
请代理人 陈述意见
答 本代理人代理朱顺喜陈元化王勋赵新吾方锦泉乐寿堂

今据堂中男子墨琴翰堂時雅瞻時心桐吉嘯桂十二人
民國二十二年以前該原告等分別存到同和裕民号款
項多少不等自二十七年該号倒閉後屢催屢推
現在該号業已無人查民号係合夥性質該号股
东常有周夏玉蘭方康甫郝叔之等均應負連帶
清償責任該号總经理係王彦卿副经理係赵史
彦伯二人應負清理之責查該号業已歇業我等應
負清償還如法股东財產大半俱抵繳轉或私自抵押变賣
情事若再遲延恐財產轉移殆盡將來无可執行之財
產原告拟據確數請判令債务本利并請庭示俾

開封地方法院

执行

向　赵安庚现在何处？传票未送出去

答　他现在失踪，请公示送达

向　对于郭振之一人原告具状撤回

答　自同和押给郭振之，托人说合，拿出四百元了事，以原告具状请撤销同和押郭振之的房屋并

向　对于郭振之一人告诉撤回

　　原告指夏玉蕴等为股东，有何凭据

答　同和押时有王集的股东底册

向　股东底册由何而来

通用紙

答　同和裕倒后债权人组一债权团处理委员会该股东处册係债权团根据同和裕号账簿造出来的

问　债权人持有汇号股东号否

答　没有这号不易找来

请郝叔元代理人陈述意见

律师刘永生　答云　查原告起诉就原告许多重名应说出人名

——二　同和裕号入股三百多万折子差不多成了一种买卖品债权人有不是真正债权人而和押的册子本代理人也见过股东为十元二十元的银号十元二十元何能为股东郝叔元本不是股东原告应说

開封地方法院

册子由债权委员会造出来的当然有一种会议纪
录看他怎样决议的该原告表示否受决议拘束
请书康甫 代理人陈述意见
律师桑东筑 答云本代理人代理书康甫原告说他是股东
说明他是股东他当然要负责原是怨着道董书老
太太由永义成抽出五千元加入同和裕作股有有民
存二十三年第五七二零号及五九八五号判令
可以证明书康甫不过经手而已实在是股东应
依法驳回原告之请求
请审判官 代理人陈述意见

通用紙

律师昨盘问　答云本代理人代理常介眉一人　常介眉现充中
学校长　他的来历是股票上还可转让不能算是限责
任　原告说被告是股东现有确实凭据可请
向他还了[illegible]别的凭据否
向原告律师代理人云原告还了别的凭据否
律师盘问　答云被告代理人说债权团造的册子不足为凭
查同和裕向时的股东六十一号自倒闭后同和裕
总经理王彦卿弟王静涵仍欲复业　把告过一股
东册子请有政府令今年四月查股东财产将令张
贴以便复业　有政府电办册子今年各股开写

同封照页示忘

通用纸

宛平地方法院

縣書並也有請就近調閱這冊子是孫經理造
的書證足憑

問 這冊子在什麼時候寫的

答 民國二十三年六月間寫的

推事諭候傳兩造訊問閉庭

中華民國二十五年十二月十二日

宛平地方法院民事庭
書記官朱世榮
推事王景洋

通用紙

一三九　开封地方法院关于请求调阅同和裕银号股东簿册给开封县政府的函（民国二十五年十二月十六日）

67

已發

丁

開封地方法院　第　號

2210

事由：函請檢送二十二年六月間前政府所卷同和裕銀號股東簿册由。

中華民國　年　月　日收文第　號

院長劉

月　日判行

庭長　十二月十六日

書記官長　月　日

推事　十二月十四日

書記官　十二月十四日

錄事　月　日繕

中華民國二五年十二月十六日書記官　封發

開封地方法院

開封地方法院

案查本院受理開封縣民朱修善等與同和裕銀號吳俊璋等
件一案，經開庭審理在案。茲據朱修善代理人陳仰才律
師聲稱：該有同和裕銀號總經理王彥卿即王靜洲所造的股
東册子，於二十三年存局開該
縣有政府，今案開封縣，於本案頗有關係，請求調閱。
等語，據此，相應函請
貴縣，將前開册子檢送過院，以資參考為荷！

印帶

迅予

此致
開封縣政府。

第　頁

一四〇　阳武县政府关于寄送朱顺喜等与同和裕债务上诉传票送达证书给开封地方法院的函（民国二十五年十二月二十二日）

附各

陽武縣政府公函　法字第二二四

逕復者案准

貴院函來縣民朱順喜等與同和裕為債務上訴一案案内傳票一件附送達証書一件請飭警送達各當事人收執按期到院候訊等因准此隨即飭警送達各當事人收執准函前因所有掣回之送達證書一紙相應備文函送

貴院請煩查照為荷此致

開封地方法院院長劉

計函送

送達証書一件

送達費一角五分

第728號

中華民國廿五年十二月廿五日收到

閱

中華民國二十五年十二月二十二日

縣長竇經鄉

額外行案
准即告發

77

送達證書

地方法院書記處　字第　號

送達文件	受送達人	送達處所
朱順安告[illegible]同和裕債務案 傳票一件	夏玉蘊	

受送達人署名蓋印若不能或拒絕署名蓋印時則記其事由	非交付受送達人之送達則記其事實	收受送達之年月日時	送達費
白守信代收		廿五年十二月廿日未時	

中華民國廿五年十二月[illegible]日送達人

此證書由送達人帶回繳銷

一四一　开封银团管理同和裕欠款押品委员会关于已收同和裕欠款分配问题给开封交通银行的函（民国二十五年十二月二十六日）

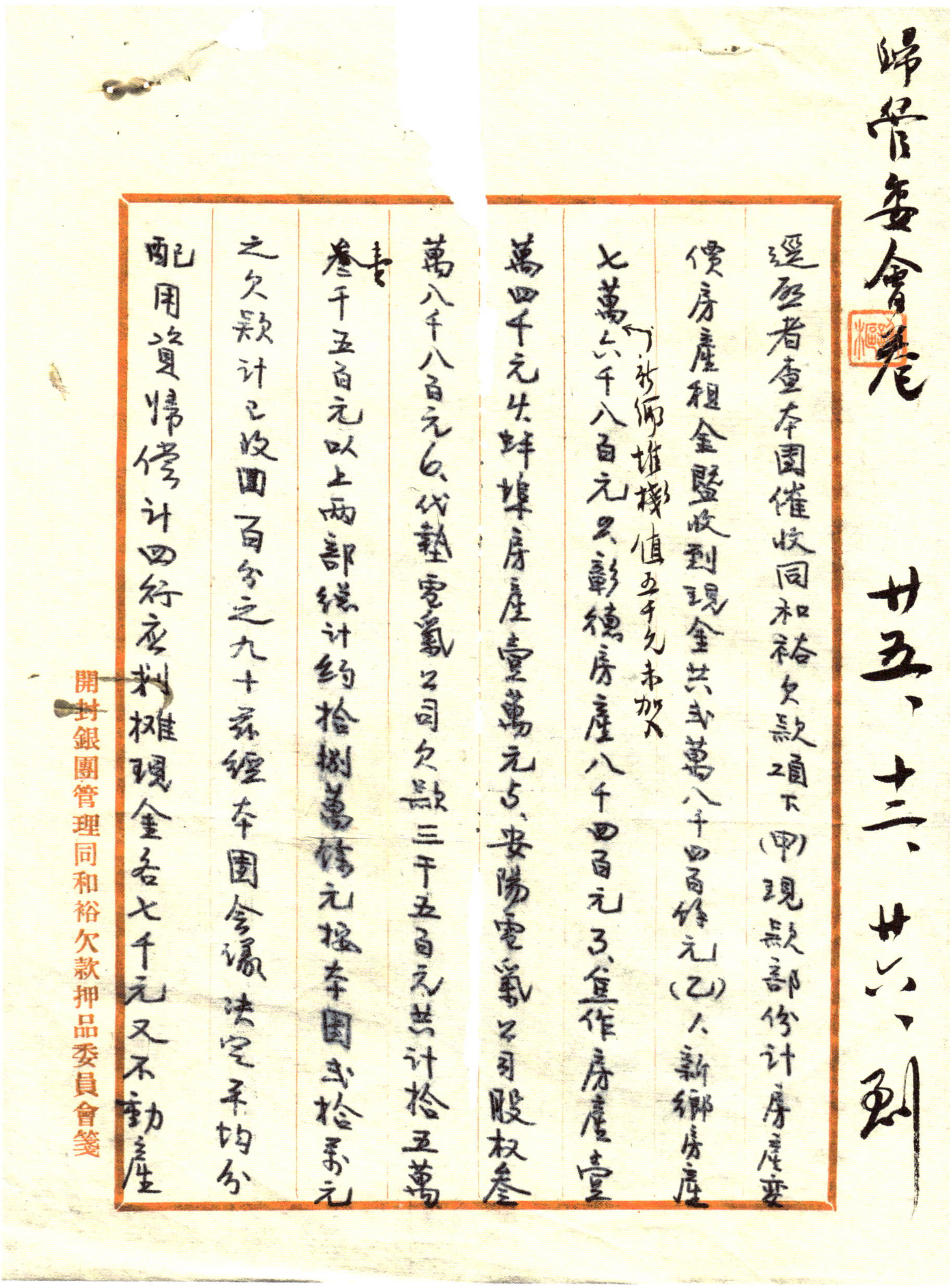
歸管委會卷

廿五、十二、廿六、到

逕啟者查本團催收同和裕欠款項下（甲）現款部份計房產変價房產租金暨收到現金共弍萬八千四百餘元（乙）又新鄉房產七萬（新鄉堆棧值五千元未加入）六千八百元又彰德房產八千四百元丙、焦作房產壹萬四千元丁、蚌埠房產壹萬元戊、安陽電氣公司股权叁萬八千八百元己、代埶電氣公司欠款三千五百元共計拾五萬叁千五百元以上兩部總計約拾捌萬餘元按本團弍拾柒萬元之欠款計已收回百分之九十茲經本團會議決定平均分配用資歸償計四行應料攤現金各七千元又不動產

開封銀團管理同和裕欠款押品委員會箋

資金應判撥每行叁萬七千元除不動產暫仍其舊外用
特上項應撥
貴行之現金七千元特開給上海銀行本票一紙隨函附奉
至祈
收洽見復是荷此致
開封交通銀行
附件 已見
答
十二月廿五

開封銀團管理同和裕欠款押品委員會箋

一四二　开封交通银行关于办理同和裕欠款不敷部分继续催补致郑州交通银行的函（民国二十五年十二月二十八日）

開封交通銀行公函用牋

報告辦理同和裕欠款情形暨先攤還七千元暫記襍存帳內祈
鑒詧轉陳由

敬啓者、
查同和裕欠款辦理經過情形、除前於第四十六號及七十三號兩函先後報請轉陳外、茲再將最近數月中所辦情形、分述如次、（一）銀團接收該號各處房產、估價不敷償還部份、經省府所派委員與各行之努力、向該號嚴重追補、近始加繳在新鄉車站租用平漢路局地皮自建之堆棧一所、約可值洋五千元

中華民國廿五年十二月廿八日　汴字第一〇七號　一頁（交七）

(正辦移轉手續)又陸續收得現款壹萬四千餘元、連前共壹萬七千七百餘元、合計前後接收房產現款抵還所欠四行弍拾萬元之數、尚仍短少壹萬六千元之譜、(二)該號總經理王晏清以繫獄年餘、屢次央人向銀團說項、希望先復自由、再為設法清理、銀團之意、須俟覓有切實保人、以書面保証在三箇月內償清壹萬六千元之數、否則由保人負責立時代償、並願拋棄先訴抗辯之權利、在此條件未能辦到以前、對其所請、悉予拒絕、(三)銀團管理會現款部份、所收之房產變價、房屋租金、暨上述

中華民國廿五年十二月廿八日 汴字第一〇七號 二 頁 (交七)

開封交通銀行公函用牋

收回之現款、截至本月廿六日止、共存弍萬八千四百餘元、經議定先攤還四行每行各七千元、該款已由上海銀行撥到、暫記襍存帳內、（四）各處不動産等、尚未售出者、列數如下、計新鄉房産八萬一千八百元、（連新加堆棧一所在內）彰德房産八千四百元、焦作房産一萬四千元、蚌埠房産一萬元、安陽電氣公司股權三萬八千八百元暨代墊該公司欠款三千五百元、共合十五萬六千五百元、（五）繼續設法變産、及催補不敷之數、均由銀團會同所在地各行積極進行、以期早告結束、查新鄉房産內、在不久可望再售兩處、

中華民國廿五年十二月廿八日　汴字第一〇七號　三　頁（交七）

開封交通銀行公函用牋

價已議定，一俟款到，即行交割，又上述該號新近加繳新鄉車站之堆棧一所，俟移轉手續辦畢，金城亦有出資收買之意，他如彰德房產，自收回後，該房已由中國租用，前經去函商請騰留，因祇給價七千元，正在接洽中，以後情形如何，除再隨時具報外，合先附告，統祈

鑒察并轉陳為荷，此上

鄭行

汴行敬啓

錢楷

中華民國廿五年十二月廿八日

汴字第一〇七號

四頁

（交七）

一四三　郑州交通银行关于汴行办理同和裕欠款情形致总行的呈（民国二十五年十二月三十日）

陳報汴行辦理同和裕欠款情形暨先墊還七千元暫列維存帳祈鑒
察事

敬陳者，據汴行函報：

最近數月中辦理同和裕欠款情形，暨先墊還七千元，暫記維存帳
內，祈鑒轉，等情。

理合具函連同汴行一〇七號函底，一併轉陳，敬祈
鑒察爲叩，此上

總行　附件　鄭行謹啓

廿五　十二　卅

稽查　十

稽　不列

全

一四四　律师张照煦关于查阅朱顺喜等与常介眉债务案卷宗给开封地方法院的申请书（民国二十五年十二月三十一日）

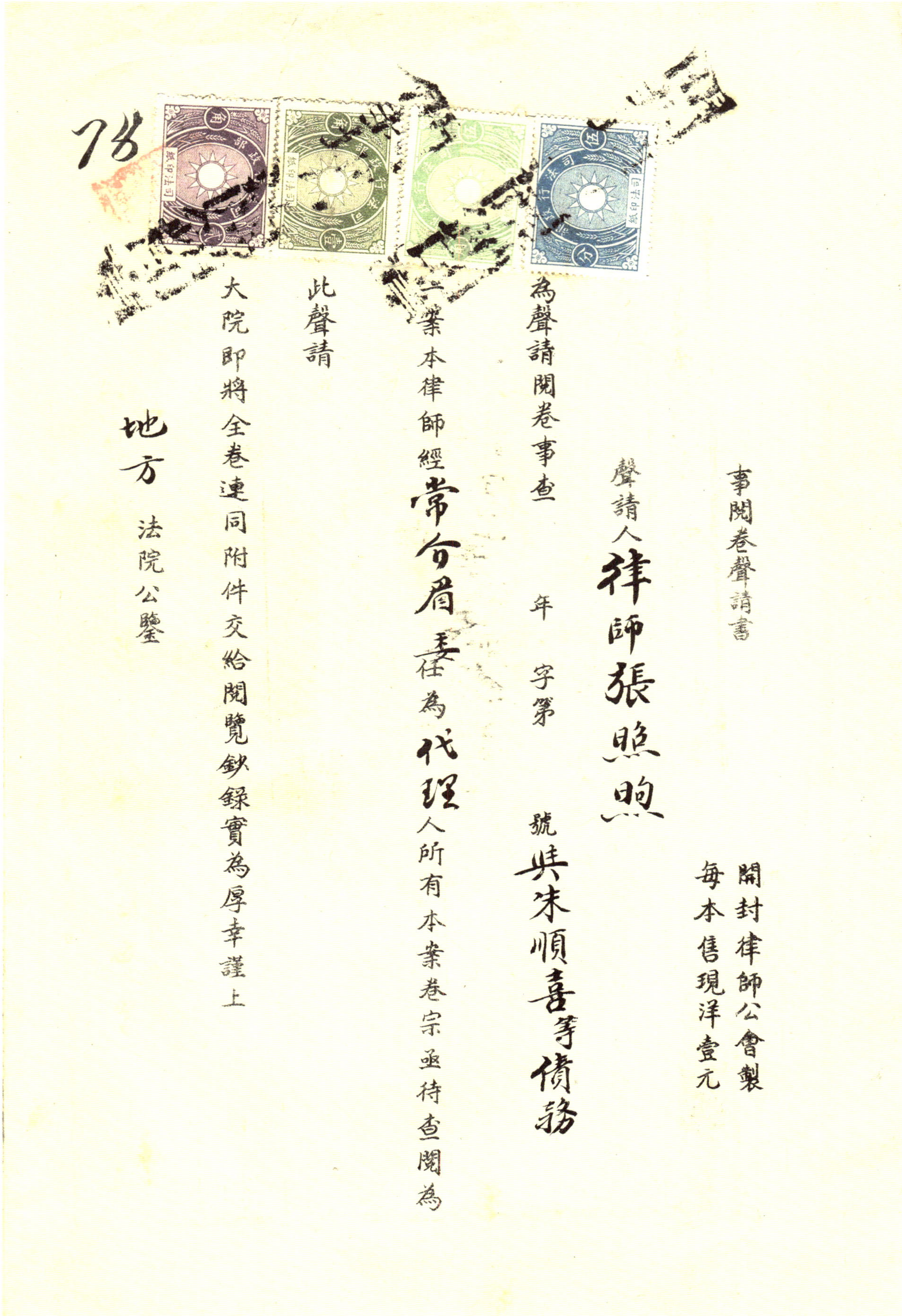

開封律師公會製
每本售現洋壹元

事閱卷聲請書

聲請人律師張照煦

為聲請閱卷事查　年　字第　號朱順喜等債務一案本律師經常介眉委任為代理人所有本案卷宗亟待查閱為此聲請

大院即將全卷連同附件交給閱覽鈔録實為厚幸謹上

地方　法院公鑒

78

准廿六年一月四日上午八鐘

來閱

中華民國廿五年十二月廿　日

律師

正會長

長會副

評議員

員事幹

聲字第3729號

一四五 新乡县司法处关于寄送朱顺喜等与同和裕债务案传票、送达证书及送达费给开封地方法院的函（民国二十六年一月八日）

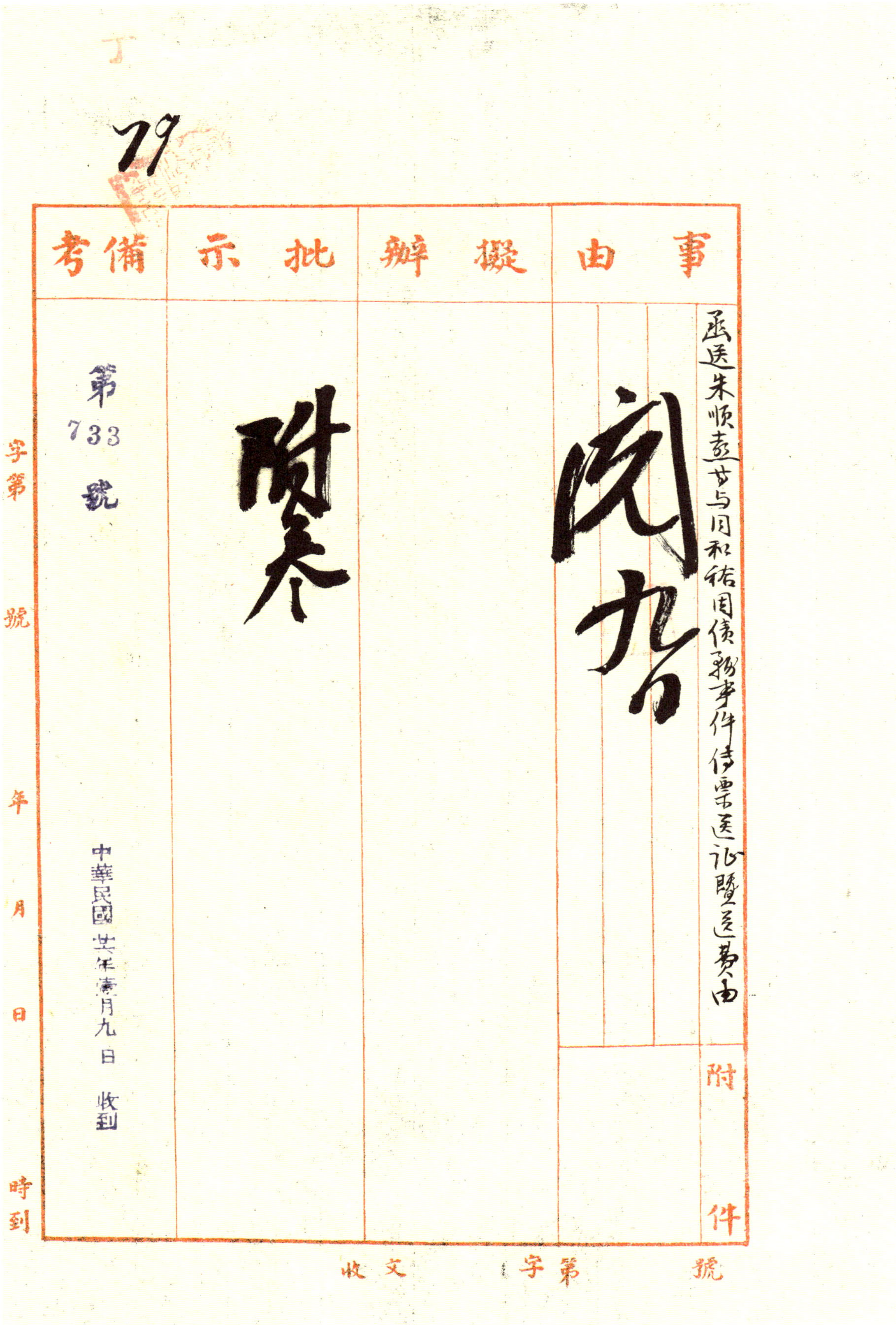
79

事由	拟办	批示	备考
函送朱顺喜等与同和裕因债务事件传票送证暨送费由	院方	附卷	第733號 中華民國廿六年壹月九日收到

附件

字第 號 年 月 日 時到

收文 字第 號

新鄉縣司法處公函　司字第222號

案准

貴院函送朱順孟等與同和裕債務事件，傳票一件，囑

即送達，當經飭警送達當事人收執，并將回送証一紙，暨

送費洋一角五分，於函送

查收！

此致

開封地方法院

計函送

80

送証一紙　送達費洋一角五分

兼新鄉縣縣長
理縣司法行政事務　王尹西

中華民國二十六年一月八日

額外需索
准即告發

本件應徵收送達費……分

81

開封地方法院書記處　字第　號

送達證書

送達文件	受送達人	送達處所
朱順喜女与同和裕女房地案 傳票一件	同和裕良号房定 代理人王彥鄉	

受送達人署名蓋印若不能或拒絕署名蓋印時則記其事由	非交付受送達人之送達則記其事實	收受送達之年月日時	送達費
王星如		廿五年十二月廿一日下時	壹角五分

中華民國廿五年十二月十四日送達人 張學亭

此證書由送達人帶回繳銷

丁

到單

朱顺喜　律师

興吉倩濱代理　一案

常介眉律师

暨照代理

於本日下午三時到院

處分

廿六年一月十二日　時

一四六　中交金上四总行处关于同和裕欠款、安阳电气公司应如何整顿等给开封四行的函（民国二十六年一月十一日）

26.1.14 收到

（中）國銀行總管理處

上海漢口路五十號

逕啓者昨據開封同和裕借欵銀團代表上海銀行經理劉友琛君來滬報告催收同和裕欠欵情形據稱該號原欠銀團廿七萬元除河南農工銀行五萬元及鹽商三萬元可以剔出另辦外所欠四行之廿萬元將收抵之各項房地產及安陽電氣公司債權一部份作價連同已收現金共合十八萬四千元尚少一萬六千元該號總經理王晏卿現仍在押要求保出籌欵歸結又接收之安陽電氣公司現由該公司經理王君擬具整理計劃草案應如何辦理請予決定等情經中交金上四總行處開會討論議決該號餘欠一萬六千元如實難立時收現應由王晏卿換出殷實商號出立短期兌欵票據由出票商號負責繳欵方可據其保

中華民國　年　月　日　第一頁

文四三一　豐（二五·一一）

中國銀行總管理處
上海漢口路五十號

釋至安陽電氣公司應如何整頓一節須先就機械設備及技術管理方面研究明白再定辦法並議决托由中國銀行總管理處代商中國建設工程公司陳祖光君派電氣專家赴安陽詳細視察除已與劉君面洽外特再函達即希洽照爲荷此致

開封
金城
中國
交通
上海
銀行

金城銀行總經理處
中國銀行總管理處
交通銀行總行
上海銀行總行
同啓

文四三一 豐（二五·一一）

中華民國廿六年一月十一日

第 頁

一四七　开封地方法院关于朱顺喜等与同和裕债务案公开审理笔录（民国二十六年一月十三日）

97

筆錄

原告　朱順喜等

被告　同和裕等

右開當事人間因廿五年度訴字第七四號債務事件於民國廿六年一月十三日下午二時在本院民事庭公開審理出庭職員如左

推事　晉達中

書記官　朱榮賢

陪封地方法院

案件點呼後到庭人如左

原告朱順喜等未到
右記全代理人郝彦濱律師
被告常升甫未到
右記全代理人張盛照律師
被告郝康甫等未到
右記該代理人孟桑東範律師
被告郝嘉元未到
右記該代理人劉永生律師

推事諭原告代理人陳述意見
律師郝彦濱起立云本案之要實及意見業經陳述自庸再贅被告等
係同和裕股東同和裕係合夥營業被告等應負連帶
償還責任請判令被告等本利并應予假執行
問原告有別的話說否

98

答

有去年书记假扣押时呈案的股东册子现存钧院由阅书出调来的股东册子此册子系同和裕总经理王静海造的当然原本不虚又有呈案的照片为凭

问

照片不行要将原册子呈案

答

可以本造册子存各债权人手里明日来代理人取集呈阅

呈案

请常介眉代理人陈述意见

律师时廷璐

进言原告唯一证据不过这一本子该册子之构造是否合法由何而来原告不能提出确证积极之证明原告又说同和裕是合股营业常介眉是股东又不知原告

开封地方法院 通用纸

有係指從以前的或有人見常爲執行过業務或出名
合夥或隐名合夥或对別人声明过他是股东或見他
宣过股东会议原告董郭振之是股东而以郭振之
全部出四万块钱不是股东吗其餘的及幾万元
的责任
請方康甫先生代理人陈述意見
律師文葉重乾起立云本代理人先代理方康甫一人在房部数要房
又委本代理人完全代理查同和裕已歇闭二年多債权
人組織有債权团管理委员会有債权人会议既經
大多数会议议决有共同遵守之那少数人不能單獨

99

该氏以破坏大家数人利益，这册子书上不是同和裕股东，
亦不知係何人由何自造而来，至於郝康甫原不是股东，
他不过打听打听消息，分積利人款与他大家，其股利该
册子上怨道郝康甫转，既是郝康甫转郝康甫
书签不是股东，有看齐二十二年第七二号及
第九八号拆伙训令，開书所的训令一百零四号照准在案，
不清且有不符情形，请令原告将折子呈案阅看后
再详细答辩。

请郝叔之代理人陈述意见。

律师刘永生起立云：郝叔之不是股东，原告所提出一册子，该册子

開封地方法院　通用紙

在审判法院假扣押案内本代理人也看见过股东有
十元二千元的查同和裕账簿营业股东决不能
取十元二千元大规模合资营业必有股券股金账
原告无庸提出郝叔元也是债权人如谓原告所称
不足採取也无庸令郝叔元提出所称
原告代理人书请续又声称去年查时以前同和裕门口尚挂有牌
子又有债权团管理委员会现时牌子也没有了也无
一人了债权团也没人了查时仍系真指来债权人不叫
起诉且本元去起诉早经厅院将同和裕内账俱发给
老封指查 在厅院起诉者也不能一起同和裕在新乡

100

原判不过是一小戏饰人由小而大普通人都知道明白

此批示及意见书一併呈上

推事孫彦傳霞同庭

中華民國二十六年一月十三日

開封地方法院民事庭

書記官朱孫榮貴

推事[illegible]

開封地方法院

通用紙

一四八 同和裕王晏卿、赵安侯委托桑秉乾为其与朱顺喜等求偿债务案代理律师的委托书（民国二十六年一月十三日）

102

注意 第一欄求二字出具狀人自填如係起訴則填起訴上訴則填上訴餘類推 第二欄亦由具狀人自填係起訴則右方填原告左方填被告餘類推

民事委狀

	右方	左方
姓名	同和裕 王宴卿 趙安侯	律師桑秉乾
年齡		
籍貫	新鄉	
住址	新鄉城內 在新鄉設號	
職業	總經理 協理	

批阅

一、案由　来呈各号副信信务第一表

二、原因　为将信件呈阅核报不能到案

三、批示　完全合理话说进行并代收集表

交存

准妥

陈月十青

證人

證物

聞喜地方法院

公鑒

中華民國廿五年元月十三日

具狀人 同和裕 十

王寶卿 十

趙安義 十

經手發行處

發行狀紙時應於發行處下

加蓋名義發行機關蓋章

銀團向同和裕王晏清清算總帳

四銀行借款共弍拾萬元

收回房地產作價（照三次撥價）

拾弍萬弍千四百元

追加新鄉泰豐棧房屋作價

五千元

安陽電廠股權

叁萬八千八百元

繳來現款

壹萬四千五百元

贖回地契現款

叁千弍百七拾九元

廿六年一月廿二日止結欠壹萬六千零弍拾壹元

119

注意 [illegible]

民事（　）（　）		
	具呈人	三方
姓名	朱順喜 陳元吉 王勳 趙新吾 樂壽堂即王運生 五福堂即趙興濃 中興堂即趙宗武 琴鶴堂即趙慶庭 張耀瞪 張心侗 李銘鼎 李嘯穠	
年齡		
籍貫	均開封縣	
住址	鴻影口三元居 井胡同路北 北花井三十四號 全上 大神廟後街路北 北書店街路西 全上 全上 山貨店街路西 全上 北羽府胡同 太平街十六號	
職業		

為遵令呈繳摺據補正堂名并請求對郭振之前繳洋四百元由被告應償付利息項下扣除事窃民等前訴同和裕銀號經理王晏卿副經理趙安侯股東常介眉夏玉藴李康甫邢叔光暨其他股東（詳見前請求償扣押呈案之股東姓名册）欠債不償請求判令償還并准予宣告假執行一案並曾經庭訊多次頃奉票傳於本月十八日複訊該傳票備考欄内注明將所有証據務於審期前呈案核奪等因奉此自應遵照辦理查民等摺據共十二箇除李晴秋一摺前因與夏洪範在

鈞庭涉訟呈案因該案迄今尚未確定未能領回還呈繳可就近調閱外其餘手摺十一扣完全呈繳即懇

查核拟判飭令如數清償并准宣告假執行實為德便又民等前遞起訴狀委任狀内有堂名四户細繹似有不妥兹特更正樂壽堂王即王運生住北閣火

120

神廟後街路北、五福堂趙郎趙興濃、琴鶴堂郎趙襄庭、中興堂郎趙宗武均住
此間北書店街中間路西、再民等初起訴時被告一方本有郭振之一名旋以該郭
某願交洋四百元作為和平了案此刻款已交民等早遞有撤銷郭振之一部分訴
訟狀該交到四百元款并請准由被告同和裕正副經理股東應償付利息項
下扣除、否則如和原本之感、計算極大困難也、為此具呈謹呈

書人

證物

朱順喜　趙新吾
陳允仪　五福堂趙
王勳　李銘鼎
樂壽堂王　張耀曈
中興堂　琴鶴堂　等同和裕存款摺各一个共拾壹个
張心洞

開封地方法院民庭

公鑒

121

律師李清濱

中華民國二十六年二月十五日

具狀人 宋順喜 陳元吉 王勳 趙新春 張心炯 張耀痘

經手發行處

發行狀紙時應於發行處下
加蓋各該發行處圖章

一五一　常介眉关于朱顺喜等控告其债务案的答辩书（民国二十六年二月十七日）

123

注意

第一欄末二字由具狀人自填，知係起訴則填起訴，上訴則填上訴，餘類推。

第二欄亦由具狀人自填，係起訴則右方填原告，左方填被告，餘類推。

民事　辯訴

右方	辯訴人	左方
姓名	常介眉	
年齡	四十六歲	
籍貫	安陽	
住址	住維新街八号	
職業	學界	

為依法提出答辯請予駁回原告等對民請求之訴并判令負担本案訟費事窃民前在同和裕銀号先後存入欵項事诚有之後雖经该号经理面请改作股東票当尚在考慮期间该号竟行寄下股票十七張但民國二十二年夏民与黄樹人堂因有借貸関係将股票先為抵押後经轉退该号已准過户有该号经理当時信件及收到股票後正式收据可证此民国二十二年夏秋间事也讵至民国二十三年春该号营業不盛之時曾生擠兑風潮民当時已与该号早無関係故向未過问至去年八月间適被本案原告朱順喜等無端控民及郝叔元等謂素係该号股東應負連帶清償之責并擅請假扣押民兄祉蕃強恕堂名下安陽新置房產一处误行侵害他人至今两经庭讯该原告等并不能提出证据惟其代理人謂應依民法合夥規定归民等負有清償債務之責

124

各等語民等於此場合除各人有各人地位関係不同應各分別陳述民不言他人情事外但查朱等对民不發生法律関係絶無訴追之權縱経伊等代理人强詞奪理以文乱法然而事实俱在实亦与合夥無涉故辯請駁回原告之訴并判令負担本案訟費以符法理

特約畧分四項列述於左

(一)民在同和裕開始成立時并無任何契約不應負合夥股東責任之理由

窃民对於同和裕原係存欵後経誏股并非合夥已如上述原告等謂民素係同和裕合夥股東果尔則該号財產早已被人組織委員会負責清理所有該号内部一切文件亦悉被該委員会披露淨尽如果原告等所訴確实則同和裕号内必存有民与該号雙方訂立簽名蓋章之合同或

堆金大賬及其他堪作证物之一切文件倘係真有上述各证件一经原告等提出作证民即難以否認乃法律所明定也但至今兩经審訊原告等迄未提出对手之片纸隻字以資证明惟空言主張債權欲強令民毫無関係之第三者冤代同和裕負連帶償債之責衡以国法人情寧有是理乎此原告等对於同和裕成立之歷史始終茫然輕率控訴已屬無的放矢復不能依民訴法第二百七十七条尽立证之責故民不應負股東責任此其一

(二)民在同和裕营業進行中始終并未执行任何業務亦未出名营業不應負合夥股東責任之理由

查合夥营業係共同事務合夥財產係共同公有関於执行合夥事務必经合夥人全体共同执行或共同约定由合夥人中数人共同执行合夥事務換言之即出

126

名營業人在法律上方可对内对外為權利義務之主体否則即非合夥不
負任何責任考之民法第六百七十一条一二兩項規定至嚴至明不容稍混此
乃人人所共知者今查同和裕運用資金到处任营百業歷有年所各处俱有
真正事实与証拠可供指訴而原告等於此除能指明王晏卿趙安侯等同係
該号出名營業人曾經任意執行業務外对 民既不能指明与王趙等有同樣
之事实復不能提出 民在同和裕号内自己有同樣之表示更不能提出王趙等
代 民表示上述同樣之事实 民不為否認之証拠独拠同和裕擠兑後不知從
何而起絕無法律原因所組之清理委員会所發少頭無尾不倫不類之股欵
清冊而順喜等竟妄拠此清冊向 民違法間接訴追除該清冊外并不能提
出絲毫証拠以陳訴其根本理由足見該原告等惟啚強詞奪理虛張声势

其实绝無辯論之價值此民不應負股東責任此其二
（三）民在同和裕擠兑後亦未与該号發生任何関係不應受清理委員會所發清冊之拘束更無股東責任可言之理由
查原告等起訴之唯一证拠為上述之清冊復查該清冊發生於同和裕擠兑之後依民法第六百九十四条之規定應由同和裕招集股東会議以全体股東選任之以過半數表決之確定清算人方為合法乃本項上述法條所明定若民為該号股東應在被招集之列并有選任表決確定清算人之權自不待言但民不惟始終未被招集未舉清算人并且亦不知有此清冊姑無論該号未曾依法招集会議無依法選任之事实不能有効即经該号经理個人实行選任或委任託然此種行為乃伊個人自行負責之表示当然对於任

126

何人不發生法律拘束豈能独令民受此拘束耶此為该清册根本上違法之点不足依拟并查该清册既未叙明成立事实在法律上绝無地位又未署有机関人名在行政上更乏系统兼之又未注明如何開始如何告成匪特程式至不完備不能作判决根拟且查其清册内容所載股欵数目有多至数萬者有少至十元者懸殊甚鉅既違合夥之原則更不顯有無股票及是否係屬股東亦未載十元股東与数萬股東有何區别并有於人名下注明係某人眷屬者似此情節究不知應归何人負責若例以吾国最隆重之普通合夥法規尤大相背謬究之该号成立時不知是否曾招開股東会议從今開会股權不明究應招集何人亦未详注俱殊令人不解再查该清册除於股東名下注有股本若干及已繳資産額数等字外下餘对於未

缴者并未注明應否照追如何辦理追之不缴如何救濟似此各節含混難明所謂清册及清理者毋乃名实太不相符乎此外逐項審查類此者不一而足總之該清册既不合法無論該号对此行為如何在法律上绝不能对他人發生効力故民謂原告朱順喜等所提此項証据绝不足憑是以民实無股東責任之可言此其三

（四）該号總经理对於同和裕曾鄭重声明担負全責該号所有不動産非经其簽字处分概作無効据此民非合夥股東更可証明

查民国二十二年十一月三十日曾经同和裕经理王静瀾於其總号所在地豫北日報上登有啟事以鄭重手續用大字声明該号所有不動産非经伊簽字处分無効至民国二十三年三月三日又[illegible]該振端声明負責清

127

理令各儲户安心勿惑各等語并未言及与人合夥在在皆足為積極証
拠早証明同和裕負責有人無論該号權利義務及債權債務皆屬該
号経理為其主体与他人毫不相涉現在报章俱在臨訊呈鑒可資佐
証尤足見同和裕对外行為与民無涉亦絶無合夥股東関係之可言
有積極証拠可資証明者此其四
綜上述四項理由以同和裕内部論与民并無合同契約之締結以該号対
外論民并未出名營業及共同执行業務之事実雖有上述清冊而
無適法原因更有該号経理二次鄭重声明足為民非合夥股東之
鉄証原告等竟一切不察無拠妄告無論於情於理於事於法均屬不
合既経訊明應為判决為此依法答辯懇請
鑒核迅就民被訴部分即為駁回原訴之判决并撤銷安陽强恕

堂假扣押处分以免訟累而明產權謹狀

證人

證物

開封地方法院民事庭

公鑒

律師張熙煦

128

中華民國二十六年二月十七日

具狀人常介眉 十

經手發行處

發行狀紙時應於發行處下
加蓋各該發行機關戳記

律师李清滨关于存款折有关问题给开封地方法院的函（民国二十六年二月十九日）

李清濱律師事務所用箋　147

敬啓者昨承請
鈞庭派員到高等法院民庭陳裕壽書記官一股調閱李嗣穐與夏洪範撥款訴訟案内同和裕存款摺以資証明同和裕尚欠李嗣穐若干款項想邀
洞鑒該項存款摺據何特調到如有疑竇
請定期通知敝代理人及被告同和裕代理人
當面對

148

李清濱律師事務所用箋

庭清算以便早日判決而清糾葛早為到
截至本年六月既宣告辯論終結就予判
決尤所盼禱此上
開封地方法院民庭
晉推王子翼
代理律師李清濱謹啟 六九

一五三　律师李清滨关于朱顺喜等控诉同和裕王晏卿等债务案的意见书（民国二十六年二月十九日）

149

對于朱順喜等訴同和裕銀號正副經理王晏卿趙安侯股東常介眉鄭叔元等債務一案意見書

朱順喜等訴同和裕債務一案、曾于民國廿五年十二月十一日及本年二月十八日、連次開庭辯論、本代理人對于被告代理人之答辯、已當庭辯駁、并由當事人朱順喜等具狀陳叙理由、茲再詳述意見如下、

(一)據同和裕代理人稱同和裕銀號已經債權團與該號定有復業還債辦法、少數債權人應受其拘束、不應單獨告訴、以最高法院判例及信昌銀號為籍口、查同和裕銀號債權團之組織、未能通知債權人全體、又未能得債權人全體過半數之同意、合法投票選舉代表、依法組織債權團、而所謂債權團者、不過少數債權人之任意組合、以為索債之方法、根本上即不合法、自無拘束其他債權人之効力、況該債權團早已瓦解、確不存在、同

和裕經理夥友已、潛匿無踪並、未設有清理處、如信昌銀號現、尚有人維持、双方負責、實行復業、分期按章履行還款辦法、兩相比較、是其情形大不相同、前同和裕其他債權人、如李安吉訴同和裕、謝晋岑訴同和裕股東譚伯修、馮佛(呂潭中校校長)訴同和裕經理王靜瀾、(靜瀾即王宴卿字)各案、均經鈞院先後判決執行、此案事同一律、當然不能置諸例外、又查同和裕係合夥營業、現在該號既已歇業、依最高法院民國十八年上字第二三五六號判例內開、合夥營業之債務、合夥解散後、合夥人當為然該營業之債務主體、雖合夥營業之經理人本於營業時之合夥委任、對于合夥負有清理該營業殘餘財產之責、然債務主體既為合夥人、債權人自得向其求償、不能以為尚有經理為詞、而主張主體錯誤云云、自應由該號全体股東各負連帶債還責任、該號經理亦應負清理償還之責、

150

（二）據李康甫代理人稱、王宴卿所呈股東姓名冊內載、堂號下注明李康甫轉、足見股東並非李康甫等語、查該堂號下係一李字、即恕道堂李下邊臨接又釋明李康甫、并非轉字、何以忽來此轉字、殊深可疑、退一步說、縱然認為轉字是真、下邊既釋明李康甫姓名、伊即不能脫卸股東責任、該代理人之答辯、亦屬無理、

（三）據常介眉代理人廿五年十二月十一日稱、常介眉係隱名合夥人、原告不應向其求償云云、查隱名合夥、係為出名營業之人而出資、如附股于他人出名之股內、自己並不出名之類、是本案被告常介眉在同和裕、係自己出名入股、有同和裕經理王宴卿在開封縣所呈股東姓名冊可憑、有何隱名合夥之可言、該代理人之答辯、顯屬誤解、又本年二月十八日稱、常介眉曾經退股、以王宴卿信件為其退股之証明方法、殊不知退股非得過半數合夥人之同意、不生效力、王宴

卿雖係經理有何權力一人准其私自退股况開封縣廿三年六月二十一日奉省政府令發交王靜瀾（即王宴卿）造送之股東姓名冊是由王宴卿親自出名造呈彼時常介眉果已准其退股安能再列入股東姓名冊内事屬串通情非真實尤甚顯然

（四）據郝叔元代理人稱郝叔元并非股東實係債權人有存款摺據為憑云云同和裕銀號股東一方兼屬債權人者極多如果有存款為債人即不能冀是股東而王宴卿趙安侯亦可以脱離股東關係寧有是理查郝叔元確是同和裕股東不特有王宴卿親自所造股東姓名冊為憑而且有建設廳調查開封縣所屬境内確係同和裕股東之郝叔元曾於民國廿三年二月二十三日令開封縣府佈告縣民不得承購其不動產違則無效開封縣府于同月二十五日遵照辦理出示佈告週知在卷堪資鐵証尚有何詞推委並

158

非股東之餘地、

(五)據夏玉蘊代理人稱朱順喜等提出之股東姓名冊、不足為憑、應根據同和裕銀號股東姓名底賬、又稱同和裕銀號總機關在新鄉、應向新鄉縣府與夏玉蘊起訴云云、查朱順喜等初次提出之股東姓名冊、係由債權團印製、分別發給債權人、債權團豈憑空捏造耶、殊不近理、既非憑空捏造、係根據同和裕股東姓名底賬、當無問題、至後來提出之股東姓名冊、係總經理王宴卿親自造呈省政府備案之件、省政府據以於廿三年六月廿一日發交開封縣政府存查、手續慎重、極堪置信、況今該兩冊相比較、股東姓名及入股額數、均屬一致、不過王宴卿造呈省政府之冊、關於股東姓名住址較詳耳、更足証朱順喜等後來提出王宴卿造呈之股東姓名冊、亦係根據該號股東底賬、又毫無可疑、如謂對此經地方最高官府核辦翔實之証據、尚

有瑕疵、不知何項証據、始可以採取作為判案之根據、至稱同和裕總號在
新鄉、應向新鄉起訴、尤其不合、查同和裕之組織、係某處銀號冠以某處
字樣、即如開封銀號、冠以開封二字、濟南銀號、冠以濟南二字、新鄉銀號
冠以新鄉二字、并未顯明某處係總號、由何得知新鄉是同和裕總號也、
況當時此間同和裕先經倒閉、以後各處相繼遂之而倒、此間同和裕曾將各
處賬薄、調運來開、設法清算、謂如不信、可派員調查此開北土街同和裕之舊
址、現不獨度存有此間同和裕之一切賬薄、而且度存有各處同和裕之一切賬
薄、由此種事實、可以証明此開同和裕確係總號、夏玉蘊既係同和裕
股東同和裕總號、又在此間事實、又係由此間發生、安能謂不宜向此間法院
起訴、再朱順喜等所告訴之人、除夏玉蘊外、尚有郝叔元李康甫等、伊均係
開封籍、對之向此間法院起訴、尤不能認為非法、

152

總上理由本案實在均屬証據確鑿毫無可疑且同和裕歇業已經數年、迄無償還辦法況該號財產及股東財產或為官廳拍賣或偽託移轉或私自抵償者再遲延恐其財產完全移轉淨盡將來無可供執行之物未順喜尊縱然勝訴無法請求執行為此懇請

鈞庭即行判令同和裕股東各員連帶償還原告本利及負担訟費責任並准予宣告假執行用保債權而清糾葛實為公便謹陳理由如上、

完全代理律師李清濱謹呈

二十六、二、十九、

171

注意

第一欄末二字由具狀人自填如係起訴則填起訴上訴則填上訴餘類推

第二欄亦由具狀人自填係起訴則右方填原告左方填被告餘類推

	民事 ○○	
	右方 原告	左方 被告
姓名	朱順喜 陳允化 王勳 趙新吾 樂壽堂王 即王運生 五福堂趙 即趙安瀛 琴鶴堂 即趙震庭 中興堂 即趙宗武 張心侗 張耀宣 李銘鼎 李肅穗	同和裕銀號東 又法定代理人王宴卿 兼股東 又法定代理人趙安保 兼股東 常介眉同和裕股東 李康甫同和裕股東 郝叔元同和裕股東 夏玉藴同和裕股東
年齡		
籍貫	均開封	
住址	鴻景口三元居 井胡同路北 北森井街路西 仝上 大神廟後路北 北土店街路西 仝上 仝上 山貨店十九号 仝上 刘府胡同北口 太平街十六号	均詳前狀
職業		

為請求依法迅予判決事緣民　朱順喜等因求償債務訴同和裕銀號股
東一案經
鈞庭于本月十八日審理因全體股東傳案困難諭知將同和裕列名以外在
冊之其他股東撤銷因原告代理人本係普通代理對于撤銷和解依法非有特
別委任不能生效所以原告代理人當庭雖口頭允許一方聲明須俟退庭後再
與原告正式商議遞狀撤銷方能有效究查原告請求之目的係令同和裕股
東償還債務按同和裕係合夥營業並非銀行公司實無法人資格既非法
人則所謂同和裕者不過一個空商號並無人格而其主体即為該號之全體股
東歷來最高判例早已解釋明晰凡有法律常識者類能知之（可參考最
高法院判例債例要旨関于債編合夥一部分）至于商號之股東其法定代理
人即其經理本案原告所告者本為同和裕全體股東所以訴狀將同和裕列

172

為被告、所謂同和裕者、即指同和裕全体股東而言、至其中所列之股東姓名、因已查明所以列入、其餘因有清册、故未列舉、原告請求判决者、除將所列舉之股東常介眉、夏玉縕、郝叔元、李康甫等、判令連帶償還本利外、其餘判决書内載為同和裕銀號、其餘股東即為已足、原不必盡列其名、亦不必一概傳令到案、蓋同和裕為合夥營業、其主体即為該號股東、其法定代理人即為該號經理、現同和裕既委代理人、當庭辯論、該代理人必非受股東全体委任、即係該經理人所委任（不然即係假冒）果係該經理人所委任、經理人可以代表股東全体、該同和裕之代理人、亦當然可以代表股東全体、況所告同和裕、即指同和裕全体股東而言、業已說明如上所述、該代理人又明明係同和裕所委任、則其應為同和裕全体股東之代表、不辯自明、該代理人既可代表同和裕全体股東、現該代理人既到庭辯論，即無異于其全体股東到案。同和裕銀號及其經理既均合法傳喚，亦無須其全体股東均受合法傳喚，又何必再傳其他股東一齊到案，致有畫蛇添足之嫌。其他股東既不必再傳，即無將其他股東姓名撤銷之必要。如判決時僅判常介眉等及同和裕其他股東連帶償還本利，宣示假執行即可。至郭振之所還四百元，應在利息內扣除，請求按普通判決辦法（各省高等地方法院及最高法院）判明被告給付原告週年百分之幾之利息，自某年月日起至執行完了日止，執行時應扣除已還利息四百元。又被告代理人答辯各項：（一）據同和裕代理人稱，同和裕總號在新鄉，應向新鄉起訴等語。查同和裕歇業時，曾在開封清理其分號賬簿，亦同在開封，同和裕之財產開封特多，自以在開封起訴為宜。且該股東居住開封者頗多，如被告郝叔元住開封老會館街，李康甫

173

住開封中山中街，其餘被告均係共同被告，依民事訴訟法第二十條，原告當然可在開封起訴。又常介眉代理人所稱，常介眉業已退夥，有該號經理人給付信件為憑，查合夥人之退夥，依法應通知其合夥人，該代理人所提信件，縱屬是真，然既為其他合夥人給與之信，自難為退夥之合法證據，況此種信件，不難臨時偽造，而王宴卿在開封縣所呈股東姓名，又明明載有常介眉，則其所稱退夥係屬捏飾，實屬無疑。至于其他被告答辯，已經原告代理人當庭或具意見書辯駁，應請迅予判決，以免拖延。謹呈

124

律師李清濱

中華民國二十六年二月十九日

具狀人 朱順喜 陳元從 王勲 趙新吾 衆壽堂 五福堂
琴鶴堂 中興堂 張耀宣 張心侗 李銘鼎 李嘯龝

經手發行處

發行狀紙時應於發行處下欄蓋各該發行機關戳記

一五五　开封地方法院关于朱顺喜等与同和裕债务案的判决书（民国二十六年二月二十二日）

154

已掛

閱

公十份

河南開封地方法院民事判決　廿五年度訴字第訴字第七四号

判決

原告朱順喜住開封縣鴻影口三元店

陳元化住開封縣井胡同路北

王　勲住開封縣北花井街三十四号

趙新吾住開封縣山貨店街路東

李銘鼎住開封縣北花井街三十四號

樂壽堂住開封縣北花井街三十四号

訴訟代理人王運生住同上

五　福堂住開封縣北劉府胡同

開封地方法院

通用紙

訴訟代理人趙興濃 住 同 上

中興堂住開封縣北書店街路西

訴訟代理人趙宗武 住 同 上

琴鶴堂住 同 上

訴訟代理人趙襄堂 住 同 上

張耀暄住開封縣山貨店街

張心侗住開封縣山貨店街

李嘯[illegible]住開封縣太平街十六號

右共同訴訟代理人李清瓚律師

被告同和裕銀號 住開封縣馬道街

155

法定代理人王彦卿 住新鄉看守所

趙安侯 住未詳

共同訴訟代理人桑秉乾律師

被告常介眉 住安陽縣城內南街

訴訟代理人張照煦律師

被告李康甫 住開封縣中山南街二百四十三号

訴訟代理人桑秉乾律師

被告夏玉藴 住陽武縣城內南街

訴訟代理人趙憲周律師

被告郝叔先 住開封縣老會館門

訴訟代理人劉永生律師

右列當事人因求償債務事件本院判決

如左

主文

被告同和裕股東王彦卿趙安侯常介眉

夏玉蘊郝叔元應共同償還原告朱順喜法

幣一千二百四十元零七角二分並自民國二十三

年三月一日起按約定月息八厘計算又應償

還原告陳元化法幣一千四百七十五元四角

四分並自民國二十三年二月一日起按約定

156

月息一分計算，又應共同償還原告原母王勲法幣二千四百七十四元五角四分五厘，並自民國二十二年十一月十四日起按約定月息五厘計算，又應共同償還原告趙新五法幣六百元，並自民國二十二年十一月十七日起按約定月息一分計算，又應共同償還原告李銘鼎法幣九百五十一元一角，並自民國二十二年十二月二十四日起按約定月息五厘計算，又應共同償還原告樂壽堂王法幣二百九十九元二角，並自民國二十三年一月二十四日起按約定

月息一分計算、又應償還五福堂趙法
幣一千元、並自民國二十二年九月二十七日
起、按約定月利一分計算、又應共同償還原
告中興堂法幣一千五百元、並給付民國二十
二年十一月十六日以前欠息四十元、又自民國二十
二十二年十一月十六日起、按約定月息一分計
算、又應共同償還原告琴鶴堂法幣
一千三百二十元、並自民國二十二年十月十八
日起、按約定月利一分計算、又應共同償還原
告張耀儀法幣一千五百四十四元五角二分

187

並自民國二十三年三月一日起按約定月息
一分計算、又應共同償還原告張心侗
法幣一千二百三十五元一角四分並自民國
二十三年三月一日起按約定月利一分計算
又應共同償還原告李嘯龝法幣二百五十
元六角八分並自民國二十四年十一月六日
起按約定月息一分計算均自執行完了之日止
原告所收郭振之洋四百元准在被告應付
利息內扣除、樂壽堂王所收之利息七十元並
准由被告等應付其本人利息扣除

開封地方法院 通用紙

原告其餘之訴及假執行之聲請均駁回
訴訟費用由被告等負担
事實
原告等訴訟代理人請求判令被告等共同償
還債務一萬四千一百二十九元八角，其陳述要
旨略稱，原告等十二人在同和裕共計存款
一萬四千一百二十九元八角，各該原本暨利
息，應起算之年月均載明於摺據，早已呈
案，雖李嘯髓之摺據在另案訴見
洪範奏內自可調閱，所有被告常介眉郝

158

權元、王彦卿、趙安侯、夏玉藴、李康甫

及其餘股東均有所呈之股東清册，又由有府調來之清册爲

憑，均係股東無疑，即係債務主體，應共

同負責連帶償還。惟查一部賬之部分已付（過）

四百元早經撤回，請由各被告應付利息内

扣除；樂壽堂王於民國二十三年一月二十三

日起息後所收之利息十元，俟執行時扣

除，亦無不可。又其（清册爲）餘各股東請當庭撤回

（財産）先補正程序，拖延時日，再被告等所有

均經隱匿，並請宣示執行以利債權云

開封地方法院

通用紙

被告等訴訟代理人請求駁回原告之訴，具
答辯書，旨略稱：被告李康甫部分，核
閱股東冊上李太太名下載李康甫將字
樣，足證同和裕股東非李康甫，已無可
疑；且有省府及開封縣政府訓令，亦足證明。
呈覆王蘊亦非同和裕股東，決不能專擅請
同，即可望否定。況同和裕王彥卿現被押
於新鄉，而開封同和裕又早倒閉，似應
移送新鄉管轄，方為合法。又叔元於
民國十五年五月初一日存洋三千元有同和

159

裕所立字據為憑、若果入股、何以字據仍存郝敬元之手、足證非股東無疑、該請同所載不足為憑、又查一常介眉早經退股、有二十二年七月十二日王彥卿所付之股票收據為憑、並有親筆手函可閱、顯非同和裕股東、至為明白、該原告等強指被告等為同和裕股東、均屬無理妄訴、請求駁回其訴、以免訟累云云、

理由、

查本件原告等訴郭振之及其餘股東

部分業經先後撤回，故當事人欄內免
予添列，合先說明。查被告同和裕欠原告朱
順壽本洋一千二百四十元零七角二分，欠
陳元優本洋一千四百七十五元四角四分，欠
王勲本洋二千四百七十四元五角四分五厘，
欠趙新春本洋二千六百元，欠李銘鼎本洋九百五十
一元一角，欠樂壽堂王林卿本洋一千二百九十九元二
角，欠五福堂趙本洋一千元，欠中興堂李本洋
一千五百元，欠琴鶴堂一千二百二十元，欠張
耀煊本洋一千五百四十四元五角二分，欠

160

張心侗本洋一千二百三十五元一角四分均
有摺據為憑經被告訴訟代理人寄樓無
異是所欠債務額數已臻明確各該約定
利息均不超越年利百分之二十原告等
請求自欠息之日起至執行完了之日止
按約定利給付與法尚無不合又請求郭
根之所付四百元應由被告應付利內扣除並
樂壽堂王於起息後所收之利洋十元
應由被告給付其本人利息內扣除均（在另案）尚可
行至李嘯穐債務部分業經查明所

開封地方法院　用紙

訴夏洪範案内照摺核算自二十三年十
一月十八日起計結存洋六百元，截止二十四年
十一月共取洋三百六十一元八角二分（連撥
夏洪範二百元在内）加入中間所收利息十九元
五角，該同和裕實欠洋二百五十七元六
角八分，並無三百八十九元一角八分之多，自
應更正，惟該欠利息亦不超越法定之範圍，
應核照約定利計算給付欠息至執行完
了日止。又查原告等主張夏玉璽常
介眉 萬叔元 趙宏侯 王彦卿 李康

161

庚甫為同和裕股東以前呈案之股
東名冊為武斷偽造又經本院向開封縣政府調
閱同和裕經理王彥卿於民國二十三
年十二月間呈案之股東名冊則相符被告
夏玉蘊常介眉郝叔元趙安侯王彥
卿為同和裕股東無疑雖終往夏玉蘊
否認為同和裕股東然提不出反證自
不憑其空言卸責又常介眉雖提
出二十二年七月十二日王彥卿之收条及信件證明
退股然查該信紙新鮮不甚陳舊即

開封地方法院　用紙

使以屬實，自十三年六月間又將常介眉列入股東冊內，足證其所呈之信件及收據為事後之串造，不足採取。該郝叔元雖能提出字據證明同和裕欠債屬實，究無法證明為非股東，故與趙姿侯、王彥卿均不能脫離關係，應負責共同償還原告等債務，方為合法。又查股東冊李太太名下註明李康甫轉字樣，則李康甫之股已讓於他人，自不得為同和裕股東，已甚顯然。而原告明知故牽李康甫於股東

162

殊有不合，故此一節之訴不能認為有

理由。再查原告已將各股東財產呈請

假扣押，經本院核准在案，乃請求（將來亦無難於抵償及難於計算之損害）

宣示假執行，亦有不合。

總上論結，本件原告之訴一部有理

由，一部無理由，應予分別准駁。依民事

訴訟法第七十九條末段判決如主文。

中華民國二十六年二月二十二日

河南開封地方法院民事庭

推事晉運中

開封地方法院[illegible]用紙

毋許國當事人如不服本判決得於送
達後二十日內向本院提出上訴狀

一五六　开封地方法院关于朱顺喜等人与同和裕债务案的批示及判决书的送达证书（民国二十六年二月二十六日）

额外需索　准即告发

176

送達證書

開封地方法院記處　字第　號

同和裕債務等一案

送達文件	受送達人	送達處所
批示一件　事	朱順喜等三人	

受送達人署名蓋印若不能或拒絕署名蓋印時則記其事由	非交付受送達人之送達則記其事實	收受送達之年月日時	送達費
朱順喜收		廿六年二月廿六日　時	

中華民國廿六年二月廿六日送達人周

此證書由送達人帶回繳銷

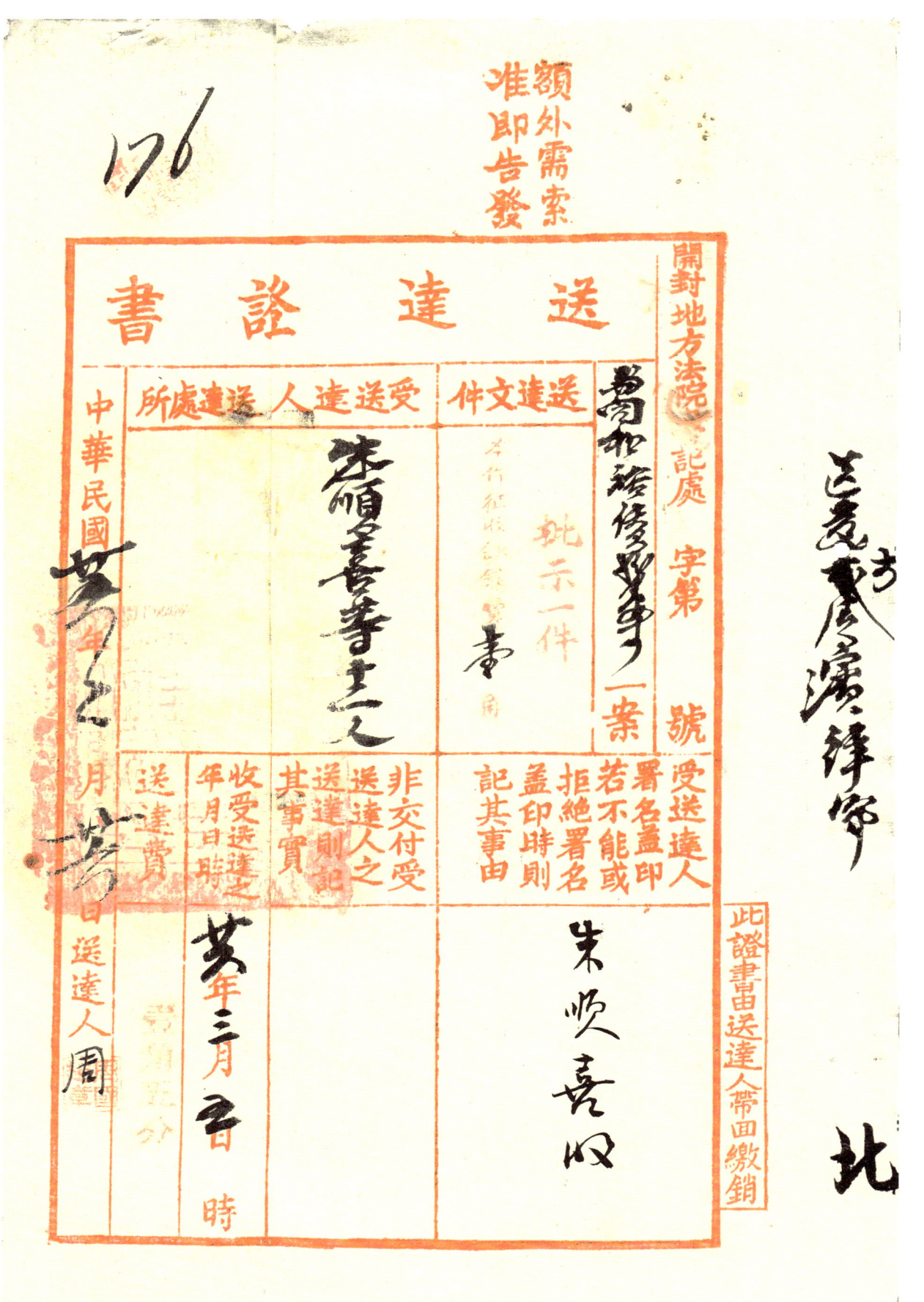

177

字第　　號

中華民國　年　字第　號　同和裕借欠涉訟一案

送達　批　應征收抄錄送達費洋[illegible]分共計洋[illegible]分

茲已　照數　特給此據為憑

右給納費人朱順喜

中華民國七年一月廿七日

河南開封地方法院

送達吏

鈔錄費送達費收據備案

字第　　號

送達費存根

額外需索
准即告發

178

開封地方法院書記處　字第　號

送達證書

送達文件	受送達人	送達處所
與同和裕告侯殿卿一案　本件徵收送達費　大洋五角	宋順喜　陳元紀　王[illegible]　趙新吾　方鎔[illegible]　樂壽堂　[illegible]	

受送達人署名蓋印若不能或拒絕署名蓋印時則記其事由	非交付受送達人之送達則記其事實	收受送達之年月日時	送達費
		十六年三月五日　時	

中華民國十六年三月廿日送達人叶

此證書由送達人帶回繳銷

本件業經徵收送達費

北

一五七　王庆祺关于王晏卿、赵安侯现无法交费以后补齐给开封地方法院推事的呈，附送达证书及送达费收据各一件（民国二十六年二月二十七日）

186

丁

報告書

為報告事奉發同和裕號代理人趙安侯王彥卿判決各件依法送達桑秉乾律師收受後聲稱現在無法交費等以後補齊理合報告

推事鑒核

計繳送達證單各件

執達員王慶祺呈

附卷

額外需索
唯即告發

187

送達證書

開封地方法院書記處 [illegible]字第 號 一案

送達文件	受送達人	送達處所
判決書一件 本件征收鈔錄費貳元五角	同和裕銀号法定代理人趙[illegible]	

受送達人署名蓋印若不能或拒絕署名蓋印時則記其事由	非交付受送達人之送達則記其事實	收受送達之年月日時	送達費
		廿六年三月二日 時	

中華民國廿六年二月廿七日送達人 [illegible]

此證書由送達人帶回繳銷

南

188

額外需索
准即告發

送達證書

開封地方法院書記處　字第　號

徐順堂等傳票	一案
送達文件	弍元五
受送達人	同和裕銀號　法定代理人王彥卿
送達處所	
受送達人署名蓋印若不能或拒絕署名蓋印時則記其事由	
非交付受送達人之送達則記其事實	
收受送達之年月日時	廿一年三月二日　時
送達費	

中華民國廿一年三月　日送達人王

此證書由送達人帶回繳銷

南

189

中華民國　年　字第　號　學佛壽告傳炳涉訟一案

送達劉洪應征收抄錄送達費洋弍元[illegible]分共計洋弍元[illegible]分

茲已照數特給此據為憑

右給納費人同和裕銀號

中華民國廿一年二月二[illegible]日

河南開封地方法院

送達吏　王

鈔錄費送達費收據備案

開封地方法院會計科製

字第　號

鈔錄費送達費收據

中華民國　年　字第　號　學佛壽告傳炳涉訟一案

送達劉洪應征收鈔錄送達費洋弍元[illegible]分共計洋弍元[illegible]分茲

已照數特給此據為憑

右給納費人同和裕銀號收執

中華民國廿一年二月二[illegible]日

河南開封地方法院

送達吏　王

190

字第　號

中華民國　年　字第　號　朱順書僖　涉訟一案
送達劉洪　應征收抄錄送達費洋弍元六角　分共計洋弍元陸角　分
茲已　照數　特給此據爲憑
右給納費人同和裕銀号　二法警趙安庚
中華民國廿六年三月　日
河南開封地方法院
送達吏　王

鈔錄費送達費收據備案
開封地方法院會計科製

字第　號

鈔錄費送達費收據
中華民國　年　字第　號　朱順書僖　涉訟一案
送達劉洪　應征收鈔錄送達費洋弍元六角　分共計洋弍元陸角　分茲
已　照數　特給此據爲憑
右給納費人同和裕銀号　二法警趙安慶執
中華民國廿六年二月　日
河南開封地方法院
送達吏　王

一五八　胡世云关于夏玉蕴判决书无法送达给开封地方法院民事庭长的呈（民国二十六年三月十一日）

191

報告書

為呈報事奉發夏玉蘊判決一件比即前往送達查此人已在外縣趙憲周律師亦不代收以致無法送達原件交回理合呈報

庭長鑒核

計交送證一件判決一件附聯單一件

執達員胡世雲呈

中華民國二十六年三月十一日

一五九　金城等四总行关于安阳电气公司股权及经营问题给开封金城等四行的函，附彰德安阳电气公司调查报告书（民国二十六年三月十九日）

中國銀行總管理處
上海漢口路五十號

逕啓者：查同和裕抵債之安陽電氣公司，前經各總行議決，託由中國銀行總管理處代商中國建設工程公司派電氣專家赴安陽視察，并由中行總處將該公司派定專家姓名電由汴中行轉告代表行接洽各在案。茲據派往視察之電氣專家雷志璠君製就調查報告前來，復經各總行於本月十二日在中行總處開會討論，以該項報告列有治標治本兩種辦法，治本辦法中又分作局部擴充及通盤擴充兩種計畫，僅就局部擴充估計已需款四萬五千元，如由另一股東姚龍門與銀團共同擔任，未嘗不可試辦。不過銀團對於同和裕欠款以收現爲目的，非萬不得已不欲經營電氣事業，經議決

中華民國　年　月　日　第　頁

文四三一　豐（二五·一一）

中國銀行總管理處
上海漢口路五十號

一、應先與姚龍門君洽商最好將銀團股權四萬元讓歸姚君承受或將公司拍賣按股權成份攤分售價

二、如姚君不欲承受銀團股權并不願將公司拍賣則惟有照局部擴充計畫進行但其費用應照股權成份由姚君擔任二萬五千元銀團擔任二萬元并與姚君約定須由銀團派員充任經理如經理仍由彼方任用則會計出納須由銀團派充至擴充及改善一切設備即仍由銀團商請中國建設工程公司派電氣專家代爲辦理

在上項辦法未經商定以前調查報告中之治標辦法所列各點頗有可以提前

中華民國　年　月　日　第　頁

文四三一　豐　(二五·一一)

中國銀行總管理處

上海漢口路五十號

舉辦者并應會同商定先行辦理以期減少損失附去該項調查報告壹份即希

查收洽辦具複爲荷此致

金城

中國 銀行

交通

開封

上海

金城銀行總行

中國銀行總管理處

交通銀行總行

上海銀行總行

文四三一 豐 (二五·一二)

中華民國二十六年三月一九日

第　頁

彰德安陽電氣公司調查報告書

緒言

安陽電氣公司係同和裕錢莊於民國二十二年間創辦資本約七萬元一切設備均甚簡陋至二十三年一月一日放光迨後同和裕倒閉始由銀團與姚龍門君以九萬元接辦銀團四萬元姚股五萬元共同組董事會管理聘請經理一員駐廠主持惟歷經變故經理更換數次故廠務毫無進展連年虧折二十五年下期營業較前稍有起色收付兩抵尚有少許盈餘茲將調查所得縷列於後

（甲）公司組織及管理方法

- 文書股
- 庶務股
  - 警役
  - 廚房
- 營業股

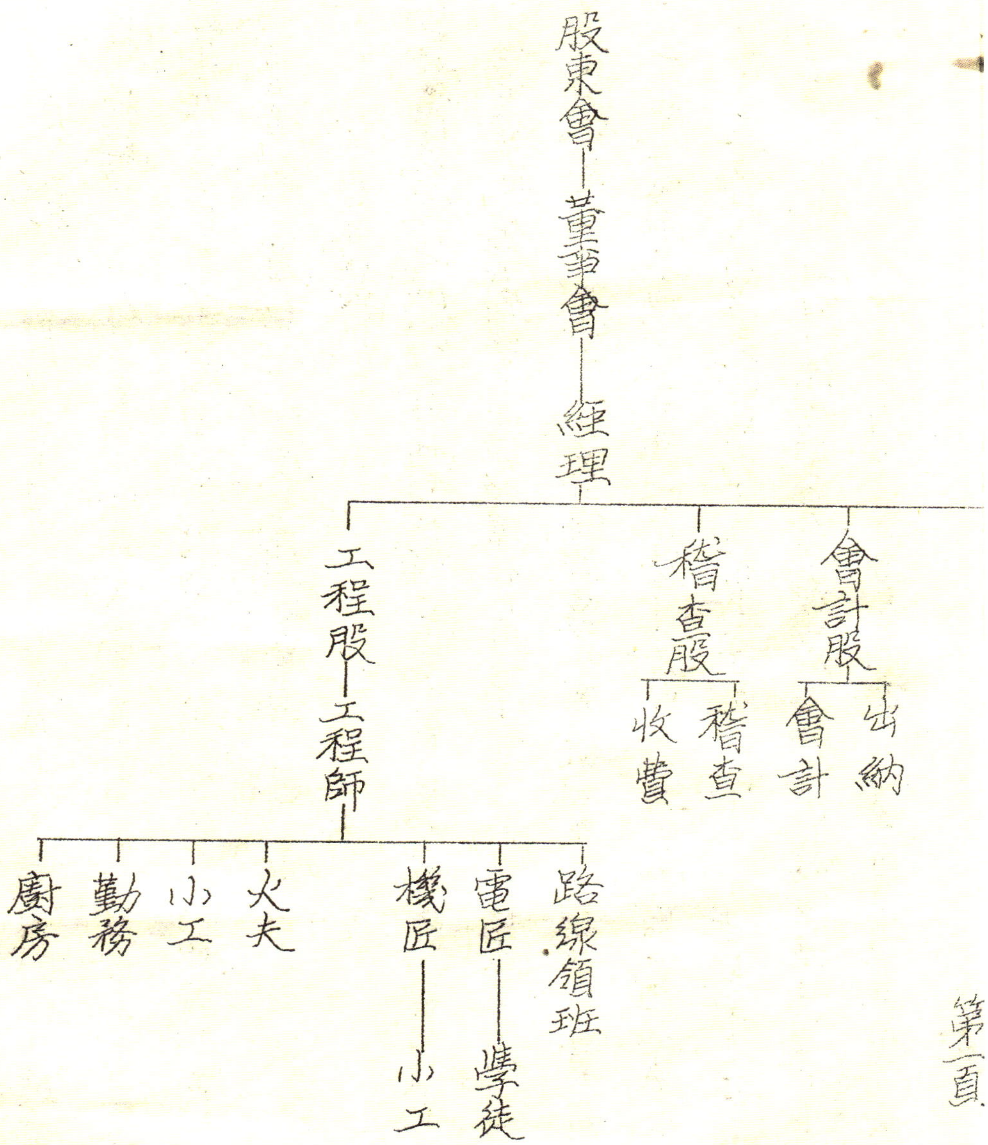

第一頁

全部職員十五人工人二十九人共四十三人每月開支約六百元職員薪水最高者每月六十元最低者二十元工人工資最高者每月三十元最低者八元均以月計不供膳食各股職員直轄於經理分股負責辦公廠内工人全由工程師支配工作惟工作無一定之時間並無假期如有事故可以請假不拘久暫概不扣薪職工懲奬均無詳細辦法但在年終向例職工均有一個月薪工之酬勞各股均訂有辦事細則惟不甚詳盡

(乙) 營業狀况

營業區域擬定城廂内外在同和裕辦理時曾呈請建設委員會登記因有數種不合規章迄未領到營業執照現在已裝火表三五及十安培者共計壹百五十只約弍千四百餘燈頭包燈計壹千叁百餘盞本廠裝用及路燈共約壹百餘盞總計近於四千盞電表每度收費弍角包燈十六瓦特者每月收費捌角二十五瓦特者壹元壹角三十二瓦特者壹元四角四十瓦特者壹元柒角五十瓦特者弍元裝燈接火手續係由用户委託電料行裝好填具通知單公司即允接通電流收費期每月下旬起至次月中旬止商店工廠住户均頗便當惟學校機關等則非常困難 二十五年度各月份

第二頁

收入最高為弍千弍百餘元最低僅壹千四百餘元開支計煤油等約七百餘元工薪約陸百餘元雜費約肆百元平均每月總共約壹千柒百餘元

（丙）歷年會計情形

民國二十三及二十四兩年收支不敷因無簿據詳情無從查考據云虧折達肆千餘元二十五年上期亦有虧折詳數見帳册已送交銀團二十五年下期收付兩抵盈餘約壹千叁百餘元二十五年十一十二兩月平均收入約弍千弍百元開支約壹千捌百餘元盈餘約叁百餘元負債計有鍋爐價洋叁千弍百元及六河溝少數煤款

（丁）廠房佈置及機械設備

廠房佔地六畝餘坐西朝東面臨平漢鉄路形成正方中建五十方呎機器房左右兩邊為辦公室及宿舍共二十二間前為大門及材料庫機器房平分為鍋爐及引擎兩間鍋爐間裝置英國拔柏葛水管鍋爐一座四英寸口徑十八呎長水管四十五根受熱面積約八百四十平方呎汽壓每平方吋一百五十磅現僅燒到壹百二十磅人工餵煤每晝夜燒煤約三噸（實際工作僅十小時）又本地王陞鉄廠製卧式火管鍋爐一座係二十四

年添置爐長約二十呎直徑六呎五分厚鐵板相疊用兩排鉚釘鉚成單火心内加入
吋徑水管二道汽壓每平方吋壹百二十磅亦係人工餵煤每日夜燒煤約壹噸（實
際僅工作六小時）鍋爐用水取之於井井深式丈半直徑八呎用青磚砌成夏季井水
深達十七呎冬季約十一呎井水由一蒸汽引擎抽水機打進鍋爐間内一水坭櫃内儲存
水櫃約五呎寬十式呎長六呎高再由另一蒸汽引擎抽水機將水壓入鍋爐全廠飲
水及其他用水均取之於此煤用附近數十里地馬頭鎮怡立煤礦公司產品（小粒煤）
每磅熱量據云為一萬式千餘熱单位每噸價為四元四角烟囪形成八角用青磚
砌成上口徑三呎餘底下五呎餘高壹百式十呎常出淡黃烟間帶黑色在通爐煤
時更重鍋爐進水用蒸汽引擎抽水機裝有兩部交換應用據云内有一部常
生障礙
引擎間裝置美國 ERIE 製單汽缸單衝程卧式一百二十五匹馬力蒸汽引擎一部
汽缸直徑十四吋行程十四吋每分鐘二百二十七轉蒸汽壓力每平方吋壹百五十磅飛輪
直徑約六呎每月平均用車油五十加侖引擎直接傳動美國西屋公司製一百啟羅

第三頁

瓦特二千二百伏三相六十週波旋轉磁極式交流發電机一部及五啟羅瓦特一百二十五伏複捲四極式直流勵磁機一部控電開關台一座裝有發電及配電石板各一塊連油開關兩部內一係自動式表用變流器及變壓器各三只交流電壓表三只電流表六只直流電壓表一只直流調整抵抗器二只避雷器三副

輸電線路為二千二百伏三相三線制銅线架於針式高壓瓷瓶上成三角式每線距離頗不一致大約在二十四吋上下長度約二英里半間有少數高壓線架設於低壓瓷瓶上者至所用銅线粗細亦復參差略分為7根/#14 #8 #10 2根/#12等四種因陋就簡隨便搭用估計電壓降落當在百分之五至百分之十之間

配電線路為一百二十伏單相二线制銅線均裝於灣腳瓷瓶上線間距離在一呎以上有分為兩路左右行者間有分為四路者銅线粗細更屬紊乱切面積大都太小不管變壓器容量之大小及其電流之多寡均搭用#8 7根/#16 #10 #12 2根/#12數種銅线線路總計長約三英里半估計電壓降落當在百分之十至百分之十五之間接戶線均用#14 #16及#18三種橡皮線進表線少數用雙股鉛包線大部份係用橡皮線

輸電及配電線路木桿共計一百十一棵長度分為三十呎廿八呎廿呎三類桿梢直徑略分為八吋六吋四吋三種每桿距離自八十呎到一百呎不等

變壓器均係單相油冷式二千二百伏降低至二百二十伏進電邊備有百分之五之減壓抽頭二個現裝用者計十二部總容量一五七.五開維哀高壓線現均接在二千伏抽頭上容量最大者為二十五開維哀最小者為五開維哀均係外國製造又損壞者二部尚未修好故備貨毫無

鍋爐及電機兩方面歷來毫無工程記錄以致一切均難查考現根據最近數月之總收入總支出等項估計發電成本如下

表燈耗電四千五百度包燈耗電八千度兩共壹萬二千五百度開支約壹千八百元則發電成本每度約壹角四分四厘再根據二十六年二月二三兩月統計煤炭油類工薪及雜費等共計五十九元一角一分發電度數計算約叁百八十度開車計十小時因引擎汽門漏汽過甚不能加重負荷電壓降低僅到半數故發電成本每度達一角五分五厘平常每日最高負荷約在百分之八十左右電壓最高為壹千八百伏電流最大為二十四安培

第四目

第四頁

(戊)社會經濟狀況

安陽出產以棉花為大宗每年約四十萬担麥子次之約二千餘萬担棉田佔全境地畝約六成麥田約四成產銷狀況頗佳交通全賴平漢鐵路尚有公路及小河數條可通至他處現在城廂內外人口約九萬住戶約壹萬四千略分為上中下三等計上等者佔一成中等者佔五成下等者佔四成現已裝電燈者約四百餘戶歷年電燈之增加統計二十三年度約一千餘盞二十四年度約二千餘盞二十五年度約四千餘盞二十五年下期因机力不够停止接火而工廠商店住戶繼續前來報裝要求供電未允者不在少數年來金融頗形活動農村收成較佳平民購買力畧增工商兩業亦漸繁榮故營業區域內之人口正在增加之中

(己)安陽重要工廠之原動設備

(一)中國打包公司原動部裝有英國拔柏葛水管鍋爐一座受熱面積約八百四十平方呎汽壓每百五十磅每二十四小時燒煤二噸半爐用井水鉄板烟囪高一百呎口徑二呎半一百匹馬力蒸汽引擎一部用皮帶拖動打包機二部車牀二部鑽牀刨牀各一部

九、五啟羅瓦特直流一百三十伏發電机一部專供全廠電燈之用蒸汽引擎不開時即由另一十五馬力柴油机拖動每小時費油約四磅僅半數負荷電燈公司電綫已接通有時亦開用

（二）廣益紗廠有紗錠二萬五千枚每日出紗五十五件每件用花三百餘磅每件用繳計十五元原動費約佔三元半原動部裝有二百五十馬力卧式雙火管鍋爐四部常用三部另一部調換整理汽壓每平方吋一百四十磅每晝夜用煤約三十噸裝有省煤机水溫升高約華氏一百餘度鍋爐大部份用凝結器蒸餾水不够時添加河水河水頗清潔或用自流井水井深在二百四十呎以上烟囪用磚砌成高一百四十呎口徑約四呎半八百馬力雙汽缸蒸汽引擎一部高壓汽缸二十一吋口徑五十四吋行程低壓汽缸三十八吋口徑五十四吋行程每分鐘一六十轉飛輪直徑二十四呎上裝二吋半徑棉紗繩十三道拖動全廠机器使用汽壓每平方吋一百三十磅凝結器真空最高到二十五吋全廠電燈由另一双汽缸蒸汽引擎直接傳動七十啟羅瓦特一百十伏直流發電机供給之紗廠停工時則改用二十五啟羅瓦特一百十伏直流發電机供給一部份電燈亦係蒸汽

第五頁

引擎直接傳動原動部工人約三十名工資最大者每月在一元以上最小者僅四角

(三)普潤麪粉廠原動部裝有一百馬力雙火管卧式鍋爐一部爐徑八呎長四十八呎汽壓每平方吋一百廿鎊每十二小時用煤約三噸半爐用井水但經過利用廢汽加熱筒後始打進鍋爐井深約四十五呎水位在最乾時期亦有十五呎烟囪係鉄製直徑二呎半高一百呎蒸汽引擎一部一百二十匹馬力汽缸直徑為二十四吋行程為三十六吋每分鐘八十轉原動部工人共十二人工資最高每月二十五元最低僅六元發電机容量十啟羅瓦特交流二百二十伏除供給電滾机三部外另燃電燈約壹百二十盞

(四)大和恒麪粉廠營業甚發達每日夜出粉壹千五六百袋年來均有盈餘現正準備擴充新鍋爐等正在裝置原動部裝有中國貨臥汽缸引擎一部馬力百廿匹每分鐘九十五轉鍋爐有五十馬力六呎徑四十呎長者一部及四十馬力五呎徑四十呎長者一部汽壓均為每平方吋一百鎊每二十四小時用煤約七噸發電机有二部一為十啟羅瓦特交流二百廿伏一為廿啟羅瓦特直流壹百十伏專供電滾机及全廠電燈之用原動部工人工資略同普潤

一六〇 河南高等法院关于朱顺喜与同和裕等债务事件卷宗的目录（民国二十六年三月三十一日）

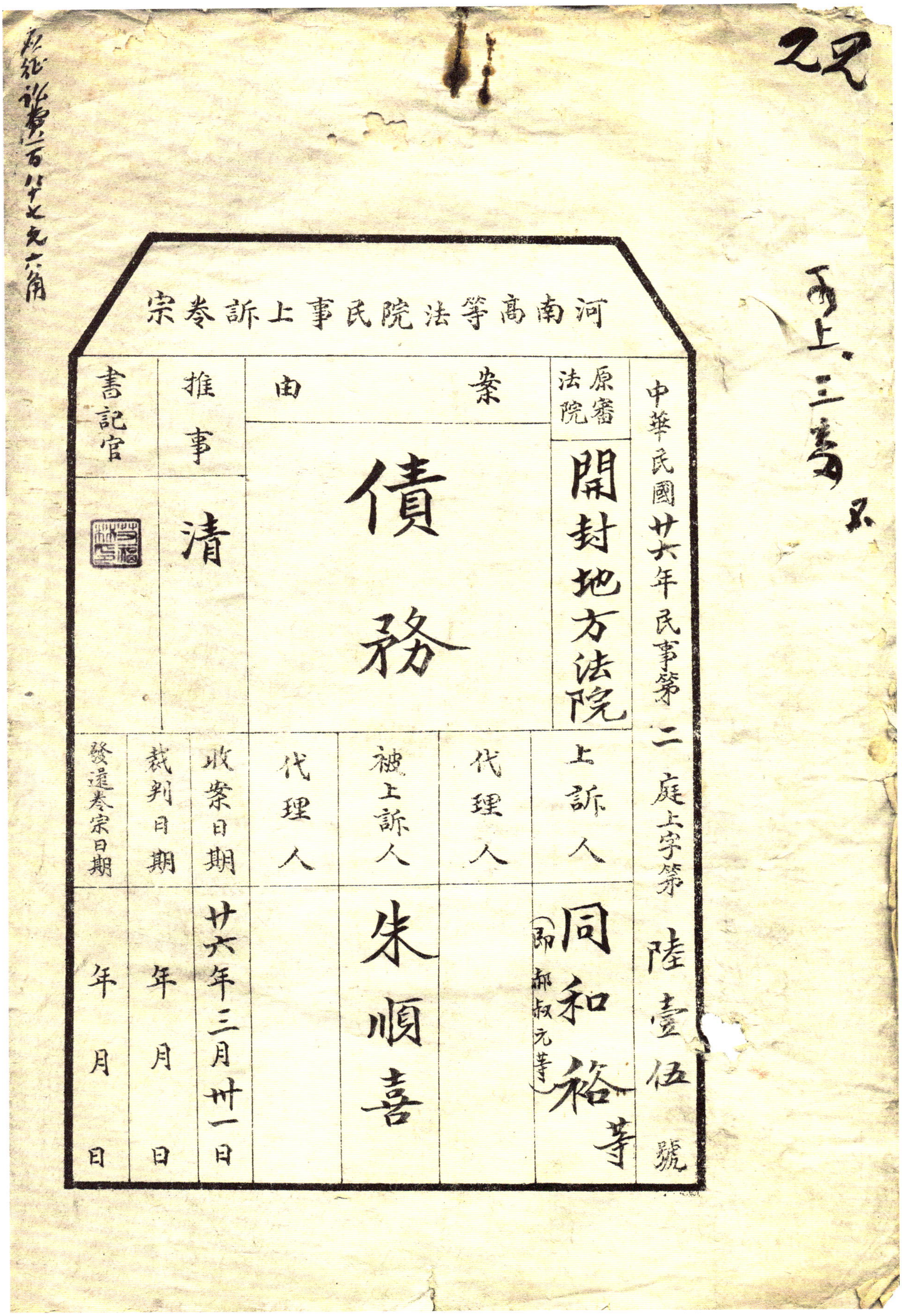

承發訟費二百卅七元六角

河南高等法院民事上訴卷宗

中華民國廿六年民事第二庭上字第陸壹伍號

原審法院	開封地方法院
案由	債務
推事	清
書記官	
上訴人	同和裕等（即郝叔元等）
代理人	
被上訴人	朱順喜
代理人	
收案日期	廿六年三月卅一日
裁判日期	年 月 日
發還卷宗日期	年 月 日

卷宗總目	頁數	備考
呈、狀、呈、狀、送達証、狀、勘字	一至二二	
令、印紙、呈、送達証、狀、送達証	二三至三八	
呈、送達証、呈、送達証、狀、傳單、狀	三九至六三	
令、閱卷書、送達証、呈、送達証、印紙	六四至七七	
送達証、印紙、閱卷書、令、呈、送達証	七八至九三	
狀、呈、送達証、狀、呈、送達証、傳單、	九四至一二七	
狀、傳單、點單、筆錄、令、狀、送達証	一二八至一五七	
狀、呈、印紙、送達証、印紙、送達証	一五八至一九二	
狀、點單、筆錄、呈、意見書、判詞	一九三至二二五	
呈、筆錄、回執、筆錄、收管單、令	二二六至二三三	

河南高等法院

卷宗總目

呈送納印紙、角卷由

以上連卷皮共二五八頁

二〇至二五六

16

民事答辯

右方	答辯人	左方　被答辯人
姓名	朱順喜等	夏玉蘊等
年齡		
籍貫	開封	
住址	太平街古硯	
職業		

為答辯並補叙附帶上訴理由事、竊民等與同和裕銀號及其股東夏
玉蘊、常子肩、鄒叔元、李康甫、王晏卿等、為欠債不理求償不遂涉訟一案、經
原審判決夏玉蘊等應負償還責任、而夏玉蘊等不服、當經具狀上訴、
民等亦隨同提起附帶上訴、茲再為分項答辯並補叙附帶上訴之理
由如下、
(甲)答辯部分　查最高法院判例第二二五六號(上字)內開、合夥營業之債
務、合夥解散後、合夥人當然為該營業之債務主体、雖合夥營業之經理人、
本於營業時之合夥委任、對於合夥尚負有清理該營業殘餘財產之責、然
債務主体既為合夥人、債權人自得向其求償、不能以為尚有經理為詞、而
主張主体錯誤云云、據此判例、同和裕非合夥營業則已、如是合夥營業、民
等對同和裕、對同和裕之股東夏玉蘊等、或對同和裕正副經理王晏卿、趙

17

安侯等求償清理債務，依例均無不合。以夏玉蘊等負有連帶償還責任，而王宴卿、趙安侯自有清理償還責任也。查夏玉蘊等上訴狀第一項理由末稱，將同和裕合夥之財產，置諸不問云云，足見同和裕確係合夥，尚有何對同和裕應爲求償之訴，對夏玉蘊等不應爲求償之訴，而應爲確認之訴之分，更有何不應混同起訴，希圖朦混取巧之別耶？此民等答辯有一。民事准委人全部代理，法有明文，同和裕正副經理王宴卿、趙安侯雖未票傳到案，然有其委任之全部代理律師桑秉乾到案代爲主張及核算民等所提出之手摺一切手續，其效力正與王宴卿、趙安侯親自到案相等。又同和裕股東周多第與民案無涉者，亦無調取之必要，如謂王宴卿、趙安侯委有全部代理人，仍非親自到案不可，而夏玉蘊等何以不親自到案耶？至民等所提出之股東姓名冊核與該同和

裕總經理王晏卿造呈有將存丟之冊相同，業經原署調取比對，當
無可疑，不能以係沖印而即謂爲無據。此民等答辯者二。查民法第一
條固載民事法律所未規定者，依習慣之系然，同和裕既係合夥營業，民法債
權篇關於合夥部分，如何方爲合夥，各合夥員對內對外所負之責任，奚
似規定極爲詳盡，如置此成文而不顧，即與該第一條之意思背謬。況
既據夏玉蘊等答稱，本案在同封民訴中爲首屈一指，尚有何習慣可徵。
此民等答辯者三。夏玉蘊係同和裕三萬五千元之最大股東，常介盾亦係同和
裕一萬七千元之大股東。夏玉蘊除於陽武城內有房四十餘間外，尚有田地
三百餘畝，常介盾除於安陽城內有房五十餘間外，尚有田地二百餘畝，似此
財東，似此富商，如允予訴訟救助，嗣後此間民事涉訟案件，恐無可以徵
納訟費之人，請即駁回。此民等答辯者四。

（八）附帶上訴部分 原審判決書載：股東冊李太太名下註明李康甫轉字樣，則李康甫之股已讓於他人，自不得為同和裕股東，已甚顯然，而原審李康甫於股東殊有未合云云。查李康甫確係股東，有同和裕總經理王宴卿所造呈省府發交開封縣之姓名冊為憑，該冊內開恕道堂李、李康甫住開封南門大街，五千元股云云，確無含混，何來此李太太名下註明李康甫轉之字樣耶，殊滋疑慮，豈開封縣未將原冊撿送原審，展轉抄謄之誤耶。除該號總經理王宴卿所造呈之股東姓名冊，書明恕道堂李、李康甫確係股東外，尚有開封縣當時奉建設廳令，於二十三年七月四日出示禁止所屬籍隸開封縣同和裕股東，不得變賣房產，業底頭一名即係恕道堂李、李康甫五千元股東之榜示，通衢人人皆知，又管理委員會二十三年二月二十一日開封縣府亦係請求禁止同和裕股東變賣房產者共六名，而恕道

堂李季康甫所列第三均無所謂轉李太太字樣足徵李康甫確係同和裕
股東毫無疑問原判謂並非股東不應負連帶償還責任實有未合此民等
附帶上訴者一又原判書載原告已將各股東財產呈請扣押暨今既核准在
卷將來亦無難於抵償及難於計算之損害乃請求宣示假執行亦有
不合云云殊不知同和裕經理及其股東均屬足智多謀故自該號倒閉迄
今其資財或為官廳拍賣或偏托移轉或私自抵償表面上已經分
毫法設無存本業民等於起訴之先百方調查致費苦心始查悉常
介眉夏玉蘊郁叔先等尚有房產若干間雖經扣押倘不准予宣示
假執行久而久之仍難免有私自零星拆測損毀該房原狀或倒填年
月私自抵給於人各情事果如此已將來三審到底縱然勝訴請求執
行不免發生其它周轉或難於計算之損失如之何其可原審據該

理由敷衍，亦顯有未當。此民等附帶上訴者一。再民等原係向同和裕全体股東起訴，因調查其股東中常介眉、夏玉蘊等尚有房屋若干，可供執行，故將其姓名列出，并非對於其餘股東不起訴，不使其負担連帶償還責任也。原判主文只言被告同和裕股東王宴卿、趙安侯、常介眉、夏玉蘊、郝叔元應負償還責，未標明其餘股東字樣，尤有未妥。此民等不能不請求將來予以糾正改判補充明白者又一也。為此具狀謹狀

開封縣地方法院民庭轉呈。

20

李清濬律師

中華民國二十六年四月一日

具狀人宋嗣壽等

經手發行處

發行狀紙時應於發行處
加蓋各該發行機關戳記

一六二一 开封地方法院关于寄送朱顺喜等与同和裕债务事件理由状给河南高等法院的呈（民国二十六年四月六日）

清

开封地方法院呈河南高等法院

事由	拟办	批示	备考
呈送开封朱顺喜等与同和裕银号等债务事件理由状由。			

附件

河南高等法院民庭第一收文第 号

中华民国 年 月 日

字第 号

年 月 日 时到

收文 字第 952 号

案查本院受理開封縣民朱順喜等與同和裕銀號等因債務涉訟事件，業經判決送達，旋據郝叔元等提起上訴，并將本案卷証已於二十六年三月二十七日呈送鈞院核辦在案。茲據朱順喜等補具理由狀前來，理合將原狀備文呈送鈞院鑒收核辦。

謹呈

河南高等法院院長凌

計呈送：理由狀一件。

署河南開封地方法院院長劉澤民

中華民國二十六年四月六日

書記官胡繼仁繕印

書記官朱榮貴校對

10

注第求用人知訴起訴上類第步狀填訴方告填條
意一二具日係則訴則推二田人係則填在被頭
欄字狀填起填上填餘□欄具目起右原方告推

[illegible]方	上訴人	被上訴人
姓名	永順壽、李晴光、陳代綸、張耀宣、王以勤、張□月、趙新吾、李銘鼎、衆壽堂即王運生、五福堂即趙興濃、中興堂即趙宗武、李福堂即[illegible]	同和裕銀號及同和裕銀號股東李康甫等
年齡		
籍貫	均開封	
住址	太平街十五號、全上、山貨店路[illegible]、北花井卅四號、全上、全上、北刘府胡同、火神廟後街、北書店街、全上、全上	[illegible]、南土[illegible]、中山路中段路東
職業		

（民）（事）

為對於判決同和裕銀號及股東常介眉等不理債務違章提起附帶上
訴事緣民前向
鈞院訴同和裕銀號及其經理王宴卿趙安侯股東常介眉李康甫夏玉蘊郝
叔元等欠債不償曾蒙送達判決其主文內開只常介眉夏玉蘊郝叔元等負
償還責任而李康甫不負償還責任並且敢回声請假執行實有未合須商
夏玉蘊常介眉等業經上訴茲民等亦違章提起附帶上訴除詳细理由另狀
補叙外為此具狀謹狀
開封地方法院轉呈

一六三　河南高等法院关于向上诉人催缴审判费的民事裁定（民国二十六年四月二十六日）

河南高等法院民事裁定

上訴人　郝柏之　住開封老公館

李竹眉　住陽武城內南街

李玉德　住陽武城內南街

同和裕　住開封書店街

右上訴人與被上訴人朱昭彦（被上訴人代理人王克新）為債務涉訟上訴一案應繳第二審審判費銀一百八十七元六角案據繳納茲限該上訴人於收領本裁定之時起七日以內補繳來院以憑核辦如逾限不遵即依民事訴訟法第四百四十一條第一項認上訴為不合程式以裁定駁回毋得遲延自

誤特此裁定

中華民國廿四年四月廿八日

河南高等法院民事第　庭

審判長王炳瑞

右裁定正本證明與原本無異

河南高等法院書記官

中華民國　年　月　日

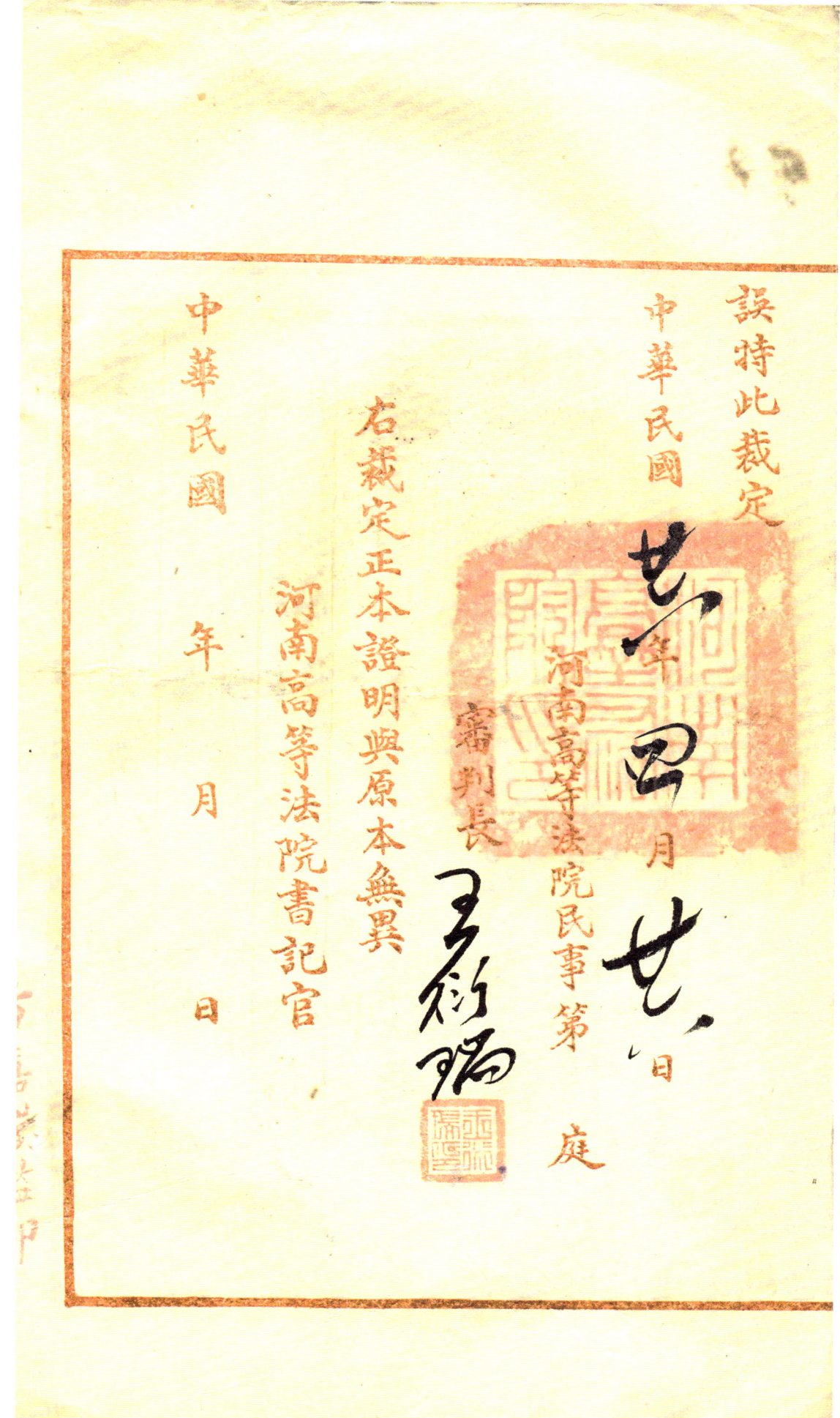

一六四　河南高等法院民二庭关于寄送郝叔元与朱顺喜案裁定正本给安阳河南高等法院第二分院的训令（民国二十六年五月一日）

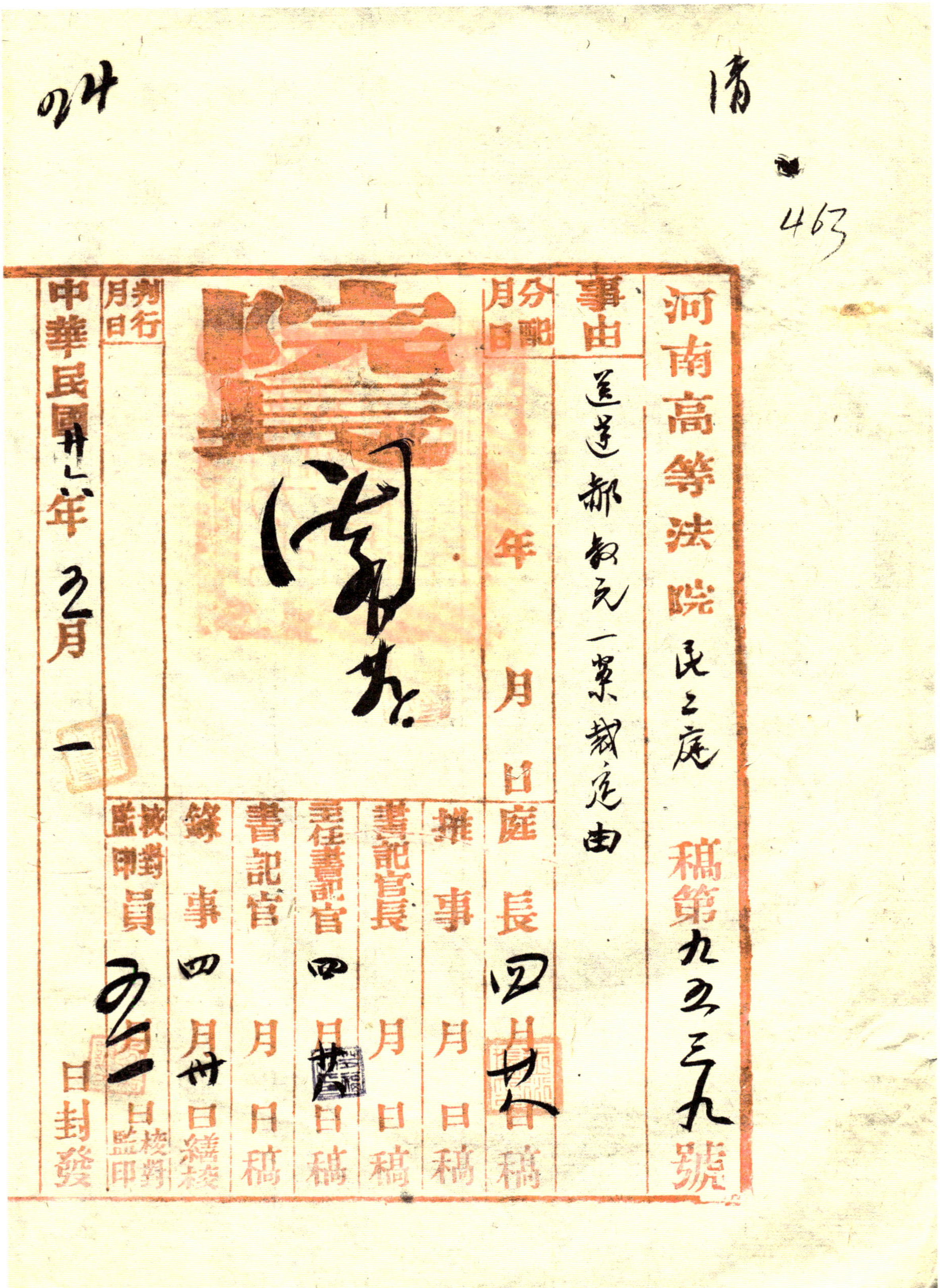
河南高等法院　民二庭　稿第九五三九號
事由　送達郝叔元一案裁定由
分配月日　年　月　日
庭長　四月廿六日稿
推事　月　日稿
書記長　月　日稿
主任書記官　四月廿六日稿
書記官　月　日稿
錄事　四月卅日繕校
校對監印員　五月一日校對監印
封發　日
判行月日
中華民國廿六年五月一日

刑房

仝安協河南首事等稟英示覆

查關封郝叔元等與朱順喜等因債務二審上訴声

請核勘事件，業經去覆，裁定駁回郝叔元等裁定另錄送

達外，今將常介眉裁定正本兩件粘附送請分發該覆

仰即送達，收領繳證，繳費一併呈覆，以憑核辦，勿延

此令

計發 常介眉 裁定正本兩件 送證一件

一六五　郝叔元等为请展期缴纳诉讼费给河南高等法院的呈（民国二十六年五月三日）

34

注意 第一欄末二字由具狀人自填如係起訴則填起訴上訴則填上訴餘類推 第二欄亦由具狀人自填係起訴則右方填原告左方填被告餘類推

民事 ○○

	右方					左方
姓名	郝叔元	常介眉	夏玉蘊	王彥卿	趙安候	
年齡			不等			
籍貫	開封	安陽	陽武	開封		
住址	住老會館街	住城内南街	住城内南街	住馬道街	同和裕	
職業						

36

河南高等法院繕狀處

共計二百字 字數 校對 趙恒厥章 ○[illegible]二

中華民國廿六年五月三十日

具狀人 郝叔元 十

經手發行處

發行狀紙時應於發行處

加蓋各該發行機關戳記

二百字

訴人 郝叔元 開封老會館街
常介眉 安陽城內南街
夏玉蘊 年五一 陽武城內南街
王彥卿 開封馬道街同和裕
趙安侯

為由開封朱順喜等求償債務上訴一案懇請展期
補繳訟費事 竊民等據奉
鈞院民二庭裁定命於七日內補繳審判費一百八
十七元六角 自當遵辦以利進審 惟民等居不同地
此項訟費為數甚鉅殊非短時間所能籌措限

期七日實太短促深恐遲誤今懇准於展限一
個月准可以繳足以利審判而為法便謹呈
河南高等法院民庭

郝毅元等 撰

廿二年五月二日

開封松盛紙莊製

一六六　郝叔元缴纳诉状费的粘贴印纸单（民国二十六年五月十一日）

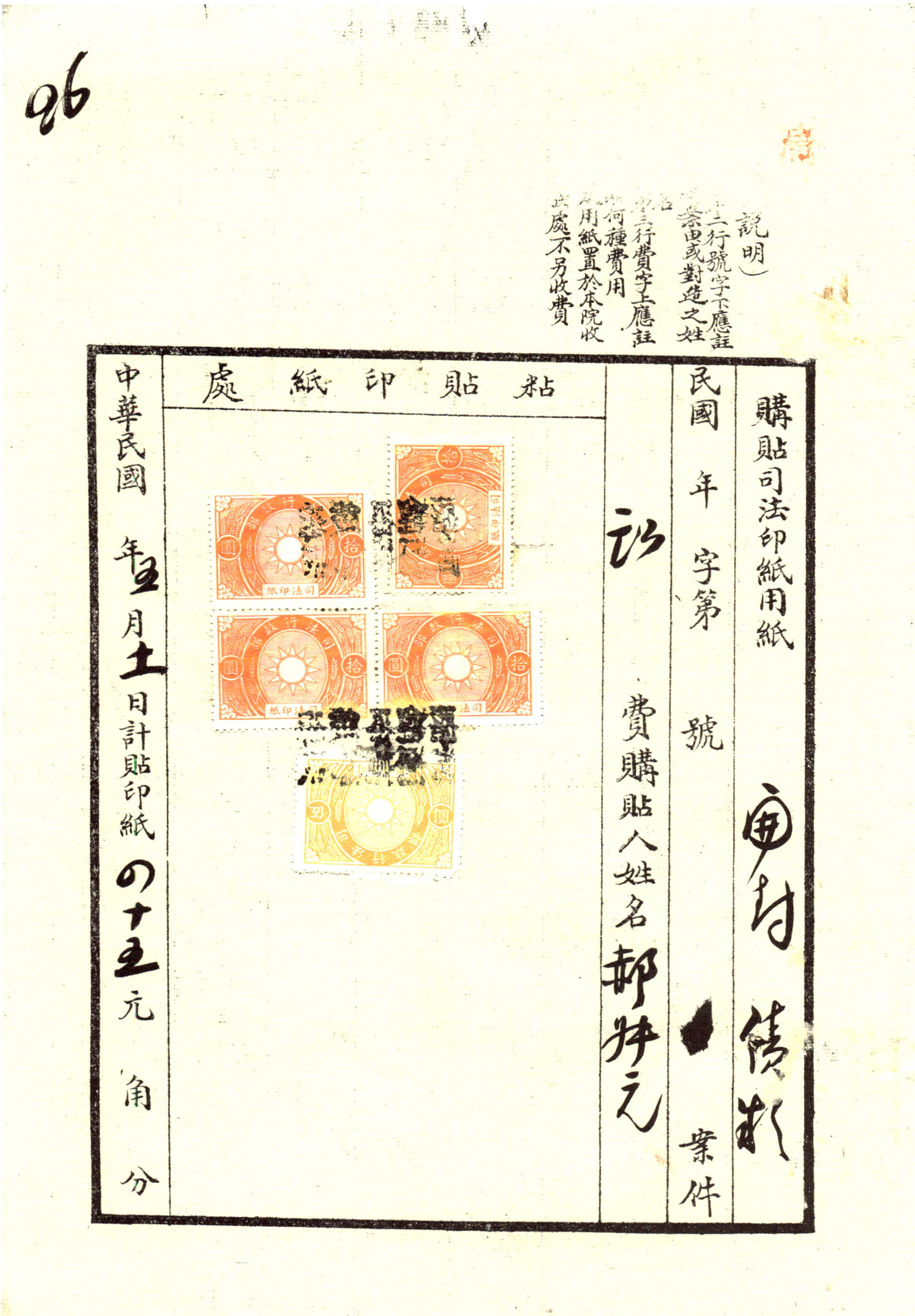

96

說明）
一、行號字下應註案由或對造之姓名
二、行費字上應註何種費用
三、用紙置於本院收發處不另收費

購貼司法印紙用紙　由肖債務

民國　年　字第　號　案件

訟費購貼人姓名　郝叔元

粘貼印紙處

中華民國　年五月十一日計貼印紙四十五元　角　分

一六七　开封交通银行关于催收同和裕欠款项下房产变价等问题给开封银行团的函（民国二十六年五月三十一日）

逕啟者：案查廿五年十二月廿四日接准
貴會來函，以催收同和裕欠款項下房產變價等收到現金共貳萬八千四百餘元，經本團會議決定，平均分配，用資歸債，計四行應攤現金各七千元，特開給上海銀行七千元本票一紙，隨函附奉，希收洽見復等因，除已照收外，合再補函奉復，即祈
洽照為荷。此致
開封銀團管理同和裕欠款押品委員會

開封交通銀行啟
廿六、五、卅一

逕啓者：准五月廿八

大函以催收同和裕押品項下房地產折價最近售出計

收有價款四萬五千六百餘元，經會議决定劃分各行收

抵欠款，計每行先撥壹萬壹千捌百，附上行壹萬壹千元，

本案一俟歸洽收見復等因，准此，收洽外，特函奉復，即祈

查照為荷。此致

開封銀團管理同和裕欠款押品委員會

開封交通銀行啓

卅六、五、卅一

一六八　开封交通银行关于办理同和裕欠款情况说明给郑行的公函（民国二十六年六月一日）

開封交通銀行公函用牋

陳報辦理同和裕欠款情形暨二次攤還一萬一千元暫記雜存帳

內祈鑒察轉陳由

敬啓者、查催收同和裕欠款、截至廿五年十二月廿八日止、除接收房產暨四行各先攤還現款七千元外、計尚短少一萬六千元之譜、業於上年汴字一〇七號函報請

詧轉在案、現查新鄉房產一部份及彰德房屋已陸續出售、計已售得四萬五千六百餘元、四行開會議決各再攤還一萬一千元、該款已由上海銀行撥到、暫記雜存帳內、其短少之一萬六千元、據省委聲

中華民國廿六年六月一日　鄭字第五六號　一頁　（交七）

開封交通銀行公函用牋

稱六千元尾数不久可望湊齊大数一萬元、在同和裕经理王晏卿希望銀團接收其漢口房產、而銀團各行意見、以其租地造屋、租金又鉅、不欲接受、仍請省委嚴催該號各欠戶、冀得全数現金、故仍在上緊辦理之中、特此具函陳報、敬祈

察洽並轉陳為叩、此上

鄭行

汴行敬啓

中華民國廿六年六月一日鄭字第五六號 二頁

（交七）

廿日收

50

注意　第一欄末二字由具狀人自填，如係起訴則填起訴，上訴則填上訴，餘類推。第二欄亦由具狀人自填，係起訴則右方填原告，左方填被告，餘類推。

民事理由

	右方 上訴人	左方 被上訴人
姓名	郝叔元	朱順喜等
年齡	五十一歲	
籍貫	開封	開封
住址	老會館街	鴻影口三元店
職業		

為補具上訴理由懇請澈底調查真實發現以免冤枉事竊兩造因求償
債款上訴一案已經於今日繳足訟費（遵照批示又繳八十元二角）迺原判認為民亦
係同和裕號內股東之一者無非謂民亦在該號所呈造之股東名冊內
雖能提出字據證明同和裕欠民債款屬實究無法證明為非股
東云云茲將應行調查及證明民非股東之事項分列於下、
（一）按同和裕係二十二年九月倒閉該冊係倒閉後數載所呈造將民之名列
入第二百二十五名係倒數第三名並未註明入股年月日時究係倒閉前入股
乎抑係倒閉後入股不得不詳查明確如曰倒閉後入股則實不近情理
倘係倒閉前入股則該號定章每年結賬凡加入新股東應在年之終
始即在賬期結後新開始之日期為之決無半途入股之理此應請詳查者一
（二）股東必有入股事實該冊所載民入股三千元究係何年月日交付股款、

619

自有賬簿可查且必載入本企賬內否則既無入股事實即不得影射坑害此應請澈查者二

(三)入股係合夥契約契約之成立亦必意思合致即所謂一方要約一方承諾之方式是也故普通形式必簽訂合夥契約最簡單者入股者亦須收到股票繳入股款作為承諾之根據 民始終未曾見過該號之股票更無收到之事實如有收到股票之情事亦須有簽押之收據可憑且須繳納股款故僅該號雖有填寫股票之事而 民倘無收到之事實仍不得以其片面捏造之行為而認為合夥契約確已成立此應請調查者三

(四)據該冊所列之股款為三千元實則 民於十五年五月初一日即存入該號三千元按月一分二厘生息尚有字據可證倘 民果有撥為股款之事實則試問此三千元之存據何以仍在 民手而該號不予收回也如

曰該號另收有民之股款則亦應命該號提出賬簿以資證明否則
該號此種坑騙行為不惟使民之存款無着尚致民於傾家破產之
地步實屬冤枉已極此應請調查者四
(五)該號係本省有名之銀號規模宏大組織嚴整且時常召開股東
會議應請調查該號之股東會議紀錄以證明誰是股東此其五
(六)查民之堂號係輝發堂郝並無叔元堂之說此有文契為證該號捏
為叔元堂郝實有影射坑害之意此其六
(七)既充股東必盡入股之義務並享分紅之權利該號於未倒閉之前固
曾年年分紅自有紅賬可查此其七
上開諸端民請求調查紅賬調查本金賬調查股款賬調查股票收據及
調查股東會議紀錄其意皆在真實之發現誰係股東誰負還款

責任較之該項名冊更為實確與各債權人甚有利益不枉不縱不能以該號片
面之主張為可信因該號以欠民款七八千元之鉅民催還太急以致開罪於
該號經理王晏卿等近該經理見民敗訴非常愜意甚且宣佈民亦應加入
該號一併破產是民於該號已立於對敵地位同時民亦係大債權人之一更願
代債權人主張近聞該號有揑造股票存根之事不得不據實陳訴應命
該號經理將股票收據以及入股賬簿提出以期真實發見民之部分是否
冤枉有待我賢明法官秉公判斷故單獨補具上訴理由如上謹狀
河南高等法院民二庭
附補交訟費八十九元二角

613

中華民國二十六年六月三日

具狀人郝叔元十

經手發行處

發行狀紙時應於發行處下
加蓋各核發行機關戳記

一七〇　交通银行总行关于同和裕欠款问题已悉给郑行的函（民国二十六年六月七日）

交通銀行總行公函用箋

復囑汴行將辦理同和裕欠款所收各產最近情形逐項詳報由

逕啓者：穆字二五四號函轉陳汴行函報：辦理同和裕欠款情形暨二次攤還一萬一千元暫記雜存帳内所鑒察等情已悉。仍囑將所收各產最近情形，逐項詳報再核。此致

鄭行

總行啓

中華民國廿六年六月七日穆字第二九〇號全頁（總六）

一七一　河南高等法院民二庭关于限期送达郝叔元债务案传票给河南高等法院第二分院的训令（民国二十六年六月十二日）

64

清

552

河南高等法院民二庭稿第一〇九一五號

事由：令安陽第二分院送達郝叔元債務事件傳票由

分配月日：年　月　日

院長（印）閱　六/12

庭長	推事	書記官長	主任書記官	書記官	錄事	校對監印員
六月八日稿（代）	月　日稿	月　日稿	六月八日稿	月　日稿	六月九日繕校	日校對監印

判行月日

中華民國廿六年六月十二日封發

河南高等法院訓令　訓字第　　號

令甘肅高等法院第二分院

查同和縣郝叔元與朱順喜因債務上訴

事件。現經本院定於七月二日上午九時審理。合將傳票暨送達

查案內常有眉係債務協

證書，令發該院，仰即送達收領。並令於送達證內，填明收領

期日、簽名、按指印、或蓋章。製回後，連同應征送達費務

於審期前一併呈院，以憑查核勿延！此令。

計令發　傳票一件　送達證一件

一七二 开封交通银行关于报告所收同和裕各产最近情形及清单给郑行的函（民国二十六年六月十五日）

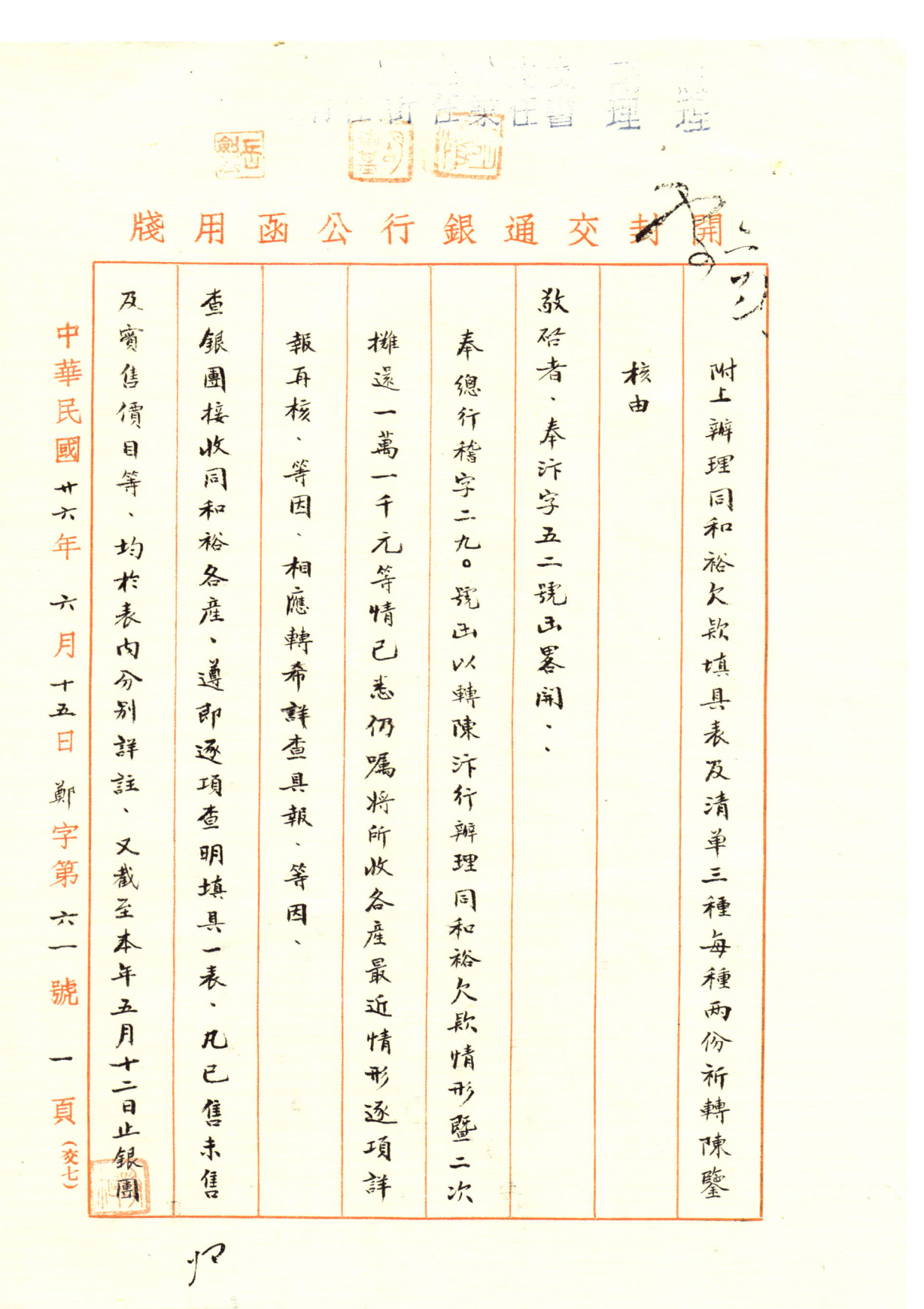

開封交通銀行公用函牋

附上辦理同和裕欠款填具表及清单三種每種兩份祈轉陳鑒

核由

敬啓者、奉汴字五二號函畧開、、

奉總行稽字二九〇號函以轉陳汴行辦理同和裕欠款情形暨二次攤還一萬一千元等情已悉仍囑將所收各產最近情形逐項詳報再核、等因、相應轉希詳查具報、等因、

查銀團接收同和裕各産、遵即逐項查明填具一表、凡已售未售及實售價目等、均於表内分别詳註、又截至本年五月十二日止銀團

中華民國廿六年六月十五日 鄭字第六一號 一頁 （交七）

開封交通銀行公函用牋

管委會內部收付帳目各項總數、亦逐項開列清單、惟該號所負銀團（四銀行）債額、仍應短欠壹萬六千零貳拾壹元、刻正向王晏清積極催償、並將借款時預扣之四千元及代收外欠三千三百元兩款、向其聲明、應作付給開支之用、不能指為抵還之款、所有銀團對於王晏清清算之總帳、茲亦照錄連同以上表及清單計三種、每種各具兩份、一併隨函附上、即祈

詧閱轉陳鑒核為荷、此上

鄭行 附件

汴行敬啟

中華民國廿六年六月十五日 鄭字第六一號 二頁 （交七）

銀團接收同和裕房地產一覽表

坐落	三次標價	售	未	實售数	較標價損	較標價盈	附註
彰德一處	八千四百元	售		七千九百元	五百元		彰德中國承購
修武一處	一萬四千元		未				
蚌埠一處	一萬元		未				
新鄉車站新華街一處	九千五百元	售		一萬二千八百元		三千三百元	
新鄉西门内同和隔壁	五千元	售		四千五百元	五百元		
新鄉中山街	八百元	售		八百拾元		十元	
新鄉西门外石榴園	一千元	售		八百元	二百元		
新鄉北门外板廠街	一千元		未				
新鄉車站鄘南醫院	五千二百元		未				

追加

新鄉車站萬順鉄廠	五千二百元	售		五千元	二百元	
新鄉保安街靜泉学校	六百元	售		五百元	一百元	
新鄉北碼頭新新廠	四千三百元		未			
新鄉同和裕住宅	三萬五千元		未			
新鄉小北街同和裕对门	三千元	售		三千元	平	平
新鄉修文印刷所	六千五百元	售		六千八百元		三百元
新鄉同和裕火柴部	二千六百元		未			
新鄉水電公司	一萬〇三百元	售		一萬元	三百元	
新鄉泰丰棧	標價五千元	售		四千八百元	二百元	

銀團向同和裕王晏清清算總帳

四銀行借款共弍拾萬元

收回房地産作價（照三次標價）

拾弍萬弍千四百元

追加新鄉泰豐棧房屋作價

五千元

安陽電廠股權

叁萬叁千八百元

徽来現款

壹萬四千五百元

赎回地契现款

叁千弍百七拾九元

廿六年一月廿二日止结欠壹萬六千零弍拾壹元

同和裕欠款銀團管理委員會內部收付帳目

收	售出房地產	五萬六千九百拾元
收	交通撥來借款時須扣	四千元
收	房地租	五千五百四拾一元四角
收	代收外欠	叁千叁百元
收	同和裕繳来現款	壹萬四千五百元
收	同和裕贖回地契款	叁千弍百七拾九元
付	還四行每行壹萬八千元	柒萬弍千元
付	安陽電廠虧耗	四千四百元
付	委員催收旅費等	四千壹百元

付辦理催收
一切開支　　五千六百元

廿六年五月十二日止两抵結存壹千四百叁拾元零四角

一七三　河南高等法院民二庭关于限期送达传票给证人黄家斋给汲县地方法院的训令（民国二十六年六月十六日）

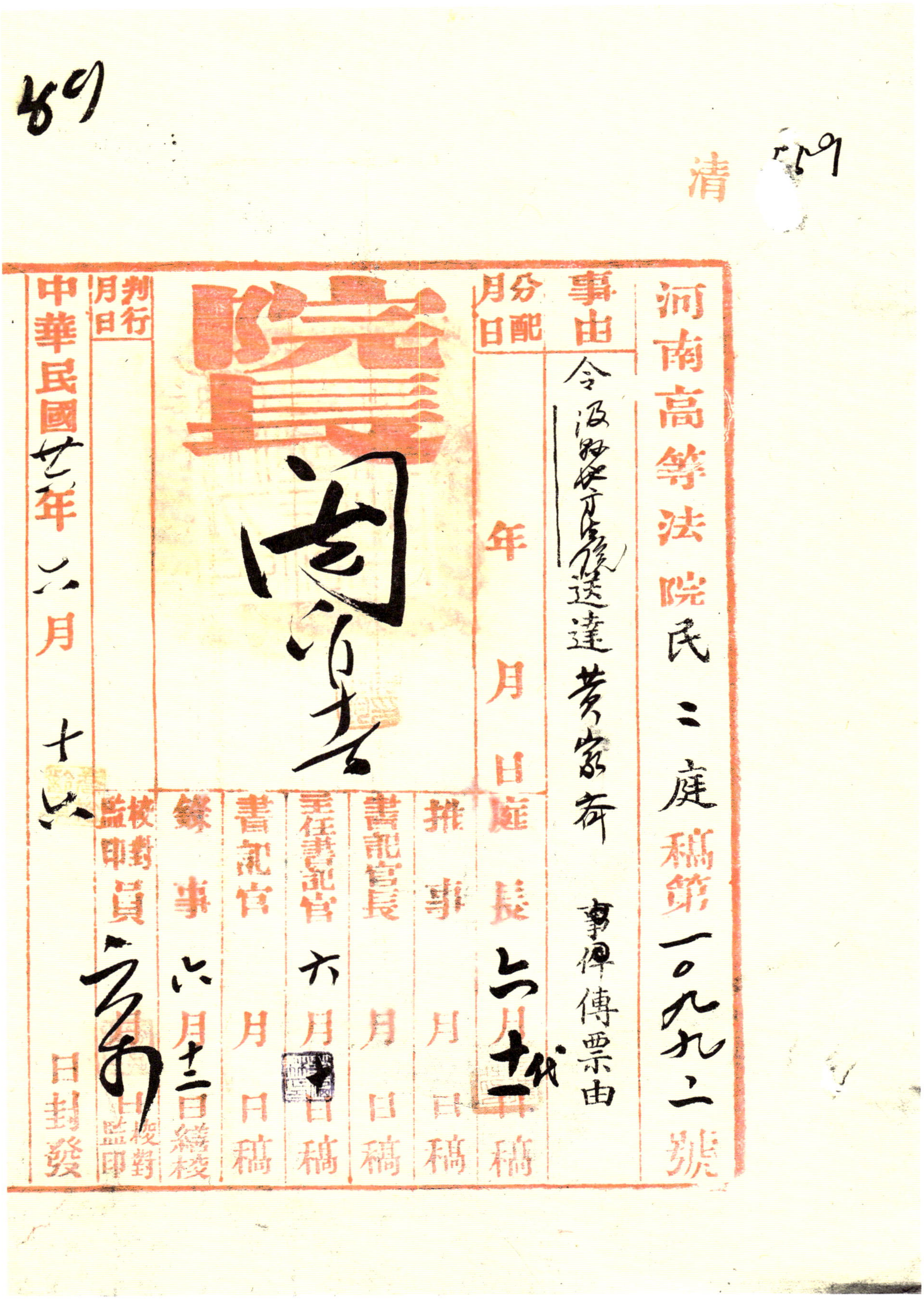
559
清
河南高等法院民二庭稿第一〇九九二號
事由
令汲縣地方法院迅送達黃家斋
事件傳票由
分配月日　年　月　日
院長
閱　十六
判行月日
庭長　六月十一日稿
推事　月　日稿
書記官長　月　日稿
主任書記官　六月　日稿
書記官　月　日稿
錄事　六月十二日繕校
校對員　監印　月　日校對監印
中華民國廿六年六月十六日封發

河南高等法院訓令　　訓字第　　號

令汲縣地方法院

查開封縣郝殿元與朱順喜因債務上訴事件。現經本院定於七月二日上午九時審理。〔查全案内證人黃家齊係住汲縣〕合將〔證民〕傳票暨送達證書，令發該縣院，仰即送達收領。並令於送達證内，填明收領期日、簽名、按指印，或蓋章。掣回後，連同應征送達費，務於審期前一併呈院，以憑查核，勿延！此令。

計令發　傳票一件　送達證一件

一七四 律师李清滨关于申请查阅朱顺喜等与常介眉等债务案案卷给河南高等法院的申请书（民国二十六年六月二十五日）

開封律師公會製
每本售現洋壹元

閱卷聲請書

聲請人 李清濱律師

為聲請閱卷事查 年 字第 號 開封朱順喜等與同和裕號
同和裕順泰常介眉等債款
一案本律師經朱順喜等委任為原告代理人所有本案卷宗亟待查閱為
此聲請
大院即將全卷連同附件交給閱覽
河南高等法院公鑒

中華民國廿六年六月廿五日

律師李濟濱

正會長

副會長

評議員

幹事員

聲字第卌八號

一七五　汲县地方法院关于寄送郝叔元与朱顺喜债务上诉案传票回证及送达费给河南高等法院的呈，附送达证书（民国二十六年六月二十八日）

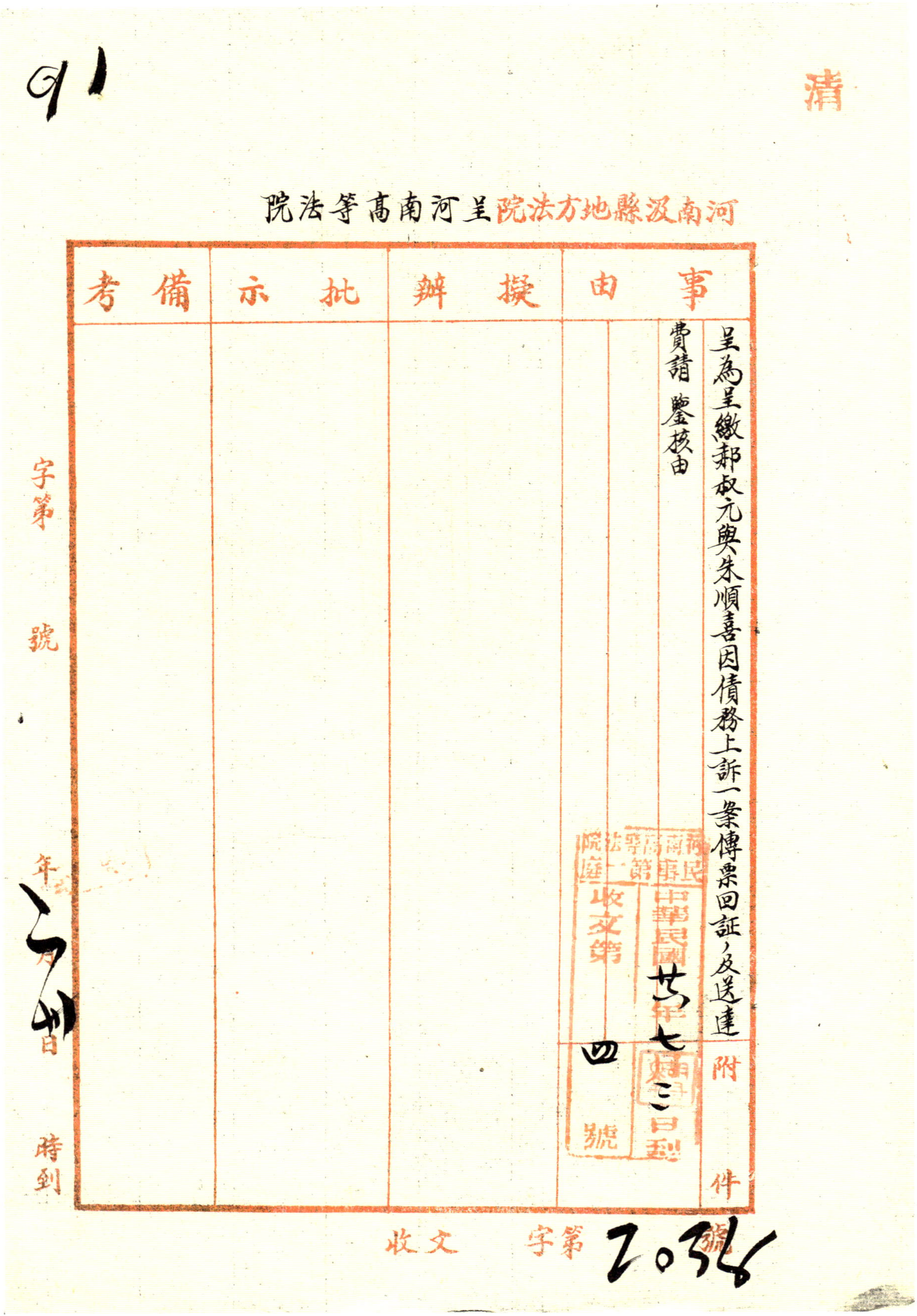

91

清

河南汲縣地方法院呈河南高等法院

事由	擬辦	批示	備考
呈為呈繳郝叔元與朱順喜因債務上訴一案傳票回證及送達費請 鑒核由 附件 四			

河南高等法院民事第一庭 收文第 號 中華民國廿六年七月三日到

字第 號 六月卅日 時到

收文 字第 2036 號

案奉

鈞院令發郝叔元與朱順喜因債務上訴一案傳票送證各一件，飭即送

達，等因，奉經派員送達在案，茲據將回證捺印呈繳前來，理合具

文呈請

鈞長，俯賜鑒核。

謹呈

河南高等法院院長凌

計呈送　回証一件　送達費洋一角五分

署河南汲縣地方法院院長王命新

中華民國二十六年六月二十八日

監印

校對

吳日游

413

送達注意
（一）應受送達人
（甲）上第一人或代理人。
（乙）當事人或代理人所[illegible]向受送達人[illegible]住[illegible]之[illegible]
（二）送達文件如不能[illegible]時得將應受送達[illegible]文件交付在列各人
（甲）[illegible]之同居人
（乙）[illegible]僱人
交付上列各人應詢明其人能即時轉交者方得為之
（三）送達證書應依（一）（二）兩項送達情形詳細登明至代理二字[illegible]律師如未受任代理第三審訴訟者不得交付
（四）應受送達人拒絕收領而無法律上理由者得將文書置於送達處所以為送達
（五）應受送達人在二人以上者應令在送達證書內各自簽名或蓋印

額外需索准即告發

清

河南高等法院書記處　字第　號

送達證書

送達文件	受送達人	送達處所
傳票一件	黃家齊	汲縣北車站南頭路東

郝[illegible]元[illegible]

[illegible]記其事由	非交付受送達人之送達則記其事實	收受送達之年月日時	送達費
		廿六年六月卅日十時	應徵送達費洋壹角伍分

中華民國廿六年六月十日送達人

字第　號

此証書由送達人帶回繳銷

司法印紙 伍分

黃家齊印

一七六　夏玉蕴关于上诉与朱顺喜等债务案的民事状（民国二十六年七月一日）

普通注意事項

一民事狀凡民事案件向法院投遞書狀不問為起訴答辯上訴抗告或委任代理人或聲請聲明均適用之
一民事狀之記載除應分別書狀内容按照特別注意事項填寫外應記明左列各欵情形
(一)當事人姓名年齡職業住址若當事人為法人則其名稱及事務所所在地
(二)代理人之姓名年齡職業住址
(三)附屬文件及其件數
(四)受訴法院或縣司法機關
(五)遞狀年月日
一當事人或代理人應於狀内簽名捺印其不能簽名者得使他人代書並由代書人記明其事由簽名捺印
一狀内用紙如不敷用得由具狀人照狀紙尺寸自行備紙增加頁數但接縫處應由具狀人簽名捺印
一司法狀紙分左列二種均按國幣收費
(一)民事狀　陸角
(二)刑事狀　叁角
一每角按國幣十分之一計算如以銅幣及他種鈔幣折合者依各地市價定之進出一律
一狀面由司法行政部製發無論何種機關不得仿造並不得另製副狀發售
一狀紙定價包括狀面及狀内用紙按定價出售不得擅行加價

特別注意事項

一因民事案件起訴或反訴或追加新訴或為再審之訴而具狀者除按照普通注意事項填寫外並應分別記明左列各欵情形
(一)訴訟標的金額或價額及其原因
(二)應受裁判事項之聲明及陳述
(三)供證明或釋明所用之證據方法
(四)其他應聲叙之事實
一當事人提出之證據如為證人應填寫證人姓名住址如為證書應添具繕本或節本其為他造所知或極浩繁者可祇表明證書之標目如為證物應填寫證物之種類及其内容要旨其證書證物不為當事人所持有者應於狀内表明持有人之姓名住址或保管之公署
一因民事案件答辯而具狀者除按照普通注意事項填寫外並應記明左列各欵情形
(一)答辯之事實及理由
(二)承認或否認原告請求之範圍
一因民事案件上訴或附帶上訴而具狀者除按照普通注意事項填寫外並應記明左列各欵情形
(一)第一審或第二審之判決及對於原判決上訴之陳述
(二)訴訟標的及原因
(三)對於原判決不服之程度及求如何廢棄或變更之聲明
(四)上訴之理由及關於上訴理由之證據方法
(五)粘抄原判決並記明受判決送達之日期
(六)對於第一審判決上訴並應記明新事實及證據方法並其他準備書詞辯論之事實
一因民事案件抗告或再抗告而具狀者除按照普通注意事項填寫外並應記明左列各欵情形
(一)不服之陳述
(二)不服之程度及求如何廢棄或變更之聲明
(三)抗告之理由及關於抗告理由之新事實與證據方法
(四)記明受送達之日期
一因民事案件委任代理人而具狀者除按照普通注意事項填寫外並應記明左列各欵情形
(一)代理人與委任人之關係
(二)訴訟事實
(三)委任代理之原因
(四)委任代理之權限
(五)委任之年月日
一因民事案件有所聲請聲明而具狀者除按照普通注意事項填寫外並應分別各該聲請聲明性質記明必要事項

103

注意 第一欄未二字由具狀入自填如係起訴則填起訴上訴則填上訴餘類推 第二欄亦由具狀入自填係起訴則右方填原告左方填被告餘類推

	右方	左方
	民事	
	上訴人	被上訴人
姓名	夏玉蘊	朱順喜等
年齡	年四十八歲	
籍貫	陽武縣	
住址	現住前保定巷三十九號	
職業		

為妄攀股東冀圖担債、狀請調查同和裕積金賬簿及股票存根、並訊實王晏卿、趙安侯以昭翔實而儆刁攀事。竊民不服第一審判決上訴朱順喜等債欵事件、奉傳定於本年七月二日審理。查民與該號往來固係實情、互有存欠、亦屬不錯。當於二十三年廢歷正月撥清、註明同和裕賬簿、僅可証明來往、實不能証明為同和裕股東。第知王晏卿、趙安侯為同和裕正副經理、負其全責、現於新鄉縣看守所被押、並非不可調查詢問、似應委託新鄉縣政府代為調查訊問、以明民是否為該號股東。此請調查者之一、查同和裕擠兑後、存心險詐、坑人肥己、露骨昭著、而於股東名冊、無非避重就輕、坑害第三人、該項名冊自非絕對証據、安足憑信耶。況商號於股東姓名、均記載在推玉積金賬簿、且有股票存根可查。而同和裕為全國有數之銀號、自當有此顯著之考

104

查第一審不從根本解決而判民共同負清償責任，殊屬不合。此請求調

查者之二。

基上請求，理合狀請

鈞院迴格調查同和裕積金賬簿及股票存根，並訊問王晏卿、趙安

侯，是否有民之股金，以期真相而儆刁風，不勝感激之至。謹呈

105

中華民國二十六年七月一日

具狀人夏玉蘊十

經手發行處

發行狀紙時應於發行處下加蓋各該發行機關戳記

一七七　河南高等法院关于郝叔元等与朱顺喜等债务案上诉传票的送达证书（民国二十六年七月二十日）

154

送達注意

(一)應受送達人
(甲)當事人或代理人
(乙)當事人或代理人向受訴法院所指定之代收人
(二)送達文件如不獲會晤應受送達人時得將文件交付左列各人
(甲)有辨别事理能力之同居人
(乙)學徒或僱人
交付上列各人應詢明其人能即時轉交者方得為之
(三)送達證書內應將(一)(二)兩項送達情形詳細註明至代理一二兩審之律師如未受任代理第三審訴訟者不得交付
(四)應受送達人拒絕收領而無法律上理由者得將文書置於送達處所以為送達
(五)應受送達人在二人以上者應令在送達證書內各自署名或蓋印

河南高等法院書記處　字第　號

送達證書

送達文件	受送達人	送達處所
朱順喜等債務一案　傳票一件	郝叔元　常介眉　聶玉蓮　周秋祐　王彥卿　趙安侯　李康甫	老会館街

受送達人署名蓋印若不能或拒絕署名蓋印時則記其事由	非交付受送達人之送達則記其事實	收受送達之年月日時	送達費
郝叔元　均代通知		廿六年七月廿日　時	

此証書由送達人帶回繳銷

中華民國廿六年七月廿日

字第　號

155

送達注意

(一)應受送達人
(甲)當事人或代理人
(乙)當事人或代理人向受訴法院所指定之代收人
(二)送達文件如不獲會晤應受送達人時得將文件交付左列各人
(甲)有辨別事理能力之同居人
(乙)學徒或傭人
交付上列各人應詢明其人能即時轉交者方得為之
(三)送達証書內應將(一)(二)兩項送達情形詳細註明至代理一二兩審之律師如未受任代理第三審訴訟者不得交付
(四)應受送達人拒絕收領而無法律上理由者得將文書置於送達處所以為送達
(五)應受送達人在二人以上者應令在送達証書內各自書名或蓋印

河南高等法院書記處　字第　號

送達證書

送達文件	郝坤元債務一案　傳票一件
受送達人	朱順喜　陳元化　王勳　趙秋喜　李敬縣　吳孝先　王福屯　中興屯　琴鶴屯　陳耀暄　陳心侗　李留秋
送達處所	鴻影口三元店
中華民國廿一年又月廿日	
受送達人署名蓋印若不能或拒絕署名蓋印時則記其事由	均代規
非交付受送達人之送達則記其事實	
收受送達之年月日時	廿六年七月廿四時
送達費	雁

此証書由送達人帶回繳銷

字第　號

一七八　律师张照煦关于代理常介眉为同和裕债务上诉朱顺喜等一案的意见书（民国二十六年八月六日）

214

意見書

張照煦

代理安阳民常合眉为同和裕债务上诉朱顺喜等一案意见书

上诉人常合眉

右代理人张照恩律师

被上诉人朱顺喜等

查本案被上诉人朱顺喜等均与上诉人常合眉素无关系，徒以与同和裕银号债权债务纠葛未经提起确认之诉，遽向上诉人直接求偿，原审不予纠正，竟将真正债务人同和裕完全抛开，认定适法，绝不顾问对于该上诉人有无间接诉权，遽与同和裕经理（即出名营业人）王书安卿同为实体法上之判决，令其不分彼此共同清偿本务案债务关于债权债务发生之原因与结果及适用何种法律作为判决之根据，则完全不提，既与程序法大不相合，并查其判决内容与实体法冲突之点更不一而足，对于此等二项列述于左：

甲、按原审所采取之证据及其所申述判决之理由，恰以同和裕为隐名合伙，绝非普通合伙者，然而主文判令上诉人共同清偿该号债务，实与法律不合。

查原审所采取之唯一证据为现在附卷之股东清册书本（此清册为被上诉人代理人李律师当庭所供，据称系由何封缄存所函送），其所以认定该清册为有效证据之理由，不外此种印首捏造此册者为王晏卿即王静澜存

216

此冊書為開封縣所存是也殊不知者之於法則大謬不然蓋因造此冊者虽雖為王景卿（同和裕之經理）本人行為但查其造發時期為民國廿三年五月已在同和裕倒閉之後既不應發生效力並查其造發原因係欲以復業之語藉安儲戶之心乃片面行為無論如何係伊自己應負責外其效力絕不能及於不知情不認諾之第三者故此清冊依法不應作（採）為證據也否則此理王景卿向為同和裕經理本案債務雖為王景卿以該號名義所欠凡其行為無論適法與否皆應有效則民國廿二年十一月在新鄉縣（同和裕總號所在地）豫北日報上用大字鄭重聲明理同和裕係伊自己負責所有該號各地財產

托经其本人签名盖章移转善动并于卅四（三）年三月左同
一号端上看明该号李务一切由伊负责清理（以上两号原纸均尚在并注）尚未提及
常台眉为该号股东一字是明言伊系出名营业人均
王景卿之行为也似不能认造清册之行为独有动其余
但应善动其理至账况查其第一次登报之时尚在通（前后行为）
常经业之时及至造此清册恰在该号倒闭之后半批此更足
见此种清册依法不应作为有动证据也再查原审判决
书理由项内略谓上诉人所提该股信函纸色新鲜
显系可后来造因此不能脱离股东关系如不新鲜即可尚共营
被告李康甫得同一结果自应当然解释矣关于此点且有

217

除新旧二字形容词就比较不能成立，为时未久，不应陈除旧并现有当信人王显卿尚在，理宜传案证明方可认定，而原审一切不察，即行认定为串造，对于事实未免武断。外下级在法律方面误判决，准个人自由让股是明认同和裕对于上诉人为隐名合伙而非普通合伙矣，并而判决主文又判令上诉人等共同清偿本案债务，似复认定同和裕对于上诉人等为普通合伙，而非隐名合伙，至判决并判令上诉人等清偿本案债务之理，实与判异于前述者之法律大相背谬。谨按普通合伙与隐名合伙在法律上之特征及同和裕对于常介眉绝非普通合伙，并原判决不当之点，列述于下。

（一）查民法第六百六十七条规定普通合伙须有契约，夫所谓契约无不外合同、堆金账及其他足证明契约内容之文件而已，乃同和裕与常介眉間、絕無此項物件，不合一。（二）查民法第六百七十條規定，普通合夥事業之種類，非經合夥人全體同意不得變更，而同和裕以銀號任營商業，並未向常介眉一言道及，亦並無股東會之組織，不合二、（三）查民法第六百七十一條規定，合夥事務須合夥人全體共同執行，或共同約定由數人執行方為合法，而常介眉在同和裕絕無此項行為，不合三、（四）查民法第六百八十三條規定，非經合夥人全體同意不得將自己股分轉讓於合夥人外之第三人，而同和裕經理王奚卿曾准常介眉將股轉讓於黃樹人，重復准他人讓股，經原審認為可，動已如上述，義為普通合夥能如是乎，而原判竟對於同一事實一准讓股、一不惜違反法理，不顧自相矛盾、言所欲言，印

218

判令伙同还债，不知又依何说，故谓其判决不当，此其不合
于普通合伙之点四。又查上述股东清册上有注清理字样，按
清理二字为普通合伙及法条中之所等，仅民法第六百
九十四条一二两项有清算人之规定，但必经合伙人全体选任之过半
数表决之方可，向指清算。而此次同和裕股东清册虽上载有
股款数目，然则系经理人既不知为谁，又何者受王晏卿一人所委托，所载数目须
不知有何说起，有何凭据？此常台眉经未与闻，系与普通合伙之规定不合，此其
五。故由代理人理同和裕而常台眉间并无普通合伙[illegible]于
在常台眉认股前未谓其恰为隐名合伙相合也，更查[illegible]国民法
第七百零二条有隐名合伙人之出资，其财产权移属

於出名營業人之規定，恰與王晏卿以同和祥財產、任營

百業獨斷（二人作主）獨行，無論對外對內均系聽伊許可，不能

有効。按其總財產權，儼然為其個人所專有之事實已

相符合，故也。（謂其組織同和祥銀號為隱名合夥）況查出帳台眉之出資人，係對於王晏卿之行為，能

對於同和祥之行為，故晏臣出資並未出名，雖有股票，王

晏卿台人尚有權，唯人轉認原審對於此種同樣之轉

讓乃實係認為適法。按此條合於民法第七百零八條

第六項，有此之規定之外，在普通合夥（各法條）絕無此種（規定）條理，就

隱名合夥（認為）其誰信之？然而該原審猶判令上訴人與王晏

卿共同返還債務，令人不解，故認其判決與上述各該

219

法[illegible]未合也。

乙、從退一步理上訴人持有股票不合於逸名合夥，亦只應擔負股票上所負責任，更無其他股東責任之可言。查本案上訴人雖曾領有同和裕股票十七張，似與逸名合夥絕附屬於王君劭卿名下之情形不合，然亦只應按票面上所註金額與全體持股票者共同負責，亦不應因少數人拋棄同和裕而擔負清償本案債務，此節自然之理不待言者，而原審判決書絕未言及此，乃或以同和裕發行股票未經備案為不合法，亦未可知，果爾，則該號一切行為俱失法律根據，且商業登記法未頒布施行以前絕無正条可以援照矣〔即由股票上責任亦適法担負之一面言〕。今查該法〔原案〕理由略謂：如合夥人僅依法登記其約定出資，而未登記為合夥人者，視為隱名合夥人，適用民法關於隱名合夥之規定各等語，是明示〔須〕登記為合夥人，由〔該〕方負股東責任，否則雖其約定出資之數目已經登記，仍視為隱名合夥，是即如常會眉雖已出資叁萬七仟元正，與其約定出資之語相當，〔但僅〕缺有股票，〔既〕與依法登記之語不同，但更查同和裕始終並未登記，王晏卿亦未對外表示常會眉為該號股東，及常會眉知〔更無〕而不加否認之事，較之上述原案理由尚且不及，故理上訴人〔除亦未隱名合夥責任外〕更無其他股東責任之一面言也。

220

综上述各项理由论结，足见本案真正债务人为同和裕经理王晏卿其人，尚在，各被上诉人不惟无权对于上诉人追诉，即王晏卿本人亦无法律上正当原因不得对于该上诉人任意指为股东，故理两造当事人不发生直接关系，中间惟视王晏卿之行为是否合法为标准。今查王晏卿招徕行为既不适法，同和裕银号在法律上除仿佛隐名合伙外，其余俱属不伦不类，其发行股票至于数百万之多，虽未备案，而官厅亦不加干涉，以致储户受累，酿成巨案，似此情形，王晏卿与官厅双方均不能不任其咎，而原审犹以被上诉人所提出之股东清册系王晏卿所造，系各行政机关所存，遽认为有证据，动辄由是不顧法理判令上訴人共同代同和裕清償本案債務實屬於法於理於情均屬不合至如王晏卿行為違法事之過去現在既成訟案不可不依法判決現在以法律論惟上述之商業登記法恰與本案情形相合若依該法規定即適用民法上隱名合夥各規定之將原判決廢棄令同和裕經理王晏卿清理本案債務俾上訴人得受法律保護獨對於該銀號出名營業人王晏卿擔負責任則至允至當矣本代理人之意見如此是否有當應請

鈞座鑒核

律師張照

民國二十六年八月六日

一七九　李康甫关于朱顺喜等求偿同和裕存款案给河南高等法院的答辩书（民国二十六年八月九日）

為依法答辯懇將附帶上訴依法駁回以免拖累事竊查朱順喜等關於求償同和裕存款一案前因誤認康甫為該號股東曾在原審一再叙明原委並補呈証件各在案事實俱在本無庸贅惟查原審關於此部雖將朱順喜等之原訴依法駁回然其認定理由竟認為康甫本係股東因恕道堂李太太名下註有李康甫轉等項字樣而讓與他人云云實與真正事實絶對不符且未將省府卷宗依法調閲因之原告等竟又對康甫附帶上訴多添無謂拖累可謂冤枉已極蓋康甫之堂號為退思堂而同和裕股東名册所載之恕道堂李老太太（即李王氏）乃康甫内親（係康甫元配之姊）根本與康甫毫無関係豈能强有牽拉且此項股款五千元係二十一年自永義成（李王氏之商號）抽回而加入者康甫不過曾為經手豈容任意攪混爾時同和裕註明『轉』字之原因僅係轉遞之意根本與股票不同即原告等在原審亦未作如是主張康甫更無此項答弁乃原審判決竟認為轉讓他人實屬顯然誤會茲

130

衆原告等坿帶上訴之際特再補述如上以代答辯應請
鈞院將其坿帶上訴依法駁回並請將原判理由欄内認定錯誤部分於判決時詳
爲説明以正聽聞而免誤會實爲法便謹狀

一八〇　河南省财政厅关于同和裕押品估价及押品交由开封商会调谐给开封交通银行的函（民国二十六年八月十三日）

河南省政府財政廳用牋

奉

主席交下同和裕銀號經理王晏卿呈一件「爲民商估價，欠於公允，懇請令教育款產管理處轉抵押不動產之各縣契稅局按照時價估計，並請令交開封商會妥爲調諧，以示公允而便清理事。竊民與銀行團債款清理一案，日前爲債款受押已四月餘，影响所及，有損無益，恭呈下情，懇請交保以便清理而資復業」等情，迭未蒙批示，焦灼萬分。查銀行團撥濟同和裕借款洋二十六萬元，（本息廿五万余元未还）同和裕所與之各處不動產抵押品共值洋三十一萬四千二百九十一元四角九（本息四十二万余）

第　頁

年　月　日

河南省政府財政廳用牋

第　頁

分六厘，當時列有清冊，已無異言，是抵押品值價較銀行團借款尚多五萬有餘，詎該銀團竟違反前議之抵押不動產值價，而片面估爲十六萬元（銀團代表曾向建設廳張廳長聲明）今又片面估爲十二萬元，前後估價不特矛盾，且與各處不動產時價不符，是非着各縣契稅局按照不動產時價估計，殊不足以示公允，復查彰德電氣公司已出資額爲九萬餘元，有賬可憑，每月營業尚有盈利洋四五百元之譜，該電氣公司值價可見不止九萬元之數，當以前言明之抵押不動產原價未找照時價估妥後，自不得朦詞將該電氣公司收管，縱可接管亦應

三

年　月　日

邀同該公司經理到場点交，剋查實姚龍門派人私自處分原料已不在少數，即是未邀同該公司經理点交之咎。試問此種損失，應歸何方負責耶，但銀團接收之估價，又不宣佈，使民無從而知，殊屬不解。再者銀團與同和裕之債款，非有調人不易清理，況銀團與同和裕俱為商人，似應發交開封商會妥為調諧以清糾紛也。迫上呈懇我主席逾格速令各縣契稅局估計不動產抵押時價並發交開封商會妥為調處以示公允而便清理，不勝感激待命之至。

等情，據此，相應函請

年　月　日

河南省政府財政廳用牋

第　頁

查核見復，以憑飭遵！

此致

開封交通銀行

河南省政府財政廳　啓

八、十三、

年　月　日

一八一　河南高等法院关于郝叔元等与朱顺喜等债务上诉案的传讯单（民国二十六年八月十四日）

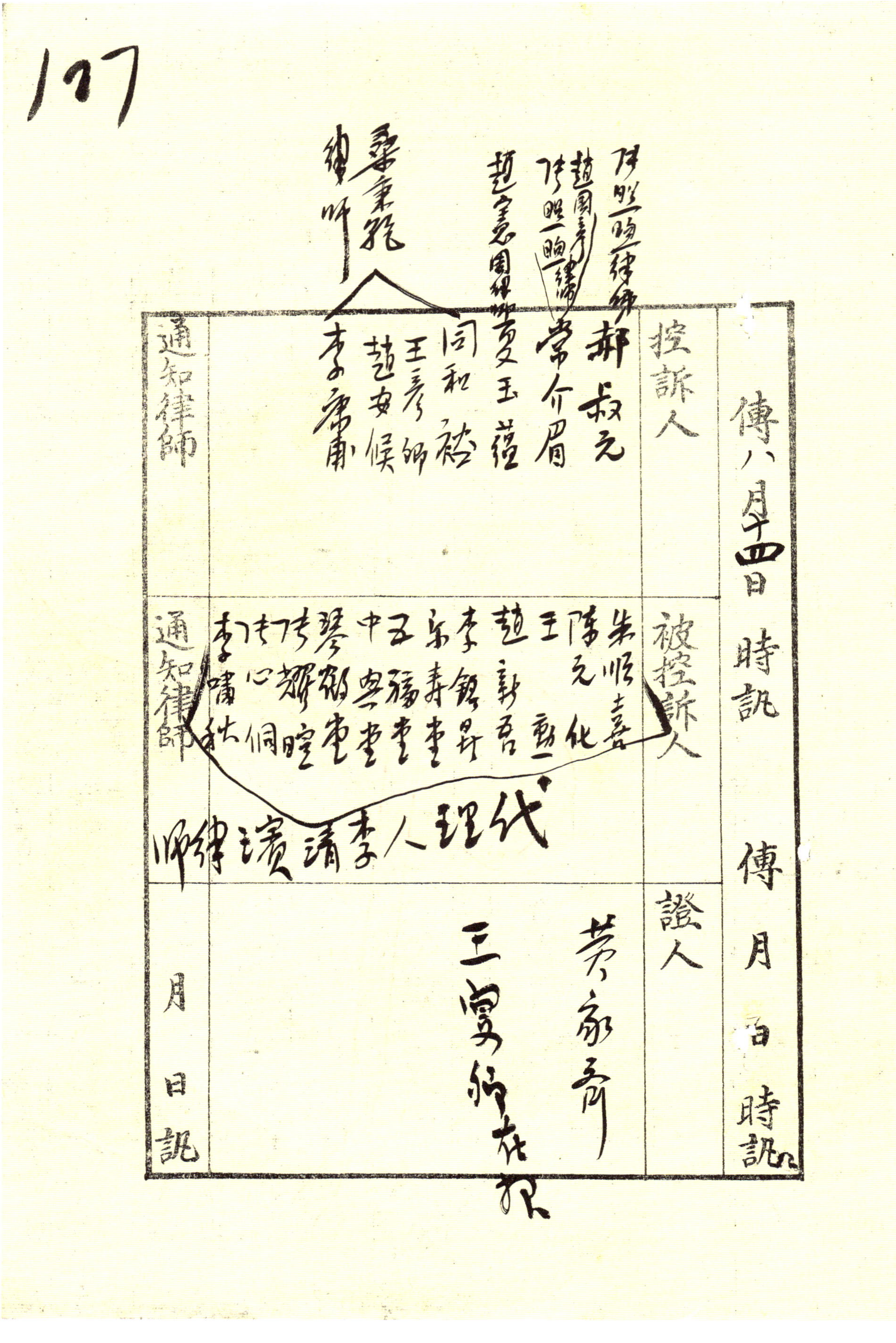

133

點名單

上訴人又被上訴人　同和裕

王彥卿
趙安侯　訴訟代理人　蔡秉乾律師

常介眉　訴訟代理人　趙國彥律師　陳照暉律師

夏玉蘊　趙憲同律師

郝叔元　陳照暉律師　劉永吉律師

被上訴人　朱順喜

又被上訴人　陳之化

中華民國　　年　　月　　日

王勤
趙新吾
李銘昆
梁壽堂
王福堂趙
中心堂趙
琴鶴堂趙
陳耀暄
陳心銅
李晴秋

李清濱
緯卿

請上孫人李康衛　樂亭東乾緯卿

尊修李狀

134

調查筆錄

上訴人又被上訴人 同和裕 王彥卿 趙安儀—訴訟代理人桑秉乾律師

被上訴人 常介眉—訴訟代理人趙國彥 張照熙律師

夏玉蘊—趙憲周律師

郝敘元—劉永圭律師 張照熙律師

被上訴人 朱順喜 陳元化 王勤 趙彝吾 李銘昇、桑壽堂 王、

又上訴人 王福堂 趙中興堂 趙琴鶴堂 趙張耀暄 張心田 李晴秋

右訴訟代理人 李清濤律師

被上訴人 李康甫 訴訟代理人 桑秉乾律師

右列當事人間因廿八年上字第 號 債務

案件於中華民國廿八年 八月 十四日

上午九時在本院民 庭開庭調查出席職員如左

推事 申訓翼

書記官 張金榜

河南高等法院

點呼事件後到庭當事人如左

郝書元

問 郝書元、姓名年齡籍貫

答 郝書元五十二歲、老会館街

問 你的上訴意旨是什麼

答 我不知法律請我代理人陳述吧

135

河南高等法院

指手請桑秉乾律師陳述意見

本代理人代理同和裕王彥卿趙安候上訴部分之意

見「當朱順喜在開封地院起訴時，同和裕尚未

歇業之先，且併開後當有債務清償，要以公會，故

朱順喜向同和裕所得之債務請償要以公會

請求履行債務之文，王彥卿等業在新鄉聲請

破產之債，故破產程序完了以外，另以，推由各股東負責

償還，而王彥卿趙安候僅為同和裕之經理

並非股東，應不負償還之責」

本代理人代理李康甫部分意見「李康甫並

非同和裕之股東，從款來上所批之字樣即可看

訴訟通用紙

出，上批乃是李庚甫转李王二氏。并非直接给李庚甫。足可证明该股票非李庚甫所有。请较同上诉人之附带上诉。

据李律、赵国彦律师陈述意见

本代理人代理常介眉上诉部份之意见　常介眉并无为同和裕之股东，系民国二十二年即把股票抵押，后又将股票移转。同年十月同和裕另换新股票，有收条可凭。足以常介眉早就脱离同和裕股东之关系。并且退职员职员之责任，乃在退职以前，非在退职以后。故常介眉退职后，对同和裕之

河南高等法院

一切權利義務，應不負責。退出云云，各股東所負之責任，乃指合股財產不足清償外債時而言。現在同利務既未清算，債目又未確定云云，究竟不足之額為多少，尚無法斷定。故應終止訴訟程序。

推事請張幽盤律師陳述意見。「本代理人亦為常介眉之代理人，除趙律師所陳述者外，本代理人尚有一點意見，略陳於下：

(一)原判認為是普通合股　既為普通合股，在退股前，并非合股性質，當不負責。

(二)原審所用法律不合　因原審所以認常介眉

訴訟通用紙

為股東者，乃葛畑即之小股東冊。似此記載，決不可靠。況本件關於是否為同和裕之股東，應提出證據，或分紅紙，或開會紀錄。況同和號之外，另為三萬餘萬，亦不能由常介眉全負責任也。

推事請趙憲周律師陳述意見

本代理人代理夏玉蓀上訴部分。夏玉蓀是否應負償還之責，應從二點決定：第一即是否為同和裕之股東。其記明應由分紅紙、股票、同記、會議錄等而決定。第二係合夥財產外，出資外債務，不能負責任。

137

推事请刘律师陈述意见

郝西元并非同和裕之股东，不过在同和裕存有七八千元款项而已，有存款根据可凭。如果有的股东，同和裕为什么未将二千元改为股票交付郝西元。为什么又说有的股东。并且再请钧庭调查（一）的股东，（二）同和裕股票回执，（三）同和裕会议记录，（四）同和裕分红簿，就可以真实郝西元是否为同和裕之股东了。

推事请谭律师陈述意见

本代理人代理朱顺堂陈元凤等[illegible]郝书意

河南高等法院 诉讼通用纸

见。

（一）據上诉人代理人声称同和裕之经理赵斋安係王彦卿业在新乡声请破产，是该经诉该经理之后，现在债权人方面并未闻有此种事实并且没有争破产的名义就不可以终止诉讼了。

（二）被上诉人之代理人声称李康甫并非股东，此据其名股票上注明係李康甫转李子氏，而李子氏究为何人，李康甫应负责证明之，並其亦常为人做东家，实此等藉词图免责任者，亦在常理之中，故李康

138

者為同和裕之股東，亦毫無可疑了。
（三）常介眉是二十二年六月間收買股票，而同和裕是同年九月間歇閉，退出之言之即在以後，亦為吳素、黃、常介眉退股，純係二十九年還，並同股東等亦得股東之同意，決不能自己任意出入。
（四）郝世元在同和裕存款，即是實在，無一方面存款，一方面為股東者，亦事有之，決不能因其有存款，即非股東也。
推事當庭諭知，俟再傳吧，閉庭

河南高等法院民事庭

河南高等法院　□□通用紙

順事申謝賀

安記交張金榜

張金榜章

一八三 河南高等法院关于调阅同和裕股东名册给河南省建设厅的函（民国二十六年八月二十日）

140

154

河南高等法院 稿第六八九號

事由：函調同和裕股東名册由

分配月日：年 月 日

院長

判行月日

庭長 八月十七日稿

推事 月 日稿

書記官長 月 日稿

主任書記官 月 日稿

書記官 八月十七日稿

錄事 月 日繕校

校對監印員 八月 日校對監印

中華民國廿六年八月廿日封發

宁夏高等法院公鉴
查同和裕与朱炳喜因债务事
件提起第二审上诉到院该案同和裕
之股东有调查之必要
暨应在何同和裕之股东之无从调查
相应函请
钧厅将同和裕股东名册开送
过院以凭核办此致
宁夏省建设厅

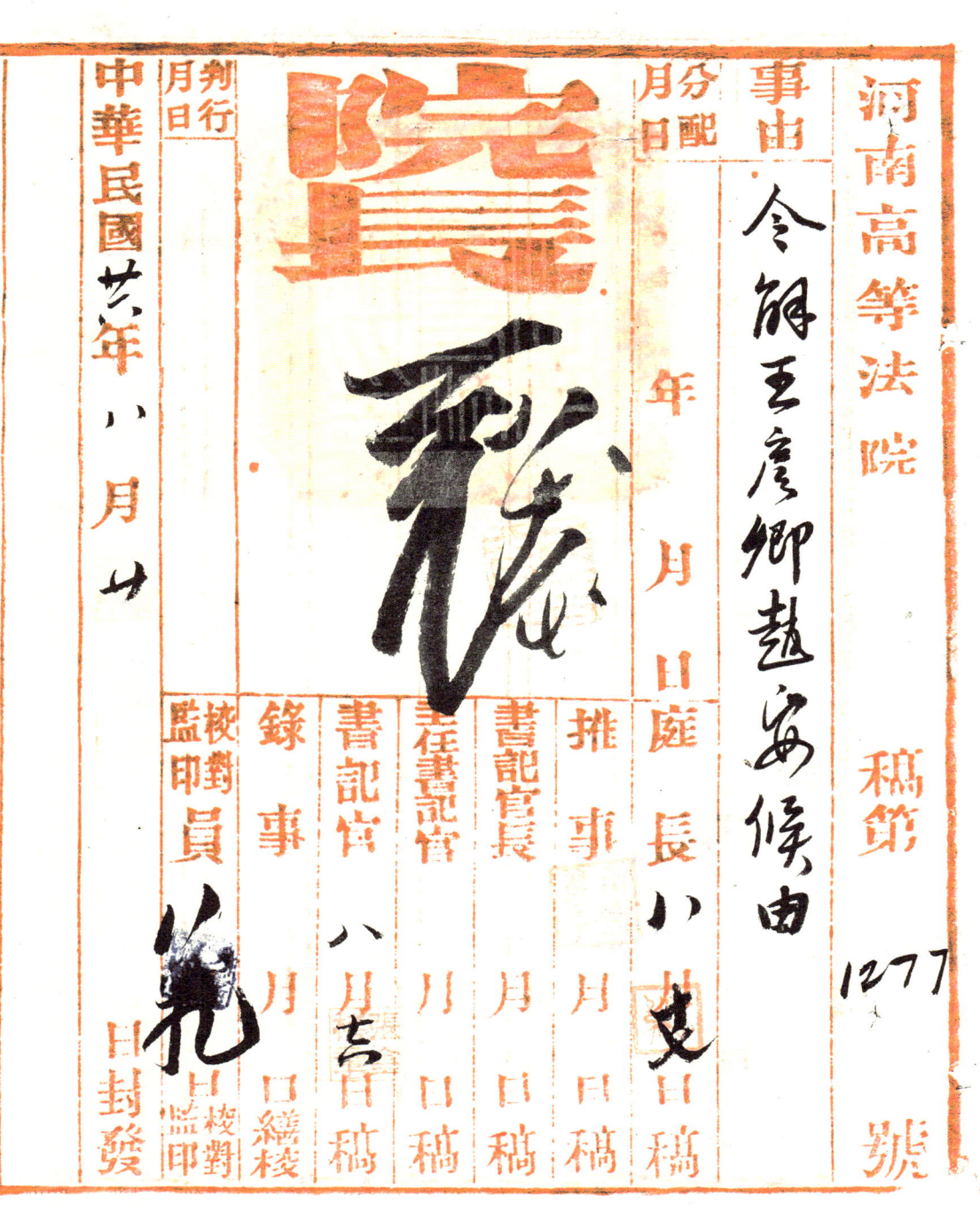

402

132

河南高等法院稿　　　號

1277

院長

事由：令解王晏卿赵安侯由

分配月日　年　月　日

判行月日

中華民國廿六年八月廿日

庭長八月廿日稿

推事　月　日稿

書記官長　月　日稿

主任書記官　月　日稿

書記官八月廿日稿

錄事　月　日繕校

校對監印員　月　日校對監印

日封發

飭菊亭等來院訓令

令新鄉縣政府

查同和裕號朱順喜因債務事件控訴第二審上訴本院，該同和裕之組織及停閉之情形若何，並有詢問同和裕之經理王彥卿、趙安保等之必要，合行令仰該縣於九月四日審期以前，將王彥卿、趙安保二名解送本院，以憑核辦，勿延。

此令

河南高等法院关于调阅同和裕股票回证、股东会议记录等给新乡县政府的训令（民国二十六年八月二十日）

1483

150

河南高等法院 稿第 1279 號

事由：令调同和裕股票回证、股东会议记录分行饬由

分配月日：年月日

院長

庭長 八月廿日稿

推事 月日稿

書記官長 月日稿

主任書記官 月日稿

書記官 八月廿六日稿

錄事 月日繕校

校對監印員 月日校對監印

判行月日

中華民國廿六年八月廿日封發

南高等法院訓令

令新鄉縣政府

查同和裕與朱順喜因債務爭執據報第二審上訴到院該同和裕之[illegible]股票回證股東會議記錄分紅賬本等案有調查之必要令仰該縣於九月四日審期以前迅將上開各物檢齊送院以憑核辦勿延

此令

一八六 河南高等法院关于呈复王晏卿、赵安侯申请同和裕破产是否已照准给新乡县政府的训令（民国二十六年八月二十日）

此件請參照王推事第一八一號簽報案有關調查之必要

144

151

河南高等法院　稿號 1278

院長

事由：令呈覆王晏卿趙安侯聲請同和裕破產是否已經照准由

分配　年　月　日

判行　月　日

秘

庭長　八月　日稿

推事　月　日稿

書記官長　月　日稿

主任書記官　月　日稿

書記官　八月廿六日稿

錄事　月　日繕校

校對監印員　月　日校對監印

中華民國廿六年八月廿　日封發

河南高等法院训令

令新乡县政府

查同和裕号朱顺喜同信号事件提起第二审上诉，升院。该同和裕之经理王彦卿状称已在该县政府声请破产宣告，已照准，此案院受理之

[illegible]关系，令行令仰该县将

九月四日审期以前，将同和裕破产是否准许

缘由情形呈复本院，以凭核办，勿延。参考

此令

一八七 河南省建设厅关于寄送同和裕股东名册给河南高等法院的函（民国二十六年八月二十五日）

206

河南省政府建設廳公函　河南高等法院

事由	擬辦	決定辦法	備考
函送同和裕股東名冊請查照並希閱後擲還			覆文務請註明本府發文字號

附件

收文　字第　號　1777

收文第一九三六八六號

河南省政府建設廳公函　字第2536號

案准

貴院第六八九號函、爲同和裕與朱順喜因債務事件提起第二審上訴、有調閱同和裕股東名冊必要、囑檢送核辦等由、准此、有應照辦、玆檢同同和裕股東名冊一本隨函送達、即希

查收見復、辦畢並請擲還爲荷。

此致

河南高等法院

附同和裕股東名冊一本

2

中華民國二十六年八月廿日

監印康永斋

校對宋麟書

一八八　朱顺喜等关于与郝叔元等债务上诉案给河南高等法院的答辩书（民国二十六年八月三十日）

為補具辯訴理由事緣上訴人等與被上訴人等因債務上訴一案被上訴人代理人對於上訴人代理人之陳述已當庭分別答辯在案茲再分別補叙答辯理由如下、

（一）對于同和裕銀号東代理人陳述答辯之理由　查同和裕銀号東在新鄉請求破產還償無論並無破產理由其手續亦不合破產法之規定且該請求并無確定之裁定准許其請求在法律上實無防止被上訴人訴請還償之根據該代理人因同和裕銀号東有破產之請求即謂被上訴人不應向同和裕銀号東訴追不知係根據何項法条而云然所稱既無法律可據即不能謂為有理雖民事訴訟法第一百八十二条規定訴訟一部或全部之裁定以他訴訟之法律關係是否成立為據者法院得命在他訴訟終結以前中止訴訟程續然被上訴人請求還償之訴并不以請求破產之是否成立為據殊

于退夥前合夥之債務仍應負責常介眉對于同和裕所欠被上訴人債款自不能不負連帶償還責任況常介眉代理人所呈王燕卿給予信件及轉讓股東契紙紙墨均甚新穎并不似民國廿二年之舊物此種信件契約不難臨時串揑殊難信為真實又常介眉第一審僅呈信件第二審又呈契約可見係屬揑造況同和裕收到常介眉轉讓股東票時已在同和裕倒閉之後即同和裕係廿二年九月倒閉而收到常介眉轉讓股東票在廿二年十二月有何採取價值再查王燕卿于同和裕歇業後因欲復業曾在開封縣政府及省政府建設廳各呈有同和裕股東姓名冊當時并有債權團多人幫同清查而該冊發給債權人者亦頗多記載均屬相符如常介眉果已將股分讓與他人該股東冊焉有復載常介眉為股東不載他人之理據此足証所稱轉讓股分確屬虛偽又所舉承受

讓與股分之第三人既係常介眉勾串縱會到案為有利于常介眉之陳述在証據上亦不足信自無傳訊之必要至謂該股東冊係同和裕夥友所開王燕卿并未注意尤屬無稽之談蓋該冊係王燕卿親自呈交官府當然慎重當時并有副經理趙安侯及債權團在場而該股東又歷次發給債務人多份何至再含混如此之甚況股東姓名以正副經理知之最悉如正副經理所呈官廳之股東姓名冊既無法改變當然可為該案証據（賬目尚可事後改造惟呈官廳之証據不能隨意添改其証據力極大）其代理人之陳述殊不足據又隱名合夥係指自己不出露姓名以其資本附于他人出名之股份者而言茲查常介眉自已出名為股東載在股東名冊顯與隱名合夥不同該代理人指常介眉為隱名合夥亦屬誤會至于其他理由與同和裕銀號

161

與上開規定不符、亦難以此藉口、況該代理人所主張者、不過被上訴人不應訴請還償、并非請求中止訴訟程序、而上訴人請求破產且在被上訴人請求之後、又未經裁判確定、此項上訴理由殊不能成立、

(二)對于李康甫代理人陳述駁辯之理由 查李康甫係在法院充當視察員、当時或因有職務在身、不便出名營業、因于所入股東姓名、載為恕道堂李、下注李康甫轉、不然恕道堂李果另有其人、儘可直載為恕道堂李、何必畫蛇添足、復為李康甫轉之注載、該册既明明載為李康甫轉、李康甫主張恕道堂李係另有其人、伊非恕道堂李、依民訴當事人主張有利于己之事實、負舉證責任之規定、即應由李康甫于其主張負証明為真實之責、現李康甫僅空口主張恕道堂李非其堂名、并以有李康甫轉字樣、為伊非恕道堂之狡辯、并不能舉出伊

非恕道堂李之切實憑証，殊難認為有理。李康甫對于被上訴人所訴債務，即應負連帶償還責任。至李康甫代理人所謂李康甫另有其堂号，縱屬真實，然查堂号可以任意起立，一人亦不限用一堂号，亦不足為恕道堂李非李康甫堂号之証明。第一審將被上訴人此部分之訴駁回，實屬不當，應予撤銷，另為改判。

(三)對于常介眉代理人陳述答辯之理由　查常介眉代理人對于常介眉係同和裕股東已承認無異，而其置辯者不過謂常介眉已將股份讓與他人而已。查所稱轉讓之事，縱屬真實，按所稱轉讓之時係在民國廿二年間，而同和裕銀号東與被上訴人發生債務均在民國廿二年以前（被上訴人等在同和裕銀号存款均在廿二年以前，有存摺可憑，當時債務已發生），當時常介眉方為同和裕股東，依民法債編第六百九十条規定，合夥人退夥後對

162

代理人陳述畧同其答辯理由已于以上說明茲毋庸多贅、

(四)對于郝書元代理人陳述之答辯　據該代理人稱郝書元原係存款同和裕誤作股本郝書元并不知情云云查同和裕銀号所有存款數目達數百萬其他存户均未列為股東、被上訴人亦係存款人亦未列為股東、何能獨將郝書元之存款遽改為股東况股東并非不可另有存款據此一節、殊不足為伊非股東之反証至其餘陳述理由與同和裕銀号代理人畧同已于以上詳為答辯應毋庸贅述郝書元上訴亦無理由、

(五)對于夏玉蘊代理人陳述答辯之理由　查據該代理人所述理由無非謂股東姓名冊不足為據查該姓名冊係其正副經理所造親自呈交官府、在証據法可為最極合法之憑証較之賬薄可以隨時添改者其証明實强百倍已于以上說明又所主張之其他理由以于以上叙明自無

再辯之必要、夏玉溫之上訴理由亦不能成立、
綜上論述、請求維持原判、駁回上訴、并依民訴第四百五十四条宣告假
执行、關于李康甫部分請求廢棄原判另為判决、實深感戴、謹狀

中華民國二十六年八月三十[illegible]日

具賣人禾順壽等X

經手發行處

發行者山西特種[illegible]

[illegible]

一八九　新乡县政府关于解送赵安侯到院候讯给河南高等法院的呈（民国二十六年九月）

案查前奉
钧院第一二七七號令解王晏卿趙安侯到院候訊，等因；當以該王晏卿等另行有案牽涉，
業經分呈
綏署
省府　請示，並呈明
鈞院在案。茲奉
河南省政府財四字第八三七三號指令開：趙安侯一名，准即解送河南高等法院法辦，至
王晏卿一名，應勒限於半月内迅將銀行團債款如數清償後，再行解送具報。並奉
綏靖主任公署法天字第一七六零四號指令，趙安侯一名准即解送，但訊畢仍應提回羈押
具報。各等因；先後奉此，理合將該趙安侯一名，備文解送
鈞院驗收。俯賜給警印照迴銷，並請於訊問後，發縣還押，實為公便！
謹呈

227

河南高等法院院長凌

計呈解

趙安候一名

兼新鄉縣縣長王尹西
理縣司法處行政事務

中華民國二十六年九月日

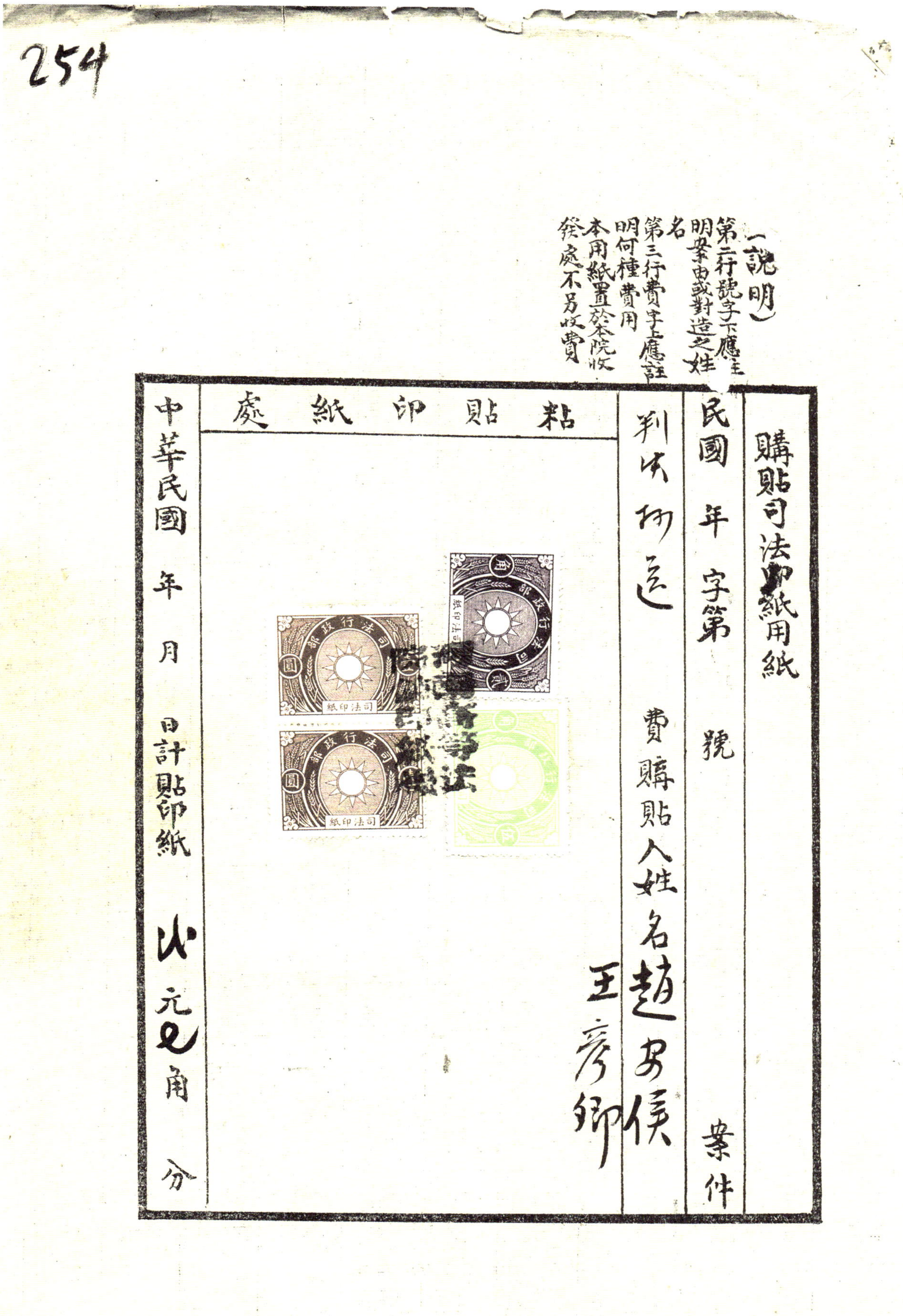

254

（說明）
第二行號字下應注明案由或對造之姓名
第三行費字上應註明何種費用
本用紙置於本院收發處不另收費

購貼司法印紙用紙

民國　年　字第　號　案件

判決抄送　費　購貼人姓名　趙安侯　王彥卿

粘貼印紙處

中華民國　年　月　日計貼印紙　四元乙角　分

一九一　河南省财政厅关于开封中国金城等四银行接收同和裕新乡车站泰丰煤厂全部房屋可否备案给河南省政府的提案（民国二十六年）

第六案　尹委員兼財政廳之長任先提議據開封中國金城交通上海等四銀行呈為接受同和裕銀號新鄉車站泰豐煤廠全部房屋懇准備案等情可否准予備案之處檢同原呈請公決案

案據開封中國、金城、交通、上海等四銀行呈，為接受同和裕銀號新鄉車站泰豐煤廠全部房屋懇准備案等情。查同和裕銀號於二十二年擠兑時，本府為維護市面金融計，曾出為担保，向該銀行團借款維持，此項債務久延未清，經派委會縣查催同和裕外欠，陸續歸還該銀行團在案。茲據前情，可否准予備案之處，謹檢同原呈，提請公决。

附开封中国银行等原呈一件

呈爲呈請備案事竊查同和裕銀號所欠敝行等貸款除還尚欠甚鉅現經該號經理王晏卿聲請願以無契自置新鄉淨房一處即坐落平漢路新鄉車站北首泰豐煤廠全部房屋（地皮係承租平漢路局）計瓦房二十餘間連同磚圍牆等出據賣與銀團作價五千元用資抵還欠款等情業經敝行等會商允予接受現已点收完竣即日將價款收還該號欠款項下除呈請新鄉縣政府備案外理合備文陳請

鈞府俯准備案是禱謹呈

河南省政府主席商

開封中國銀行

開封金城銀行

開封交通銀行

開封上海銀行

一九二　开封县政府告知同和裕股东名册已由开封地方法院调送给河南高等法院的函（民国二十六年九月二日）

165

慎

河南開封縣政府公函

事由	擬辦	批示	備考
函復同和裕股東名冊情形請　查照 九月二日			
附件			

字第　號　年　九　二　日　時到

收文　字第 176

河南開封縣政府公函

字第一二七一號

案准

貴院八月二十日、第六八八號函囑檢送同和裕股東名冊。以憑

核辦。

等因、准此、查此名冊、于二十五年、十二月十八日、已准開封地方法

院第二三一零號公函調送在案。相應函復

貴院查照為荷。

此致

河南高等法院

中華民國二十六年九月二日

一九三 朱顺喜、郝叔元等缴纳传票送达费的司法印纸税票单（民国二十六年九月四日）

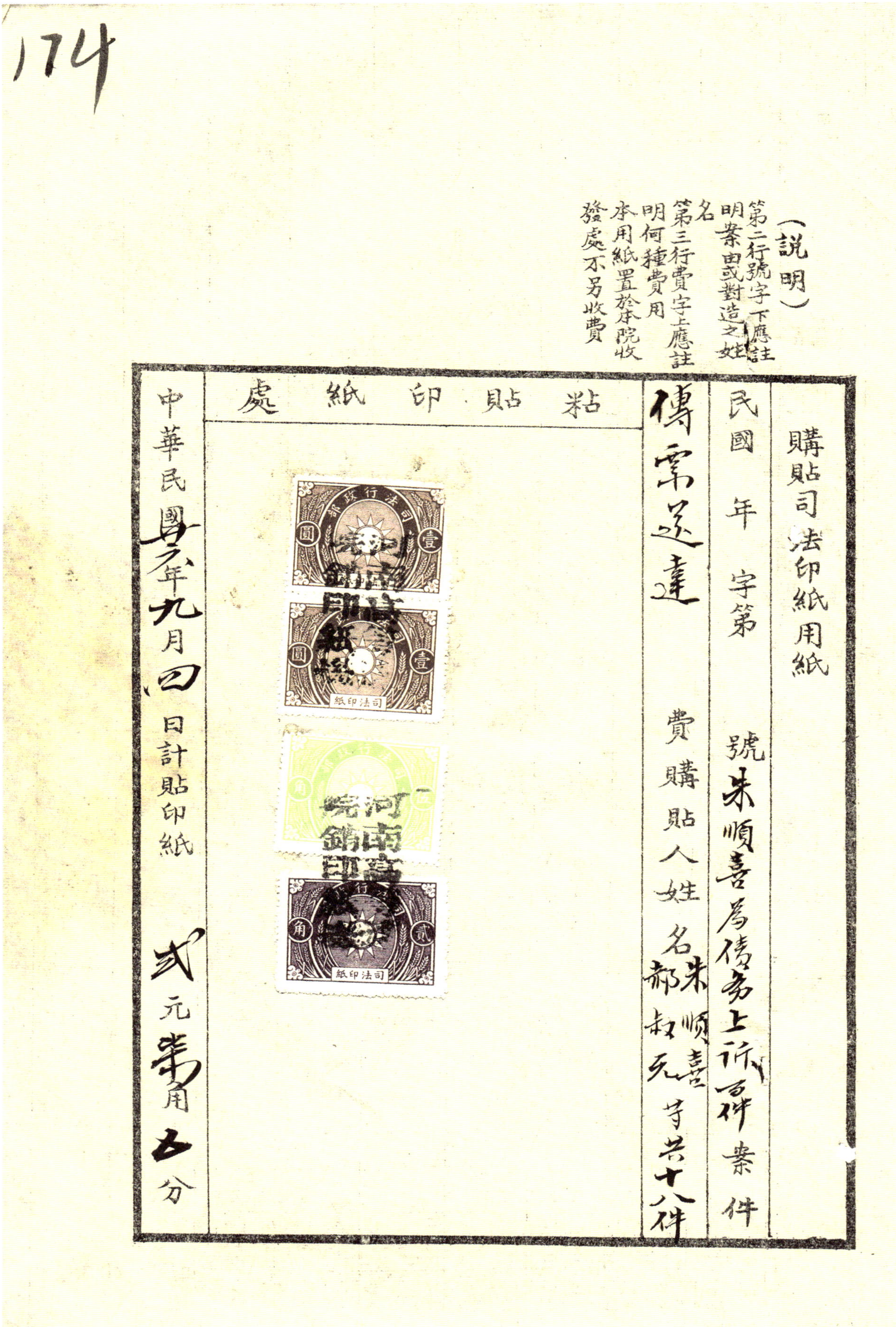

174

（說明）
第二行號字下應註明案由或對造之姓名
第三行費字上應註明何種費用
本用紙置於本院收發處不另收費

購貼司法印紙用紙

民國　年　字第　號朱順喜爲債務上訴一件案件

傳案送達費購貼人姓名朱順喜郝叔元等共十八件

粘貼印紙處

中華民國廿六年九月四日計貼印紙貳元柒角五分

一九四　新乡县政府关于同和裕经理王晏卿等难以解送给河南高等法院的呈（民国二十六年九月四日）

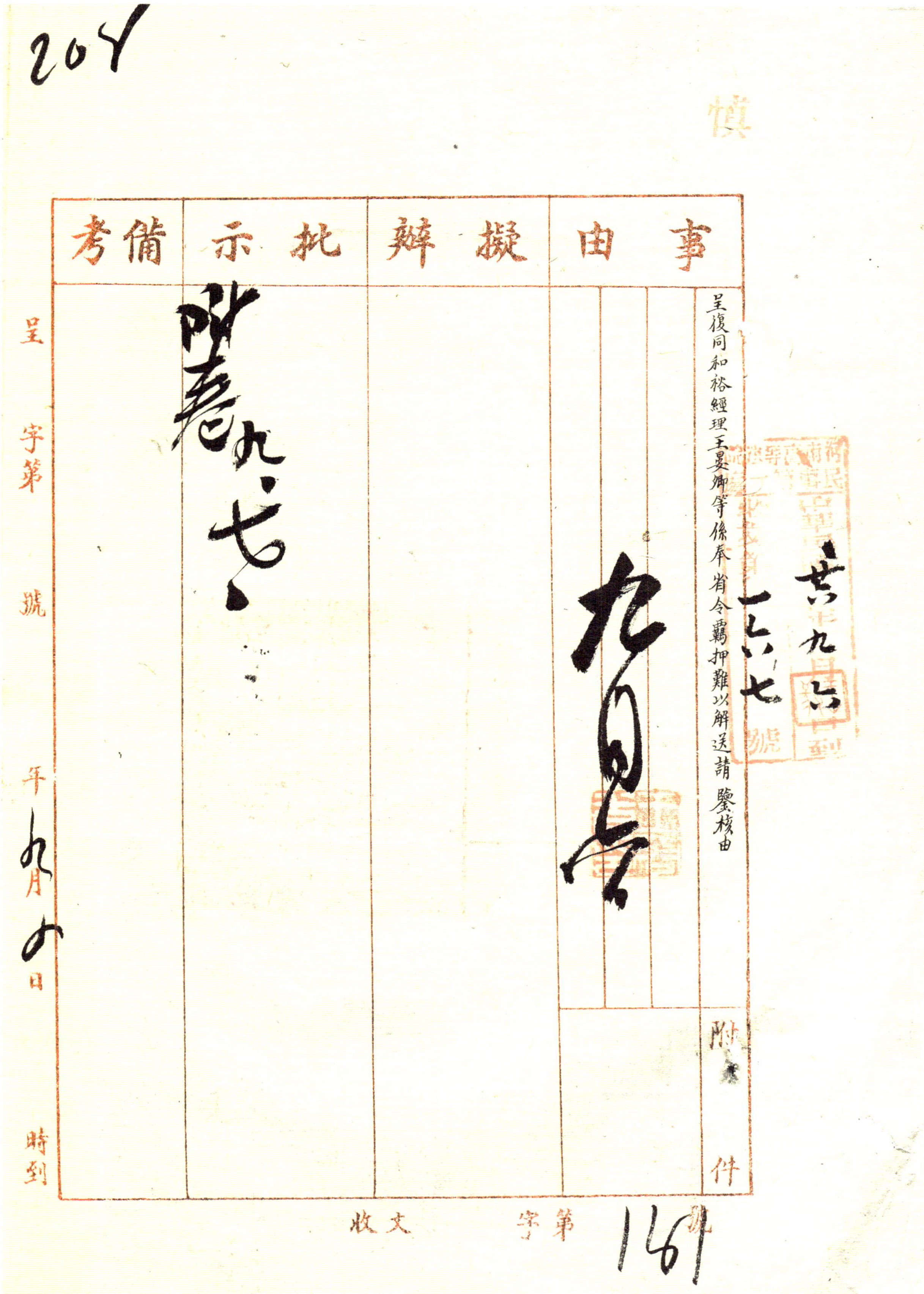

204

事由	擬辦	批示	備考
呈復同和裕經理王晏卿等係奉省令羈押難以解送請鑒核由		附卷 九·七	
附件			

呈　字第　號
年 九 月 四 日 時到

收文　字第 161 號

案奉

鈞院第一二七七號訓令，以同和裕與朱順喜因債務上訴一案，定於九月四日開庭審理，飭將該號經理王晏卿、趙安侯二人解送到院，以憑核辦。等因；奉此，遵查該經理王晏卿等，係奉綏署、省府令飭羈押，因另案牽涉，業經分呈請示，一俟指令照准，再行解送，奉令前因，理合備文呈復

鈞院鑒核！

謹呈

河南高等法院院長凌

兼理新鄉縣司法處行政事務縣長王尹西

中華民國二十六年九月四日

一九五　河南高等法院第二次审理郝叔元等与朱顺喜等债务上诉案的点名单、辩论笔录（民国二十六年九月四日）

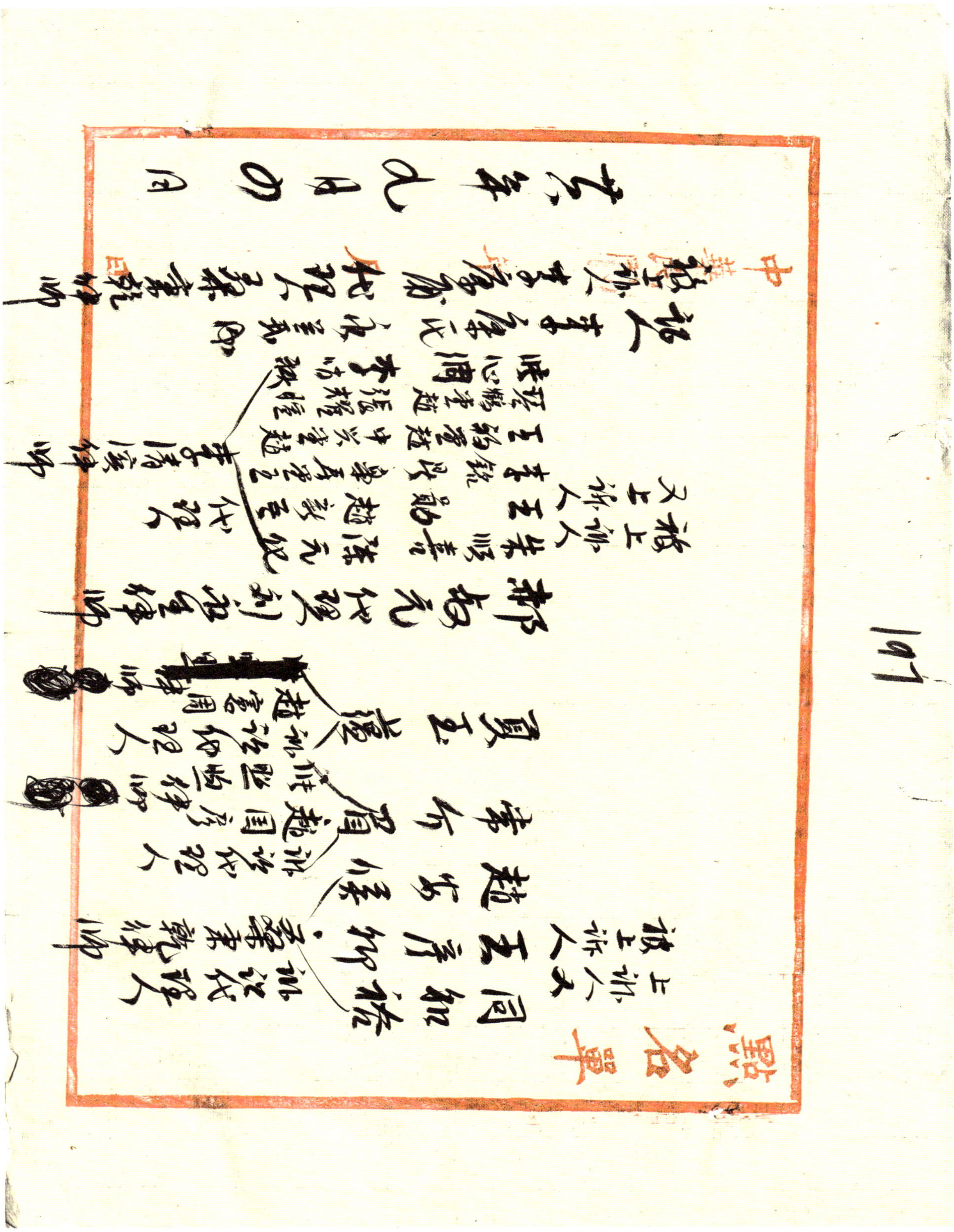
點名單

107

第 次言詞辯論筆錄 民事第二審用

上訴人又同和裕 王雲鄉 趙安保｜代理人梁秉乾律师
被上訴人常介眉｜代理人趙国彥 張世顯律师
夏玉箴｜代理人趙彥同律师
郝叔元｜代理人劉永生 張世顯律师
被上訴人朱順喜 陳先化 王鼎 趙新光 李銘臣 安居宅 王振重 趙
又上訴人中兴堂趙 吳鶴堂趙 張緒煊 張化同 李清秋｜代理人李清濱律师
被上訴人李集甫｜代理人梁秉乾律师
证人李康氏、永嘉府

右列當事人間因廿八年上字第 號債務
案件於中華民國廿八年九月〇日
上午十時在本院民庭開言詞辯論出席職員如左
審判長推事王毅
推事李海存
推事李申翼
書記官張金榜
河南高等法院

點呼事件後到庭當事人如左
郝叔元

審判長命郝叔元到庭並問其年齡籍貫
答 郝叔元 五十二歲 老舍鎮街
問 你為啥上訴呢
答 我不是同和裕的股東、原判叫我还債

199

所以上诉请求废弃原判另为判决

审判长问李康氏兴盛堂李印续德堂等是你家的堂号吗

答 是

问你是同和裕的股东吗

答 是

审判长问庹文卿代理人续德堂与兴盛堂并在你号内取款五千元作为同和裕之股款吗

答 是

审判长请赵安侯王昆卿李康氏代理人陈述意见

又据律师赵称 关于赵安侯王昆卿上诉新旧书

河南高等法院 诉讼通用纸

請准予撤回第號代理書。康甫郎今畧述於下：查
照通登書各事，康甫既使用之登記業經本
康甫當庭訴明並無委任代理人声稱係為核
銷日期及同和號收股款日期完全相符，足可證
明照通登書非康甫所使用之登記，毫無
可疑。請求確認康甫非同和號之股東。
審判長諭：趙同和安係王景安等上訴，郎今准予撤回。
審判長諭：請當今首代理人陳述意見。
周按代理崇今爲郎今第號判決上訴為陳述：今
夥不二批，一爲舊通合夥，二爲隱名合夥，而舊
通合夥負連帶責任，判隱名合夥

200

對其出資部分負有責任。而本代理人前已陳述者，不多贅。查事實，趙寶卿係為同和裕之出名營業人，而常介眉非同和裕之出資營業人。既未出名，即為隱名合夥，故對其出資以外，不負任何責任，更無從退股情形，恐費鈞覽。

審判長請趙國彥律師陳述意見

答：說常介眉為合夥資本之一，常介眉當然負有合夥責任，查常介眉於同和裕之所以發生關係，乃由股票而生，而股票明言可以移轉，故其股票移轉後，前股票所有人之一切权义，亦随之而销灭。惟常介眉之股票，于光绪二十一年六月间转让给恕君堂黄，同年十一月，恕君堂黄又分于同和裕，声明常介眉之股票转让与伊。以是可证明常介眉并非同和裕之股东矣。至同和裕之股东名册，是否可靠，须就其制造时究在同和裕转让前，抑在其后而定之，如在其后，当然有效，否则势难予采，并同和裕业在新乡县，请饬查，据常介眉之是否为该号股东，尤易看出，如有常介眉，伊自应负责，不应例

201

不負其責。

查民法第六八一條明定「合夥財產不足清償債務時，合夥各〔個〕於其不足之額負連帶責任」，並非合夥債務，合夥人就負連帶責任，其範圍只以不足之額爲限。試問不足之額若干，既債權人未說不出來，又同和裕財產並被多數他人霸去，也未算清，故俟債務算後，不足之額究爲多少，合夥人難負責任。既同和裕業經施行清算程序，並宣告破產之債權序亦未終結，故合夥以不足之連帶責任，應在

河南高等法院　　　　　　　　　　用紙

破产程序，终结之际。在此情形之下，应请
钧庭为中止诉讼程序之裁判。
审判长请贾玉兰代理人陈述意见
原审判决既以股东册子为证据，而该册子
既未生效，应请钧庭宣示是否将各股东
姓名公布。查同和裕之股东册子应宣示
既未公布各股东姓名，尤非在同和裕所用
前此迄今，既有无效之实，不应采为证
据。故请调同和裕之基金账，以征账，
股东会议录等，以资证明同和裕
之股东究为何人。又同和裕业在彰

202

鄉聲請破產，俟破產程序終結後，即可以
知照王蔭昌君各同和裕之股東了。
審判長請郝叔元代理人陳述意見
上訴人聲稱民十五年在同和裕存有三千元
至二十二年止，均給付利息，有存款經過
證據。故郝叔元是否為同和裕之股東，應
調閱同和裕之股東合同簿，股東賬，查金賬，
再審，並無解決辦法，已到經理趙安僑于寓
鄉升之案，沒將將該册，若未能取同和裕
之股東册子。是否能該册的
審判長請朱順堂一方代理人陳述意見

河南高等法院　公庭用紙

本代理人於本月卅日業補具答辯理由，故今天就先律師所陳述者答辯如次：

一、同和裕是否破產，現無憑據可以證明。故對本產業之進行，尚無關係。

二、股東冊明總道堂係李康甫號，更證明總道堂即李康甫之堂號了。因為李康甫辯，是理總道堂自白，故李康甫即總道堂，總道堂即李康甫，並同和裕股東名冊未有李康甫氏為股東字樣，更可證明總道堂為李康甫所使用之堂號，應無可疑。

三、各股东对同和裕所欠外债务是否应负责任？应就该账折归财产状况宣谕？查同和裕之财产全被扣押，由此可证明同和裕之财产不足清偿债务，故该账各股东负有偿还之责。

四、查同和裕造具股东册子时，其对债权人须了？故造股东名册请该府协助。故该府当时拟以老商，决非经营者四年？况名不可凭之，则更免不能凭记据了。出查其他帐簿，该帐簿，究数在哪处，并是否有多数不决人欠

河南高等法院

表經了。

五、郝雨元並無存款人，也一方面又為股東，並曾買以備郝雨元為股東時，郝雨元亦未曾過。故郝雨元為同和裕之股東，亦不特有股東冊子可存據，且有股票佈告可查。為此請求鈞院維持原判，以便李、康兩氏連帶責任外，更請求宣判時宣告假執行。

審判長諭飭辯論終結，並定九月八日宣判，閉庭。

同書記官筆錄　法院民事庭

204

民国廿六年九月四日

书记官 張金榜

（印：張金榜章）

審判长推事 王毅

（印：王毅）

河南高等法院

訴訟通用紙

一九六　新乡县政府为寄送同和裕分红账簿给河南高等法院的呈（民国二十六年九月六日）

210

事由	擬辦	批示	備考
呈送同和裕分紅賬簿請鑒核由			附卷

附件

呈　字第　號　年九月八日　到時

收文　字第　號 201

案奉
鈞院第一二七九號令調同和裕股票四證、股東會議紀錄、分紅賬等件，飭於九月四日以前呈院
核辦。等因；奉此，遵即轉飭去後，茲據該同和裕經理王晏卿呈送分紅賬一本到處，理合
檢同上項紅賬簿，備文呈送
鈞院鑒核！

謹呈
河南高等法院院長凌
計呈送
同和裕分紅賬一本

兼理新鄉縣司法處行政事務縣長王尹西

中華民國二十六年九月日

一九七　河南高等法院对赵安侯、常介眉等上诉朱顺喜债务案的宣判笔录及判决书（民国二十六年九月八日）

205

宣判筆錄 民事第一二審通用

右列當事人間因廿六年上字第　號同和裕與朱順喜債務案件於中華民國廿六年九月八日上午十時在本院　事庭公開法庭宣告判決出席職員如左

審判長推事 王毅

推事 陳協彥

推事 申[illegible]

書記官 張寶楨

河南高等法院 宣判筆錄

點呼事件後

審判長起立宣告判決主文並諭知理由

中華民國廿六年九月八日

河南高等法院民　庭

書記官 張寶楨

審判長 王毅

222

河南高等法院民事判決 二十六年度上字第一六九號

上訴人 趙安侯 在新鄉縣政府羈押

王彥卿

訴訟代理人 桑秉乾 律師

上訴人 夏玉蘊 住陽武縣城内

訴訟代理人 趙憲周 律師

上訴人 常介眉 住安陽城内

訴訟代理人 張照煦 律師

趙國彥 律師

上訴人 郝叔元 住開封老會館街

訴訟代理人 劉永生 律師

被上訴人又上訴人 朱順喜 住開封鴻影口

陳元化 住開封井胡同
王勳 住開封北花井街
趙新吾 住開封山貨店街
李銘鼎 住開封北花井街
樂壽堂 住同上
訴訟代理人 王運生 住同上
五福堂 住開封北劉府胡同
訴訟代理人 趙興濃 住同上
中興堂 住開封北書店街
訴訟代理人 趙宗武 住同上
琴鶴堂 住同上
訴訟代理人 趙襄堂 住同上

723

張曜暄　住開封山貨店街

張心侗　住同上

李嘯稚　住開封太平街

右共同訴訟代理人　李清濱律師

被上訴人　李康甫　住開封中山南街

訴訟代理人　桑東乾律師

右當事人間因求償債務事件，上訴人對於中華民國二十六年二月二十二日河南開封地方法院第一審判決，均提起上訴，本院判決如左。

主文

原判關於令郝叔元共同償還朱順喜、陳元化、王勲、趙新吾、李銘鼎、樂壽堂王、五福堂趙、中興堂、琴鶴堂、張曜

瑄、張心侗、李嘯秵、本息及郝叔元應負担之訴訟費用部
分变更。
朱順喜、陳元化、王勲、趙新吾、李銘鼎、樂壽堂王五福堂
趙中興堂、琴鶴堂、張曜瑄、張心侗、李嘯秵、在第一審
对於郝叔元之訴駁回。
其餘上訴人之上訴及朱順喜等十二人假執行之声請均駁回。
第二審訴訟費用除王彦卿、趙安侯、常介眉、夏玉蘊部分由
王彦卿、趙安侯、常介眉、夏玉蘊各自負担外，其餘朱順喜等
部分及郝叔元之第一二兩審訴訟費用均由朱順喜等負担。

事實

上訴人趙安侯、王彦卿、夏玉蘊、常介眉、郝叔元声明，請求
变更原判，駁回被上訴人朱順喜等十二人在第一審之訴之
判决。被上訴人又上訴人朱順喜等声明除請求駁回上訴人

224

趙安侯王彥卿夏玉蘊常介眉郝叔元等之上訴外，並求变更原判李康甫部分，着令李康甫共同償還本息，並一併宣示假執行。兩造之陳述，依民事訴訟法第四百五十一条，引用第一審判决之事實。

理由

本件上訴人趙安侯王彥卿对於原審判令共同償還被上訴人朱順喜等十二家之本息及其數額，均不爭執，自可毋庸審究。此外上訴人夏玉蘊常介眉均否認係屬同和裕股東，經查開封縣政府河南建設廳及同和裕股東紅利賬均足証明夏玉蘊常介眉確有股東之関係。常介眉雖以所有股份已移轉於黃樹人堂，但不能為確切之証明，至又以同和裕係属合夥之組織，依民法第六八一条之規定、應對於合夥財產不足清償合夥債務之不足之額負其責任、現同和裕財產於清償債務後、不足之額、究有若干、尚未確定、為攻擊原判之論據。查合夥員係當然對於不足之額負償還之責、要與原判不生影响。郝叔元部分、遍查紅利賬實無郝叔元或叔元堂郝之名、則開封縣政府、以及河南建設廳所存之同和裕股東名冊、即屬難以憑信。李康甫部分、紅利賬僅載有恕道堂李、股東名冊載為恕道堂李李康甫轉、李康甫既堅以恕道堂李係屬李康氏之堂號、恕道堂李入股時、股款係伊縛交、並非原係股東而移轉於恕道堂李為抗辯、經傳李康氏到場証明屬實、則朱順喜等對於李康甫部分之上訴、即屬無理。又同和裕各股東之財產、已經開封地方法院准予假扣押、自無難於

225

抵償之虞。上訴人朱順喜等假執行之声請，亦自不能准許。

據上論結，郝叔元之上訴有理由，其餘上訴人之上訴無理由，依民事訴訟法第四百四十六条第一項第四百四十七条第七十八条判决如主文。

中華民國二十六年九月八日

河南高等法院民事庭

審判長推事王　毅印

推事申汝翼印

推事汪綸爵印

本件証明與原本無異

書記官

中華民國二十六年九月　日

228

河南高等法院

讯问笔録

審判長命趙安侯入庭並問其年歲籍貫

答　六十二岁　新鄉人

問　你是今天解到的嗎

答　是

問　你就是叫趙安侯嗎

答　是

問　你是在新鄉寄押嗎

答　是

問　你是同和裕的經理嗎

答　是

訴訟用紙

有係吳朱順喜的請求係是上訴人返日之被上訴人

答覆上訴人

審判長當庭諭知要求係吳朱順喜等之債務案業已判決但另案仍有有係的必要故先霽據閉庭

河南高等法院民事庭

書記官 張金榜

張金榜章

審判長 王毅

中華民國廿六年九月廿七日

230

訊問筆錄

問　你是趙安侯嗎

答　是

問　你是那裏人

答　新鄉

問　你多大歲數

答　六十二歲

審判長當庭諭知今天將你交院函封解政府轉解新鄉開庭

河南高等法院民事庭

書記官　張金榜

民国廿六年九月廿九日

高利长 [illegible]

開封地方法院看守所接交

民丁警 來函 今收到

趙安保

廿六年九月廿九日上午

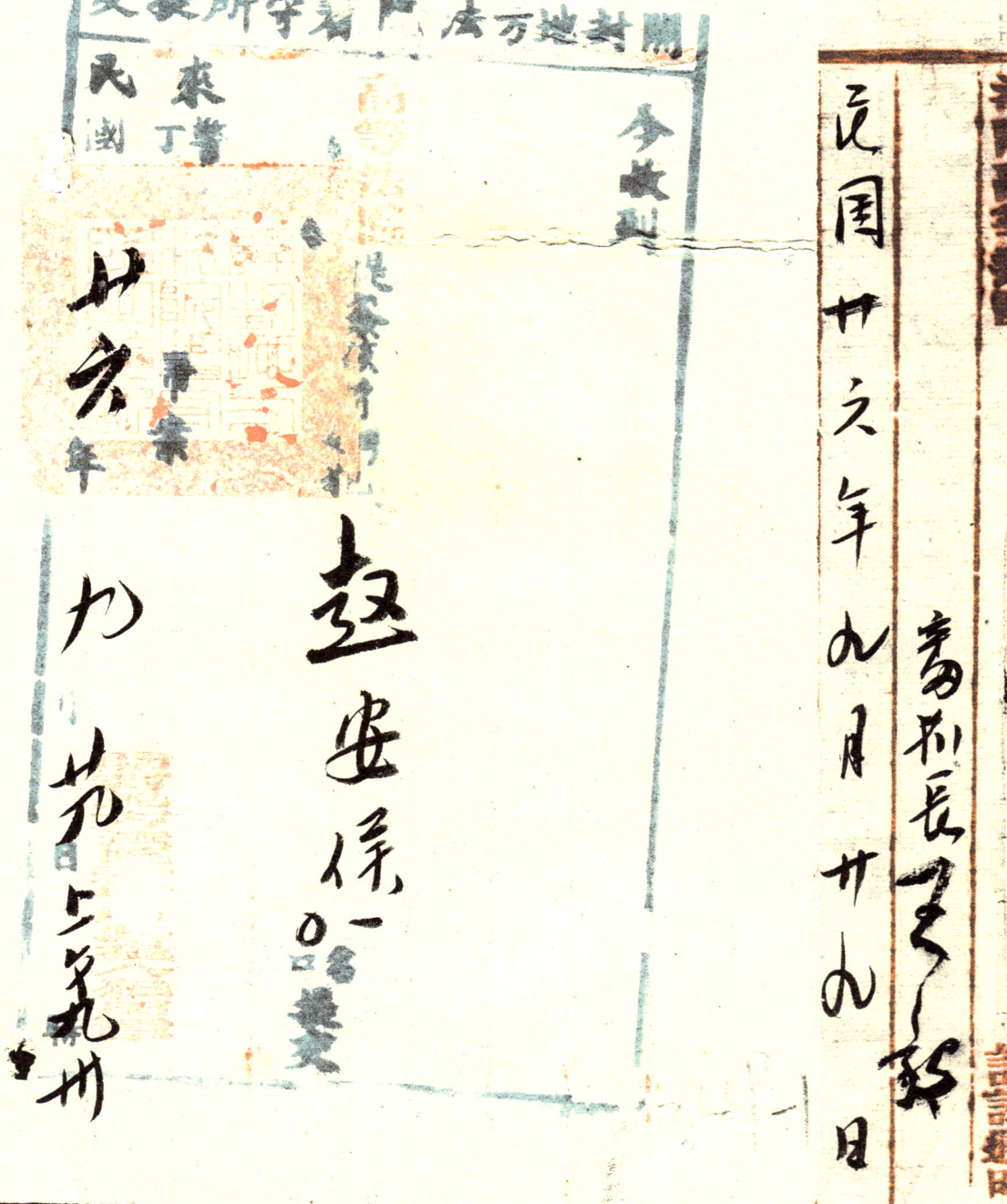

232

240

河南高等法院　稿第 2112 號

事由	令解趙安侯由
分配月日	年　月　日
院長	九月廿八日稿
推事	月　日稿
書記官長	月　日稿
書記官	月　日稿
書記官	九月廿八日稿
錄事	月　日繕校
校對監印員	九月廿八日校對監印
判行月日	
中華民國廿六年九月廿九日封發	

院長

河南高等法院训令

令新乡县政府

案查同和裕与朱顺喜债务上诉事件

业经本院判决除由再解王景安卿一名（毋庸转送）到

院外合将赵安侯一名交由开封县政府转

解该县仰即将解到日期呈报备查勿

延此令

计交解赵安侯一名

二〇一 河南高等法院关于转解赵安侯至新乡县政府给开封县政府的公函（民国二十六年九月二十九日）

233

241

河南高等法院 稿第一〇八四號

事由：函請轉解趙安侯至新鄉縣政府由

分配月日：年 月 日

院

庭長 九月廿七日稿

推事 月 日稿

書記官長 月 日稿

主任書記官 月 日稿

書記官 九月廿七日稿

錄事 月 日繕校

校對監印員 九月廿八日校對監印

判行月日

中華民國廿六年九月廿九日封發

江蘇高等法院公函

案查同和裕與朱怡春債務上訴案件

前據新鄉縣政府將上訴人趙安侯解送前來

業經訊問完畢判決已將該犯解回羈押

相應將趙安侯一名連同訓令一件函請

貴府轉解新鄉縣政府並希將已收轉解

日期函復為荷此致

開封縣政府

計送人犯趙安侯一名　訓令一件

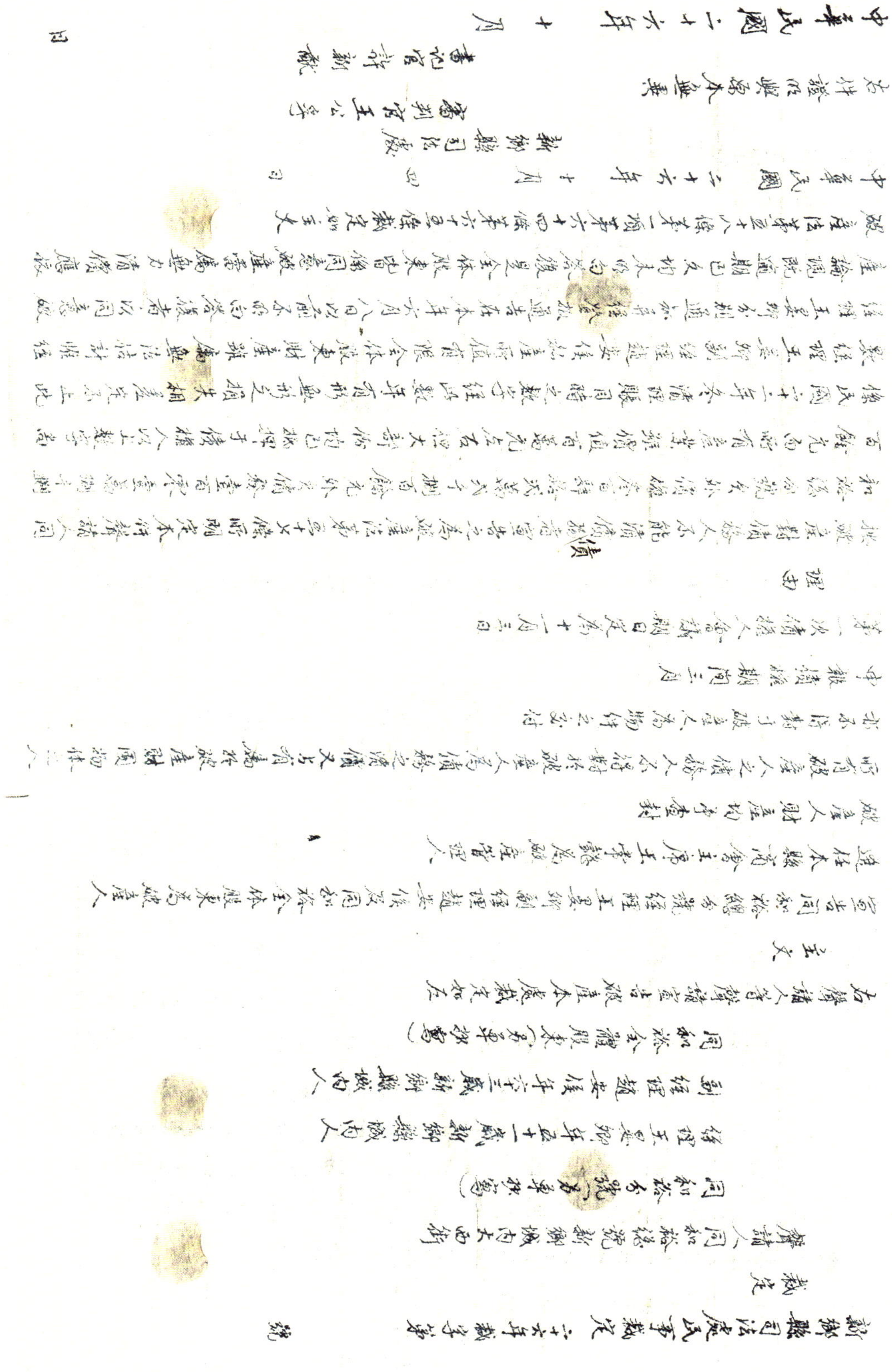
新乡县司法处民事裁定　二十六年裁字第　号

裁定

声请人同和裕银号　新乡城内大西街

同和裕合号（另单抄写）

经理王晏卿　年五十一岁　新乡城内人

副经理赵安仁　年六十三岁　新乡城内人

同和裕全体股东（另单抄写）

右声请人等声请宣告破产本处裁定如左

主文

宣告同和裕银号经理王晏卿副经理赵安仁及同和裕全体股东为破产人

选任本县商会主席王学谦为破产管理人

破产人财产均予查封

所有破产人之债务人不得对于破产人为清偿之债务又上有债务于破产财团之人

亦不得对于破产人为物件之交付

申报债权期间三月

第一次债权人会议期日定为十一月三日

理由

按破产法规定债务人不能清偿债务者宣告之为破产法第五十七条所明定本件声请人同

[illegible]

破产法第五十八条第一项第六十四条第六十五条裁定如主文

中华民国二十六年十月四日

新乡县司法处

审判官王公[illegible]

书记官许新猷

右件证明与原本无异

中华民国二十六年十月　日

二〇三　常介眉关于不服河南高等法院二审判决提起上诉并申请诉讼救助给最高法院的上诉状（民国二十六年十月十八日）

為不服河南高等法院本年九月八日所為二十六年度上字第一六九號第二審之判決提起上訴并聲請訴訟救助事，窃維上訴人以同和裕與人因債務糾葛，被上訴人朱順喜等違法誣告一案，經河南開封地方法院本年二月廿二日判決之後，民曾依法上訴於河南高等法院，今已奉到第二審判決書，循環雒誦之餘，見本案第一二兩審判決均相率不引實體法條，徇情裁判，故意誤認事實，一案之中同樣事實判決不同，理由矛盾，完全不能自圓其說，實深駭異，謹將不服理由一一聲叙於左：

（一）朱順喜等與民原不相識，素云關係，徒以朱等與同和裕因債務糾葛，并未提起確認之訴，遽向民間接訴追，一併求償，第一審不為駁斥，反判令民與同和裕經理王彦卿等共同償還，已屬違法

第二審後不加糾正民股份已移轉於黃樹人重不予傳訊徑謂仍
有股東關係令民与王彦卿趙與侯等共同償还本業債務一切事
实并不認真究研分析尤屬故意獎勵人之違法勒訛枉法更甚此
不服之理由一
（二）查商號中確定股東身份在商業登記法未頒布之前应以对外
表示之事实或内部合同及堆金账為標準乃我國法律与習
慣所公認者而民对於同和裕向未对外表示自己為同和裕股東
或経他人代民表示為該號股東有民知之而不加否認之事实对於
該號更絶未曾訂立任何合同及將民姓名登入堆金账之記載足
見民与該號股東關係而第一審乃引該號経理王彦卿所冒然私自
同列之股東名冊第二審僅以以往紅利账上有民之名即認定

民有股東身分殊与法理相背蓋因王彥卿所列股東名冊不実不尽不足為凭已為第二審所不採取外至関於商號紅利股為商號中上下一切人等分配利益之股簿不論經理及其號中夥友皆為分潤之权与列名股簿之事故未必分利者尽為股東更不能依此為確定股東身分之根據理至明顯况讓股前之股与已轉讓股於黃樹人壹後之事実絶不相符再查此次所援之紅利股並未經言詞辯論及依法審查程序更屬不合故民國三年上字第八十六號判例註釋至明而原審竟本此作延展判決之依據殊為牽強附會有失公允此不服之理由二

（三）至於民雖曾在同和裕存有款項後由該號改為有價証之股票寄下未久即將股票因借貸関係先經抵押於黃樹人壹後

樓轉讓之有字據完全双方同意并由同和裕經理王彥卿允准过户有其回件及繳回股票之該号正式收據可証是以过户手續民已辦理完畢此事不惟有人証足資向訊并有物証可供考查至該号手續是否办理齐備乃該号内部人员之責任与民不相関涉按此情形与本案第一審共同被告李康甫將股轉讓於李太太之事實完全相同如若公允依法審判断不能有二其之向竟至歧異在二審請併傳之証人黄樹人重竟傳到一次而不訊问二次竟不再傳而李康甫所举証人李康氏予以傳问按為証明夫一傳而不问一傳而即问同樣事实兩般待遇按之中華民国训政时期約法第二章第六條中華民國國民無論男女種族宗教階級之區別在法律上一律平等之規定顯為不平等待遇

之事實判非故為左袒即係心存成見并查第一審既唯李康甫讓股於李太太刘同和裕當然非普通合夥依現行商業登記法第九條第二項之規定祇應以隱名合夥論斷萬云对同和裕所欠外債負責償還之理由實不知原審根據何種法條為此上下其手之判決此民不服理由三

(四)查同和裕外欠欠外之債業經王度卿向河南高等法院聲請破產清算并經法院指令照准將來以該号財產清償該号債務清算結果尚有不足之額及不足之額究有若干現在并無詳確數目姑無論民已非股東絕不應对任何人擔負責任即令現為股東者亦难对於被上訴人朱順喜等不發生關係況民股已經轉讓他人耶且查同和裕正在進行破產朱順喜等縱係債權者均

应依法遵期呈報駐候併案解决進一步言倘设民对朱顺喜等为正当给付之原因亦应停止给付况绝无正当原因可言耶乃原審居然判令负共同償还本案债務之责循少数人之私情不惜犠牲國家神聖之法規颠倒是非致受損害此不服理由の

民於兄弟等析居多度之後因经营事業赔累过鉅資産蕩尽竟不得不奔走衣食餬口の方去冬尚服務於河南省立臨汝初级中學校当以误被诬累因之不能忠於職守以致失業现在诉讼遷延一年为筹衣食窘迫无以为生兼因豫省全境去岁大旱今年霪雨成災益以全国抗敵逼近战線近来流亡至於汲縣之食親友度失所苦难民之生活又復横被誣告飛来意外之禍二次判失公允痛存輕生之心继以覆盆沈冤尚未

昭雪含垢忍辱偷息人間此次訟費弍百餘元之多民實無力籌
繳不能照式遵行至極悲苦除擬依限追加理由外爲特依按
民事訴訟法及修正訴訟費用規則狀請
鈞院鑒核准予依法救助以符法紀而便遵行謹狀
外賜裁定通知請寄前列地址轉交合併聲明

證人

證物

最高法院　公鑒

中華民國廿六年十月十八日

具狀人常介眉

經手發行處

發行狀紙時應於發行處下
加蓋各該發行機關戳記

二〇四　朱顺喜等对李康甫、郝叔元部分判决不服提起上诉给河南高等法院转呈最高法院的上诉状（民国二十六年十月）

為對於李康甫郝叔元部分不服提起上訴事竊民等與同和裕錢號及其正經理王彥卿副經理趙安侯股東夏玉蘊常有眉李康甫郝叔元等爲求償存款涉訟曾經開封地方法院判決除李康甫外其餘如同和裕王彥卿趙安侯夏玉蘊常有眉郝叔元均應負連帶償還責任民對李康甫部分不服旋經上訴二審復蒙

鈞院於本月一日送達之審判詞内開不特對民上訴李康甫部分駁回即對原第一審判郝叔元應與王彥卿等負共同連帶償還責任部分亦予以變更（即郝叔元不應負連帶償還責任）採證偏僻曲予推斷置王彥卿親自署名盖章遞呈各官府股東姓名冊于不論心實難甘除將詳細上訴理由另狀補敘外爲限期所關謹先對李康甫郝叔元部分具狀聲明上訴用免遺誤爲此具狀謹狀

河南高等法院轉呈

上诉人朱作喜等
被上诉人郝燕元等
为财产纠纷一案郝燕元即令不服提起上诉事实原因
[illegible]乃交回所经理王家钢锭并借与[illegible]借[illegible]
以后前经开会协商清账和法后由宋家与其经手同
秋称王家钢锭拾五元[illegible]等情[illegible]来厂对
宋家郝会不服经上诉二审案[illegible]
须陵于本月有二案并连判决由南多拾对臣上诉
宋家郝即令[illegible]前一案判郝燕元即令
[illegible]宋东探讯仍解曲尽推曲[illegible]王家钢锭
目因[illegible]当一年股东[illegible]不论以案难持济
将[illegible]理由另情和解各为限期所关债遵[illegible]
宋一家商郝叔元即令另状声明[illegible]服用[illegible]
速议[illegible]具状请状
同高等[illegible]法院[illegible]
前高[illegible]院[illegible]

上訴人朱德喜等

被上訴人李富榮等

為對於李家墳郝委員部令不服提起上訴事竊查等因

和祿長等與里區何姓之老墳係照原案並落停常

介屑郝委員之嘗為批信委秉公訊斷當經判理在案

到本院李家墳因何竟於批該生三年卿等均為

負匪此等纏訟經民等對於李家墳郝委員部令不服上訴在案

旌核二案判決公字

詞陳蓋查判詞內稱不准村民上訴於李家墳郝委員所職由所

對原等一案判郝委員經去主筆卿等更為自違常

傳遞書信郝令令文宣更樣認偏衡執所批

累年等納觀但累年[illegible]遵告[illegible][illegible]所[illegible][illegible]

無所不於此案[illegible][illegible]詳細理由[illegible]狀神[illegible]

委限期修繕對於李家墳郝委員部令聲明[illegible]

訴由此具狀請求

同南等 謹呈

最高法院

中華民國二十六年十月　日

具狀人　宋順喜　押
　　　　陳元化　火　等

經手發行處

發行狀紙時應於發行處下加蓋各該發行機關戳記

二〇五　夏玉蕴关于不服河南高等法院二审判决恳请准予上诉并容后缴纳诉讼费给河南高等法院的上诉状（民国二十六年十月十九日）

為上訴事緣民與朱順喜等第二審債務事件於本年十月二日送達
判決書主文內開將民之上訴駁回惟查民實非股東並未調查同
和裕積金賬及股東票存根驟將民之上訴駁回殊難甘服現感於生
活困難未能隨狀繳納訴訟費用理合懇請
鈞院准予上訴容後措繳第三審訴訟費用實為公便謹呈

中華民國二十六年十月十九日

具狀人 夏玉蘊

經手發行處

發行狀紙時應於發行處下
加蓋由該發行機關戳記

二〇六 河南高等法院关于要求夏玉蕴、朱顺喜、陈化元等缴纳三审审判费的民事裁定（民国二十六年十月二十一日）

河南高等法院民事裁定

上訴人 夏玉蘊

右上訴人與朱順喜等因求償債務事件，不服本院判決提起第三審上訴到院，應繳審判費用洋一百九十七元八角，未據繳納，茲依民事訴訟法第四百七十八条第四百三十九条第二項，限該上訴人於收領本裁定時起十五日內將應繳之審判費直接寄呈最高法院。並將匯款單據於匯款時立即呈繳本院，以憑核辦，均勿遲延自誤！

特此裁定。

中華民國二十六年十月廿一日

河南高等法院民事第　庭

審判長 王[illegible]

本件証明與原本無異

河南高等法院書記官 張鑫榜章

中華民國二十六年十月廿一日

河南高等法院民事裁定

上訴人　朱順喜　開封鴻影口三元店
陳代元等　井胡同路北

右上訴人與李康甫因求償債務事件，不服本院判決提起第三審上訴到院，應繳審判費用洋一百九十七元八角，未據繳納，茲依民事訴訟法第四百七十八条第四百三十九条第二項，限該上訴人於收領本裁定時起十五日內將應繳之審判費直接寄呈最高法院。並將匯款單據於滙款時立即呈繳本院，以憑核辦，均勿遲延自誤！

特此裁定。

中華民國二十六年十月廿一日

河南高等法院民事第 庭

審判長 王毅

本件証明與原本無異

河南高等法院書記官

中華民國二十六年十月廿一日

繕一份

河南高等法院民事第　庭通知書

案查上訴人朱順喜等，為與該民，因欠債
債務事件，不服本院判決，提起第三審上訴
到院。依民事訴訟法第四百六十八條第二項，該
民得於送達上訴狀繕本之時起，十五日內，提出
答辯狀於本院　以憑核轉！特此通知。

附上訴狀繕本一件。

右受通知被上訴人郝叔元

中華民國二十五六年十月廿一日

河南高等法院民事第　庭

書記官（印：張金榜章）

繕一份

河南高等法院民事第　庭通知書

案查上訴人朱順青等，為與該民，因求償債務事件，不服本院判決，提起第三審上訴到院。依民事訴訟法第四百六十八條第二項，該民得於送達上訴狀繕本之時起，十五日內，提出答辯狀於本院　以憑核轉！特此通知。

附上訴狀繕本一件。

右受通知被上訴人李康甫

中華民國二十四（六）年十月廿一日

河南高等法院民事第　庭

書記官

河南高等法院民事第　庭通知書

案查上訴人衷王氏，為與該民，因求償債務事件，不服本院判決，提起第三審上訴到院。依民事訴訟法第四百六十八條第二項，該民得於送達上訴狀繕本之時起，十五日內，提出答辯狀於本院　以憑核轉！特此通知。

附上訴狀繕本一件。

右受通知被上訴人琴衛堂即趙襄廷

中華民國二十六年十月廿一日

河南高等法院民事庭

書記官 張金榜章

255

開封律師公會製
每本售法幣壹元

事閱卷聲請書

聲請人李清濱律師

為聲請閱卷事查　年　字第　號開封朱順喜等與同和裕股東常介眉等債務一案本律師經朱順喜等任為代理人所有本案卷宗亟待查閱為此聲請

大院即將全卷連同附件交給閱覽抄

河南高等法院公鑒

中華民國廿六年十月廿二日

律師蔣濱

正會長

副會長

評議員

幹事員

聲字第4743號

1

最高法院
37

南部縣政府送來 [illegible]十八

股東堂名	股東本名	股額	住址	已繳資產額數
王榮和堂	王靜瀾	五萬元	新鄉	九萬乙千乙百六十九
趙萬和堂	趙清平	五萬元	仝	三萬二千元
李恒志堂	李運青	貳萬四千元	仝	六千元
高德和堂	高永禎	貳萬元	仝	五千元
同和堂	同和裕	壹萬叁千元	仝	八千八百元
呂本立堂	呂　德	壹萬壹千元	仝	二千三百元
李文善堂	李景文	五千元	仝	三千五百元
譚禎和堂	譚瑞禎	壹萬貳千元	仝	
冀元和堂	冀殿元	壹萬貳千元	仝	

王玉和堂　王玉甫　乙萬四千元　仝　乙萬元
陳寬和堂　陳子寬　貳萬五千元　仝　九千元
常耀和堂　常書耀　乙萬六千元　仝
畢名和堂　畢占名　乙萬貳千元　仝
韓吉和堂　韓桐宣　乙萬五千元　仝　乙千貳百元
楊永和堂　楊永祥　四千元　仝
趙中和堂　趙士中　五千元　仝
郭純和堂　郭純仁　四千元　仝
李春和堂　李英夫　乙千五百元　開封
同德堂　趙清平　五千元　新鄉

2

0

孫傳德堂	孫家昌	貳千元	仝
呂榮堂	李秀榮	叁千元	仝　己亥新号
復禮堂	范正身	叁千五百元	仝
呂華堂	李秀華	乙千六百元	仝　己亥新号
金　記	辛樹賓	五千元	仝　王靜瀾眷属
常壽德堂	常介眉	乙萬乙千元	彰德
郭惠煜堂	郭懷禹	乙萬叁千元	新鄉
翟金銘		貳千五百元	鄭州
古立荃		貳千元	博愛
吳安德堂	吳文卓	貳千元	開封

2

王三利堂　王三升　捌千元　新鄉　乙千弍百元

王訓詁堂　王福全　肆千元　仝　有存款

張祥和堂　張養禎　弍千五百元　仝

康義堂　趙春泉　弍千五百元　仝

楊清順　弍千七百元　仝

趙桂嶺　四千元　仝

曹自立堂　曹永源　乙萬元　仝

趙德厚堂　趙逢源　叁千元　仝　乙千六百元

孫吉慶堂　孫世慶　乙千元　仝

楊富才　叁千元　仝

3

高瑞麟	乙千五百元	仝	
郭順和堂 郭順德	乙萬乙千元	仝	
道心堂 邵星彩	乙萬元	仝	
王鴻波	五千元	仝	五千元
楊百忍堂 楊百讓	五百元	仝	
五五堂 李九如	乙千四百五十元	仝	王靜瀾眷屬
卞東亞 趙作霖太太	乙萬元	濟南	
燕香亭	叁千元	仝	
邢延宗	弍千元	嵩縣	有存欵
黄心存	五千元	彰德	

3

民生堂	吴秀玲	五千元	開封
潘記	辛樹田轉	貳百元	天津
陳記	仝	五百元	仝
朱澍芳	仝	陸拾元	仝
古少堂	仝	乙百元	仝
李清梅		弍拾元	新鄉
李玉梅		弍拾元	仝
郭冬嶺		弍百乙拾元	仝
郭慶堂	郭慶梅	貳拾元	仝
瑞和堂		六十元	仝

4

21

清和堂		六十元	仝
安吉堂	郭香山	乙千元	仝
瑜記		貳十元	仝
珍記		貳十元	仝
慈仁堂		六十元	仝
環記	潘紹文	叁十元	仝
蘭記	又	乙百貳十元	仝
潘桂枝	又	乙十元	仝
潘仲和	又	乙十元	仝
曹永江		乙千元	仝

4

恕道堂李	李康甫轉	五千元	開封
金冬來	金備彭轉	乙百五十元	天津
金大妞	仝	乙百五十元	仝
洋海堂	郭振之	四千八百元	新鄉
李王氏		乙百元	仝
建中堂	吳秀珍	駟千元	開封
曹永湘		貳千元	新鄉
佩文堂		乙千元	仝
敦厚堂	趙安候	五千元	仝
德華堂	馬廣德	乙千五百元	仝

5

忠恕堂曹　曹永淵　乙千五百元　新鄉
楚文堂　田楚卿　貳千元　仝
靜如堂　乙百元　仝
修德堂　貳百元　仝
孟華村　乙百元　仝
孟慶祿　乙百元　仝
孟福堂　乙百元　仝
孟銅依華　乙百元　仝
瞿國青　叁百元　仝
珍玉堂　五十元　仝

5

順天堂		五十元	新鄉
程居卿	復興恒人	貳十元	仝
王玉珍	王彝亭	乙百元	仝
孔榮德	孔吉人	貳百元	仝
曹東蘭		五十元	仝
隆瑞康	鎮福隆	五十元	仝
同福生		貳千元	彰德
平心堂	復興恒劉掌櫃	貳百元	新鄉
勝興堂	又	貳百元	仝
郭躍樓	郭玉德	五百元	仝

王明五		乙千乙百元	新鄉	
慶福堂		乙百元	仝	
百壽堂	辛樹田轉	乙百五十元	天津	
千祥堂	郭振之	叁百元	仝	
景福堂	孔慶恩	五百元	新鄉	
辛桂珍	辛樹田轉	弍十元	仝	
張明記	仝	乙百元	仝	
祿記	夏玉璽	五百元	仝	乙萬元
和記	仝	五百元	仝	
琛記	仝	五百元	仝	

裕記 夏玉蘊 五千元 新鄉
天記 仝 五千元 仝
方記 仝 五千元 仝
聖記 仝 五千元 仝
學記 仝 五百元 仝
忠記 仝 五百元 仝
信記 仝 五百元 仝
義記 仝 五百元 仝
仁記 仝 五百元 仝
盧記 仝 五百元 仝

1

豫記　夏玉藴　五百元　新鄉
品記　仝　五百元　仝
瑞記　仝　五百元　仝
德記　仝　五百元　仝
道記　仝　五百元　仝
清記　仝　五百元　仝
元記　仝　五百元　仝
祥記　仝　五百元　仝
敬記　仝　五百元　仝
慎記　仝　五百元　仝

7

恒記 夏扣盈 五百元 新鄉
薄中和堂 薄義山 乙百元 開封
戚继英 捌百元 天津
高維華 范賓臣轉 乙百叁十元 新鄉
曹毓芳 乙百元 仝
曹毓芬 乙百元 仝
蓮英堂 趙安侯 弍千元 開封
金慶合堂 乙千五百元 博愛
胡润德堂 胡拱臣 乙千五四元 仝
趙士豪 肆百元 新鄉

8

張炎卿	五百元	徐州	
師恕倫	五百元	仝	
文梓堂 王文梓	乙百元	新鄉	
文屏堂 王文屏	弍百元	仝	
文蘭堂 王文菊	四百元	仝	王靜瀾眷屬
王記 辛樹田轉	乙千元	天津	
王頤民	乙百元	新鄉	
王競先	乙百元	仝	
王蘭軒	乙千元	洛陽	
王瑞玉	弍百元	新鄉	王靜瀾眷屬

王月仙		五十元	新鄉
大公堂	吳文卓	貳千元	開封
慈安堂	仝	貳千元	仝
無我堂	仝	貳千元	仝
普濟堂	仝	貳千元	仝
周急堂	仝	貳千元	仝
美亞堂	仝	叁千元	仝
民安堂	王鴻來	十元	道口
亭英合		十元	仝
詹振民		貳千元	

9

曜記	張耀如	弍千元	駐馬店
自濟堂	徐子昂轉	弍百元	天津
李炘		弍百元	新鄉
志東堂	曹永海	五百元	仝
李清泉		捌百元	仝
劉德丰堂		弍百元	仝
來道堂	王鴻來	乙百元	道口
宜生堂	苗蕃秀	乙百元	仝
福英堂	趙逢源	五十元	新鄉
楊萬聚		弍百元	仝

李九如	王昊卿	乙百元	新鄉	王静湖眷屬
辛樹曾	仝	乙百元	仝	仝
路文英	仝	弍百元	仝	仝
茹玉鳳	仝	乙百元	仝	仝
閻洲琴	仝	乙百元	仝	仝
自記	仝	乙百元	仝	仝
劉先居		五百元		
西大有堂	趙伯調	乙千元	博愛	
苑壽同		乙百元	新鄉	
馬德甫		乙百元	道口	

10

司一貫堂 司明想 乙千元 博愛
張純仁 弍百元 新鄉
李蔭圃 乙百元 仝
趙鳳英 趙逢源 弍百元 仝
楊五 乙百元 仝
誠信堂 吳五 乙千元 開封
張晉貞 五百元 西安
張勝貞 五百元 仝
潘華九 弍千元 洛陽
安樂堂 李雲龍 乙千元 新鄉

禎記		六十元	新鄉
瀛達堂	尚景洲	弍百元	仝
李世祿		肆百元	仝
時占標		弍百元	仝
世亮堂	孫明善	五百元	仝
李守業堂		捌百元	仝
李宏德堂	李漢鴻	五百元	仝
務本堂馮		五百元	仝
香記	燕香亭	五千元	濟南
節儉堂	吳秀珍	叁千元	開封

八

本善堂	任天性	五百元	新鄉
張金科		叁百元	仝
劉泰安		四百元	仝
高榮林		柒百元	仝
高桂林		五百元	仝
高義芝		五百元	仝
張文興		弍百元	仝
范自立堂		捌百元	仝
范安餘堂		七百五十元	仝
范德善堂		捌百元	仝

〃

二妙堂　拾元　新鄉
石銘堂　王文屏　叁百元　仝
修福堂　仝　叁百元　仝
本立堂　牛中本　山百元　仝
羅自學　五百元　鄭州
方珍　五百元　濟南
松壽堂　張穀生　弍萬元　漢口
餘記　壹千元　鄭州
義利堂　張衡臣　五百元　彰德
耀遠堂　許耀西　弍千元　濟南

12

廣德堂　王問佛　肆千元　開封
劉怡秋　武旅長太太　乙萬元　洛陽
陳潛修堂　陳次元　弍千元　歸德
趙安侯　趙清平　四千元　開封
明清堂　殷爽清　乙千元　漢口
叔元堂郝　郝叔元　叁千元　開封
潘玉珍　乙百元　新鄉
趙蓮芝　趙清平　乙百元　開封

以上共計股額陸拾叁萬柒千五百八十元

二一〇　河南高等法院关于送达求偿债务案通知书、副状给李康甫、郝叔元的送达证书（民国二十六年十月二十七日）

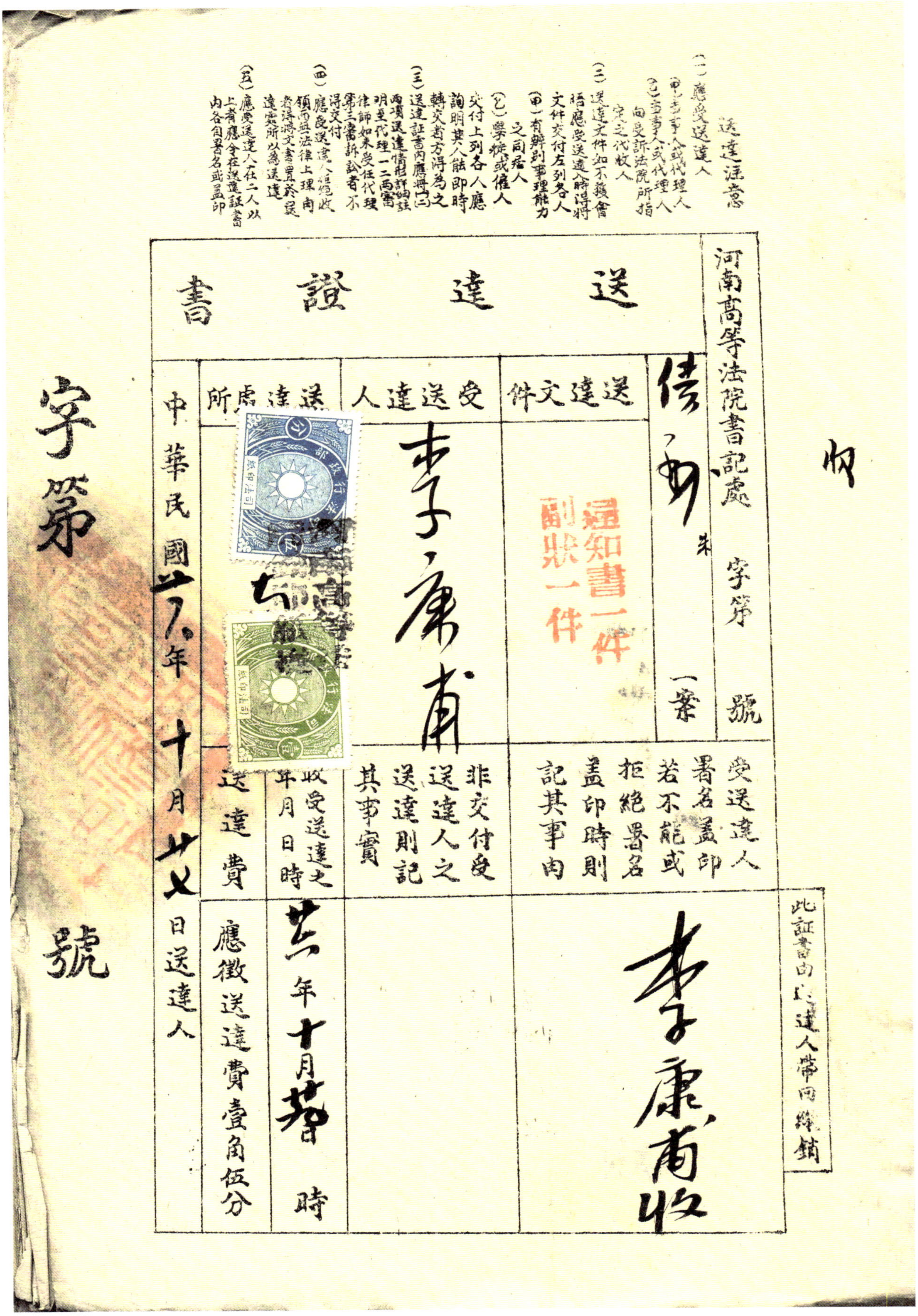

送達注意
（一）應受送達人
（甲）當事人或代理人
（乙）當事人或代理人向受訴法院所指定之代收人
（二）送達文件如不獲會晤應受送達人時得將文件交付左列各人
（甲）有辨別事理能力之同居人
（乙）學徒或僱人
交付上列各人應詢明其人能即時轉交者方得為之
（三）送達證書內應將（二）兩項送達情形詳細註明至代理一二兩審律師如未受任代理第三審訴訟者不得交付
（四）應受送達人拒絕收領而無法律上理由者得將文書置於送達處所以為送達
（五）應受送達人在二人以上者應令在送達證書內各自署名或蓋印

收

河南高等法院書記處　字第　號

送達證書

送達文件	受送達人	送達處所
債務　一案 通知書一件 副狀一件	李康甫	
受送達人署名蓋印若不能或拒絕署名蓋印時則記其事由	非交付受送達人之送達則記其事實	收受送達之年月日時
李康甫收		廿六年十月廿七　時

送達費：應徵送達費壹角伍分

中華民國廿六年十月廿七日送達人

此證書由送達人帶回繳銷

字第　號

送達注意

（一）應受送達人
（甲）當事人或代理人
（乙）當事人或代理人向受訴法院所指定之代收人

（二）送達文件如不獲會晤應受送達人時得將文件交付左列各人
（甲）有辨別事理能力之同居人
（乙）學徒或僱人
交付上列各人應詢明其人能即時轉交者方得為之

（三）送達証書內應將（二）兩項送達情形詳細註明至代理一二兩審律師如未受任代理第三審訴訟者不得交付

（四）應受送達人拒絕收領而無法律上理由者得將文書留置於送達處所以為送達

（五）應受送達人在二人以上者應令在送達証書內各自署名或蓋印

河南高等法院書記處　字第　號

送達證書

送達文件	債務未一案 副狀一件 通知書一件
受送達人	郝叔元
送達處所	老会館街
中華民國十六年十月廿七日	
受送達人署名蓋印若不能或拒絕署名蓋印時則記其事由	郝叔元收
非交付受送達人之送達則記其事實	
收受送達之年月日時	十六年十月廿七日八時
送達費	應徵送達費壹角伍分

此証書由送達人帶回繳銷

字第　號

二一一 常介眉关于请求免缴诉讼费、废弃两审判决并判朱顺喜等人负担全部诉讼费等给最高法院的上诉状（民国二十六年十一月八日）

注第末由人如訴起訴上類第亦狀填訴方告填餘
意一二具自係則訴明訴推二由人係則填左被稱
欄字狀填起填上填餘　欄具自起右原方告推

民事

	右方 上訴人	左方 被上訴人
姓名	常介眉	朱順喜 陳元化 王勛 趙新吾 李銘鼎 樂寿堂 五福堂 中興堂 琴鶴堂 張曜瑄 張心洞 李嘯穠
年齡	四十六歲	
籍貫	河南安陽縣人	
住址	河南汲縣望景樓前街二号	
職業		

為朱順喜等與同和裕債務糾葛被誣涉訟不服河南開封地方法院及河南高等法院所為一二兩審判決已依法提起上訴並聲請訴訟救助一案謹依限追加理由補提証挑請求准予訴訟救助廢棄該兩審違法判決另為適當之判決並判令被上訴人等負担負全部訟費事竊民與被上訴人朱順喜等均不相識並無債權債務關係對同和裕銀號並非股東朱順喜等對於民未経提起確認之訴既不應間接訴追在河南高地兩法院亦不應不為分析逕判令民與王趙等共同清償本案債務各理由均〔除〕経前狀陳明在案茲不復贅外下餘關於該兩審判決仍有重大而且顯明之錯誤不一而足特再分甲乙丙丁四項列述於左

（甲）一二兩審判決在實体法之錯誤

查本案債務人為同和裕銀號該號雖已倒閉正在破産並非無償債財産（有河南新鄉縣司法処破産通告特呈可憑）並查該銀號正副経理為王晏卿（即王靜瀾）趙晏〔安〕侯均尚在新鄉縣司法處辦理破産事務始

終未曾避匿而朱順喜等不為正式索討反向民違法妄訴該兩審不為傳訊對質或併案辦理惟相率不引法条獨判令民與王趙等共同還償本案債務關於緣何如此判決之情理法律並未引拠詳叙明確即為判結下餘關於同和裕其他債权債務應當如何負責及同和裕本身究為何種商號並基於何種理由援引何種法条或判決例解釋例應令民還此部債款則一概不為提及似此重大案件竟作如是含糊判決豈能令人甘服耶是為該兩審判決根本上違法之點無論何人皆可一望而知其偏聽朱順喜等一面之辭進一步言之即無異於教猱升木也況查第一審在審判上所採証拠為王晏卿與於同和裕倒閉後所私開之股東名冊至第二審除已経對於該名冊駁斥不採應不具論外而該審所採之進展証拠為紅利賬遂以此作為判決根拠殊不知更屬不合蓋因紅利賬在商號中不過為全体分紅之賬簿無論上下人等凡能分紅者皆可列名絕不能謂列名者盡為股東應不待煩言而解然而該原審居然拠此認民對同和裕有股東關係並不言該紅利賬出之何時內容記載係何種言語僅含混其辭即令担負

同和裕三百餘萬元之股東重責試問古今中外寧有是理耶並查民對同和裕内無契約合同之締結外無表示自己為股東及經人替代表示為股東民知而不加否認之事實僅中間專任王晏卿入格担保有以存摺改領一萬七仟元有價證券之股票旋即轉讓於人脫離關係故民對同和裕銀號聽憑王晏卿一人指示而定存欠對於他人皆素昧生平不生關係至於該號營業狀況及曾否招集股東會議更未與聞所以直至該號發生風潮民尚不知其事若為股東能如是乎不過在未經轉讓前或有一次分紅之舉然則按此次分紅乃憑股票之分紅並非憑股東身分之分紅賬簿之記載乃大衆分紅之記載亦決非確定股東責任之記載乃事理之常至爲明者而原判竟拟此認定民為股東並謂民雖以所有股份已轉讓於黄樹人堂但不能確切之證明各等語足見該原判所指分紅日期確在民讓股之前已經證明似此分紅日期既在民讓股之前則民之分紅當然與該號一切人等同居對等地位不必定為股東顯而易見乃原判僅以此牽强成詞採作證據實不免强為附會然終於股東關係無

涉惟氏現在所持有反証足解决本案糾紛即(一)王晏卿在同和裕倒閉之前曾登報鄭重聲明伊對同和裕負有全責凡該號財產非経伊簽名蓋章處分無効（見民國二十二年十一月豫北日報）並未言氏為股東(二)王晏卿在同和裕倒閉之後復對各儲户通告聲明負責（見民國二十三年三月三日豫北日報民國日報）亦未言及氏之一字大足見証氏在入股之前類似隱名合夥入股之後已完全脱離関係無論如何均無股東責任之可言故將該証物兩紙均附狀呈鑒此其一

(乙)一二兩審判決在程序法上之錯誤

查本案紅利賬除在實体法上不應作為証據已如上述外並查紅利賬當本年九月四日第二審宣告言詞辯論終結時並未發見此項証據関係事後未傳原業獨將同和裕副経理趙安侯由新鄉差提到案單獨審訊數語始將該賬持出作為証據究竟真情如何因未経公開辯論不得而知至於第一審更未宣告辯論終結即行判決関於氏此次補提之豫北日報兩紙曾経氏當庭呈請審察附卷皆蒙拒絕似此情形按之民訴法第二百九十七条及四

百六十六条第五款各規定大相違背心實難甘此其二

(丙)一二兩審判決之偏袒違法

查氏與李康甫在第一審同居被告地位被誣相同其在一二兩審脫離關係固屬允當惟因股東名冊上李康甫名字下帶轉讓二字第一審未傳證人即認定為轉讓之轉判決免除股東責任而氏與其為同樣事實且有王晏鄉淮予轉讓股票之信函及同和裕收到氏股票十七張之收批均呈案層層証明而該審惟吹毛求疵謂信新鮮不甚陳舊毫不顧新舊並未定有標準不能成立以致有証者不能免責無証者反能勝訴已屬不得其平迨至第二審竟對於氏之受讓人黄樹人堂七月二日傳到不訊後不再傳而謂不能為確切之証明對於李康甫之受讓人李康氏則傳到審訊謂為確實復致一勝一敗同因異果更足令人不解尤可異者為關於轉讓二字第一審謂為轉讓之轉尚有根批第二審認為轉交之轉則出於臆測其實則轉字下究竟有無交字或讓字應不能專憑附

卷之一本作為定奪若鄭重辦理應調閱他本以資參考方合法理而原審一切不察遽予認定殊不知該兩字差之毫厘謬以千里及究准轉讓與否在本案關係雖大竟漠然置之於不顧謂非偏袒其誰信之此其三

(丁)請求之目的

綜上論述足見該兩審所為判決名異實同均屬不當其對民早具成見昭然若揭惟事實俱在不能泯滅卷判錯誤難以盡掩一經審查無論與法與理與情縱再雄辯亦不能自圓其説况查現在商業登記法業經施行關於此事不難解決為此除依民訴法第四百六十九条第一項提出上訴理由書外並依同法第四百六十七条第二項之規定提（補）証拟狀請

鈞院鑒憐民處豫北已成匪（戰）區備受倭害流亡異鄉除准免繳訟費外迅予將本案一二兩審判決一律廢棄另為適當之判決俾民免除同和裕股東責任早脱訟累並判令朱順喜

等負担全部訟費賠償損害以符法理而保良儒謹狀

證人

證物

附呈豫北日報兩張及該報剪庄壹紙共叁件

最高法院

公鑒

律師張照興印

二一二　夏玉蕴关于朱顺喜等债务案无力缴费、声请救助给河南高等法院转呈最高法院的上诉状（民国二十六年十一月十日）

注第未由人如訴起訴上類第亦狀填訴方告填餘
意一二具自係則訴則訴推二由人係則填左被類
欄字狀填起填上填餘．欄具自起右原方告推

民　事　〇　〇

	右方　上訴人	左方　被上訴人
姓名	夏玉蕴	朱順喜等
年齡	年四十八歲	
籍貫	陽武縣	
住址	前保定巷三十九號代收文件	
職業		

為案已上訴，茲奉裁定無力繳費，聲請救助，懇乞照准救助，並發回
更為審判，以明真相，而分皂白事。竊民上訴朱順喜等債務案件，
受收裁定限十五日繳納訴訟費用，惟值此時局，百般籌措，難以繳
費，實係無力繳納審判費用，民不得不聲請救助，查民實非同
和裕股東，原審未調該號股東票存根，又未調該號本金賬簿，以
資研訊，乃將民上訴駁回，自難折服，為此懇請
鈞院准予訴訟救助，並發回更為審判，實為公便。謹呈
河南高等法院轉送
最高法院

中華民國二十六年十一月十日

具狀人吳玉蘊十

經手發行處

發行狀紙時臨於發行處下加蓋各該發行機關戳記

河南省政府关于同和裕破产问题应依法办理给开封交通银行的函（民国二十六年十一月十五日）

河南省政府公函

事由	擬辦	批示	備考
據同和裕經理王君卿呈為同和裕股東財產業難核償已向新鄉司法處依法聲請破產裁定照准等情請查核見復			

附件

公函 字第 號

廿六年十一月十七日 時到

收文 字第 號

河南省政府公函

財字第 2931 號

案據同和裕銀號經理王墨卿呈稱：

呈為同和裕股東財產業雖抵債已向新鄉司法處聲請破產裁定照准懇

請令飭新鄉專員公署將民及銀行團求償債務一案卷宗移送該處依法核辦，

以昭劃一而符法例事竊以法律也者乃國家與人民共同遵守之契約故應絕

對平等以為法治之準繩民前因經營同和裕銀號拖欠銀行團債務一案曾經

鈞府令飭開封縣政府將民拘案押追嗣又連同人卷令交新鄉縣專員公署繼

續核辦各在卷迄今屈指以計已有三載長此以往則數百家債權債務勢將

交受其困永無徹底清理公平分配之一日故籌維再四惟有依照破產法各條之

規定向新鄉縣司法處聲請破產以資清理，刻已裁定照准，依法宣示，並指定破產管理人辦理債權登記事宜，此後事無巨細，均應由司法處負責辦理，始為合法。銀團欠款當然破產債權之一，其應由受理破產之司法機關依法辦理，自無特言。為此檢同破產裁定，呈懇鈞府令飭新鄉縣行政督察專員公署迅將民及銀行團求償債款卷宗一併移送新鄉縣司法處依法接辦，以昭劃一而符法例，實為公便。

等情。據此，查該同和裕銀號所欠貴行等債款，經本府委員將該號經理王晏卿傳案押追，現已陸續償還，尚有尾欠萬餘元，亦正在催繳中。茲據前情，該王晏卿既已聲請破產，經新鄉縣司法處裁定照准，自應依法辦理。惟閱於

貴行等已收回之債款，是否發生問題，及尾欠萬餘元，應如何處理，並應依照

法律規定，核擬詳細辦法，以便轉飭遵辦。相應抄送原呈，鈔令，函請

查核見復為荷——

此致

閩封交通銀行

附抄送裁定一份

主席 陳儀

民政廳廳長李培基代

中華民國廿六年十一月十五日

監印劉彥杰

校對李燕[illegible]

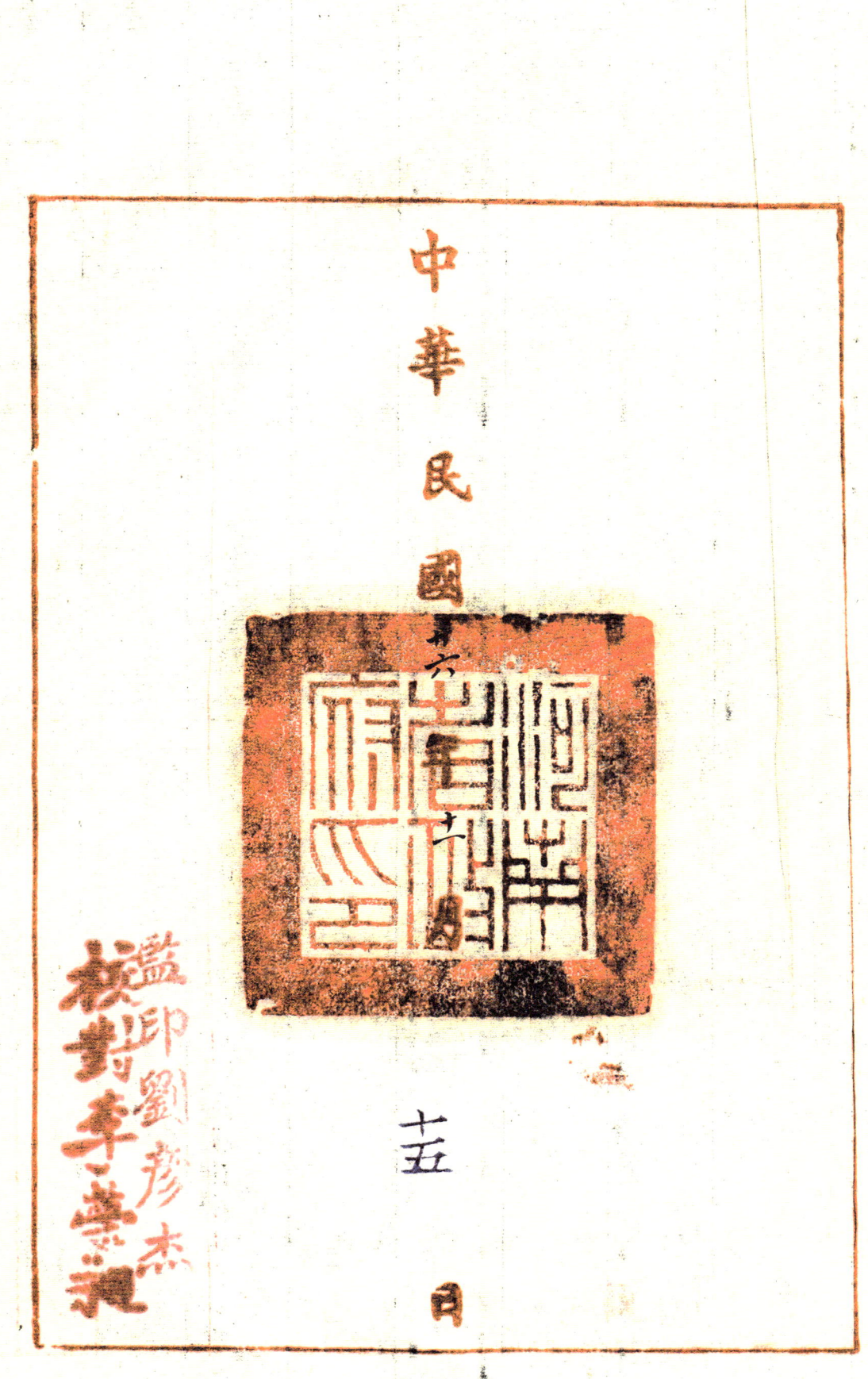

二一四　开封交通银行关于送交同和裕借据、信件、清单、房契等七项收据给上海商业储蓄银行开封支行的函（民国二十六年十一月十六日）

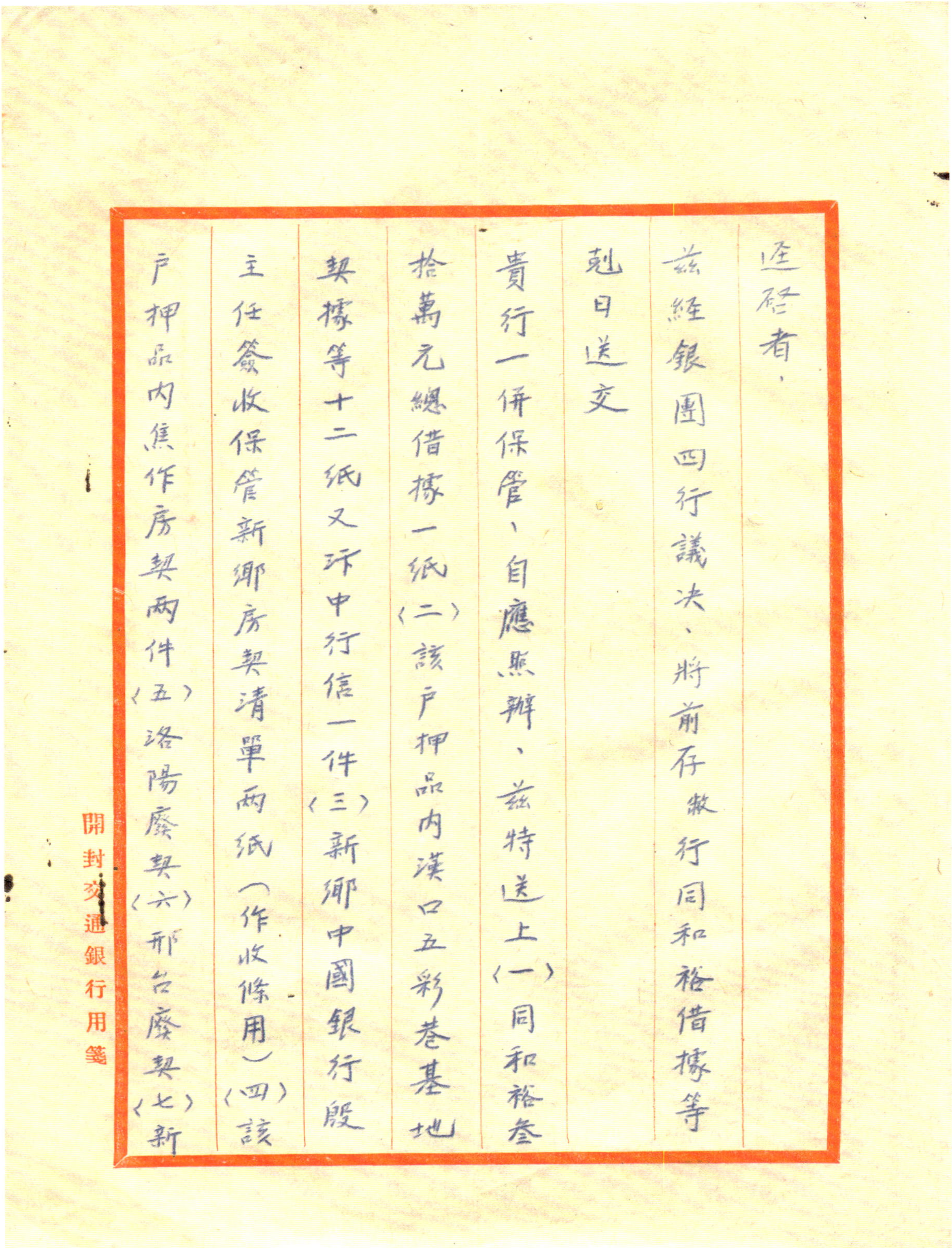
逕啓者，
茲經銀團四行議決，將前存敝行同和裕借據等
剋日送交
貴行一併保管，自應照辦，茲特送上（一）同和裕叁
拾萬元總借據一紙（二）該户押品内漢口五彩巷基地
契據等十二紙又汴中行信一件（三）新鄉中國銀行股
主任簽收保管新鄉房契清單兩紙（作收條用）（四）該
户押品内焦作房契兩件（五）洛陽廢契（六）邢台廢契（七）新
開封交通銀行用箋

鄉廢契一封計五件以上七項、均祈

查照點收一併保管并見復為荷、此致

開封上海銀行

附件

開封交通銀行啓

廿六、十一、十六、

開封交通銀行用箋

二一五　河南省政府关于同和裕破产后尾欠款后续处置事宜给开封交通银行的函（民国二十六年十二月一日）

河南省政府用牋

第　頁

案准

貴行等二十六年十一月二十五日會函以同和裕銀號聲請破產一案囑將該號尾欠飭委嚴追等由。准此。除訓令新鄉縣政府會轉委員劉壽丰及司法處遵照并批示外，相應函復

查照。此致

開封交通銀行

河南省政府啓

十二月一日

年　月　日

開封亞東承印

開封銀團管理同和裕欠款押品委員會特別帳務會議記錄

開會日期　廿六年十二月三日下午四時

地點　開封交通銀行

出席人　謝樞（交通）　翁叔通（中國）　徐松喬（金城）　劉友琛（上海）

列席人　董卿甫　記錄　李馨民

主席　劉友琛先生

主席報告開會意旨（義）略謂同和裕所欠銀團廿萬元迄今尚未完全清償截至最近止計收到該號各處房地產作價十二萬七千四百元由省令指交安陽電氣公司股權三萬八千八百元催收現款貳萬貳千壹百六十七元七角代收外欠三千三百零五元零二分總計除收結欠八千叁百廿七元二角八分雖經一再向王晏卿嚴催歸結因其拖展延宕終未辦到茲鑒於抗戰情形日益擴展以往被收之不動產所在地間有淪陷于敵手者故今後因戰事擴大而發生損害者且新鄉房屋暫時無人承購關于出租房屋保管房契以及各項帳目之審核迄今尚未議有具體辦法茲特提出請共同討論以策安全云

董卿甫君報告銀團帳務概况

（從略）另附詳表

討論事項

1，所有房地產今後如何保管案

決議：　新鄉原作房地產因無人承購現各所在地關係行因接近戰區業已遠離事實上不能派人專守祗好俟該處恢復常態仍由所在地各銀行繼續管理兼收租金至所保火險將于本月廿日滿期仍應續保所有各處房地產契約租摺均交由團封上海銀行代爲保管又本團駐新鄉代表張傑三君現無任務暫予裁撤

2，嚴向王晏卿催償餘欠案

決議：　戰事緊張變演無常應加緊逼迫王晏卿速還餘欠以期早日清丁並詳開清單交由省委劉壽豐赴新鄉與王晏卿核算無訛後由其親自蓋章帶回以資存查又該號前擬將寶順鐵廠傢具兌價交還欠款迄未實現應即責令劉委員到新幫同迅速出售歸欠並催其將新鄉及新鄭兩案店兌價從速交齊收償

3，安陽電氣公司透欠彰德中國銀行欠款案

決議：　在銀團經管安陽電氣公司（姚方尚未加入）時期所負債務自應歸銀團擔負按該公司透支彰德中國銀行欠款節經該行將交銀團

房租惡數收入該項欠款帳下作抵但該行未與銀團互辦手續應即由本團致函該行請詳開清單俾憑核算

4,審查帳目案

決議： 侯彰德中行將安陽電氣公司欠帳列單寄汴加入本團帳內詳細製表速同單據分別送各關係行會同審查以資結束

5,酬勞省委劉壽豐案

決議： 省委劉壽豐張書勳徐增棨陸續所支旅費計四千四百六十八元元四角除正式報銷薪金旅雜各費共三千七百八十七元六角二分准予開支外其下欠之六百八十三元七角八分准另給六十三元二角二分合湊七百四十四元即作銀團酬勞金用表謝意惟上項旅費開支係王晏卿本人擔任因劉省委等係代王催收外欠也

6,開支付款辦法案

決議： 今後開支仍由主席委員劉友琛君照予核付惟數目較大者須由各委會商酌定支付

二一七　常介眉关于律师李清滨假朱顺喜等名义向同和裕王晏卿因债诉讼误牵其有责一案给最高法院的上诉状（民国二十六年十二月十六日）

豫

院長
推事先生鈞鑒　敬稟者，久企
德輝，難親
麈教，私衷傾慕，莫可言宣；比維
道履休嘉，
勳祺懋介，為頌無量！
今有重大冤抑，在河南竟無可申訴，不得已民於本年十月
十八日上訴，朱順喜等於
鈞院，以求最後最公正之昭雪；特濡淚吞聲，敬縷陳原委
隱曲，以呼籲於鑒空衡平，勤求民隱，守正不阿，
法界泰斗之前，乞

具狀上訴
356
一民

最高法院收狀處
廿七年一月四日
渝民狀字第一〇三

(1)
民國　年　月　日

中華書局製

②

第　號

垂察焉。

竊查河南省新鄉縣有同和裕銀號者，初為銀樓，專製首飾，後則兼營錢業匯兑，改為銀號；資本為該號經理王晏卿（即王彥卿）趙安侯二人所出，嗣後繼有附入資金者，完全為信任王晏卿個人，以其人格擔保而予以依賴，為隱名合夥之組織。民國十九年，該號出有股票，性質為有價證券，可用以償還債務，因需要而轉讓；固不必有股票者，即為股東，而持有股票者，票面上，即有其姓名也。其營業向未在政府及任何官廳，註冊登記，按之最近公佈之商業登記法，實亦應以隱名合夥論，此該號之性質，所宜辨明者也。

民國　年　月　日

中華書局製

③

第　號

民國二十二年冬、該號因受全國經濟恐慌巨浪所襲、發生擠兌風潮、以致其營業受有挫折、現在王晏卿已呈准破產償債、有十月四日河南新鄉縣司法處通告可憑。此其債務應依法解决、不應於破產進行中、涉及其號之任何人、况於其號中、早無關係、絕無責任之第三者、尤不宜使横受訟累、於國難萬分嚴重之外、令精神上再倍受痛苦而莫之恤！

民已受訟累年、損失不可數計；除於上訴狀中、陳述理外、謹再叙各種緣由、以明誤被牽累搆成寃獄之真因。查河南開封城内有窮愁無聊律師李清濆者、素

民國　年　月　日

中華書局製

以挑詞揑訟，顛倒是非，惟恐天下無事爲職業；但求有隙可乘，不惜興風作浪，擴大事態。且恃開封地方法院及高等法院，有其同學及友人，能遙爲聲援，暗通關節，故尤敢肆意妄爲，有所恃而無恐。有利慾薰心，昧盡天良之李清濱以爲本案主動，因之不憚多方羅織，無中生有，以期飽其私囊，遂其大慾，縱犧牲國法、正義、是非，舉非所計，況草莽微賤，一介寒士如民者乎！？此冤獄之主因，非冒死上陳，將永以一手掩盡天下目，蒙蔽一切，實難發覺其陰謀奸詐策動之所在，胥被其愚弄擺佈而不自知。國事之壞，日寇之暴，俱淵源於是非之不明，公義之不存，此可爲痛

5

哭長太息者也。起衰救敝、補苴匡襄之道、端在於懲奸慝而正是非、此頓首百拜以請注意者、救亡圖存、其在斯乎？

李清濱因同和裕營業停頓後、即異想天開、以低微之代價、收買開封各户存摺十餘、去秋在開封地方法院以朱順喜等十二人之名、未經詳查實情及經過確認之訴、冒然呈訴王晏卿、趙安侯、並請假扣押李康甫、郭振之、郝叔元、夏玉蘊及非民所有安陽東街之房產、緣民兄弟等、久已析居、東街房、為民兄祉蕃名下之住宅、民在安陽并無房舍。且因當時民曾任河南省立臨汝中學校校長職務、以為教育界人素重名譽、可以藉故敲詐、遂其勒索之謀、

第　號

故於其呈訴之後、即使人揚言出欵即可調解、意在虛聲嚇詐、便有收獲。除當時郭振之莫明情僞、交其四百元外、餘均知其詭計、未受其愚、即行進辯訴。李清濱見計未售、遂老羞成怒、藉郭振之所交之四百元、交納訟費、展其狡謀、寄寓開封、請託百出、以致開封地方法院第一審之結果、雖以民之股票、民國二十二年夏間、業經轉讓於董樹人堂、既有該號經理王晏卿允准過户之復函、又有該號收到股票之收據、而一審竟以爲、信紙新鮮、不甚陳舊。不足採取。夫紙色新鮮、陳舊、究以何者爲標準？信件收據、何以並不調查？即行判决、顯係徇情枉斷。似此不依據憑證、

⑥.

民國　年　月　日

中華書局製

⑦

第　　號

僅憑推事晉建中一人之臆測便可推倒一切，致令民冤抑莫申，是非不明，全國不公允之案件，有如是耶？

尤有進者，民以朱順喜等素不相識，並無債務糾葛之可能，經開封豫郁文書莊經理張捷三君之介紹與朱順喜晤面，詢以原委，渠稱：伊所有存摺曾以極低之價格出售於律師李清濱，渠并未進行訟訴云云。而開封地方法院近未調查原被雙方真實情形，遽予受理，已顯操切從事，懷有成見。且亦絕未令呈請假扣押他人房產者，繳納相當之保證金，即行允如所請。似此情形，尤足証明冒名呈訴之李清濱已與地方法院業經早通關節，彼此已心心相印矣。

民國　　年　　月　　日

中華書局製

(8)

第　號

查李康甫即河南高等法院視察員之李釗，康甫其字也。開封地方法院第一審為迴護李康甫計，故判決文內稱「又查股東冊李太太名下，註明李康甫轉字樣，則李康甫之股已讓於他人，自不得為同和裕股東，已甚顯然。而原告明知故牽李康甫於股東，殊有不合，故此一部分之訴，不能認為有理由。」等語。李太太是否即為李康甫之夫人，法院未經查明，僅憑"李康甫轉字樣。"即能證明"李康甫之股已讓於他人"，而有同和裕收回股票之收條，及該號經理允准過戶之信件，反俱不足為證，不知曾推事究據何種法典？若以事後串造言，又安知所註"李康甫轉字樣。"非事後之串造乎？李康甫夫人之股，李

民國　年　月　日

中華書局製

(9)

第　　號

康甫則為已讓於他人，自不得為股東，又何以證明李康甫已與其夫人財產，早已分析乎？此真非平民所能索解者。一有收條、信件為無理由。一有"轉"字為有理由。其巧袒曲護為何如？推事晋連中置事實理法於不顧，顢頇武斷有如此！！判詞一字之偏，其禍患之烈，真有甚於兵刃者矣！

一審民既受不白之冤，以為慎重謹嚴如河南高等法院者必能糾正一審之錯誤。故今春二月决上訴二審，以冀是非黑白之不致終於混淆。孰知事後調查一審之解脱李康甫（即李釗）即係出於高等法院之授意。且徇李清讀等之多方請託，存有定見，必欲助藉故呈訴者，有所收獲而後快；故對於民已

民國　　年　　月　　日

中華書局製

第　號

(10)

讓股之黃樹人堂，本可傳問證明事實；但二審於本年七月二日，既已傳黃樹人堂到訴，及至開庭之時，高院臨時宣布推事因差出省，無人負責訊問，以致全案突然停止開庭，諭以聽候以後再行傳集。其內幕真情若何？局外人不得而知。惟八月十四日又行開庭，即未再傳黃樹人堂到案，藉資究問，則係事實。九月二日竟宣告言詞辯論終結，能證明者竟不予傳到證明，二審判決文內，乃故言「民之讓股不能為確切之證明」。其實非不能再傳證人確切證明也，乃確切不予證明耳。

最可異者，李康甫所舉証人李康氏竟予傳到，以為證明之據；而黃樹人堂祇傳一次，既到案而臨時中止開

民國　年　月　日

中華書局製

⑪

第　　號

庭、明諭俟再傳、而絕不再傳。是確係有意不為證明，故乃言讓股一層，不能確切證明；蓋惟恐再傳黃樹人堂到案，一旦得以證明耳。不然，何以不再傳證明，慎重其事，遽行倉卒判決耶？

關於李康甫部分，在一審判定「轉」字為已讓股於他人，在二審又判定「轉」字為轉交。究不知任意變更解釋，果何所據而云然？李康氏對於李康甫係何等關係？亦未明言。含糊如此，何足服人？民恐質之偏袒李康甫者亦不能自圓其說也。

若以為股不能讓，則李康甫不能獨讓，實仍應負償還同和裕債務之責任。今李康甫既能讓股，何以民有讓

民國　　年　　月　　日

中華書局製

第　號

股憑證，竟不准讓耶？同不能讓，縱令洗冤莫申，夫復何言！然同一事實，一能讓，一不能讓，謂非有意左袒，其誰能信！

倘股東冊足以為憑，則李康甫、郝叔元假載入其內，絕不能卸除股東責任，郭振之亦不能祇交索債者四百元，便成有限責任。設不憑清冊，而重證據，則民之讓股較之李康甫、郝叔元尤為有據，何以仍負有共同償之責？事理矛盾，灼然可見。凡此種種不公允之事實，諒鈞院必能嚴行糾正，予以平反及昭雪也。緣是非乃天下之至公，就原則言，國法之前，人權相等，決無貴賤親疏之區別於其間，俗所謂「王子犯法，與民同罪」者，即其一例。想開封不致

(12)

民國　年　月　日

中華書局製

第　　號

劃作特殊地域，使法權因人而異施。
現值强鄰壓境，外患日亟；但敵人之利器不足畏，正義之
不昭實可危。因武器之破壞為物質，而正義之凝結為人心。今
開封一二推事，不顧官箴，被人利用，僅其個人私德之可議，於
吾全國神聖之司法，一致之民意，尚無重大影響。其裁判錯
誤，乃囿於環境之包圍，
鈞院能洞察一切原委隱曲，必可使含冤者所受不平而盡歸
於平。我
中央實行全面抗戰，爭取勝利，
鈞院以正義統一全國之意志，以是非鞏固全國之人民心，

(13)

民國　　年　　月　　日

中華書局製

第　號

(14)

豐功偉烈，實不亞於指揮殺敵之將帥。此民所絕對自信者也。

民兄弟析居，各自分炊。民所得產業，因年來經營商事，損失蕩盡！不得已奔走衣食，餬口四方，已無恒產，遂乏定居。前者寄寓汲縣，貸食親友，自九月以後，安陽不守，豫北各縣盡淪戰區！為消極抵抗敵人，又行渡黃河南來，輾轉待賑於有救濟難民分會之縣區，以度其流亡愁苦之生活；故對於三審上訴

鈞院之訟費，實已無力繳納，必須請求救助。於懇請昭雪冤抑之外，並請按冤獄賠償法予不法之開封推事以儆懲也。

民國　年　月　日

中華書局製

第　　號

古人為政，詢及芻蕘，現行約法，不禁請願。關於李請瀆假朱順喜等名義向同和裕經理王晏卿（彥卿）因債涉訟，誤牽民有責任一案，除已呈訴理由外，特再披瀝陳明所有隱情，敬懇

垂鑒。兼以暴日肆虐，失所流離，轉徙無常，筆墨難具，草率不恭，諸祈

原宥。肅此，虔請

公安！

民常介眉頓首謹禀

如有批示，請郵寄：「河南汲縣望景樓前街二号張宅轉交」為感！

民國廿六年十二月十六日

⑮

中華書局製

二一八　开封银行团关于寄送十二月三日会议记录及账务概况报告给交通银行的函，附开封银行团账务概况报告（民国二十六年十二月二十八日）

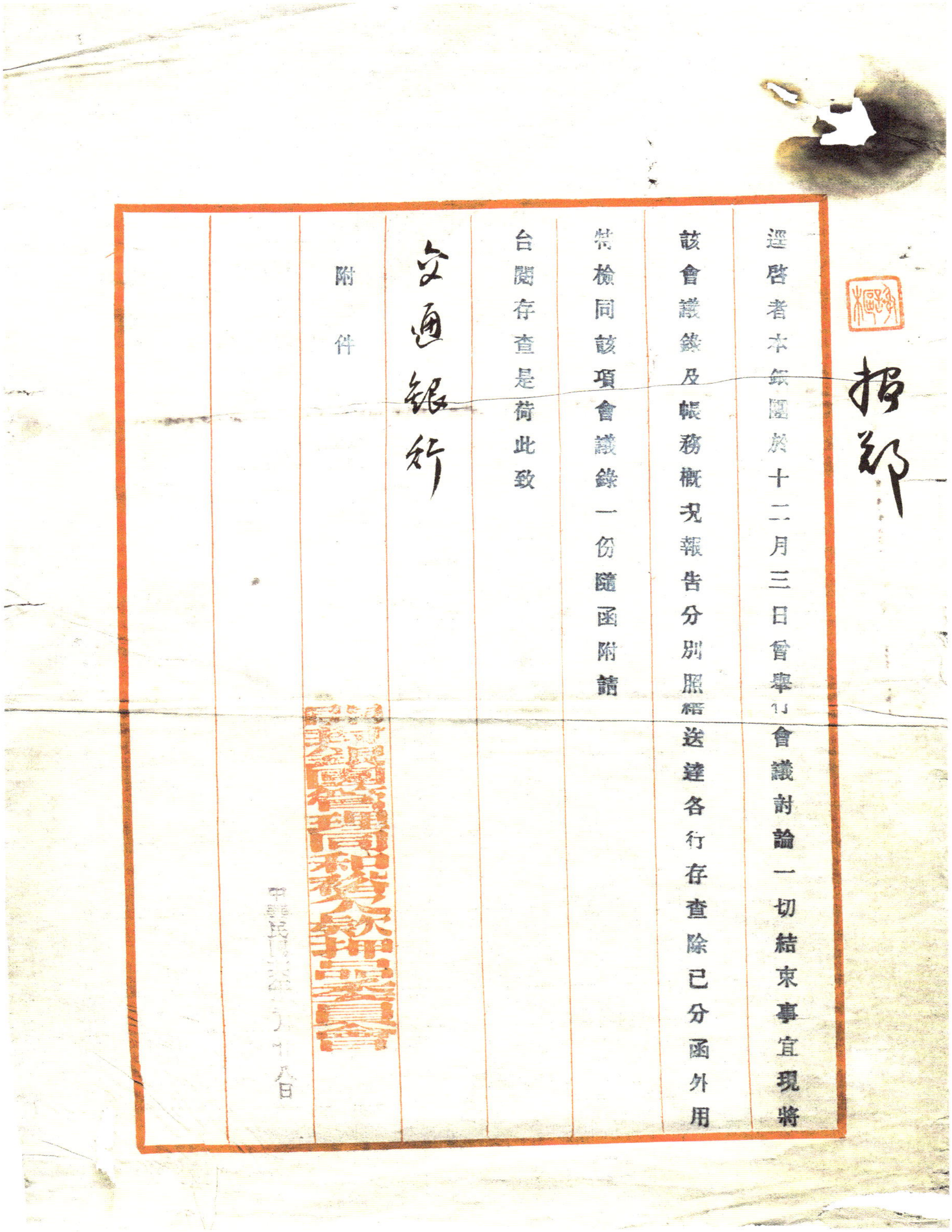

逕啓者本銀團於十二月三日曾舉行會議討論一切結束事宜現將該會議錄及帳務概況報告分別照繕送達各行存查除已分函外用特檢同該項會議錄一份隨函附請

台閱存查是荷此致

交通銀行

附件

…銀團同和裕欠款押品委員會

中華民國…十八日

未售抵押品記錄

所在地	摘要	面積	間數	最後標價（即抵還欠款價格）	備註
新鄉	北門外板廠街河沿	4畝014	51	1000.00	契據現存開封上海銀行
〃	車站衕南醫院	2畝95	87	5200.00	〃
〃	北碼頭新新鋼廠	16畝68	180	4300.00	〃
〃	西大街同和裕銀號大樓	3畝06	137	35000.00	〃
〃	同和裕火柴廠全部	8畝04	117	2600.00	〃
焦作	中山街青年會	2畝45	53	14000.00	無契據，存儲備案
蚌埠	二馬路房屋	1畝	12	10000.00	〃 〃
安陽	安陽電氣公司股權			38800.00	
漢口	五彩巷			（銀團不允接收）	契據現存開封上海銀行
	合計			110900.00	

存該對照表

28 DEC. 1937

該項	科目	存項
57215.95	變賣押品款項	
25972.72	同和裕交還款項	
6490.23	出租房地產款項	
	安陽電氣公司欠款	4460.00
	各項開支	7701.96
	歸還銀團放款	72000.00
	銀行往來	5516.94
89678.90	合計	89678.90

變賣押品款項

出售物件	實得金額	最後標價（即抵還欠款價格）
吴士兴石粟面大德银行冶取扣去欠款	30831	
〃 〃 〃	31764	
新乡火柴部保头1680斤	5000	
新乡中山街房屋	81000	80000
〃 西门外石榴园庄基	82000	100000
〃 西车站万顺铁厂	500000	520000
〃 保安街静泉学校东边轻[illegible]	50000	60000
〃 小北街同和裕对面房屋	300000	300000
〃 西车站维新栈	1240000	950000
〃 西大街修文印刷所	680000	650000
〃 未丰栈	450000	500000
〃 泰丰栈	480000	500000
〃 西车站水电公司	1000000	1000000
彰德中国银行原址	790000	840000
合计	5721595	

同和裕交還款項

摘要	金額
新鄉交涉	1000.00
兌条期票	9000.00
贖回股款	3279.00
撥贖文案部未款抵還欠款	2500.00
兌条期票	2000.00
新鄉葯号兌款	1500.00
泰丰地租押金	488.70
磚款抵還欠款	400.00
新鄉藥号兌款	1500.00
〃	300.00
〃	200.00
催收委員收來外欠抵還欠款	3305.02
豫丰委敵代交	500.00
合計	25972.72

出租房地產租金

租户	租金累積		起期			訖期			每月租金		地点	備註
普益	27	27	24	11	1	26	3	10	1	67	新鄉	
暢震	103	55	〃	〃	〃	〃	〃	〃	6	34	〃	
福順棧	59	88	〃	〃	〃	〃	〃	〃	3	34	〃	廿五年十月份起加租一元
李廣仁	16	33	〃	〃	〃	〃	〃	〃	1	00	〃	
李廣仁德	37	00	26	1	1	26	9	30	3	00	〃	外地租＄10.5
馬景云	32	66	24	11	1	26	3	10	2	00	〃	
趙李和	9	00	〃	〃	〃	25	7	31	1	00	〃	
申清堂	15	00	〃	〃	〃	〃	8	31	1	50	〃	廿五年二月份起減租＄.20
郭福貴	5	00	〃	〃	〃	〃	〃	〃		50	〃	
李德新	4	50	〃	〃	〃	〃	1	31	1	50	〃	
牛中本	9	60	〃	〃	〃	〃	7	31	1	20	〃	
郭振和	147	00	〃	〃	〃	26	3	10	9	00	〃	
詹圭林	33	66	〃	〃	〃	〃	〃	〃	2	00	〃	11-12月份各＄2.50
紫巖春	408	33	〃	〃	〃	〃	〃	〃	25	00	〃	
崔智之	21	[illegible]	[illegible]	[illegible]	[illegible]	[illegible]	11	30	2	[illegible]	〃	
楊德威	2	00	26	1	1	26	2	26	1	60	〃	
福泰	60	00	24	11	1	25	8	31	6	00	〃	
〃	76	00	25	9	1	26	3	10	12	00	〃	
王鳳章	4	00	24	11	1	25	6	30		50	〃	
〃	15	00	25	7	1	25	12	31	2	50	〃	
劉孟氏	16	33	24	11	1	26	3	10	1	00	〃	
順記	310	33	〃	〃	〃	〃	〃	〃	19	00	〃	
陸克恭	11	00	〃	〃	〃	25	3	31	2	20	〃	
郭清林	14	45	〃	〃	〃	25	2	28			〃	分租
張玉富	114	00	25	3	1	26	9	30	6	00	〃	
禾本	434	66	24	11	1	26	4	20	28	00	〃	
玉清和	359	33	〃	〃	〃	26	3	10	20	00	〃	
吳永清	24	50	〃	〃	〃	〃	〃	〃	1	50	〃	
趙云芳	4	26	〃	〃	〃	25	6	15		50	〃	
梁叙五	4	00	〃	〃	〃	24	11	30	4	00	〃	
梁 循	60	00	25	7	1	26	9	30	4	00	〃	
奧庚春	112	66	24	11	1	26	3	10	8	00	〃	廿五[illegible]減租三元
C/F.	2618	50										

出租房地產租金

租户	租金累積	起期			讫期			每月租金	地点	備注
B/F	2618.50									
禾丰	130.00	24	12	10	26	9	30	6.00	新鄉	
新文化	92.00	〃	〃	1	26	[illegible]	13	35.00	〃	
萬順	120.00	25	1	1	25	4	30	30.00	〃	
平漢鐵路處	385.00	〃	〃	15	26	2	10	30.00	〃	
魏良甫	1.50	〃	4	1	25	4	30	1.50	〃	
張康甫	12.50	〃	〃	〃	25	8	31	2.50	〃	26年八月起減租6.50
郵局	677.00	24	11	1	26	9	30	30.00	〃	
電報局	490.50	〃	〃	〃	〃	〃	〃	21.50	〃	26年八月起減租2.00
中華旅社	383.33	〃	〃	〃	26	3	10	25.00	〃	
喜益	16.66	25	7	1	〃	〃	〃	2.00	〃	
戒烟所	72.00	26	7	12	26	9	30	20.00	〃	
青年會	740.00	24	11	1	26	3	31	60.00	焦作	25年十月起減租20.00
[illegible]	209.10	25	3	1	25	7	31	5.00	[illegible]	田捐存捐
[illegible]	60.00	25	6	[illegible]	[illegible]	7	31	[illegible]	〃	
[illegible]	538.55	25	4	1	〃	〃	〃	34.00	〃	〃
賀姓	47.72	25	8	1	26	5	31	5.00	〃	〃
蘇廣昌	84.06	25	3	15	26	6	30	6.00	〃	〃
合計	6490.23									尚有應收未收新鄉中國銀行行屋租金750.00該行未數入安陽電氣公司建支户

安陽電氣公司欠款

摘要	金額	備註
由交通銀行撥去準備金	500.00	單據均另粘存
由上述銀行匯去	500.00	〃
由上項交通兩行撥交彰德中國轉作準備金	700.00	〃
廿四年年底前支不敷暫借	500.00	〃
代墊付通和煤款	1200.00	〃
〃 〃	200.00	〃
代墊付六河溝煤款	800.00	〃
該公司因戰事撤退以怡立存條押借	60.00	〃 並附有怡立煤礦公司存條$150
		尚有該公司透支彰德中國銀行$1,336.94 此項債務應由銀團清償現該行撤退尚未與銀團結賬
合計	$4460.00	

存該對照表

28 DEC. 1937

該項	科目	存項
57215.95	變賣押品款項	
25972.72	同和裕交還款項	
6490.23	出租存地產款項	
	安陽電氣公司欠款	4460.00
	各項用支	7701.96
	歸還銀團放款	72000.00
	銀行往來	5516.94
89678.90	合計	89678.90

變賣押品款項

出售物件	實得金額	最後標價（即抵還欠款價格）
吴士兴存粟向大陸銀行冲取扣去欠款	30851	
、 、 、	31764	
新鄉火柴部紙頭1680斤	5000	
新鄉中山街房屋	81000	80000
、西门外石榴園厂基	82000	100000
、西車站萬順鉄廠	500000	520000
、保安街靜泉学校東边種地	50000	60000
、小北街同和裕对面房屋	300000	300000
、西車站維新棧	1240000	950000
、西大街修文印刷所	680000	650000
、禾丰棧	450000	500000
、泰丰棧	480000	500000
、西車站水電公司	1000000	1000000
彰德中國銀行原址	790000	840000
合計	5721595	

同和裕交還款項

摘要	金額
新鄉交現	1000.00
兑各期票	9000.00
贖田發款	3279.00
撥贖交裝部未款抵還欠款	2500.00
兑各期票	2000.00
新鄉藥号兑款	1500.00
春季地租押金	48.70
磚款抵還欠款	400.00
新鄉藥号兑款	1500.00
〃	300.00
〃	200.00
催收委員收來外欠抵還欠款	3305.02
豫泰豐啟代交	500.00
合計	25872.72

出租房地產租金

租户	租金累積	起期			訖期			每月租金	地点	備注
普益	27.27	24	11	1	26	3	10	1.67	新鄉	
暢震	103.55	〃	〃	〃	〃	〃	〃	6.34	〃	
福順棧	59.88	〃	〃	〃	〃	〃	〃	3.34	〃	廿五年十月份起加租一元
李廣仁	16.33	〃	〃	〃	〃	〃	〃	1.00	〃	
李廣仁德	37.00	26	1	1	26	9	30	3.00	〃	外地租2.10
馬景云	32.66	24	11	1	26	3	10	2.00	〃	
趙李和	9.00	〃	〃	〃	25	7	31	1.00	〃	
申清臺	15.00	〃	〃	〃	〃	8	31	1.50	〃	廿五年二月份起減租.20
郭福貴	5.00	〃	〃	〃	〃	〃	〃	.50	〃	
李德新	4.50	〃	〃	〃	〃	1	31	1.50	〃	
牛中本	9.60	〃	〃	〃	〃	7	31	1.20	〃	
郭振邦	147.00	〃	〃	〃	26	3	10	9.00	〃	
曆金林	33.66	〃	〃	〃	〃	〃	〃	2.00	〃	11-12月份為2.50
紫巖春	408.33	〃	〃	〃	〃	〃	〃	25.00	〃	
崔智之	[illegible]	〃	〃	[illegible]	[illegible]	11	30	2.00	〃	
楊德威	2.00	26	1	1	26	2	28	1.60	〃	
福康	60.00	24	11	1	25	8	31	6.00	〃	
〃	76.00	25	9	1	26	3	10	12.00	〃	
王鳳章	4.00	24	11	1	25	6	30	.50	〃	
〃	15.00	25	7	1	25	12	31	2.50	〃	
劉孟元	16.33	24	11	1	26	3	10	1.00	〃	
順記	310.33	〃	〃	〃	〃	〃	〃	19.00	〃	
陸克恭	11.00	〃	〃	〃	25	3	31	2.20	〃	
郭清林	14.45	〃	〃	〃	25	2	28		〃	分租
張三富	114.00	25	3	1	26	9	30	6.00	〃	
禾本	494.66	24	11	1	26	4	20	28.00	〃	
玉清和	359.33	〃	〃	〃	26	3	10	20.00	〃	
吳永清	24.50	〃	〃	〃	〃	〃	〃	1.50	〃	
趙云岩	4.26	〃	〃	〃	25	6	15	.50	〃	
梁叙五	4.00	〃	〃	〃	24	11	30	4.00	〃	
梁猪	60.00	25	7	1	26	9	30	4.00	〃	
吳成春	112.66	24	11	〃	26	3	10	6.00	〃	廿五[illegible]減租三元
c/F.	2618.50									

出租房地產租金

租户	租金累積	起期			訖期			每月租金	地点	備註
B/F	2618.50									
禾丰	130.00	24	12	10	26	9	30	6.00	新绛	
新文化	32.00	〃	〃	1	26	[illegible]	13	35.00	〃	
萬顺	120.00	25	1	1	25	4	30	30.00	〃	
平漢積路[illegible]	385.00	〃	〃	15	26	3	10	30.00	〃	
魏良甫	1.50	〃	4	1	25	4	30	1.50	〃	
張象甫	12.50	〃	〃	〃	25	8	31	2.50	〃	26年八月起减租6.50
郵局	677.00	24	11	1	26	9	30	30.00	〃	
電报局	490.50	〃	〃	〃	〃	〃	〃	21.50	〃	26年八月起减租2.00
中華旅社	383.33	〃	〃	〃	26	3	10	25.00	〃	
普益	16.66	25	7	1	〃	〃	〃	2.00	〃	
戒烟所	72.00	26	7	12	26	9	30	20.00	〃	
青年會	740.00	24	11	1	26	3	31	60.00	侯作	25年十月起减租[illegible]
裴兴[illegible]	209.[illegible]	25	3	1	25	7	31	5.00	蚌埠	四楼房屋
賴鴻如	60.00	25	6	[illegible]	[illegible]	7	31	[illegible]	[illegible]	
世兴	338.55	25	4	1	〃	〃	〃	34.00	〃	〃
賀姓	47.72	25	6	1	26	5	31	5.00	〃	〃
蘇茂昌	84.66	25	3	15	26	6	20	6.00	〃	〃
										尚有应收未收新绛中国银行行屋租金$750.00该行未欵入安阳营业公司建支户
合计	6490.23									

安陽電氣公司欠款

摘要	金額	備註
由交通銀行撥去準備金	500.00	單據均另粘存
由山西銀行匯去	500.00	〃
由上海交通銀行撥交彰德中國轉作準備金	700.00	〃
廿四年年底開支不敷暫借	500.00	〃
代墊付通和煤款	1200.00	〃
〃 〃	200.00	〃
代墊付六河溝煤款	800.00	〃
該公司因戰事撤退以怡立存條押借	60.00	〃 並附有怡立煤礦公司存條洋750 尚有該公司透支彰德中國銀行洋1336.94此項債務應由銀團清償現該行撤退尚未向銀團結訴
合計	4460.00	

各項開支

子目	金額	備註
催收委員旅膳費	3787 62	青委員李東、徐增芳、張書勳三人報銷催收欠款旅費由王宴卿認以四千元開支
薪金工資	2767 20	由卅二年起僱用祕書、售屋收租代表、看守工人等薪俸工資及催收委員之酬勞金
旅費	1168 01	此項費用係同和裕奉交押品時派員調查各地房地產及為與偽電氣公司接洽事宜旅費
交際費	821 51	此項費用係售屋時中人勘丈員佣金按一分共$710.60餘為宴客等費
房地租	91 46	押品地租等費
文具費	48 14	購用文具
裝修費	648 20	修理各地房屋費用
土地登記費	344 55	請查結回各地政局登記附税等費
捐税費	25 49	印花税及駐新代表之各種攤捐
登報費	132 10	登報出售房地產廣告費
保險費	1490 49	各地房地產保火險費
郵電費	123 54	各處寄發函拍電信件
雜費	244 65	駐新代表及看守工人等各項雜支
合計	11701 96	
王宴卿承認始准開支	4000 00	此款係借款時扣留
實支	7701 96	

歸還銀團放款

摘要	金額
四行各攤 @7,000.00	28000.00
〃 @11,000.00	44000.00
合計	72000.00

銀行往来

户名	金額
商封交通銀行	237.00
商封上海銀行	5279.94
合計	(8) 5516.94

同和裕欠款帐

摘要	借款	还款	借欠
借款总数	200000.00		
新乡房地产作价		90000.00	
新乡春申栈		5000.00	
焦作房地产作价		14000.00	
修武　〃		10000.00	
彰德　〃		5400.00	
安阳电气公司股权		38100.00	
交来现款（另细帐）		25922.72	7827.28
合计	200000.00	192172.72	[illegible]7.28

二一九　郝叔元关于朱顺喜等债务案第三审上诉给河南高等法院转呈最高法院的答辩状（民国二十七年一月十二日）

注意：第一欄末二字由具狀人自填，如係起訴則填起訴，上訴則填上訴，餘類推。第二欄亦由具狀人自填，係起訴則右方填原告，左方填被告，餘類推。

民事答辯

	右方 被上訴人	左方 上訴人
姓名	郝叔元	朱順喜等
年齡	五一	不詳
籍貫	同封	同封
住址	老金廠鄉 丁家	隴鄉口 袁家
職業		

為上訴及聲請均無理由應請予以駁回事竊兩造
因求償債款一案前經河南高等法院判決朱順喜
等又聲明不服提起第三審上訴在案茲分別答
辯如下、
（一）查朱順喜等提起第三審上訴以後并未遵章
繳納審判費迨原審以裁定命其依限補納訟費
乃又聲請訴訟救助按確無資力支出訴訟費用且能
提出即時可以調查之證據以資釋明方准訴訟救
助今查該上訴人兼聲請人等均係富有既初審有
力繳納審判費用何能於第三審時謂為無力之也況
其初審一併列為共同被告者尚有多人因已給款和解

故又撤回其訴，更不能謂無繳費之資力，其既不能提出證明方法，僅謂陷於困難狀態，徒託空言，自不能認為其聲請為有理由，應為駁回之裁定。原審既命依限補納訟費，逾期不理，亦應認為上訴不合程式，一併予以駁回。

(二)又查原第三審判決，因經調查同和裕號紅利賬簿上，并無郝叔元或叔元堂郝之名義，乃認定民并非該號之股東，不應負償債責任，自屬甚當。若謂該賬猶有瑕疵，試問依據該紅賬判令其他之當事人如夏玉蘊常介眉等仍負連帶償債之責任，何以彼等不亦提起上訴而攻擊之乎？此理甚明，寧待言喻。彼夏玉蘊之代理人因亦主張速調該號紅賬以資證明然經調查之後確有伊等之名何以竟甘服耶是足見該賬確可爲本案之鐵證有則有之無則無之民自初之抗辯理由即謂應調查該號歷年載有入股情形之各項賬簿及股東會議錄與其他有關之各種文件以免枉縱自係正當主張今民可謂重睹天日矣其餘理由請參照民在第二審上訴理由書及代理人之意見書蓋民果有入股三千元之事實試問該號所出給民之三千元存條何以竟未收回而民之存摺内又何以無撥款三千元之紀載也凡此種種皆爲有力之反證原判毫無不當本案第三審之上訴不能認爲有理由 右答辯狀謹呈

河南高等法院轉呈
最高法院

中華民國二十九年元月十一日

具状人郝毅元十

蚌埠交通銀行公函用箋

皮等一案查明詳示由

逕啟者，前據此間二馬路中段市房住戶孟興成歸前來報稱：「在抗戰前民國廿五年開封銀團沒收蚌埠二馬路同和裕地皮連同房屋一案，查由前蚌行代為協助辦理，迄至事變以後偽組織時期，即由人分任開封由前同和裕銀號蚌地經理臣業分批立約賣出等情事。刻下奉令須即呈報土地登記，將來如何處理，代為查明，俾便辦理」等情。查該處對於上項事件必經從查明，因特函達，即希

查明見復為荷

中華民國卅五年六月廿四日

汴字第元號 一頁（交六）

華交通銀行公函用牋

汴行

拜行啓

中華民國廿五　六　廿九

汴字第元號二頁

（交六）

2045

蚌埠交通銀行公函用牋

函請查明前汴銀團同和裕倒帳沒收地產情形詳為　賜覆由

逕啟者查前開封銀團沒收同和裕銀號在蚌房產事前經函請洽
查在卷茲該房產一部份前租户正興、成茶莊因有前在蚌同和裕之同
事陸雲翔以同和裕名義向其交涉收回房屋發生糾紛正興成前來
敝處聲述經過并謂陸雲翔正在進行辦理上項房產土地登記手續
等語經查蚌行舊帳項下保管物品帳列有廿六年五月七日327號汴行
同和裕房契貳紙鳳陽縣批一份附函一件（上項舊帳暨保管品現存滬
行）并另查出廿五年五月租與正興成韓友盈二户租約各一份乃係開
封銀團（本行在內）對於同和裕銀號倒欠在蚌沒收之房地產曾委
託由蚌行辦理產權等手續者　敝處考慮之下為明瞭以往情形以

中華民國卅六年十一月八日

汴字第元號　壹頁（交六）

蚌埠交通銀行函公用牋

…趕見除函請迅行查明上項原契暨附件等寄蚌藉供參攷外
特再函達即請
惠將亦銀團同和裕倒帳後收地產情形詳為查明以及究應如何辦
理之處統希
賜復為荷此致
亦行
蚌行啟

中華民國 年 月 日
亦字第元號弍頁（交六）

二一二　上海商业储蓄银行西安分行关于开封银行团没收同和裕房地产契据文件并无蚌埠之房地产案卷给交通银行开封分行的函（民国三十六年十二月十一日）

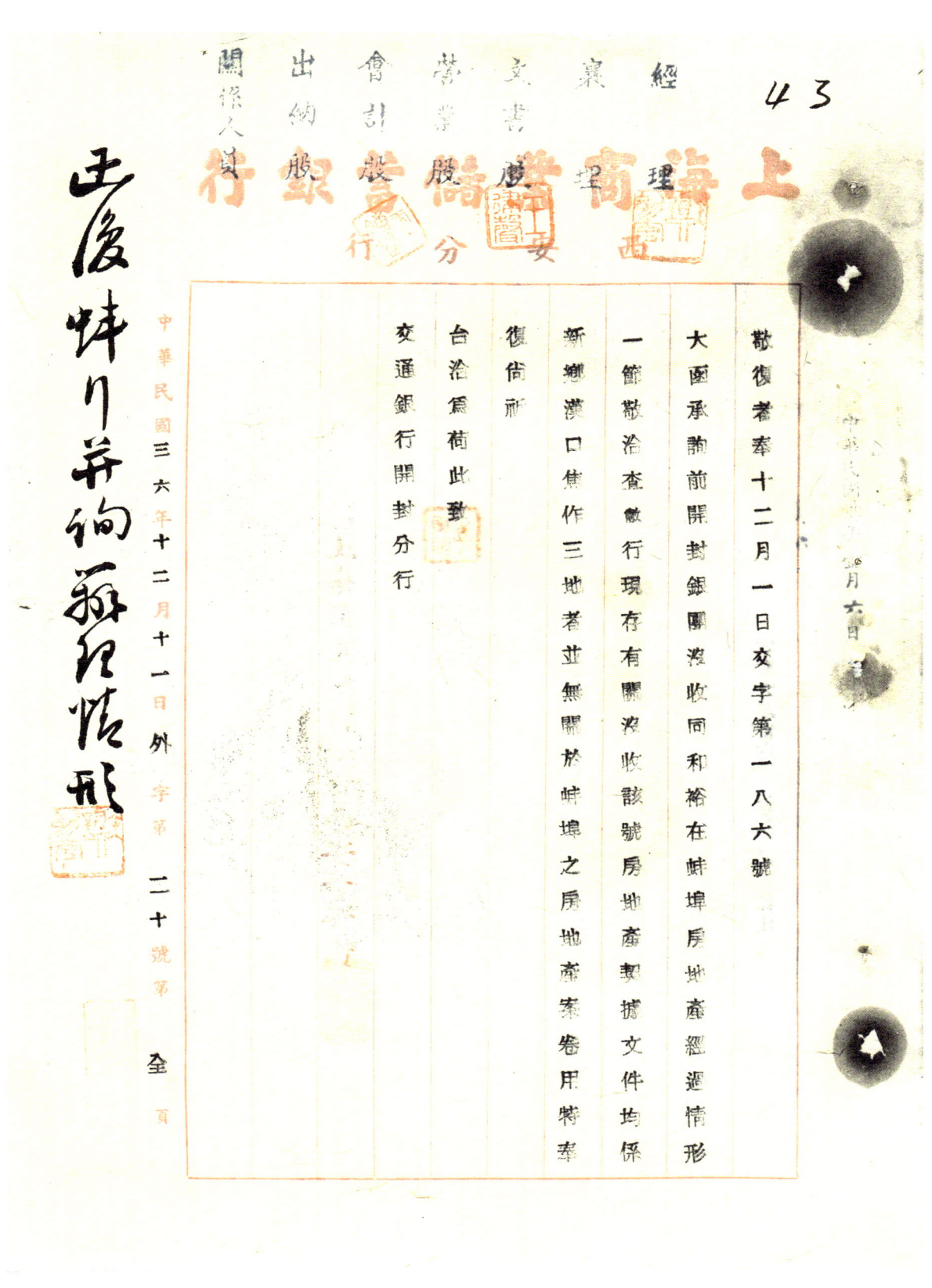

上海商業儲蓄銀行　西安分行

經理　襄理　文書股　營業股　會計股　出納股　關係人員

43

敬復者：奉十二月一日交字第一八六號

大函，承詢前開封銀團沒收同和裕在蚌埠房地產經過情形一節。敬洽查敝行現存有關沒收該號房地產契據文件均係新鄉、漢口、焦作三地者，並無關於蚌埠之房地產案卷。用特奉復。倘祈

台洽爲荷。此致

交通銀行開封分行

中華民國三十六年十二月十一日外字第二十號第　全頁

函復蚌行并詢辦理情形

二一三 同和裕管委会请蓝灼三审查指导同和裕开封总号总流水账的函

129

同和裕銀號管理委員會用牋

逕啟者查同和裕開封總號現在所用之舊式帳簿總流水帳計有四本性質上淆渾不清亟應審查並指導改良以便稽核茲經決議擬請台端會同劉榮甫張雪亭兩君於一月二十六日（星期六）下午二時蒞會對於該號總流水帳審查指導以期改良而便稽核是所盼禱此致

藍灼三先生

同和裕銀號管理委員會啟

一月廿四日